U0926056
小佛爷
带你游法国
BONJOUR
CHINA
[法]巴黎小佛爷/著　刘一濛/译
凤凰阿歇特
hachettephoenix

中国轻工业出版社

图书在版编目（CIP）数据

小佛爷带你游法国 / (法) 巴黎小佛爷著 ; 刘一濛译. -- 北京 : 中国轻工业出版社, 2018.1

ISBN 978-7-5184-1720-9

Ⅰ. ①小… Ⅱ. ①巴… ②刘… Ⅲ. ①旅游指南-法国 Ⅳ. ①K956.59

中国版本图书馆CIP数据核字(2017)第292639号

总 策 划: 徐革非　　项目策划: 凤凰阿歇特文化发展（北京）有限公司
责任编辑: 刘忠波　韩慧琴　　责任终审: 劳国强　　封面设计: 刘小夏
版式设计: 李沐阳　　责任监印: 张京华

出版发行: 中国轻工业出版社（北京东长安街6号, 邮编: 100740）
印　　刷: 北京顺诚彩色印刷有限公司
经　　销: 各地新华书店
版　　次: 2018年1月第1版第1次印刷
开　　本: 889×1194　　印　　张: 9.625
字　　数: 450千字
书　　号: 978-7-5184-1720-9　　定　　价: 78.00元
邮购电话: 010-65241695
发行电话: 010-85119835　传真: 85113293
网　　址: http://www.chlip.com.cn
Email: club@chlip.com.cn
如发现图书残缺请与我社邮购联系调换
171197S4X101ZYW

前言

让－皮埃尔·拉法兰

随着生活水平的提高，越来越多的中国人开始走出国门旅行。2000年，中国出境游人数为1000万人次，2015年超过了1亿人次，预计到2025年，这个数字将达到3亿人次。与此同时，2015年来法国旅行的中国人共计超过200万人次，而这个数字也会逐年增加。一方面，我们可以通过这些数据看到中国人对出国游的渴望；另一方面，我们也看到中国游客群体的需求也在发生着改变。最开始，人们匆匆赶赴各大景点，买纪念品、拍照。如今，越来越多的中国游客希望进行深度游，能够了解当地的风土人情和文化习俗。

法国是世界十大旅游目的地之一，也是艺术和文学的热土，所以毫无疑问，它一定会成为中国朋友境外游的首选目的地。

法国人和中国人在生活和艺术方面有相似的品位——既享受物质，也有精神追求。法国既拥有美丽的自然风光，也有众多充满历史底蕴的人文景观；既有超级时尚的大型商场，也有创办了几个世纪之久的古董小店。在法国，游客既可以闲庭信步，也可以疯狂购物。当然，也不能错过那些法国人民引以为豪的各色美食。

这本“旅行指南”是一封发给中国朋友的邀请函——我们真诚欢迎你来到法国，了解它丰厚的历史，了解地理风貌迥异的各个地区，了解多姿多彩的人文风情。正是这些优势让法国成为炙手可热的旅行目的地之一。

除了细致、幽默的景点介绍，这本“旅行指南”里还有很多翔实的实用性建议，又兼顾了大众和小众的各类实用信息，带领读者从时间和空间两种维度，去了解和欣赏法国的名胜古迹。比如，某个景点有怎样的历史典故，而同一时期的中国又发生了什么。所以，这本“旅行指南”能让我们增进对彼此的了解。此外，“指南”罗列出了许多中国人与法国人的相似之处。在小佛爷的笔下，这些跨越了几个世纪的紧密联系，都具象到了法国各处的旅游景点中。

《小佛爷带你游法国》首先是一本专为中国游客撰写的旅游指南，通过高质量、特点鲜明的原创内容，激发中国游客对法国旅游的热情，鼓励他们在法国停留更久，了解更多、更深。同时，这本书的难能可贵之处还在于其字里行间流露出的对中法两国的热爱，能够让法国人以一种更开放的眼光来重新认识自己的国家。

JEAN — PIERRE RAFFARIN
让－皮埃尔·拉法兰
法国前总理
法国参议院外事、防务和武装力量委员会主席

©Fondation Prospective et Innovation

目录

为什么这是一本独特的旅行指南 6

专为中国读者撰写 …… 7
如何使用这本指南 …… 7
温馨提示 …… 8

第一章 法国使用手册 10

法国人眼中的中国和中国人 …… 11
历史长河中的中国与法国 …… 12
法国概况 …… 22
不靠谱的偏见和成见 …… 31
法国人的秘密 …… 31
如何“搞定”法国人 …… 33
在法国你需要知道的好修养和坏举止 …… 35
如何恭维女性 …… 41
好运与霉运 …… 41
寻找街头美食 …… 42
如何读懂菜单 …… 47
实用信息 …… 49
通过日历了解法国 …… 54

第二章 初抵法国 59

航班 …… 60
巴黎的机场 …… 60
在巴黎出行 …… 64

第三章 爱都巴黎 68

爱情的滋养 …… 69
漫步塞纳河畔 …… 70
圣心大教堂与蒙马特高地 …… 79

不远处的……皮加勒 …… 84
罗丹博物馆 …… 86
橘园美术馆 …… 89
拉雪兹公墓 …… 91
10 个不容错过的浪漫景点 …… 94
让巴黎之旅更浪漫的 10 件小事 …… 102
适合自拍的 10 个好地方 …… 106

第四章　巴黎记忆　112

著名景点 …… 114
各大博物馆 …… 129
巴黎的中国味道 …… 150

第五章　巴黎周边记忆　153

圣丹尼大教堂 …… 154
文森城堡 …… 154
凡尔赛宫 …… 155
枫丹白露城堡 …… 163
城堡王国 …… 167
吉维尼－莫奈故居与莫奈花园 …… 170
迪士尼乐园 …… 172

第六章　法国记忆　176

卢瓦尔河城堡 …… 178
图尔城堡 …… 180
兰斯和香槟地区 …… 181
圣马洛 …… 183
圣米歇尔山 …… 185
未来影视城 …… 187
西南地区 …… 189
普罗旺斯——薰衣草之都 …… 201
蔚蓝海岸 …… 208
斯特拉斯堡和阿尔萨斯 …… 216

第七章　奢华巴黎 223

巴黎与时装 …… 224
旺多姆广场 …… 225
卡地亚当代艺术基金会 …… 229
路易 · 威登基金会艺术中心 …… 229
香榭丽舍大街 …… 230
宫殿生活 …… 234
米其林餐厅 …… 240
10 个触手可及的奢侈时刻 …… 249

第八章　巴黎购物 254

大型商场和购物中心 …… 256
概念店 …… 262
化妆品店、药店、药妆店 …… 263
著名奢侈品店 …… 263
推荐线路 …… 267
市场 …… 276
工厂店大甩卖 …… 277
10 欧元以下好物推荐 …… 278

第九章　跟我走吧 279

1 区 …… 280
2 区 …… 282
3 区 …… 282
4 区 …… 284
5 区 …… 285
6 区 …… 287
7 区 …… 289
8 区 …… 290
9 区 …… 291
10 区 …… 292
11 区 …… 294
12 区 …… 295

14 区 …… 295
16 区 …… 295
17 区 …… 296
18 区 …… 296
19 区 …… 298
20 区 …… 298
枫丹白露 …… 298
图尔 …… 299
圣马洛 …… 299
穆斯蒂耶尔－圣玛丽镇 …… 300
阿维尼翁 …… 300
索尔特 …… 301
尼斯 …… 301
戛纳及其所在的大区 …… 301
波尔多 …… 302
比亚里茨 …… 303
圣让德吕兹 …… 303
圣让－皮耶德波尔 …… 303
斯特拉斯堡 …… 304

为什么这是
一本独特的旅行指南

如果你正捧着这本书，那说明你和 200 多万赴法旅行的中国游客一样，对去法国乃至欧洲旅行非常感兴趣，说不定已经制定好了出游计划。本书就是指引你发现法国的魅力，领略巴黎这座奢华爱情之都的最佳指南，因为它……

专为中国读者撰写

《小佛爷带你游法国》是一本与众不同的旅行指南。它不是简单地把一本国际通用版旅行书翻译成中文，而是由一个特别了解自己国家的法国人专门为中国读者撰写而成。

亲爱的中国朋友，我知道你们对法国的期待肯定与那些来自印度、日本或加拿大的游客不同。对你们而言，时间有限，所以旅行效率必须要高——既要留下最美妙的旅行记忆，也要有美美的照片可以在回国后与亲朋好友一起欣赏；既要去那些值得一游的好地方，也要留出时间“买买买”；既要感受这里传奇的浪漫，也要在法国这个美丽的国家中体验旅行的乐趣……这本指南了解你们个性化的需求和期待，可以帮你节省时间，一刻不停地带你直奔主题，去那些让你们好奇、开心和惊喜的地方。每一个景点、每一次游览都根据中国人的文化习惯，清晰地做出新的规划。没有无趣乏味、舟车劳顿的旅行路线，没有与你们的期待完全不符的推荐。

要实现上述这些目标，必须由地道的法国人来写这本指南，而且还得是个由衷地喜欢中国和中国人的法国人。

我叫弗雷德里克 · 勒帕齐（Frédéric Lepage），你们可以叫我巴黎小佛爷，这样更亲切，是吧？我的祖籍是法国波尔多，对，就是那个大名鼎鼎的葡萄酒之城。目前在全世界范围内，中国的波尔多葡萄酒“粉丝”最多。现在，我大部分时间住在巴黎。我熟悉这里的每个街区、每条小路，知晓这里的所有秘密。我曾在巴黎西部住了 12 年，家对面就是布洛涅森林（le Bois de Boulogne）。后来，我又在巴黎最精致的三条大道——香榭丽舍、蒙田和乔治五世——构成的巴黎“黄金地带”住了 12 年。这里有路易 · 威登、迪奥、圣罗兰、香奈儿、卡地亚等精品商店，有名厨阿兰 · 杜卡斯的餐厅，还有德加勒王子酒店、四季酒店、乔治五世酒店、雅典广场酒店……再后来，我搬去了一片更亲民的街区，住在离著名的圣马丁运河不远的一栋 loft 里。我对巴黎最小资的地方和最热闹的街区都了如指掌，知道哪些地方会让人耳目一新。我熟悉艺术画廊聚集区，还能告诉你去哪家餐馆能吃到知名大厨的新式料理……

而且，我还是个经验丰富的旅行达人，所以我非常了解在旅途中偶尔会有的那种“与世隔绝”的无助感，以及应对突发状况时手足无措的惊慌感。在这本旅行指南里，我努力做到关心你们在旅途中的各种感受，让你们在法国度过精彩、难忘的时光。

如何使用这本指南

通常情况下，游客留给巴黎和法国的时间只有三四天，而且很可能在此之前已经去了意大利、德国、英国或瑞士。总之，这段旅行时间已经所剩不多，而我们就是充分利用这有限的时间，来发现巴黎和法国所有的美。

第一章 法国使用手册

想让旅行有效率，就要迅速领会法国精神。

第二章 初抵巴黎

变身行动派，找到迅速、有效的旅行方法，城市公共交通，能为你节省很多时间。

第三章 爱都巴黎

深入旅行，你会发现巴黎的浪漫和唯美是法国人的骄傲。

第四章 巴黎记忆

既然已身在巴黎，那就要为这段独特的旅行创造一些美好的回忆，回国后尽情分享给亲朋好友！

第五章 巴黎周边记忆

不用走很远，就能让美梦延伸：凡尔赛宫、长眠着众多法国国王的教堂、迪士尼乐园以及其他所有近在咫尺的美妙胜地。

第六章 法国记忆

就像中国不是只有北京那样，法国也不是只有巴黎！跟着我去探索大西洋海岸边的珍宝，或是领略阳光下的地中海。

第七章 奢华巴黎

历史让巴黎沉淀为一个奢华之都，我将为你一一揭晓其中的缘由。然后，就请做个奢华美梦吧！

第八章 巴黎购物

如果巴黎是你旅行的最后一站，那此刻往行李箱中装满纪念品和礼物再合适不过了。旅行的印记不仅存在于回忆里，也可以分享给很多人，各种各样的纪念品，会成为你这场奢华、优雅之旅最好的展现方式。

第九章 跟我走吧

在最后一章中，作为一个热爱中国的巴黎人，我会奉献一份私藏清单，分享我的巴黎秘密：好逛的店铺、好吃的餐厅、好玩的酒吧……最重要的是，你在那里会受到热情接待！

跟团游和自由行的游客，有不同的旅行习惯和需求，你可能会选择跟团游。旅行社以最优价把行程卖给顾客，食宿标准一再被压缩，好让每个人都可以留下足够的钱去购物。团队入住的酒店，常常位于城市郊区而非市中心，团餐地点则会选在那些能够管饱，味道却平平的中餐厅，因为通常法餐更贵。

在巴黎（抑或是伦敦、罗马、日内瓦，取决于你的旅行目的地），当地的带队导游一般是付了一笔所谓的“接待费”才买到了你们这个团，所以他们的报酬都是从那些强制性游览行程的费用以及游客们在商场的花销中提成得来的。这也就是为什么导游会带着团队游客去老佛爷而不是乐蓬马歇百货(le Bon Marché)，去路易·威登而非爱马仕。其实，这些当地导游的工作也不轻松，他们要让不习惯团队游的游客适应快节奏的旅行方式。也正是因为有了他们的专业服务，游客才能够利用最短的时间游览最多的景点、体验最多的娱乐活动，这些提成是他们带团的唯一收入。事实上，他们提供的服务并不包含在你所支付的费用中，他们只能通过提成来收回初期的投资。对于跟团的游客而言，这本“旅行指南”是导游服务之外的一个补充，可以让每一次游览更加充实。

倘若你是自由行，那这本“指南”里的所有建议，都可以根据旅行中具体情况来安排。在你游览巴黎的每一个环节中，我都会额外给出一些新奇的、充满创意的小点子，让你的旅程变得有那么一些别致。我还会介绍很多你所不知道的巴黎和法国，给出我的私藏清单，帮助你更好地享受这场自由自在的巴黎行。

温馨提示

 重点推荐

 适合拍照

 适合自拍

 高性价比

 特别留意

 小心陷阱

 适合一人游

 适合情侣游

 适合小团队自由行

 适合跟团行

 不建议跟团

 适合儿童

不适合儿童

酒店

餐厅

购物

游船

注意！此处是公墓／墓地（有忌讳者慎行）

人均消费低于 15 欧元

人均消费 15 ~ 50 欧元

人均消费 50 ~ 100 欧元

人均消费高于 100 欧元

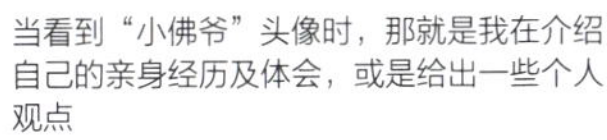

当看到“小佛爷”头像时，那就是我在介绍自己的亲身经历及体会，或是给出一些个人观点

第一章　法国使用手册

法国人眼中的中国和中国人

只有深入了解来访游客，我们才能提供质量更高的接待服务——与游客聊些他们感兴趣的话题，带游客去发现那些令他们惊艳的景点，为他们做详尽的导览——总之就是提供“及时雨”“雪中炭”般的待客之道。然而，由于对外国游客的喜好和习惯知之甚少，我们常常会做一些蠢事儿，说一些冒犯的话。

每年，有 200 多万中国游客来到巴黎。面对远道而来的客人，大部分法国人没能给予他们应该享有的款待，这并非因为我们不想好好接待，而是我们不够了解对方。一般情况下是因为很多法国人对中国不太熟悉，不过，更糟的状况是，他们有时还会被错误的观念所左右。

对于那些出生在第二次世界大战前——那时法国还拥有殖民地的老一辈的法国人而言，是法国和法国人将文明带给那些遥远的、未开化的地方，尤其是非洲和东南亚地区。当时，北非、西非以及老挝、柬埔寨和越南都是法国的殖民地。

长时间以来，法国人忽视了其他文化，璀璨耀眼的中国文化就是其中之一。时至今日，仍有一小部分法国人，在面对来自遥远国度的客人时会有一丝优越感。

那些“二战”后出生的法国人，现在 50 ~ 70 岁。**他们了解的中国大部分都来自经典漫画《丁丁历险记》系列中的《蓝莲花》。**

在这本漫画中，年轻的记者丁丁到了 19 世纪 30 年代的上海。在丁丁经历的所有冒险故事中，这一次无疑是最扣人心弦的。背叛、冷酷、疯狂和阴谋将主人公置于危险境地。他身处一个自己无法理解的世界中，感受到一种透不过气的压迫，一种个人面对人海时的渺小与无力。因为丁丁和蓝莲花，法国人在很长一段时间里都认为中国就是埃尔热所描绘的样子：既危险又复杂。

但是，丁丁在中国也有朋友，他的名字叫张充仁。因为这个朋友，丁丁与中国人走得更近，并融入其中，跟他们一起面对欧洲的压迫者和日本的侵略者。当丁丁告诉张充仁，在欧洲人的想象中，中国人都梳着发辫，狡诈、严肃，会发明各种酷刑，吃腐坏的鸡蛋和燕子窝，张充仁听后觉得十分好笑。而他的回答倒也简单：“啊！你们国家的人可真滑稽！”

“二战”中的法国英雄戴高乐将军成为共和国的总统，他是第一个（1964 年）正式承认中华人民共和国的西方领导人。如今，来法国旅游的中国人遇到的大多是对 20 世纪历史有所感知的一代人，而再往前一代可能就不那么了解了。年青一代的法国人，对大清帝国、欧洲列强和日本人的侵略、红军长征、毛泽东思想对于法国哲学的影响以及中国的政治体系等都知之甚少。在学校里，我们会学习亚洲人口，了解中国城市的密度以及农业对于这个国家的重要性，但除此以外恐怕就没有了解其他东西了。所以，当更年轻的一代被问及中国时，他们说得出的无非是寺庙、传统服饰、功夫、熊猫、长城、人力车和龙，仅此而已。

另一个让法国人感到困惑的就是如何区分中国、日本、韩国，甚至是越南这些在某种程度上相类似的亚洲文化。在法国，你们可能会遇到一些很无知的问题。比如，有的法国人会问你是不是日本人，你吃不吃春卷？为了增进好感，他们可能还会跟你聊起自己在泰国的旅行，或把话题引到韩国流行音乐上。

但同时我们也能看到，中文教学正在成为一股热潮。2004 年，法国的大学、高中、初中和小学里，学习中文的人数只有 9000。而到了 2013 年，这个数字增长到了 37000。如今，将近 700 所教育机构提供中文课程，甚至还有一些学校使用中文作为数学课的课堂语言。在某些商学院里，汉语是一门必修课。法国人都知道汉语不好学，但这门语言对职业前景大有裨益，于是中文一下子变成了尖子生的选择，甚至超过了意大利语，跻身为法国人第四热衷学习的外语（前 3 种分别是英语、西班牙语和德语）。全法国有 16 所孔子学院，而且这个数字还在不断增加，与此呼应的就是越来越多远赴法国的中国游客。

法国人能够通过很多渠道获取关于中国的信息。不过，这些信息大多着重讲述这个国家的经济表现，鲜有提及中国在技术、科学、体育、文学或艺术方面的成就。报纸和杂志也会花大量篇幅报道中法两国在各方面的差异，或是展现中国人成功提高生活水平的经验。

历史长河中的中国与法国

对比中国和法国的历史，就好像是将一位年富力强、经历丰富的老人与一个 25 岁的年轻人在作比较。这个年轻人——也就是我的国家——虽然资历没有历史悠久的中国那么深厚，但也留下了许多广为传诵的故事。

数不胜数的考古遗迹、历史建筑、博物馆，无不闪耀着法兰西的光辉岁月——在一段城墙上，在城堡的庭院中，又或者在教堂前。这一章节就是为你理清法国历史的脉络。

如果你马上就要出发去法国旅行，那你大可在实地参观的同时参考这一章的内容，感受法国历史。

古代时期

公元前 1200 年

商朝（约公元前 1600 年—约公元前 1046 年）确立了中国历史上第一个长期固定的政治经济文化中心区域，完善了分封等级制度。

来自欧洲东部的民族占据了这片土地。

公元前 800 年

西周（公元前 1046 年—公元前 771 年）在军事上陆续发动对周边部族的战争，巩固王权；文化上出现了“五行”、《周易》以及礼乐制度，人们开始使用甲骨文和铭文。

希腊人在地中海边建立城市——马赛，如今，它已经成为法国第二大城市。

公元前 598 年

春秋时期（公元前 770 年—公元前 476 年）在政治上各国掀起变法运动，确立封建制度；农业手工业的发展使商业开始兴盛，城市繁荣；文化上百家争鸣局面出现，儒墨文化的影响力最大。

凯尔特人开始在此定居，并称此地为“高卢”。凯尔特民族有统一的语言和文明，他们分布在如今的德国南部、奥地利以及波兰西部。高卢人，也就是法国人的祖先。

公元前 122 年

西汉（公元前 202 年—8 年）
军事上吞并朝鲜、国力鼎盛；文化上罢黜百家、独尊儒术；政治上建立中央集权制度，削弱地方割据势力。

罗马人在当时的高卢东南部进行殖民。

公元前 52 年

西汉（公元前 202 年—8 年）
《史记》问世。

恺撒率领的罗马军队在高卢进行殖民，建立了鲁特西亚（Lutèce）城，也就是日后的巴黎。

公元前 43 年

西汉（公元前 202 年—8 年）
匈奴和汉族关系发生了历史性变化，开始变得和睦。

在罗讷河和索恩河的交汇之地，人们建起一座名为里昂的城市，如今它是法国第三大城市。

162 年

东汉（25 年—220 年）
汉朝政治衰颓，民不聊生，国势益弱。

来自东边的一系列入侵在这一年开始，一直持续到 451 年。后来，人们称之为“野蛮人的入侵”。

395 年

晋朝（265 年—420 年）
统一全国，恢复王权；文化上宣扬佛教。

罗马帝国被分为两部分：东罗马帝国和西罗马帝国。

中世纪

451 年

南北朝时期（420 年—589 年）
中国历史上的大分裂时期，王朝频繁更替；经济上手工业、商业、农业蓬勃发展；文学形式以诗词歌赋为主，编写史书使文学达到昌盛。

墨洛温王朝建立。

476 年

西罗马帝国灭亡。

496 年

克洛维国王皈依基督教。

732 年

唐朝（618 年—907 年）
唐玄宗统治时期，人称“开元盛世”，文学得到长足发展，诗人频出。712 年，杜甫时年 20 岁，李白赴京求仕，失意而归。

阿拉伯人开始攻占法国，后来被查理 · 马特阻止。

751 年

唐朝（618 年—907 年）
唐玄宗统治时期，国力强盛，杜甫入长安。

加洛林王朝建立。

800 年

唐朝（618 年—907 年）
唐代宗统治时期，平定安史之乱；唐德宗统治时期实施“两税法”。

查理曼成为国王，人称“查理曼大帝”，开始扩张领土并实施大规模变革。

843 年

唐朝（618 年—907 年）
唐武宗统治时期，巩固中央集权政策，崇尚道教。

来自欧洲北部的维京人入侵法国。

911 年

五代十国（907 年—960 年）
史学、词、绘画等方面得到发展。

诺曼底公国成立。

1066 年

北宋（960 年—1127 年）
宋英宗时期，司马光开始着手主编《资治通鉴》。

诺曼底公爵吉约姆，夺得黑斯廷斯战役的胜利，随后成为英格兰国王。

1095 年

北宋（960 年—1127 年）
宋徽宗时期，苏轼去世。

第一次十字军东征。十字军东征是去耶路撒冷占领基督教圣地的军事行动。

1099 年

十字军在耶路撒冷进行屠杀和侵略。

1229 年

南宋（1127 年—1279 年）
宋理宗时期，与北方的金国形成对峙局面；
文化上理学兴起，出现一大批理学家。

路易（圣路易，即路易九世）开始执政。

1248 年

南宋末期
蒙古人入侵，王超被迫迁都。

圣路易进行第七次十字军东征。

1309 年

元朝（1271 年—1368 年）
元武宗时期，国家内部矛盾缓解；
经济上出现通货膨胀。

阿维尼翁成为教皇之都。

1337 年

元朝（1271 年—1368 年）
元顺帝时期，朝政混乱，农民起义不断；
朱元璋起义，元朝最终走向灭亡。

英国和法国拉开了一场旷日持久的战争——百年战争。

1347 年

黑死病肆虐，5 年内死了 2500 万人，超过欧洲总人口的 30%。

1420 年

明朝（1368 年—1644 年）
明成祖时期，疏通大运河，经济繁荣，
国家强盛，称为“永乐盛世”。

英格兰掌权法兰西王朝。

1429 年

明朝（1368 年—1644 年）
明宣宗时期，政府有效工作，
百姓安居乐业，经济空前发展。

圣女贞德成为抵抗英军的标志性人物。

1430 年

圣女贞德被英格兰的盟军勃艮第人俘虏，
一年后在鲁昂被处以火刑烧死。

1453 年

明朝（1368 年—1644 年）
明代宗景泰帝时期，诗文、小说、戏曲得到长足发展。

英军在波尔多附近战败，法国收复阿基坦，
百年战争结束。

1495 年

明朝（1368 年—1644 年）
明孝宗时期，国家大一统，朝政腐败状况得到改善。

法兰西国王收复那不勒斯王国和米兰公国，
意大利战争开始。

文艺复兴时期

1515 年

明朝（1368 年—1644 年）
明武宗时期，平定叛乱，统治末期
朝政荒废，百姓流离失所。

弗朗索瓦一世执政，文艺复兴，
文化与艺术的黄金时代就此开始。

1534 年

明朝（1368 年—1644 年）
明世宗统治初期，兴建大批学堂，经济繁荣。

雅克 · 卡蒂亚——来自圣马洛的探险家和航海家——在远方发现了一片土地，命名为加拿大。
在担任王后与王太后时期，凯萨琳 · 德 · 美第奇（Catherine de Médicis）同时也是摄政女王。
她对法兰西王国的影响非常巨大。

1562 年

明朝（1368 年—1644 年）
明世宗统治末期，官员日益腐化，尊崇道教迷信。

天主教和新教产生冲突，前者忠于罗马教皇，后者欲推翻教皇的权威建立新的基督教教条。

1572 年

明朝（1368 年—1644 年）
明穆宗时期，私人海外贸易获得合法地位。

圣巴泰勒米日，至少 3000 名新教徒在巴黎被处死，全法有超过 10000 人（有说法是 30000 人）因此而身亡。

1594 年

明朝（1368 年—1644 年）
明神宗时期，经济处于世界主导地位，
资本主义萌芽出现。

亨利四世开始执政。

1598 年

南特敕令签署，新教徒争取到了新的权利，
宗教战争结束。

1610 年

明朝（1368 年—1644 年）
明神宗时期，战争侵略频繁。

亨利四世被刺杀。

古典主义时期和法国大革命

1617 年

明朝（1368 年—1644 年）
明神宗时期，战争侵略频繁。

亨利四世的儿子路易十三继位，成为国王。

1635 年

明朝（1368 年—1644 年）
明思宗崇祯帝时期，烟草传入中国，中国历史上第一次提出禁烟法令。

法国与西班牙的战争开始。

1643 年

明朝（1368 年—1644 年）
明思宗崇祯帝时期，李自成军攻破北京，崇祯帝于煤山自缢身亡。

路易十四继承了父亲路易十三的王位。他的母亲，奥地利的安娜代理摄政，直到 1652 年。

1660 年

清朝（1644 年—1911 年）
顺治帝时期，迁都北京，统一中原。

路易十四与西班牙国王的女儿玛丽 - 泰蕾兹成婚。

1685 年

清朝（1644 年—1911 年）
康熙帝时期，收复台湾，加强沙俄边境的防守，被称为“千古一帝”。

路易十四废除南特敕令。

1714 年

清朝（1644 年—1911 年）
康熙帝时期，册封五世班禅为“班禅额尔德尼”。

法国割让加拿大的部分土地给英国。

1715 年

清朝（1644 年—1911 年）
康熙帝统治末期，朝内贪官腐败。

路易十四去世，他的侄子奥尔良公爵菲利普接任，即后来的路易十五。

1728 年

清朝（1644 年—1911 年）
雍正帝时期，程朱理学对政治统治的影响力越来越大。

路易十五开始执政。

1751 年

清朝（1644 年—1911 年）
乾隆帝开始执政，他是中国历史上统治时间最长的皇帝，也是最长寿的皇帝。

以狄德罗、伏尔泰、卢梭和其他哲学家的作品为代表，启蒙运动拉开序幕。

1774 年

清朝（1644 年—1911 年）
乾隆帝下令撰写《四库全书》，这是当时世界上最全的百科全书。

路易十五去世，他的孙子路易十六进入执政期。

1788 年

清朝（1644 年—1911 年）
乾隆帝六下江南，劳民伤财，朝内腐败，清朝由盛转衰。

路易十六召开三级议会，应对法国的财政困难。

1789 年

清朝（1644 年—1911 年）
乾隆帝时期，开始实施闭关锁国政策。

路易十六召开了最后一次三级会议，这次会议导致了法国大革命。大革命后，三级会议随旧制度一起被废除。

1789 年 7 月 14 日

清朝（1644 年—1911 年）
乾隆帝时期，在越南发动战争。

法国人民攻占巴士底监狱，标志着法国大革命的开始。后来，7 月 14 日也被定为法国国庆日。

1791 年

清朝（1644 年—1911 年）
乾隆帝时期，民间艺术蓬勃发展，徽班进京，国粹京剧开始形成。

法国征战奥地利和普鲁士，而后又进攻匈牙利和波希米亚。政治上形成制宪议会，由男性公民普选产生。

1792 年

清朝（1644 年—1911 年）
乾隆帝在位时期，短篇小说和骈文层出不穷。

大革命的胜利进一步加剧了法国人和普鲁士人之间的对抗，制宪议会上，法兰西第一共和国宣告成立。

1793 年

清朝（1644 年—1911 年）
乾隆帝时期，英国大使马戛尔尼来华。

路易十六统治时期，玛丽 · 安托瓦内特被处决，国家进入了革命极端主义和不稳定时期，人们称之为“恐怖统治”。

法国大革命后

1795 年

清朝（1644 年—1911 年）
乾隆帝在位时期，国内起义频繁。

为了防止君主专制和恐怖统治导致专制和暴政，由督政府掌握法国最高政权，并实行分院制。

1796 年

清朝（1644 年—1911 年）
嘉庆帝继位，但朝政仍由父亲管理。

拿破仑在埃及、奥地利以及意大利的多场战役中赢得了胜利，并摧毁了英格兰的海上舰队。

1799 年

清朝（1644 年—1911 年）
乾隆帝驾崩，嘉庆帝开始正式管理朝政。

雾月政变，拿破仑掌权。

1804 年

清朝（1644 年—1911 年）
嘉庆帝时期，清朝阶级矛盾尖锐，起义不断。

拿破仑登上皇位，史称拿破仑一世。

1805—1807 年

清朝（1644 年—1911 年）
嘉庆帝年间，朝廷禁止西洋人在国内传教。

法国海军在特拉法加战役中以失败告终，在拿破仑的率领下，奥斯特里茨战役打响。

1808 年

清朝（1644 年—1911 年）
嘉庆帝统治期间，各方起义不断。

拿破仑阻止与英国船舶的交通往来。

1812 年

清朝（1644 年—1911 年）
嘉庆帝期间，严惩吸食鸦片者。

法国向俄国宣战，但以失败告终。

1814 年

清朝（1644 年—1911 年）
嘉庆帝下令开垦北方地区荒地。

拿破仑一世在枫丹白露宫退位，被流放到厄尔巴岛。

1815 年

清朝（1644 年—1911 年）
嘉庆帝拒绝英国提出的建立外交关系、开辟通商口岸、割让浙江沿海岛屿的要求。

波旁王朝复辟，议会的权力被削弱，恢复君主制，路易十八成为国王。拿破仑逃出厄尔巴岛，进入巴黎，重夺政权，百日王朝开始。随后，拿破仑在滑铁卢战役中战败，宣布退位，把王位传给儿子。但紧接着，第二次君主制复辟开始，路易十八重返巴黎，掌握政权。

1830 年

清朝（1644 年—1911 年）
道光帝派遣军队前往新疆，进行围剿。

法国人民不满新宪法，在 7 月的 27 日、28 日、29 日三天爆发革命，被称为“光荣三日”。路易 · 菲利普一世成为法国国王。

1848 年

清朝（1644 年—1911 年）
道光帝禁止法国人传教，英国人意欲在中国再次发动战争，以获取更多利益。

路易 · 菲利普退位，法国进入第二共和国时期。路易 · 拿破仑 · 波拿巴，即拿破仑一世的侄子，成为法兰西共和国总统。

1852 年

清朝（1644 年—1911 年）
咸丰帝统治期间，爆发太平天国运动和第二次鸦片战争，签署一系列不平等条约。

一年后，路易 · 拿破仑 · 波拿巴政变，成为法兰西第二帝国的皇帝，史称拿破仑三世。法国完成了对阿尔及利亚的征战。

1870 年

清朝（1644 年—1911 年）
同治帝时期，国人去西方游历考察，学习西方近代科技和文明。

法国和普鲁士开战，拿破仑三世被俘，第二帝国灭亡，法兰西第三帝国开始。

1871 年

清朝（1644 年—1911 年）
同治帝时期，洋务运动兴起，以“自强、求富”为宗旨，促进了民族资本主义的产生和发展。

法国在普鲁士战争中惨败，巴黎公社崛起。法国与德国签署和平条约，法国割让阿尔萨斯和洛林大区。

1881 年

清朝（1644 年—1911 年）
光绪帝统治时期，慈禧太后开始垂帘听政。

突尼斯成为法国的保护领地。

1882 年

清朝（1644 年—1911 年）
光绪帝时期，慈禧太后掌管国家实权。

法国开始实行至 13 周岁的义务教育。

1883 年

清朝（1644 年—1911 年）
光绪帝时期，爆发中法战争，1885 年李鸿章签署投降协议。

越南成为法国的保护领地。

1905 年

清朝（1644 年—1911 年）
1905 年，我国第一条自建铁路——京张铁路开工。

法国颁布政教分离法律。

1914 年

中华民国（1912 年—1949 年）
袁世凯成为中华民国临时大总统，下令解散各省议会。

第一次世界大战开始，法国、英国、俄国、比利时、日本、意大利、罗马尼亚，以及美国对抗德国、奥匈帝国、奥斯曼帝国和保加利亚。

1918 年

中华民国（1912 年—1949 年）
冯国璋代理中华民国总统时期，中国人开创的第一个交易所——北京证券交易所——成立。

德国战败，第一次世界大战结束。法国收回阿尔萨斯和洛林大区，并占领德国的莱茵河。

1924 年

中华民国（1912 年—1949 年）
曹锟任中华民国总统时期，中苏恢复外交关系。

法国在外交上承认苏联（苏维埃社会主义共和国联盟）。

1931 年

中华民国（1912 年—1949 年）
1927 年蒋介石在南京另立“国民政府”，1931 年中华苏维埃共和国临时中央政府在江西成立。

从美国开始的经济大萧条席卷法国。

1936 年

中华民国（1912 年—1949 年）
中国共产党决定放弃红军称号，联合国民政府抗日。

社会主义领袖里昂·布鲁姆带领左翼政党，致力于保护工人阶级的利益。

1939 年

中华民国（1912 年—1949 年）
延安成立首个中国女子大学。

第二次世界大战开始。同盟国成员有法国、英国、美国、加拿大、苏联、波兰、中华民国、澳大利亚等；轴心国成员有德国、日本、意大利、匈牙利、罗马尼亚以及保加利亚。

1940 年

中华民国（1912 年—1949 年）
日军空袭重庆。

德国入侵法国南部以外的地区，贝当元帅签署停战协定，同时在占领区与德国开展多领域合作。戴高乐流亡到伦敦，继续担任“自由法国”战斗的负责人。

1942 年

中华民国（1912 年—1949 年）
河南省发生大面积旱灾，夏秋两季粮食几乎颗粒无收，导致大饥荒。

德国进攻法国南区。

1944 年

中华民国（1912 年—1949 年）
中国军队在缅甸发起反攻。

盟军登陆诺曼底，随后抵达并解放巴黎。戴高乐领导的临时政府给予女性投票权，并在国有大型企业创立社会保障金。

1946 年

中华民国（1912 年—1949 年）
《人民日报》创刊。

法兰西第四共和国开始，建立起新政权。欧洲煤钢共同体（欧盟的雏形）出现。

1949 年

中华人民共和国成立，毛泽东任中央人民政府主席，周恩来任总理。

法国成为北大西洋公约组织成员国。

1954 年

中华人民共和国（1949 年至今）
中华人民共和国第一部宪法通过，被称为“五四宪法”。

法国结束了对印度支那的占领，
开始了对阿尔及利亚的独立战争。

1956 年

中华人民共和国（1949 年至今）
社会主义改造到此基本完成，社会主义制度建立。

摩洛哥和突尼斯独立。

1958 年

中华人民共和国（1949 年至今）
开展“大跃进”运动。

法兰西第五共和国开始，戴高乐成为总统。

1962 年

中华人民共和国（1949 年至今）
中国人民解放军战士雷锋去世。

阿尔及利亚独立。

1964 年

中华人民共和国（1949 年至今）
中国与一批非洲国家纷纷建交。

法国成为第一个承认中华人民共和国的国家。

1968 年

中华人民共和国（1949 年至今）
由于发动“文革”，国民经济下滑。

学生与工人之间发生暴乱，史称“五月风暴”，
精神层面上开拓了更大的自由。

1969 年

中国快速发展工业，如建设炼油厂、
试验氢弹、开发内燃机车等。

戴高乐将军辞职，蓬皮杜被选为总统。

1973 年

西藏首次在 3800 米高寒地区种植冬小麦，
这是农业发展史上的重要改革。

蓬皮杜到中国进行正式访问，石油进口价格翻倍，
持续性经济危机开始。

1974 年

秦始皇陵兵马俑出土。

法国将成年年龄规定为 18 岁，
并通过“堕胎自由”等法令。

1975 年

中共中央任命邓小平为中共中央副主席、国务院副
总理、中央军委副主席兼中国人民解放军总参谋长。

邓小平对法国进行正式访问。

1977 年

中国恢复高考。

法国最后一次使用断头台执行死刑。

1978 年

召开十一届三中全会，中国开始了改革开放和社会
主义现代化建设的新时期。

法国总理雷蒙 · 巴尔正式访问中国。

1979 年

中国与美国正式建立外交关系。

中国外交部部长黄华正式访问法国。

1981 年

中国共产党成立 60 周年。 | 密特朗当选总统，随即宣布废除死刑。

1983 年

中央电视台首次播出春节联欢晚会。 | 密特朗访华。

1988 年

文学家沈从文去世。 | 密特朗再次当选法国总统。

1995 年

中华人民共和国劳动法和广告法正式出台。 | 雅克 · 希拉克当选法国总统。

2002 年

中国在酒泉成功发射神舟四号飞船。上海赢得 2010 年世界博览会主办权。首例 SARS 病例在广州被发现，并于 2003 年开始在中国传播。 | 雅克 · 希拉克再次当选总统。让 - 皮埃尔 · 拉法兰任法国总理，他是一位对中国充满热情的政治家。欧洲开始使用统一的新货币，称为“欧元”。

2003 年

亚洲最大的网络零售商淘宝网创立。 |

2007 年

中国人民解放军建军 80 周年。 | 尼古拉 · 萨科齐当选法国总统。

2010 年

2010 年世界博览会在上海成功举办。 | 胡锦涛主席正式访问法国。

2012 年

雷锋逝世 50 周年。 | 弗朗索瓦 · 奥朗德当选法国总统。

2014 年

北京和张家口宣布联合申办 2022 年第 24 届冬季奥林匹克运动会。 | 习近平主席正式访问法国。

2015 年

中国人民抗日战争胜利 70 周年。 | 李克强总理正式访问法国。

2017 年

中国共产党成立 96 周年 | 马克龙当选法国总统

法国概况

法国行政区划示意图

高山、平原、河流、大海、森林、草原、湖泊、沙丘……很难想象在一片只有中国 1/14 大小的土地上，竟然有如此丰富的自然景观。在法国，无需长途跋涉就能欣赏到各种不同的景致。无论从北向南还是从西向东，法国国土的直线距离都不到1000千米。只需要短短几个小时，就能从阳光灿烂的沙滩来到冰天雪地的滑雪场，是不是很赞？在其他任何一个欧洲国家，都不可能再找到如此丰富的生态环境和气候条件了。

想要冲浪、潜水、攀岩、滑雪、出海？欢迎来法国！

想体验岩洞、登山、徒步或玩速降？欢迎来法国！

喜欢城市风光、自然、湿地、郊外或世外桃源般的岛屿？还是欢迎来法国！

法国的国土形状几乎是一个完美的六边形，所以法国的别名是“L'Hexagone”，在法语中即“六边形”的意思。

法国共有 18 个大区，其中 13 个在法国本土，按照从北到南、由西向东的顺序，分别是：

上法国大区（Hauts-de-France）：首府是里尔，主要城市有亚眠、敦刻尔克、加莱、布洛涅、阿拉斯等。

诺曼底大区（Normandie）：首府是鲁昂，主要城市有勒阿弗尔、埃夫勒、卡昂、迪耶普、瑟堡等。

法兰西岛大区（Île-de-France）：首府是巴黎，主要城市有凡尔赛、默伦等。

大东部大区（Grand Est）：首府是斯特拉斯堡，其他主要城市有香槟沙隆、梅斯、南希、兰斯、特鲁瓦、米卢兹等。

布列塔尼大区（Bretagne）：首府是雷恩，

主要城市有布雷斯特、坎佩尔、洛里昂、瓦讷等。

卢瓦尔河大区（Pays de la Loire）：首府是南特，主要城市有勒芒、拉瓦勒、昂热、肖莱、永河畔的拉罗什、圣纳泽尔等。

卢瓦尔河谷中央大区（Centre Val de Loire）：首府是奥尔良，主要城市有沙特尔、布尔日、图尔、沙特鲁等。

勃艮第－弗朗士－孔泰大区(Bourgogne Franche-Comté）：首府是第戎，主要城市有贝桑松、欧塞尔、马孔、贝尔福、索恩河畔沙隆等。

新阿基坦大区（Nouvelle Aquitaine）：首府是普瓦捷，主要城市有里摩日、尼奥尔、佩里格、昂古莱姆、波城等。

奥弗涅－罗讷－阿尔卑斯大区(Auvergne Rhône-Alpes）：首府是里昂，主要城市有克莱蒙－费朗、圣艾蒂安、安纳西、瓦朗斯、霞慕尼等。

奥克西塔尼大区（Occitanie）：首府是图卢兹，主要城市有蒙彼利埃、尼姆、贝济耶、佩皮尼昂、纳博讷等。

普罗旺斯－阿尔卑斯－蔚蓝海岸大区（Provence Alpes Côte d'Azur）：首府是马赛，其他主要城市有阿维尼翁、阿尔勒、土伦、尼斯、戛纳等。

科西嘉大区（Corse）：首府是阿雅克肖，主要城市有巴斯蒂亚、卡尔维、韦基奥港、博尼法乔等。

在法国本土以外，瓜德罗普（La Guadeloupe）、马提尼克（la Martinique）、圭亚那（la Guyane）、留尼汪（la Réunion）和马约特（Mayotte）这5个海外省拥有和法国本土大区一样的行政地位。

山脉

法国拥有两道天然屏障般的山脉，它们同时也是著名的滑雪胜地。

比利牛斯山脉（les Pyrénées）位于法国和西班牙之间。最高峰维涅玛尔峰位于法国境内，海拔3298米。

阿尔卑斯山脉（les Alpes）分布在法国、意大利和瑞士境内。最高峰为勃朗峰，海拔4809米。

除此之外，地势较平缓的汝拉山脉和孚日山脉位于法国东部，距德国边境不远。古老的火山在法国中部留下一片广阔的中央高原，这里的人口最为稀少。在布列塔尼一带，还分布着一些地势起伏的地区。

海洋

法国西部、北部和南部都被大海包围：

北海（la mer du Nord），欧洲大陆北部；

拉芒什海峡（la Manche），又名英吉利海峡，隔开了法国和英国。这里是全球最繁忙的海域之一。

大西洋（l'océan Atlantique），世界五大洋之一。

在法国东南部还有一片内海，将欧洲与非洲分开。这就是地中海，欧洲文明的发源地。

岛屿

科西嘉岛（la Corse）。法国最大的岛屿，面积约8600平方千米，位于地中海热那亚海湾内。与法国大陆相比，这里离意大利更近。起伏的山脉、热带沙地、覆盖整座岛屿的丛林……用壮丽和辽阔来形容这里的风景绝不为过。

奥雷宏岛（L'île d'Oléron）。面积约174平方千米，长26千米，是宽度的3倍。一座长3千米的大桥连接着奥雷宏岛和法国大陆，岛上遍布海滩、沙丘、沼泽和树林。对了，这里出产的生蚝也是誉满全球。

贝勒岛（Belle Île）。面积约85平方千米，17千米长，10千米宽，大部分位于布列塔尼大区。这里常年日照充足，岛内有许多热带风情浓郁的小海湾。零星分布的渔港为其增添了迷人色彩，吸引了不少浪漫主义情怀的人来此地游玩。

雷岛(L'île de Ré)。面积约85平方千米，正对着拉罗谢尔，由一座3千米长的桥与大陆相连。巴黎以及法国其他城市的居民经常来这里度假，岛上气候宜人，水上运动丰富，是度假者的胜地。

诺亚芒提亚岛(Noirmoutier)。面积约49平方千米，位于卢瓦尔河口以南，正对面是旺代地区(Vendée)。这里是热爱自然的人的乐土，你可以在盐田、沙丘、灌木丛中尽情散步，放飞心情。那些钟情于“美好年代”的人也喜欢来这里放松自己——所谓的“美好年代”是指从19世纪末到第一次世界大战前的这段时间——岛上保留有不少那段时期的优美建筑。

还有一些面积比较小的岛屿，也是各具特色，尤其是：

闻名于世的圣米歇尔山(Mont Saint-Michel)。在“法国回忆”这一章节中将有具体介绍。

布雷阿岛(Bréhat)。位于布列塔尼，气候温润，布满色彩斑斓的鲜花和植被，吸引了各种鸟类来此栖居。岛上禁止车辆通行。

塔迪霍岛(Tatihou)。位于拉芒什，17世纪末，建筑大师沃邦以整座小岛为基石建造起一座堡垒，后来这座堡垒被联合国教科文组织列入《世界遗产名录》。

位于布列塔尼，可以欣赏到史前巨石柱和桌子形状的石棚——它们见证了欧洲最早的殖民时期，特别是凯尔特人时期。

格雷南群岛(L'archipel des Glénan)位于布列塔尼。有美丽的白色沙滩，是帆船运动爱好者的乐土。

绍塞群岛(Chausey)。位于诺曼底大区，距圣米歇尔山不远，被沙滩和不计其数的岩石环绕，退潮时可尽收眼底。

波克罗勒岛(Porquerolles)、安比耶兹群岛(les Ambiez)及雷汉岛群岛(les îles des Lérins)是地中海上的几个小岛，在本书“蔚蓝海岸”章节(第208页)中将有详细介绍。

河流

法国共有4条主要河流。

卢瓦尔河(la Loire)是最长的一条，全长1012千米，由东向西汇入大西洋，将法国分割成面积相当的两个部分。

塞纳河(la Seine)全长776千米，由东向西流淌，最后汇入拉芒什海峡，也就是英吉利海峡。

罗讷河(le Rhône)全长812千米，由北向南流入地中海。

加龙河(la Garonne)是这4条河流中最湍急的一条，源头是南部的比利牛斯山，最后流入大西洋，全长647千米。在流进大西洋之前，另一条名叫多尔多涅河的河流会在途中汇入，与加龙河形成一个大港湾——吉伦特河港。

另外，还有两条河流从法国境内穿过。一条是默兹河(la Meuse)，全长950千米，源头在法国，然后流经比利时、荷兰，最后汇入北海。另一条是欧洲境内最长的莱茵河(le Rhin)，全长1233千米——当然，与中国的大河无法相提并论——莱茵河在法国境内仅有188千米，流经法德边境。

海外领土

一般游客定义的法国通常是指法国本土，除此之外，法国还有一些遥远的海外领土。其中包括：

位于加拿大纽芬兰岛的圣皮埃尔和密克隆(Saint-Pierre-et-Miquelon)；

位于加勒比海的瓜德罗普(la Guadeloupe)、马提尼克(la Martinique)、圣马丁(Saint-Martin)和圣巴泰勒米(Saint-Barthélemy)；

位于太平洋上的法属波利尼西亚(la Polynésie française)的首府帕皮提非常受中国人的喜爱，这里为数众多的壮丽岛屿由三大华裔家族所持有。此外还有新喀里多尼亚(la Nouvelle-Calédonie)、瓦利斯和富图纳群岛(Wallis-et-Futuna)以及克利珀顿岛(Clipperton)；

位于印度洋上的留尼汪(la Réunion)、马约特(Mayotte)、埃帕斯群岛(les Îles Éparses)、克洛泽群岛(les Îles Crozet)以

及阿姆斯特丹岛和圣保罗岛（Saint-Paul-et-Amsterdam）；

位于南极海域的凯尔盖朗群岛（l'Archipel des Kerguelen）；

位于南极大陆上的阿黛利地（la Terre Adélie）；

以及位于北美洲的圭亚那（la Guyane）。

边境和邻国

跟中国一样，法国也有不少邻国。北面有比利时和卢森堡；东北面是德国；东面及东南面有瑞士、意大利、摩纳哥公国；南面有西班牙和安道尔公国。

与法国的海外领土接壤的国家有巴西、苏里南和荷兰。

地形与风光

法国有两大盆地。

一个在巴黎周边，称为巴黎盆地。这里有一望无际的田野，适宜种植谷物。盆地往东，地势渐高，有不少小丘陵，那里盛产用于酿造香槟的葡萄。盆地往北一直延伸到比利时边境，那里有现代化都市区（里尔市）和一些工业区域。在 19 世纪和 20 世纪，这里曾经盛产煤炭和钢铁。

盆地往西，风景渐渐发生了变化。种植用的土地越来越少，果园越来越多——这就是诺曼底的博卡日风光，一种法国西部常见的用树木围隔出的田地，有点像中国景泰蓝的花纹。栖居着小鸟的树篱将绿色的土地分隔成一块块拼图，一直延伸到科坦登半岛。诺曼底的海岸线上，如埃特勒塔，还有许多美丽的白垩悬崖。

再往西，土地变得肥沃，岩石增多，风光秀丽，直达大西洋——感觉好像整个陆地都延展开来，在与大海抗争，这里便是布列塔尼盆地。

另一个盆地阿基坦盆地，位于法国西南部，北抵吉伦特港，南至比利牛斯山脉。与它相毗邻的这片大西洋仿佛在与布列塔尼的对抗中逐渐平息，细软的沙滩静静等候前来的人们。这一段海岸线上有吉伦特港和阿尔卡雄盆地，距它们不远处就是欧洲第一高的比拉沙丘。阿基坦盆地里的一部分地区种了很多松树，这就是朗德森林，也是西欧最大的一片人工森林。

在靠近西班牙边境的地方，海浪和洋流开始变得汹涌，是冲浪爱好者的天堂。内陆地区开始出现山谷和高山，其中巴斯克地区和贝阿恩这两个地方都美极了，小佛爷我在这儿度过了美好的童年时光。

到中南部地区，起伏的地势写满了历史的印记。中央高原由古老的死火山构成，环形公路绵延其中，一路上都是“风吹草低见牛羊”的绝美风景。

在中央高原和阿尔卑斯山之间有一片山谷，由北向南，从里昂到普罗旺斯再到地中海。罗讷河沿着河谷一路向南，所有高山上的支流都汇入其中，在地中海入海处形成了一个三角洲。一路上罗讷河像积聚着所有的力气，没有丝毫懈怠，终于在最后一刻丢下壮烈的抱负，轻松地投入大海的怀抱。这一刻的轻松给法国带来一片名叫卡马尔格的湿地，是欧洲最大的湿地之一，也是候鸟及野马爱好者的乐园。

写到这儿，我有些犹豫，不知道还要不要介绍一下地中海的风貌。你们肯定在很多电影中都已经见识过了……灿烂的阳光、浪漫的海湾、巍峨的峭壁、碧蓝的海水、鱼群和海豚畅游其间的海底世界、铺满了鹅卵石与细沙的海滩，还有地中海内陆的石灰质灌木丛所形成的稀树草原……大画家们常常沉醉于这里的迷人景致。

气候

法国气候温和，这得益于亚速尔群岛（位于大西洋上，葡属）上那团一直延伸到葡萄牙境内的高气压，当然最主要的原因还是来自墨西哥的大西洋暖流，它让大西洋沿岸的法国尽享润泽。

在法国西部海岸，海洋性气候带来充沛

的雨水。一路向南，日照时间越来越长，气温随之逐渐增高，所以法国西南部的葡萄种植非常繁荣。

进入内陆地区，气候变得干燥，相比沿海地区，这里的夏季更加炎热，冬季则更寒冷。在靠近德国的一些大区内，这种大陆性气候的特征更加明显。

法国东南部是典型的地中海气候，炎热，日照充足，经常刮风。最有名的当数密史脱拉风（法国南部及地中海地区干冷而强烈的西北风或北风）和地中海沿岸的西北风，极为强劲。

在阿尔卑斯山脉和比利牛斯山脉地区，高山性气候让法国的气候类型更加丰富。

一年中，巴黎每个月的平均气温如下所示：

1月	2月	3月	4月	5月	6月
3°	4°	7°	10°	14°	17°
7月	**8月**	**9月**	**10月**	**11月**	**12月**
19°	18°	16°	11°	7°	4°

城市

与中国的城市规模相比，法国的大城市大概就和中国的村镇差不多。但倘若算上城市周边郊区以及附属经济区的人口，法国大城市在人口数量上也算是较为可观的。

巴黎的城市居民只有222.9万，如果从经济区域的角度来计算，巴黎人口数可达1240.5万左右。

根据城市规模大小，我把法国下列城市的大经济圈人口和城市中心居住人口用图示罗列了出来，大家可以直观感受一下。

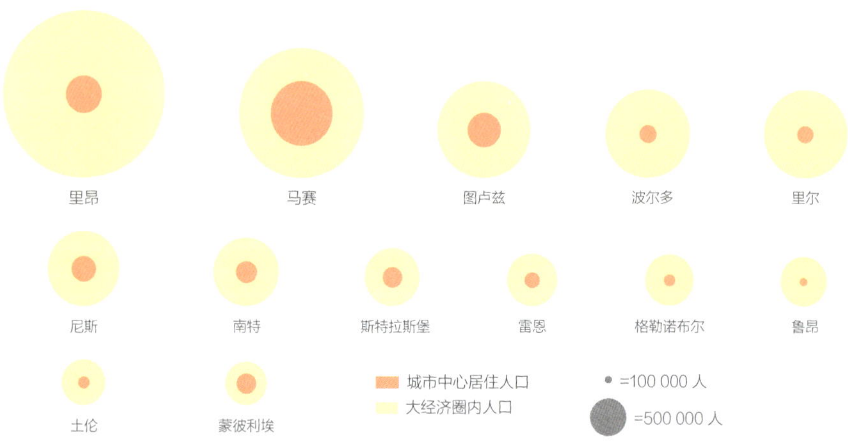

土地和饮食传统

从地理、气候、历史重要性以及文化等角度来看，法国的每个大区风格迥异。这种多样性让法国各地都拥有引以为豪的地方特色，特别是那些独一无二的美食传统。

到法国旅游，除了上好的葡萄酒之外，每个地区都有自己的特色菜，如同各自的名片。

我做了一张不完全列表，从北到南把各地特色菜肴罗列了出来，方便大家通过列表中的词汇去餐厅点菜。

上法国地区

名产：拉芒什海域的鳎鱼（la sole, pêchée dans la Manche）、淡菜（les moules）

名酒：各种啤酒（有Angelus, Grain d'Orge, Jenlain, Moulin d'Asq, La Choulette, Goudale等品牌）

菜肴：韭葱馅饼（la flamiche）、皮

卡第卷饼（la ficelle picarde，一种有蘑菇、火腿、鲜奶油的馅饼，卷起来后在烤箱中加热）、啤酒兔肉（le lapin à la bière ）、法式炖肉（le hochepot，将猪肉、羊肉、牛肉和蔬菜混合炖煮）、弗拉芒啤酒炖烤肉（la carbonade）、淡菜配薯条（les moules frites）、瓦特佐伊炖菜（le waterzooï，一道源自比利时根特的菜肴，鸡肉或鱼肉配上蔬菜，盛在汤碗或盘中，肉汁加奶油或黄油勾芡）

奶酪：马罗瓦勒奶酪（maroilles）、阿韦讷芝士团（boulettes d'Avesnes）

甜点：贡比涅蛋糕（le gâteau compiégnois）、华夫饼（les gaufres）

阿尔萨斯

名酒：阿尔萨斯葡萄酒；阿尔萨斯起泡酒

菜肴：火焰馅饼（la flammekueche，一种有洋葱和猪肉丁的薄脆饼）、白酒什锦锅（le baeckeoffe，混合牛肉、猪肉、羊肉，并加入阿尔萨斯白葡萄酒和香料，慢火炖煮24小时），野兔肉（les gibiers en civet）、雷司令酒焖鸡（le coq au riesling）、阿尔萨斯小面条（les spaëtzles/les petites nouilles alsaciennes）；酸菜炖熏肠（la choucroute）

甜点：古格洛夫蛋糕（le kougelhopf）、蜂蜜香糕（le pain d'épices）

洛林

名产：黄香李（la mirabelle）、南希香柠檬糖（les bergamotes de Nancy，一种透明的糖）

名酒：樱桃酒（le kirsch，以樱桃为制作原料）、黄香梨烧酒（l'eau-de-vie de mirabelle）

菜肴：洛林咸味派（la quiche lorraine，以鸡蛋和猪肉丁为原料）、洛林馅饼（le pâté lorrain，内馅为红酒腌制的肉）、野兔肉（les gibiers en civet）、淡水鱼（les poissons d'eau douce，有白梭吻鲈 sandre、鲤鱼 carpe、鳗鱼 anguille 等）

奶酪：芒斯特奶酪（munster）

甜点：黄香栗挞（la tarte à la Mirabelle）、李子挞（Tarte aux Quetsches）、冰冻夹心蛋糕（Vacherin Glacé）

诺曼底

名产：鳎鱼（sole）、苹果（pommes）

名酒：苹果酒（cidre）、苹果烧酒（calvados）

菜肴：诺曼底小牛排（L'escalope de Veau Normande，搭配新鲜奶油和蘑菇）、猪肉香肠（L'andouille de Vire）、卡昂特色牛内脏（Tripes à la Mode de Caen ）、苹果酒炖鸡（Le Poulet au cidre et aux Pommes）、鲁昂特色鸭（Canard à la Rouennaise）、迪耶普特色鳎鱼（la sole dieppoise），搭配奶油和蘑菇、小龙虾（ Petits Homards à la Nage）

奶酪：卡门贝干酪（Camembert）、庞利维奶酪（Pont-l'évêque）、利瓦罗奶酪（Livarot）、纽夏特奶酪（Neufchâtel）

甜点：苹果馅饼（Tarte aux Pommes，苹果馅的千层饼搭配榛子碎）

布列塔尼

名产：朝鲜蓟（artichauts）、花菜（chou-fleur）、各种海鲜（甲壳类 crustacés、生蚝 huîtres、狼鲈 bar、大菱鲆 turbot、青鳕 lieu jaune、鲭鱼 maquereau 等）

名酒：苹果酒（cidre）

菜肴：布列塔尼扇贝（Les Coquilles Saint-Jacques à la Bretonne）、烩油煎螯虾（Le Homard à l'armoricaine）、煎饼（Les Galettes，用荞麦面粉制成的咸味煎饼，将奶酪、火腿、鸡蛋等配料裹在其中）、布列塔尼鱼汤（La Cotriade，选用当地鱼在高汤中炖煮）

甜点：黄油蛋糕（Le Kouing-amann）、奶油烘糕（le far）、切片蛋糕（Le Gâteau-quatre-quarts）

法兰西岛

名酒：干邑（Grand-Marnier 牌）

名产：巴黎口蘑（Champignons de Paris）

菜肴：牛腰（Le Rognon de Veau）

甜点：马卡龙（Le Macaron）

香槟、阿登地区

名产：兰斯玫瑰饼干（Les Biscuits Roses de Reims，香槟的绝佳搭配）

名酒：香槟酒（Le Champagne）

菜肴：梭鱼塞肉（Le Brochet Farci）

勃艮第

名产：第戎芥末（La Moutarde de Dijon）

名酒：勃艮第葡萄酒、黑加仑酒（La Crème de Cassis）

菜肴：勃艮第牛肉、勃艮第焗蜗牛（Les Escargots de Bourgogne，配蒜味黄油和罗勒）、红酒烩鸡（Le Coq au Vin）、红酒炖蛋（Les Œufs en Meurette）

奶酪：勃艮第干酪（Époisses）

甜点：红酒烩梨（La Poire au Vin）

里昂

名酒：罗讷河谷产区的葡萄酒

菜肴：梭鱼丸（Quenelles de Brochet）、松露开心果香肠蛋糕（Saucisson aux Truffes ou à la pistache en brioche）、鸡肉酿松露（Poularde Demi-deuil aux Truffes）、烧蛙腿（Cuisses de Grenouilles）、里昂煎下水（Tablier de Sapeur，牛肚或猪肚用白葡萄酒腌渍一整夜，然后煎熟）、里昂鲜奶酪（Cervelle de Canut，白奶酪、酸奶、山羊奶酪和香草混合而成）

甜点：油煎糖糕（Bugnes）

卢瓦尔河谷

名产：盖朗德盐（Sel de Guérande）

名酒：卢瓦尔河葡萄酒（vins de Loire）

菜肴：勒芒熟肉酱（Les Rillettes du Mans）、图尔熟肉酱（Les Rillettes de Tours）、小香肠（l'andouillette）、梭鱼（Brochet）、白梭吻鲈（Sandreau）等淡水鱼、各类野味

奶酪：圣摩尔奶酪（Sainte-maure）、法隆赛山羊奶酪（Valençay）

甜点：牛轧糖冰糕（Le Nougat Glacé）、南特烤饼（La Fouace Nantaise）、马卡龙（Le Macaron）

夏朗德普瓦图

名产：黄油（Beurre）、奥雷隆生蚝（Huîtres de Marennes-Oléron）、淡菜（Moules de Bouchots）、甜瓜（melon）

名酒：干邑（Cognac）、夏朗德皮诺酒（Pineau des Charentes）

菜肴：洋葱白葡萄酒淡菜（Les Moules Marinières）、白葡萄酒奶油淡菜（La Mouclade，将皮诺酒酱汁、鸡蛋、鲜奶油和咖喱放在一起烹制）、烤贝类或塞肉馅的贝类、鳗鱼（l'anguille）、海鱼浓汤（La Chaudrée，白葡萄酒和浓汤煮鱼）、羊肚菌烧羊羔肉（L'agneau aux Morilles）

奶酪：山羊乳干酪（Chabichou）

奥弗涅及中央大区

名产：猪肉制食品、牛肝菌（Cèpes）、鸡油菌（Girolles）、羊肚菌（Morilles）

名酒：桑赛尔白葡萄酒（Sancerre）

菜肴：土豆泥拌奶酪（L'aligot）、煮蛙腿（cuisses de grenouilles）、羊肚酿肉（le trénel 羊肚塞肉、内脏还有火腿）、奥弗涅蔬菜炖肉（La Potée Auvergnate），卷心菜酿肉（Le Chou Farci）、小扁豆（Les Lentilles du Puy）

奶酪：康塔勒干酪（Cantal）、奥弗涅蓝奶酪（Bleu d'Auvergne）、昂贝圆柱乳酪（Fourme d'Ambert）、圣内克泰尔奶酪（Saint Nectaire）、萨雷奶酪（Salers）、洛克福干酪（Roquefort）

甜点：皇冠杏仁派（Le Pithiviers）、苹果挞（La Tarte Tatin）

弗朗什－孔泰、汝拉

名产：莫尔托肠（Saucisse de Morteau）

名酒：汝拉黄酒（Vin Jaune du Jura）

菜肴：白葡萄酒孔泰奶酪火锅（La Fondue au Comté et au Vin Blanc）、蒙贝利亚香肠（Saucisse de Montbéliard）、面包干配羊肚菌（Croûte aux Morilles）、奶酪舒芙蕾（Soufflé au Fromage）、各类河鱼、湖鱼（有梭鱼 Brochet、鳟鱼 Truite 等）、黄酒烧鸡（Coq au Vin Jaune）

甜点：蓝莓挞（Tarte aux Myrtilles）

奶酪：孔泰奶酪（Comté）、汝拉特色干酪（Vacherin）、莫尔碧叶奶酪（Morbier）、康库瓦约特奶酪（Cancoillotte）

萨瓦

名产：猪肉制品（Charcuterie）

名酒：萨瓦葡萄酒（Vins de Savoie）、蒿草利口酒（liqueur de génépi）

菜肴：法式奶油焗马铃薯（Le Gratin Dauphinois）、河鱼（Les Poissons de Rivière）、鲁瓦扬饺（Les Ravioles de Royans）、萨瓦省特色香肠（Les Diots）、烤奶酪（La Raclette）、马铃薯饼（La Tartiflette）、奶酪火锅（La Fondue au Fromage）、萨瓦火锅（La Potée Savoyarde）、烤螯虾（Le Gratin d'Écrevisses）

奶酪：博福特奶酪（Beaufort）、圣马塞兰奶酪（Saint-marcellin）、萨瓦干酪（Tomme de Savoie）

甜点：萨瓦蛋糕（Gâteau de Savoie）、核桃蛋糕（Gâteaux aux noix）、蓝莓挞（Tarte aux Myrtilles）

西南地区

名产：鹅肝（Foie Gras）、巴约纳火腿（Jambon de Bayonne）、松露（Truffes）、牛肝菌（Cèpes）、生蚝（Huîtres）、阿让特色梅子（Pruneau d'Agen）、核桃油（Huile de Noix）

名酒：波尔多葡萄酒、贝尔热拉克葡萄酒、卡奥尔葡萄酒、瑞朗松葡萄酒、雅文邑葡萄酒、马迪朗葡萄酒

菜肴：鸭胸肉（Le Magret de Canard）、油封鸭（Le Confit de Canard）、油封鹅（Le Confit d'Oie）、猪油鹅肉卷心菜浓汤（La Garbure）、芸豆焖肉（Le Cassoulet，用白扁豆或芸豆搭配猪肉或鸭肉烹制）、松露煎蛋（L'omelette aux Truffes）、牛肝菌煎蛋（L'omelette aux Cèpes）、波尔多七鳃鳗（La Lamproie à la Bordelaise）

甜点：波尔多卡娜蕾（Le Cannelé de Bordeaux）

奥克西塔尼

名产：卡马格米（Riz de Camargue Picholin）、糖渍青橄榄（Olive Picholin）

名酒：巴纽尔斯红酒（Banyuls）、芳蒂娜麝香酒（Muscat de Frontignan）、马迪郎葡萄酒（Madiran）、福热尔葡萄酒（Faugères）

菜肴：芸豆焖肉（Le Cassoulet，又称法式什锦砂锅）

奶酪：洛克福羊奶酪（Roquefort）、高斯蓝纹奶酪（Bleu des Causses）、罗卡马杜尔奶酪（Rocamadour）

巴斯克地区

名产：巴约纳火腿（Jambon de Bayonne）、埃斯普莱特辣椒（Piment d'Espelette）、伊特萨苏樱桃（Cerises d'Itxassou）、油封鸭或油封鹅（Confit de Canard et d'Oie）

名酒：伊鲁莱吉葡萄酒（Vin d'Irouléguy）

菜肴：番茄甜椒炒鸡蛋（La Pipérade）、巴斯克鸡肉（Le Poulet Basquaise）

甜点：巴斯克蛋糕（Le Gâteau Basque，杏仁奶油为原料的蛋糕，有时候会加入樱桃）、巴斯克贝雷帽（Le Béret Basque，圆拱形的熔岩巧克力）

普罗旺斯和蓝色海岸

名产：鳀鱼（Anchois）、芒通柠檬（Citrons de Menton）、橄榄油（Huile d'Olive）

名酒：普罗旺斯桃红葡萄酒（Les Rosés de Provence）

菜肴：尼斯沙拉（La Salade Niçoise）、蔬菜酿肉（Les Petits Farcis，在番茄、西葫芦、青椒等蔬菜内塞上肉馅烹制）、尼斯鳀鱼洋葱塔（La Pissaladière）、普罗旺斯鱼汤（La Bouillabaisse）、蔬菜杂烩（La Ratatouille）、普罗旺斯焖肉（La Daube Provençale）、锡斯

特龙羊羔肉（L'agneau de Sisteron）、蒜泥蛋黄酱鱼汤（La Bourride）、茴香烤狼鱼（Le Loupgrillé au Fenouil）

甜点：小杏仁蛋糕（Calissons）、果脯（Fruits Confits）

科西嘉

名产：栗子、科西嘉火腿（Le Jambon Corse）

名酒：科西嘉葡萄酒（金鸡纳树皮与当地葡萄酒混合而成）

菜肴：科西嘉香肠（Le Figatellu，一种以猪肉和猪肝为原料的香肠）、烤龙虾（La Langouste Grillée）、野猪肉（Le Civet de Sanglier）、烤羊羔肉（Le Chevreau à la Broche）、巴斯蒂亚沙丁鱼（les sardines à la Bastiaise）

奶酪：科西嘉特色奶酪（有 Le Brocciu、Le Niolu、Le Vènacu 等）

甜点：栗子布丁（Le Flanc de Châtaignes）、干酪蛋糕（Le Fiadone，用科西嘉山羊干酪制作的蛋糕）

世界遗产

截至 2016 年，法国共有 42 处地方被联合国教科文组织列入《世界遗产名录》。其中有：

圣－雅克－德－孔波斯特拉朝圣之路

沃邦的堡垒建筑

柯布西耶的建筑设计作品

阿尔卑斯地区史前湖岸木桩建筑

上法国大区

亚眠大教堂

比利时和法国钟楼

北部－加莱海峡的采矿盆地

诺曼底大区

圣米歇尔山及其海湾

勒阿弗尔，奥古斯特 · 佩雷重建之城

法兰西岛

凡尔赛宫及其园林

枫丹白露宫殿和园林

巴黎塞纳河畔

普罗万城中世纪集市

大东部大区

南锡的斯坦尼斯拉斯广场、卡里埃勒广场和阿莱昂斯广场

斯特拉斯堡与大岛（阿尔萨斯）

兰斯圣母大教堂、圣雷米修道院和圣安东尼宫殿

香槟地区的山坡葡萄园、酒庄与酒窖

卢瓦尔河大区

叙利与沙洛纳间的卢瓦尔河谷

中央地区及卢瓦尔河谷

沙特尔大教堂

布尔日大教堂

勃艮第－弗朗什－孔泰

韦兹莱教堂和山丘

丰特莱的西斯特尔教团修道院

从萨兰－莱班大盐场到阿尔克－塞南皇家盐场，敞锅盐的生产

勃艮第葡萄园风光

新阿基坦

圣塞文－梭尔－加尔坦佩教堂

圣－埃米利永

波尔多月亮港

韦泽尔峡谷洞穴群与史前遗迹

奥弗涅－阿尔卑斯大区

里昂历史遗迹

阿尔代什省的肖维－蓬达尔克彩绘洞穴

喀斯和塞文的地中海农牧文化景观

奥克西塔尼大区

加德桥

阿维尼翁历史中心：教皇宫、主教圣堂和阿维尼翁桥

米迪运河

比利牛斯－珀杜山

卡尔卡松历史城墙要塞

阿尔比市的主教旧城

普罗旺斯－阿尔卑斯－蔚蓝海岸

奥朗日古罗马剧场和凯旋门

阿尔勒城的古罗马建筑

波尔托湾：皮亚纳一卡兰切斯、基罗拉塔湾、斯康多拉保护区

海外大区

新喀里多尼亚潟湖：珊瑚礁的多样性和相关的生态系统

留尼汪岛的山峰，冰斗和峭壁

不靠谱的偏见和成见

由偏见所形成的错误认知从某种程度上来说都是出于“不了解”。每个民族多少都会有被误读的情况，有时候，这些固定思维造成的偏见可能与真实情况相近，但有时候则是对事实的歪曲，甚至是完全背道而驰的一派胡言。在任何情况下，人们都应该尝试去了解偏见背后被歪曲的真相，这样彼此才能更好地理解对方。

法国人对中国人所持有的偏见有时很荒唐，但也许中国人对法国人的偏见也不相上下。

这也是为什么在中国人的集体想象中法国人通常都是……

理想主义者、爱吵架且不守规矩、自私、无法适应现代化、面对竞争停滞不前、懒惰、经常罢工或休假、有文化并且热衷艺术、吃很多面包（尤其是长棍）、常常喝香槟和高级葡萄酒、爱狗（疯狂到会让它们到处小便）、成天穿一些充满创意的奇装异服。

法国男人穿衣品位很高，但有点像女人，显得不够有男子气概。法国女人苗条、优雅。法国小朋友教养很好。

而那些荒谬的观念，让法国人普遍相信所有的中国人都是……

功利、聪明、勤奋、好群居、功夫高手、打太极、随地吐痰、吃大米、讲话大声、从来不说“不”、笑得很大声、骑自行车，总是不停地拍照并且在拍照时比出剪刀手。

中国男人都很大男子主义，中国女人则顺从听话。中国母亲教育孩子都很严厉，中国孩子的智商很高，他们在学校里总是胜过其他国家的孩子们。

这些偏见的真实度如何其实并不重要，我们可以自己去分析、比较或者选择，更多的时候一笑而过就好。旅行为双方提供了互相了解的机会，作为法国人，我们可以向他国人民充分展示自己的国家和生活，反之亦然，游客也可以了解当地的真实情况。倘若去之前就已经能够有一些正确的观念不是更好吗？

法国人的秘密

此刻你或许正在家中细细品读这本指南，或是机场上翻看着打发时间，更有可能是在飞越比利时上空的飞机上阅读这些文字。接下来，我要告诉你们一些关于法国人的秘密，这样你到达法国后就能立刻破译并理解他们的行为举止了。

想要理解现在的法国人，我们还得追溯历史，从头说起。

开国治荒的国王、英勇好战的君主、强势能干的皇帝，对于自己的这些祖先，法国人感到无上荣耀，因为他们建造了卢浮宫、凡尔赛宫、卢瓦尔河沿岸的城堡群、蓬皮杜艺术中心。他们支持艺术在法国繁荣复兴、开创精致料理的先河、成就丰富的文学作品、让哲学思想的萌芽摆脱束缚尽情生长、起草广为传播的刑法法典、将言论自由上升到理论高度……这些先行者，尤其是18世纪启蒙时期的那些法国人，甚至通过一场法国大革命终结了君主制，将命运之神握在了自己的手中。法国人自认为沿袭了古希腊和罗马人的智慧，创建了一个相比其他欧洲国家更加普世的文明。他们曾认为自己的文明是最为璀璨闪耀的，在这片土地以外，皆为蛮夷之地。

整个20世纪期间，法国始终认为自己就是世界文明的精神中心。世界上没有哪个民族会像法兰西民族这样自命不凡，相信自己是集理性、才智、幽默、自然、优雅于一身的民族，总而言之，就是优越感爆棚。

这种高傲到了巴黎人那里，又能再增加一倍。事实上，在法国，无论是政治、行政还是财政领域，中央集权一直都存在着。如果一个法国人想要在时尚、艺术、表演方面有所成就，那他势必要离开自己的出生地前往首都，这样才能让自己的才华发扬光大。法国人把世界看作是一个三层的套盒：巴黎处于正中心，掌控着一切。外省（也就是巴黎以外的地区）虽说没有巴黎那么好，但仍然胜过世界上的其他地方。而在此以外，无论是敌国、俯首称臣的国家、被占领或侵袭的国家，还是邻近或遥远的、需要重视的或可以忽视的国家，比起法国，统统都不在一个重量级上，它们充其量能够激发法国人的好奇心，但远远谈不上欣赏。法国人就这样建立起了一种简单、有效的思维模式——只考虑自己的成就，避免浪费精力。

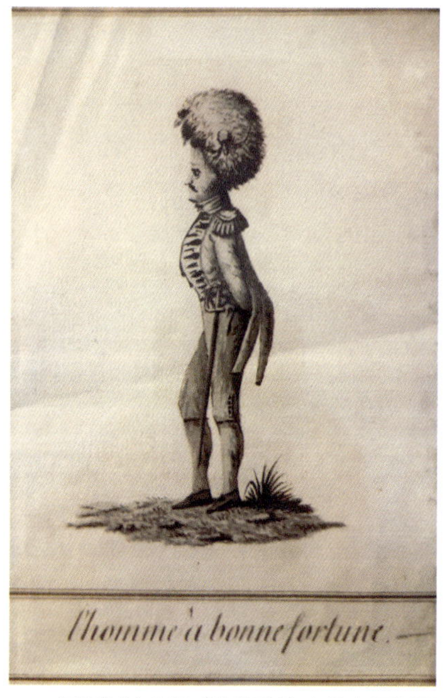

l'homme à bonne fortune.

任何经济衰退或地缘政治上的力量削弱都无法影响法国人的这种优越感。他们认为全世界都渴望法国的文学、哲学、艺术，认为法国的官员卓尔不群，政治家聪慧过人，公共机构办事高效。然而，那些从经济蓬勃发展的新兴国家来到法国的人会发现，在各种美好之外，法兰西民族其实也有可悲的一面，经济也会停滞不前，人有时候也不怎么友好。

当高卢人还在泥地里摸爬滚打、建造茅草屋的时候，中国人已经建立起华夏帝国，傲视群雄，汇集了诸多圣贤和学者的智慧，拥有很多创造历史的发明。在当时，中华民族的文明程度和艺术造诣足以让中国人将西方国家视为蛮夷之地——聚集了一群粗俗、自私、爱吵架、目光短浅的人。

多数法国人无法想象，在过去曾有这样一个民族会把自己当成野蛮人，学校没有设置关于文明的相对性的课程，因而他们也就无从知晓。其实最初的造纸术、火药、风筝、印刷术、指南针、酿酒、面条和厕纸都出自中国人的祖先之手。很多法国人可能从来都没有听说过包公、班超、林则徐、玄奘、杨利伟的名字，汉武帝、杜甫、诸葛亮或苏轼对他们而言也非常陌生。

法国人对游客的傲慢态度往往出于无知，而非本意——这是法国民族对外来文化的误读，是从祖先那里继承下来的。这也是为什么我会请求中国朋友试着去宽容和理解，因为这种傲慢和狂妄其实与法国人的叛逆精神，以及对个体自由的热衷是对等的。就好像在大部分中国人的血液中流淌的是儒家文化所秉承的谦恭思想，以及通过个人牺牲获取社会和谐的信仰，这其实都是文明的特定表现。

另外，法国人常常被自己的优越感所误导，在面对远道而来的客人时他们总是冷冰冰的。因为这种误导，法国人常常将参观者拒之千里。因为这种误导，法国人对游客们不太友好。因为这种误导，法国人不懂如何提供良好服务，生怕一不小心就成了对他人的一种顺从。

在学习如何谦逊待人方面，法国人还真是需要多下工夫。但这些努力是值得的，因为只有这样才能让更多的游客不仅欣赏法国的美景，还会真正爱上这个国家。

幸好，改变正在一点一点发生。由于语言不通，许多法国人热衷于用肢体语言和微笑与中国游客进行交流，尽管大家有时候是在鸡同鸭讲。来旅游的中国人也可以试着与法国人进行简单的交流，告诉他们你来自一个拥有悠久文明的国度，一个和谐的民族。

亲爱的中国朋友们，别被旅行中遇到的那些冰冷面孔吓跑，任何一方的一点小小的主动就可以打破僵局。比方说，借着问路的机会，多问一些问题，你会发现法国人没有那么难以沟通！

彼此都向前迈出一步，那些偏见和成见也就不攻自破了。

如何“搞定”法国人

我们有时候会开玩笑说，巴黎人、法国人大概可以算作是一种“野生动物”。有意思吧……许多野生动物都被人成功驯化了，甚至变成宠物陪伴人类左右。那么想知道怎样才能“搞定”这些难搞的法国人吗？一起来学几招吧！

法国人（尤其是巴黎人）没什么耐心。一旦意见相左，他们就会很烦躁，大吼大叫，失去理智。这种时候要把他们晾在一边，千万不要让自己说话的分贝高过他们的。要保持镇静、微笑，说话要温柔。你若坚持住了，那就能看到以下变化：

最开始，巴黎人会觉得你很傻，他会不耐烦。

接着，巴黎人会觉得你认为他很傻，他更不高兴了。

再来，巴黎人不明白你为什么不生气，他好像失去了目标。

当巴黎人看到你还在微笑，他就开始怀疑世界了。

然后，巴黎人开始安静下来。

最终，巴黎人会乖得如同一个10岁的孩子。这时，你就能把他们“手到擒来”了。

我们还要学会利用法国人的优越感——可以通过翻译或导游，热情赞扬法国以及巴黎。记得学上两句万能金句：“巴黎是世界上最美的城市”和“我爱法国”，不用担心自己说的是否足够诚恳。据我所知，几乎每个法国人在听到这样的溢美之词后都会感到飘飘然，对游客也就笑呵呵了。

比起巴黎男人，“搞定”一个巴黎女人就更容易了。事实上，巴黎女人相信自己拥有得天独厚的双重优势。首先，作为巴黎人的一分子，她们已经很自命不凡了。更加了不起的是，她们还汲取了艺术、时尚、电影中的女性优雅之精髓，简直就是“雅致（chic）”的化身。也正因如此，巴黎女人对甜言蜜语会更加受用。下面我就教你们几招哄巴黎女人开心的傍身之计。

要带着崇拜的眼神，问她们这个包是哪里买的，告诉她们那条丝巾或皮带非常衬她们的身材和气质。如果你还不会说法语，那就用手比画一下，总之要让她们感觉到你的赞美之情。

在法国，比起年龄带来的阅历和智慧，人们还是更喜欢蓬勃的“青春”气息，所有人都渴望保持年轻。称呼巴黎女人的时候，使用“小姐（Mademoiselle）”能让她知道你觉得她很年轻。法国人称呼女性有两种方式，分别是“女士（Madame）”和“小姐（Mademoiselle）”，通常情况下，“小姐”用来称呼那些未婚的年轻女性，而这也是所有巴黎女人的状态，至少是她们想成为的状态。

还有一个方法永远不会出错，那就是对女士彬彬有礼。从中世纪开始，骑士们就以尊敬和体贴女士为荣，这是从那个时代流传下来的一种行事准则。如果你能做到以下几点，得到法国女人的芳心也不是没有可能……

女士先行；

让女士走在人行道的内侧；

为女士开门；

为女士拉开座椅，方便她入座；

女士站着的时候决不先行入座；

帮女士拿外套；

在女士抽烟时，适时地递上打火机或者火柴。

一个小建议：当你回到中国后，把这些技巧用在自己的妻子或女朋友身上……你会发现让女士开心的方法全世界都通用！

法国人不太会主动微笑。这并不是因为他们不开朗或不好相处，更主要的原因是他们觉得笑得太多就失去了价值。如果你对他们微笑，也不要期许有所回应，不过有时候你的微笑也许会打动他们。

和中国人一样，法国人也爱吃。对法国人而言，饮食就像是美丽动人的爱情故事，让人禁不住想要讲述。在餐桌上，法国人会评论所吃的食物，他们对于厨房里的那些秘诀也非常好奇。如果一道菜很合他们的胃口，他们就会拿来和别的菜作比较，或者和妈妈做的菜一较高下。吃着午饭，他们就已经开始计划晚餐了。而晚餐时间，他们会为第二天的午餐做准备，考虑要不要去大家都在谈论的那家餐厅尝尝鲜。享受美食的时候，时间仿佛消失了，现在、过去、未来似乎都融在了一起。

法国人对于同样拥有非凡饮食文化的民族有一种亲切感，对中国美食更是赞赏有加。尽管有时候他们并不能完全了解真正的中式烹饪，但知道中华美食也是世界上独一无二的文化遗产就够了。在法国人眼里，如果你对法国料理感兴趣，那就称得上是朋友了。来记几句实用的法语吧："C'est bon, c'est très bon(好吃，太好吃了)!"或"Félicitations au chef（大厨真棒）"。

法国人很容易被响声惊吓，就像某些动物一样，他们的听觉系统特别敏感。我们在中国习以为常的声响在他们听来可能就是"简直不能忍受"。如果说话太大声，呵呵，"搞定"他们似乎不太可能。对法国人而言，讲话太大声是不礼貌的，因为这些声音侵犯到了其他人的私人空间。

中文发音在世界范围内都算是超级复杂的，如果连中文都搞得定，那区区几个法国单词一定不在话下。想"搞定"法国人，要像驯兽师搞定猛兽那样，让他们觉得你也听得懂他们的"语言"。无论你是谁，只要会几句法语，法国人就会本能地对你产生好感。

法国人珍视爱情，他们对于自己的"浪漫"名声感到格外自豪。如果你带着心上人一同游览巴黎，那一定要让法国人感受到你们的爱意，这样他们会觉得自己应该提供更贴心的服务，助你们的感情升温。在法国人看来，"度蜜月"这个词简直就像有魔法一样。我认识一些中国夫妇，有的已经结婚多年，但当他们在法国用上"度蜜月"的说辞时，总是能在旅行中得到意想不到的惊喜和便利。

其实，法国人对待游客和对待自己人的态度一样，总是显得不冷不热，因为他们会混淆"服务"和"服侍"的概念。反过来，如果你相信他们的专业性，那你也能够轻松得到应有的服务。假使你提出每一项请求时，都在前面加上"J'ai un service personnel à vous demander.（我有件事儿想麻烦您。）"或"Pourriez-vous me faire une faveur ?（您能帮我个忙吗？）"，就会得到令人满意的回应。

训练动物的时候不能惹恼它们，搞定法国人也得顺着他们来，因为他们总觉得自己有理。在争论中，法国人才不会在乎是否丢了面子，他们总要争取拿到最后的话语权。对他们而言，能够在一段谈话中最后发表意见就是一种完胜。如果你要继续补充点什么，那他一定会有所回应，决不罢休。遇到这种情况，最简单的方法就是用你的沉默帮助法国人实现心愿。法国人也不会多想——要知道他们其实并没有说服你，但就像驯服动物一样，他们看到你放低姿态，也就高兴了。

训练动物需要反应迅速，如果感觉到你在犹豫，动物就会把这种迟疑当作软弱，不给予应有的尊重。在法国，服务人员本身动作很慢，但他们却希望客户能够迅速、果断。无论是在餐厅还是酒吧，如果你迟迟下不了决定，服务员就会失去耐心。如果你在他们面前表现出犹豫，那法国人就会觉得你好欺负。大胆告诉他们你想要吃什么或喝什么，如果还没选择好，那就让他们待会儿再来。千万不能不知所措！你也可以记住这个公式："Quelques minutes de plus, s'il-vous-plaît.（请再多给我几分钟时间。）"。

最后，想哄好法国人，一定要适应他们的风俗习惯，尽可能和谐地融入当地人的生态圈。

在法国你需要知道的好修养和坏举止

就跟世界上所有国家的人民一样，法国人也会迅速对他人作出评价——有时可能太迅速了。他们在评价之前先会观察对方，观察这个人怎样走路、说话、吃饭、喝酒。通过观察他日常生活中的各种动作，判断这个人是否受过良好教育，修养是否好。

这里，我将为大家介绍一些法国人眼中的好修养。如果你符合以下这些情况，那么恭喜你已经获得了不少优势。此外，你可以了解并模仿一些法国社会的文化习惯，这将为你在当地旅行带来不少乐趣。

个人行为

法国人不会大声说话。在法国，正确的做法是让自己与对话者离得更近一些，能够在不提高嗓门的情况下与对方说话。中国人大声说话可能是为了跟别人分享自己的喜悦，抑或习惯使然，而法国人奉行个人主义，所以更喜欢温和有节制的语调，确保不打扰他人。

法国人会尽可能地在公共场所做到以下标准：

不吐痰，如果实在有需要，就去洗手间或卫生间。在公共场合吐痰，尤其是在大街上吐痰，在法国会被认为是非常不雅的行为。

尽量不要打嗝。

避免大声打喷嚏。

咳嗽、打喷嚏或打哈欠时用手挡住自己的嘴。

交流时需要避免的话题

宗教： 大部分法国人不相信上帝，也不祈祷。而对于那些教徒而言，在聊天中涉及宗教可能会让他们觉得自己被冒犯了。

政治： 法国人喜欢就政治话题进行辩论，但这些话题一旦开始总是很快就引起冲突，所以在社交场合大家都对政治避而不谈。

金钱： 法国人认为露财是一件很庸俗的事情，如果有钱人能低调行事不炫富，那就是有教养的表现。

人际关系

在法国，无论男女，见面要跟人打招呼，握手时一定要看着对方的眼睛，也可以简单地说声“你好”并致以微笑。

贴面礼是将自己的脸颊在对方的左脸和右脸上各贴一次。这个极具象征意义的法式问候其实颇为讲究，因为根据地域的不同，贴面的次数以及从哪一边先开始都不一样。如果你想避免尴尬，也可以用握手代替贴面。

有时候我们在欧洲电影里会看到一位绅士握起一位女士的手，并在手背上轻轻吻一下。法国人认为这是一个非常优雅的举动，称之为“吻手礼”。不过，我还是建议别轻易尝试，因为即便是欧洲人，大部分人都未必清楚这一礼节的规则，也不能准确、恰当地做好这个动作。

法国人互相介绍的规矩也较为复杂。没有人会主动来询问你是谁，所以最简单有效的方法还是在必要的时候自报家门。在欧洲，人的名字都排在姓氏前面。如果有人自我介绍说他叫 Louis Dupont，你就可以知道 Dupont 是他的姓，Louis 是他的名。

大部分女性在结婚后都会冠上夫姓。如果你遇见 Durand 女士，那十有八九这位女士的丈夫姓氏就是 Durand。

如果有法国人问你是从哪里来的，或者问你来自中国哪个地区，通常他们是想问你“出生在哪里、在哪里长大、在哪里生活”，而不是问你的籍贯或是祖上是哪里人。

在法国如何用手势来数数

法国人用手指数数的方式和中国人的不太一样，对法国人来说，竖起大拇指（这个手势同时也可以表示“棒极了”）或食指代表“1”；同时竖起大拇指和食指，代表“2”；同时竖起大拇指、食指和中指，代表“3”；同时竖起拇指、食指、中指和无名指，或是食指、中指、无名指和小指，代表“4”；伸出一只手的五根手指代表“5”。

没有法国人能够只用一只手就数完“1 ~ 10”，他们也看不懂中国人对“6 ~ 10”的手势表达。

法国人对物质的依赖程度比较低，这一点他们非常引以为傲。但他们可能不知道，对于中国人而言，展现自己拥有的最好的东西（大多数情况下，也是最贵的东西），是一种表达尊敬的方式，说明自己重视和信赖对方。如果有人穿上最好的衣服，戴上最好的首饰与他人见面，这就表明这次会面非常重要，希望对方能够体会这份用心。

要想与法国人建立比较深的私交并非易事，因为他们把私生活和工作分得很开。因此，请不要把法国人的这种距离感误认为是他们对你的轻蔑。

跟很多其他西方国家一样，法国对年长者的尊重程度远不如亚洲。西方人更崇尚年轻，因为年轻意味着身体健康、精力旺盛、充满活力。因此他们一般不会询问别人的年龄，也不会祝贺一个人又长了一岁。

同样，与大部分西方国家的习俗相似，法国人收到礼物后会马上拆开。收到礼物的人总会在拆开包装后表示出惊叹，无论内心是真的喜悦，还是失落。

法国人报电话号码总是两位数一起报，而不是一个数一个数地念。这个方式看似复杂，但很快就能习惯。

如果有人用一只手递名片或接名片，这在法国很正常，没有任何不好的含义。

法国法律禁止在公共场合遮盖全脸，包括穆斯林头巾。

孩子

法国人认为，一个有教养的孩子不应该大声叫嚷、兴奋多动、随便乱跑或在他人面前表现得没有礼貌。但理想总归是理想，法国小孩任性时，或兴奋起来也是很难对付的。

另外，在法国，人们可以接受在公共场所给孩子喂奶，不需要躲躲藏藏、不好意思。

日常生活

在洗手间

使用完卫生间后，将马桶圈和马桶盖都翻下去，再冲水。离开前要确认厕所保持干净，如果有必要的话，离开前擦一遍马桶圈，保证其表面不留下液体残渍。

在法国，排污管道和下水道都可以接收废弃物，所以卫生纸可以直接扔进马桶。不过，一些可能会堵塞管道的大型废弃物要另外丢置，比如一些女性卫生用品。

餐桌礼仪

餐巾

餐巾在折叠时只能朝着一个方向，不能将整块餐巾盖在膝盖上，也不能把它当作围兜围在脖子上。餐巾是用来擦手的，或是轻轻擦拭嘴上的食物残渍的。

餐具

从餐盘的左手边开始，根据食谱的不同，可以依次看到以下餐具：冷头盘叉、鱼叉、主菜叉（如果在鱼之外还有别的主菜）。

在餐盘的右侧，从最外侧开始，可以依

次看到以下餐具：汤匙、冷头盘刀、鱼刀、主菜刀（如果在鱼之外还有别的主菜）。

在餐盘的前方，在餐盘和杯子之间，可以依次看到以下餐具：奶酪刀、甜品叉或甜品刀（或者两者都有）。

如果餐具太多，不知如何下手，只要记住按照由外至内的顺序来使用即可——餐具总是按照上菜的顺序来摆放。如果还有疑惑，那就看看周围人是如何使用的，照着来就行了！

记住，别把刀叉抓得太紧。一般拿在大拇指和食指之间，刀叉的柄抵在中指上。握刀的时候，将食指放置在刀刃和刀柄的结点处，不能低于此处。

餐刀和餐匙都是用右手拿握，餐叉用左手。在不使用餐刀的情况下，可以将餐叉移至右手。

不要去舔自己的餐刀。

除非是不得已的情况，法国人一般不会把餐叉直接插入食物，通常是将食物推至餐叉的缝隙中。

此外，不能将任何食物残渣放在桌子上。无论是鸡羊肉的碎骨、海鲜外壳、橄榄或水果的核，都要放在自己餐盘的边缘部分。

聊天的时候，不要挥舞手中的餐具。

用餐过程中，如果想要暂停一下，可以把餐叉和餐刀呈“八”字形放置在盘子上。如果已经吃完了一道菜，就将餐叉和餐刀平行放置在餐盘上，靠近右侧的一边。这样的摆放方式可以让服务员知道是等候你继续用餐，还是应该把餐盘收走。这一规则不仅适用于餐厅，在家用餐的时候，负责上菜和收盘子的人也会据此进行判断。

在法国，人们一般将勺尖对着嘴递送食物，而不是横握着勺子，从餐勺的一侧把食物送进嘴里。

要记住：永远不能低头用嘴去够餐具里的食物，一定要用餐叉或餐勺将食物送到嘴边。这样一来，吃饭时也能保证坐姿端正。

有时候，餐盘边上还会有一个小碗，里面有水和一小片柠檬，这是用来清洗手指的。比如我们在享用海鲜时，会用手指直接接触食物，这个时候就要用到这碗水了。一般将手指轻轻放在水中浸润后，用餐巾擦拭干净即可。

酒杯

酒杯放置在餐盘和甜点及奶酪餐具的前方，从右至左依次排开，第一个是香槟杯（专业人士都会偏爱高脚细长的那种）。接下来的杯子从尺寸上依次递增，先是白葡萄酒杯，然后是红葡萄酒杯。如果搭配奶酪的葡萄酒与之前的不同，则还会再放置另一个葡萄酒杯，最后一个才是用来喝水的玻璃杯。

用透明的底座玻璃杯盛放葡萄酒，可以更好地观察葡萄酒的色泽。品酒的行家们还会观察酒液在杯壁上所呈现的形态。通过简单的观察就能判断出一款葡萄酒的酒精含量。

有时也会用到吸管。比如在喝果汁的时候，不希望把果肉吃下去，或是饮料中加入了冰块，抑或是鸡尾酒用了水果块装饰。需要提醒大家的是，在法国，人们会尽可能避免在公共场合制造声响，因此也要注意用吸管品饮的时候不要发出声响。

规范的用餐方式

中国人喜欢邀请朋友们去餐厅，法国人其实更喜欢邀请朋友到自己家中用餐。

法国人会提前向朋友发出邀约，告知用餐的时间。客人在预约时间的 15~30 分钟后到达即可，去的时候带上小礼物。更周到一些的话，可以在用餐当口的早上，快递一篮水果或一束鲜花，这样邀请人也能有充分的时间将礼物摆放在家中合适的位置。

入座时，如果邀请人是女士，一般是在女主人正式入座后，宾客才相继入座。如果邀请人是男主人，他会建议宾客们先行就座，自己则最后入座。

如果你的座位被安排在男主人或女主人的右侧，那就表明你是此次宴请的座上宾。

入座时，背部和臀部要成 L 型，背部要保持挺直，并且不能靠在椅背上，与餐桌的距离保持在 20 厘米左右。

双手要始终放在餐桌上，但手肘不能触碰到餐桌。

敬酒的礼仪很简单，既不要太频繁，也不要太少。多数情况下，举起酒杯的时候要与对方目光相对，并说：“祝您身体健康！”

如果希望敬酒更加正式，则需要将酒杯高举到自己下巴的位置，然后向被敬的一方，或是在场的所有人发表祝酒辞。一般，目光先与最尊贵的那位客人相对，然后再将视线扫向在场的其他人。在法国，一般很少有多次祝酒或回应祝酒的情况。

法国人从来都不喝热水，因此也不会提供热水。如果有需求，要主动向他们提出——当然，往往也会收到对方惊诧的表情。

一般情况下，邀请人会向宾客们提示可以用餐了，然后大家就可以相继开始了。

女士总是被优先上菜，即便是更加位高权重、或年长的男士也要让女士先开始用餐。

上菜通常从每个人的左侧开始（与上酒的方向刚好相反，后面我们会详细说到上酒的方位），撤离餐盘的时候也从左侧进行。

如果有服务员上菜，当菜端到自己面前的时候，不能随便挑选盘中的某一块食物，而是按照就近原则，取用离自己最近的那部分食物。

如果没有服务员上菜，那大家就要向坐在自己右手边的邻座递餐盘。如果邻座是一位女士，那么她右侧的男士可以为她端着餐盘，这样方便她分取食物。在递餐盘的时候，注意餐具的摆放方向是否方便他人拿取。

从面包篮中拿面包的时候，除了自己选的那一片，不要碰到其他的。这一规则同样也适用于取用水果。

与中国人吃米饭的方式不同，在法国，人们从来都不会将盘或碗倾斜，也不能把它们凑到嘴边去吃。

喝汤或吃面条的时候，不能发出声响。

吃饭时不能张着嘴巴，咀嚼时露出或吐出食物残渣也是不雅的举止，更不能发出声响。当然啦，满嘴都是食物的时候，一定不能说话。

食物吞咽完毕之后，才能喝酒或喝水。喝酒或喝水之前，要先将自己的嘴抹干净，以免在杯子上留下印迹。

按照惯例，要把盘中的食物都吃干净，以表示对这餐饭的满意。不过，如果你真的不喜欢某道菜，法国人也绝不会因为你一口未动而责难你。

如果是在法国朋友家里做客，对着餐桌上的食物拍照会让人感觉不太好。如果用餐氛围比较正式，拍照并分享到朋友圈的做法也是不太好的。

用餐过程中，如果要站起来，千万不要随手把餐巾放在自己的椅子上——椅子是用来坐的，不是用来放餐巾的。记得要把餐巾放在盘子的左侧。

通常情况下，用餐结束时，邀请人会第一个站起来，以提示在场的所有人用餐已经完毕。

在餐厅

在法国餐厅用餐时，一般的习惯是每个人选择自己的前菜和主菜。通常菜单上不提供多人共同享用的菜肴分量。不过也有例外，某些菜肴就会标明供两个人食用，如某些超大块牛肉或整鱼。

餐厅一般会提供免费的饮用水，可以主动向餐厅索要。

在专业侍酒师面前，不要感到怯场。如果语言能力好的话，可以大胆地提出问题。在确认点单之前，建议大家先问清楚每一款酒的价格。列级庄的价格一般会比较高，因此在没有确认价格的前提下建议不要贸然下单。最后，教大家一个诀窍——法国人一般会说要一款“轻盈（léger）”的酒，来代替“不太贵”的酒；与此相对的则是“醇厚（corsé）”这个词，意思是价格并非决定性因素。

当一款葡萄酒被呈上餐桌时，高级餐厅的侍酒师会先行品饮，以确认酒的品质。然后，侍酒师会给某位顾客的杯中斟上刚好覆盖杯底的酒量，请他品饮。这位顾客通常经验丰富，品尝后会通过一个赞许的点头示意，确认选用这款酒，接下来，就是与所有在座的宾客分享了。如果餐厅中没有专业侍酒师，只需要一位客人先行品饮、确认即可。如果有疑虑，比如酒液中有软木塞的味道，可以示意侍酒师，来品一口，征求他的意见。如果酒没有达到预期的品质和要求，可以立刻调换。

在法国，菜品是一道接着一道、按照顺序依次呈上餐桌的——这种上菜顺序最早可以追溯到19世纪。最先上桌的是前菜（汤、沙拉、肉酱、猪肉冷盘、熏制鱼类、生蚝或海鲜），接着是配有蔬菜的主菜（这种搭配中的蔬菜也被称作边菜或底菜，一般可以替

换，有额外需要时则会加价），最后上桌的是奶酪和甜点。如果某一位食客只点了主菜，那他就要等其他人都用完前菜后，再跟大家一起同时享用自己的主菜。

需要餐厅服务员的帮助时，要称呼他们为“先生(Monsieur)”或“女士(Madame)”。买单的时候，可以说：“请给我一下账单。（L'addition, s'il vous plait.）”

结账的时候可以AA制，或者直接在索要账单的时候就要求“请提供分开结账的账单（Des additions séparées, s'il vous plait.）”。在任何情况下，都不要坚持为所有人买单，根据当时的气氛选择一种最适合、最简单的结账方式会让人更舒服。

如果吃的是自助餐，切忌在盘中装太多的食物，可以分几次拿取，但每次都要适量。在中国，人们习惯在盘子中装满食物，方便与同桌的人一起分享，这种方式在法国行不通。每个人根据自己的喜好拿取食物，避免造成浪费，法国人非常在意这一点。

沟通交流

在中国，婉转地表达自己的观点被视为是有礼貌的表现。法国人表达自己的想法和情感时却很直白。不要因为他们说了“不”或在交流中提出了相反的见解就不爽或是生气。

和法国人吃饭的时候接听手机，会被认为是无礼的表现。他们会认为，你觉得电话那头的人比他们更加重要。比较好的做法是将手机调成静音模式，尽量避免被打扰。

行人的好举止

在人行道上

不要在行人如织的路上突然停下脚步。如果必须停下，要先离开人群，走到路边。

如果是两人或三人同行，要留意别让自己的“多人部队”挡了其他行人的路。

要让长者或需要被尊敬的人士走在人行道的内侧，这样不仅能够方便他们浏览商店橱窗，还可以让他们远离道路上急速驶过的车辆或避免被路边的污水溅到。在过去还没有排污管道的时候，走在人行道内侧可以避免被弄脏，这个传统就这么保留了下来。

在楼梯上

如果楼梯很窄，男士要走在女士前面。上楼时男士走在女士前面，是为了避免看到女士的裙底。倘若女士穿的是裤子，那男伴走在身后的话，视线可能刚好对着女士的臀部。这就是为什么男士最好还是走在前面。而下楼梯时，男士也要走在女士前面，至于原因，那就有些不同了。因为下楼的时候，女士万一摔倒，走在前面的男士可以起到保护作用。

在自动扶梯上

在自动扶梯上要靠右站立，将左侧留给那些想要快速通过的人。如果你们一行有很多人，则需要站成一列。

在直梯里

乘坐厢式直梯，要“先下后上”。如果电梯快满了，男士要将空间让给女士，选择走楼梯或者等下一部电梯。

男士在上下电梯时要让女士及其他弱小者先行通过，伸出手臂在电梯的自动门前阻挡一下，让门保持打开，方便他人进出。

交通出行

地铁与火车

让年长者、孕妇、带小孩的人、搬运重物的人以及残疾人先行通过。

在自动闸机前，要事先准备好车票或是交通卡，不要临时翻找，以免堵住后面的队伍。

准备上车时，和在中国乘坐地铁一样，站在车门两侧，“先下后上”。

如果站在车厢的出口位置，为了方便他人下车，可以先下车让出通道，待大部分人下车后再重新上车。

如果车厢很挤，尽可能在不打扰他人的情况下往车厢内部走，不要用肩膀或手肘去顶撞别人。如果被挡住了去路，可以说一句“打扰了（Pardon）”示意对方让一下。

地铁里使用手机时最好是静音。不要大声讲电话，可使用耳机接听。为了不打扰其他乘客，最好避免通话时间过长。

就座时，任何情况下都不要把脚搁在对面座椅上。

公交车

在法国，乘坐公交车时大家都习惯先跟司机问声好。

上车前，要准备好车票、交通卡或购票的零钱。

在车上，老弱病残孕专座也允许普通人入座，有人需要时请让座。

金钱和购物

法国人不喜欢被问及自己的衣服或饰品花了多少钱。

在法国收到一份礼物，需要当场打开。

走进一家店铺时，法国人一般会跟店员打招呼，说声“你好 (Bonjour)”，就像去的是店主的家一样。

在博物馆和历史景点

每个博物馆和历史古迹的拍照规则都有所不同。如果允许拍照，也要先确认对闪光灯的使用是否有限制。

参观时不要打扰到其他人，有人喜欢在安静的环境中全神贯注地欣赏作品。

参观时与作品保持一定距离，不要把鼻子凑到作品上，以免阻挡或妨碍他人参观。不要触碰展品。

如果是跟团，注意不要让大部队挡住了通道，以方便单独参观的游客通行。

如果背着双肩包，博物馆的安保人员会提醒你把背包背在胸前，这样是为了防止你不小心碰落身后的艺术品。

法国的很多历史古迹都是宗教建筑，尤其以小教堂和天主教教堂居多，这也跟欧洲的基督教及天主教历史有关。然而，很多法国人都不相信上帝的存在。参观这些宗教性质的建筑与信仰没有任何关系，无需像进入清真寺或佛教庙宇那样脱鞋，拍照往往也是被允许的。参观者不需要严格遵循宗教礼仪，但不能大声讲话，以免打扰到正在祷告或冥想的信徒们。

对于很多无神论者而言，教堂有时也是城市中的一隅静谧之地，是理想的冥想圣地。

小费

在小费方面，法国的传统习惯和法律规定刚好相反。一般情况下，倘若你对服务很满意，那就可以给些小费。《劳动法》则明确表示，所有行业中，从事服务工作的雇员的全部工资都由雇主支付，工资收入不得由客人承担。

在法国人看来，在任何情况下服务人员都应该确保提供优质服务，并且取得对应的报酬。总而言之，法国人不赞成小费文化，在一定程度上也抵制它所产生的不良影响。如果提供良好服务不是为了让客人感到满意，而是被个人重商主义所代替，那就很悲哀了。更何况，服务行业从业人员的工资水平也会因为小费的风行而降低。

由此可见，传统和法规之间需要达成一种平衡。

在餐厅或咖啡馆，如果对服务真的感到非常满意，可以在拿到账单后在账单金额上加一小部分费用，凑个整数。比如账单上是47欧元，那就可以总共支付50欧元。

法国的常规出租车服务本身已经十分昂贵，且与Uber或其他用车服务相比，服务质量通常还不怎么样。除非司机帮助你搬运了行李，或是特别亲切友好、高效完美，否则，一般都无需支付小费。如果支付的话，小费基本上也是将账单数目凑个整，比如计价器上显示18欧元，那么乘客可以支付20欧元。

总之记住一点，在法国小费从来都不是强制性的。

如何恭维女性

许多人都觉得法国是浪漫的，这种“生活艺术”其实源自中世纪（大约相当于中国的宋、元时期），那是骑士的年代，是骑士爱情的时期。从那时兴盛起来的法国贵族礼仪和行为规范，在歌曲、诗歌等许多艺术作品中都有体现。骑士们为了吸引女性并成为其庇护者，经常为了她们比武、写诗、创作音乐。

渐渐地，这些行为举止演化成了法国人恭维女性的特色文化，核心价值是将女性视为敏锐、细腻、不可粗暴对待的生灵。

以下就是一些放之四海而皆准的善待女性的方式：

给女士让座；

有女士进入房间的时候，场内坐着的男士起身迎接；

女士就餐入座时为她拉开椅子；

为女士斟酒；

如果女士吸烟，为她点烟；

女士到场或离开的时候，为她脱下或穿上外套；

如果楼梯较窄，上楼和下楼时都走在女士前面；

如果遇到下雨，要为女士打伞；

女士上下车的时候，要为她开门。即便是与女士同乘一辆车，也要绕过车身为她开车门，然后再自己入座；

送女士回家时，要把她送到家门口，确认她安全回到家中，避免任何可能发生的意外情况；

如果戴着帽子或其他头部装饰物，在遇见女士的时候都要脱下致意；

不能主动与女士握手，而是要等对方先把手伸出来。如果她没有伸手的意思，那多半表明她不希望被打扰；

当女士提着重物的时候，男士一定要主动帮忙。

好运与霉运

在法国，数字4、6、8没有特别的含义。在法国人看来预示着幸运的是：马蹄铁、甲壳虫、四叶草、摸一下木头（驱邪）、彩虹、打碎白色杯子、左脚踩到狗屎。

会带来霉运的则是：

数字13——法国人会避免13个人聚在一个餐桌上吃饭，有些人不喜欢乘飞机时被安排在13排（大部分西方国家的航空公司都会跳过13这个数字）；

从楼梯下穿过；

餐桌上，将盐直接递给另一个人，盐瓶没有触碰桌子；

菊花和石竹花（因为这两种花经常被用在葬礼上）；

在室内打伞；

将面包反过来放；

打碎镜子。

还有一些既能带来霉运，也可以带来好运的日子：

当一个月中的13日刚好落在星期五。对某些人而言，这是不好的征兆，但对另一部分人而言，却是幸运的一天。有时全国的大乐透还会在这天安排特殊的开奖。

当然，中国游客也要直言不讳地告诉法国人，中国人一般认为哪些东西会带来霉运。

如果你入住酒店时被安排在了第 4 层或 444 号房间，要说出你的顾虑。通常情况下，法国人一开始都会觉得很吃惊，但也正因如此，他们才能了解到之前不熟悉的状况，说不定他们还会在下班回家后告诉自己的家人。一般来说，他们都会尽力为你提供帮助。

寻找街头美食

法国人对吃非常讲究。几个世纪以来，饮食在法国已经成为一种真正意义上的文化，以至于“法餐”被列入了联合国教科文组织的《世界非物质文化遗产名录》。

事实上，法式晚宴的上菜顺序最初是受俄国传统的影响，之后才形成了固定的顺序：餐前点心、餐前汤（只在晚餐前才有）、前菜、第一道主菜（鱼或海鲜类主菜）、第二道主菜（肉类主菜）、绿色沙拉、奶酪、甜点。

吃饭往往是家人团聚的美好时光，但是在法国，一顿工作午餐也有可能从 13：00 吃到 15：30。餐桌上的愉悦气氛让就餐像是一场连贯的戏剧表演，若是删减了某个部分或是缺少了某个环节，都会显得不合理。

法国人热爱团聚时的温馨，也不拒绝深受亚洲人欢迎的街头小吃。也许在某个路口，你能看到有人在兜售烤栗子，还可以品尝西班牙炸油条。当然，你也不会错过摆满了夹心糖果和巧克力的橱窗。夏天的时候，街角经常有推着三轮车兜售蛋筒冰激凌的商贩。

虽然法国的街头美食无法与上海吴江路、老城隍庙小吃街的相媲美，也跟北京簋街的水准相去甚远，但法国人乐在其中。如果他们日程很忙，不希望因为吃饭而中断工作，就会吃个法式三明治。这种快餐最早是在工人阶级中流行起来的，起初是掰点面包的坚硬外皮，配上一点盐或猪肉，渐渐地演变成了用面包搭配肉酱或奶酪的吃法。

三明治之王

1830年，一位名叫Sandwich John Montagu的英国伯爵发明了“在两片面包中夹一些肉”的吃法，当时的法国工人受到他的启发，从此三明治就在法国流行起来。

如今，法国最流行的街头小吃非三明治莫属。每年法国人要消耗23亿个三明治，其中包括典型的法棍三明治（占到了65%），其他的是外来的三明治，比如热狗、土耳其烤肉三明治、汉堡、百吉饼等。最近几年，百吉饼日渐流行，大有争夺销量冠军的潜力。汉堡的销售数量也开始超过法棍三明治。

在法国，一个三明治的平均价格大约3.5欧元。

经典的法式三明治首先需要一段“外脆里嫩”的长棍面包，纵向一切为二后在内侧抹上黄油，再夹入熟火腿（也称巴黎火腿），有时候还会放酸黄瓜片。这样的一个三明治就是法国人常说的“jambon-beurre”，即火腿黄油三明治。除了这种传统吃法，还可以放些奶酪，用肉酱、吞拿鱼或生制火腿来代替熟火腿，用芥末或蛋黄酱代替黄油。

可惜的是，让法国人引以为傲的“火腿黄油三明治”已经失去了昔日荣光。曾经，轻轻敲击长棍三明治的外壳，就会发出小鼓般的声响。但现在，长棍面包的外壳更像一块软塌塌的海绵，黄油也没有什么香味，火腿则含有很多食品添加剂。

小佛爷在这里给你支个招，在法国任何地方，那些标有“boulangerie artisanale”的面包店出售的都是手工制作的面包。这样至少能够确保三明治中面包的原材料是达到行业标准的。而且，大部分面包房都供应午间套餐，通常是一个三明治、一杯饮料，再配一款手工甜品。买完之后在街边找个长椅坐下来，就可以直接享用了。

这就是真正的法国街头美食！

如果你想在巴黎尝到最好吃的三明治，下面这张清单能帮到你……

Du pain et des idées

地址： 34 rue Yves Toudic, 巴黎10区

这是小佛爷住的街区里最好的面包房了，后面的《跟我走吧》一章中会有详细介绍。面包房的老板，Christophe Vasseur，可以做出全法国最好吃的面包。拿着买好的三明治，去圣马丁运河边的长椅上好好品尝吧。这家面包房非常值得一去。

Du bout des doigts

地址： 24 rue Feydeau, 巴黎2区

这家店的食材非常新鲜，每天一大早从汉吉斯市场运来。接下来，店主会像对待一道繁复的美食一样，用心准备上好的三明治。

Bagnard

地址： 7 rue Saint-Augustin, 巴黎2区

供应地中海特色的Pan-bagna（圆形三明治），内有橄榄油、吞拿鱼、鳀鱼或沙丁鱼。

Le Petit Vendôme

地址： 8 rue des Capucines, 巴黎2区

天花板上挂着火腿和香肠，货架上摆着各色奶酪，面包在切下去的一瞬间发出松脆的声响，光是看着听着就会食指大动。说不定你在结账的时候还会偶遇像Kate Moss这样的大明星。

L'épicerie générale

地址： 43 rue de Verneuil, 巴黎7区

店里的大部分食品都是有机食品。店家会根据时令选择当季食材，顾客可以看到三明治的整个制作过程。

Gourmet Gourmand

地址： 12 bis, rue Parrot, 巴黎12区

这家的“Pata négra火腿三明治”的原料是西班牙最好的火腿之一。

La pointe du Grouin

地址： 8 rue de Belzunce, 巴黎 10 区

这家布列塔尼风格的餐厅供应超级赞的三明治。去之前记得备好零钱，在柜台结完账后，等着餐厅里的广播叫你的号码，然后取餐享用。

Chéri Charlot

地址： 33 rue Richer, 巴黎 9 区

这家店是一对热爱烹饪的兄弟开的，食材新鲜到挑不出任何毛病。我最喜欢的一款三明治是 le Gorg，原料有 Gorgonzola 牛乳干酪、坚果、蜂蜜和迷迭香 。

Balt

地址： 15 rue Monsigny, 巴黎 2 区

这家店最有名的是 lomo 三明治（lomo 是一种用西班牙猪肉做的腌制品）。店里有 40 多种配料可选，其中有绵羊奶酪，以及从巴斯克地区直接运送来的小辣椒。

Cosi

地址： 54 rue de Seine, 巴黎 6 区

这家店的三明治的名字充满了创意，引人遐想。也许你会觉得这些古怪的名字是为了给平庸无奇的食物增加卖点，恰恰相反，食物比名字更让人惊艳。Ricotta 干酪（一种意大利乳清干酪）、烤牛肉、火鸡肉或烟熏意式火腿配上长棍和福卡恰面包，味道真是绝了！

L'avant-comptoir

地址： 3 carrefour de l'Odéon, 巴黎 6 区

大厨 Yves Cambeborde 开的餐厅，距离圣日耳曼 · 德佩和奥德翁街区仅几步之遥，供应 20 多款三明治。很多人告诉我这家店的三明治是全巴黎最好吃的，但我不能打保票，因为我每次去的时候，都因为等候的队伍太长而放弃。如果你非常好奇，并且有足够的耐心，不妨去品尝一下。

Label Ferme

地址： 43 rue Le Peletier, 巴黎 9 区

这家店的大部分产品都来自萨瓦省，你可以自己选择放入三明治的原料，我推荐烟熏香肠和奶酪。

Le petit Flottes

地址： 2 rue Cambon, 巴黎 1 区

它是著名餐厅 Flottes 的姐妹店，原料均来自一家精益求精的手工食材生产商。这家店的那款配有鸡肉和油渍小番茄的三明治非常好吃，另一款甜味酱三明治也不错。

Maison Castro

地址： 47 rue des Moines, 巴黎 17 区；
15 bis rue Alexandre-Parodi, 巴黎 10 区

推荐品尝 Serrano 火腿配山羊奶酪三明治，记得淋上美味的加泰罗尼亚橄榄油！

热狗

热狗是典型的纽约街头美食，但在巴黎也找到了一席之地。我推荐一家叫“Gabe”的店，他们家的热狗跟百老汇大道餐车的经典款有得一拼。

Gabe

地址： 83 rue de Turbigo, 巴黎 3 区

下面几家店的热狗也值得一尝。

Le Stube

地址： 31 rue de Richelieu, 巴黎 1 区

Terroir parisien

地址： 28 place de la Bourse, 巴黎 2 区

Leoni's Deli

地址： 67 rue d'Argout, 巴黎 2 区

Kraft

地址： 15 rue des Archives, 巴黎 4 区

Mosaïque

地址： 56 rue du Roi de Sicile, 巴黎 4 区

Hutch House of Hot Dog

地址： 3 rue Sainte-Marthe, 巴黎 10 区

Marcel

地址： 15 rue de Babylone, 巴黎 15 区

百吉饼

百吉饼是一种环状面包，在放入烤箱前要先在水里简单煮一下。用百吉饼制作三明治，先把面包一剖为二，然后放入熏牛肉、小酸黄瓜和炸洋葱圈。这种吃法从波兰的犹太人那里流传下来，后来在欧美越来越流行。

巴黎最棒的几家百吉饼店如下所示：

Mo'Bagels

地址： 56 rue du Roi de Sicile, 巴黎 4 区

First Avenue

地址： 119 boulevard Pereire, 巴黎 17 区

L'atelier du Bagel

地址： 31 rue Saint Lazare, 巴黎 9 区

Ari's Bagels

地址： 8 rue Beaurepaire, 巴黎 10 区

Factory & Co

地址： 22 avenue Pierre Mendes France, 巴黎 13 区；
23 cour Saint Emilion, 巴黎 12 区；
Centre commercial les 4 Temps, 15Parvis de la Défense, 巴黎拉德芳斯区；
Centre commercial Aeroville,rue des Buissons, Tremblay

Bagels & brownies

地址： 12 rue Notre-Dame-des-Champs, 巴黎 6 区；
2 rue du Faubourg Poissonnière, 巴黎 10 区

汉堡

法国的汉堡餐厅跟其他国家的差不多，多数都是麦当劳、汉堡王、Five Guys Burgers。还有一些外带汉堡店，可以在路上边走边吃。别小瞧了这样的汉堡店，它们做出来的食物往往令人惊艳。比如，移动餐车“Le Camion qui fume（冒烟的卡车）”的汉堡就被英国每日电讯报评为全球最好吃的 10 款之一。创始人还开了一家“不移动”的餐厅，不妨亲自去品鉴一下。

巴黎最好吃的汉堡如下所示：

Le camion qui fume

地址： 168 rue Montmartre, 巴黎 2 区

Big Fernand

地址： 55 rue du Faubourg-Poissonnière, 巴黎 9 区

Blend Hamburger

地址： 19rue de Ménilmontant, 巴黎 20 区；
44 rue d'Argout, 巴黎 2 区；
3 rue Yves Toudic, 巴黎 10 区

Maison

地址： 20 rue du faubourg Saint-Martin, 巴黎 10 区；
77 Rue des Rosiers, Saint-Ouen 区

PNY

地址： 1 rue Perrée, 巴黎 3 区

B&M

地址： 82avenue Parmentier, 巴黎 11 区；
96 rue Oberkampf, 巴黎 11 区；
50 rue du Faubourg Saint-Denis, 巴黎 10 区

Le Réfectoire

地址： 31 rue du Château d'Eau, 巴黎 10 区

Starvin joe

地址： 42 rue de Charonne, 巴黎 11 区

Cantine California

地址： 46 rue de Turbigo, 巴黎 3 区

Le Dépanneur Pigalle

地址： 27 rue Pierre Fontaine, 巴黎 9 区

Garnett Burger

地址： 85 rue Cardinet, 巴黎 17 区

Ralph

地址： 173 Boulevard Saint-Germain, 巴黎 6 区

移动餐车

纽约街头的移动餐车总是散发着炸洋葱圈、烤肉，甚至热芥末的香味，十分诱人。巴黎虽然不比纽约，但还是有那么几辆不错的餐车。因为是“移动”的，所以可能没那么好找，而且它们的网站上也没有中文的服务信息。

不过，说不定你在巴黎街头能刚好遇到呢。最好的移动餐车有这几家：Cantine California（美式料理）、Glaces Glazed（冰激凌）、Le Camion à pizzas du Centquatre（比萨）、Un Igloo dans la ville（冰酸奶）、Le Camion Gourmand（烤肉和汉堡）、Bügelski Deli（百吉饼）、La Dînette Mécanique（汉堡）和 Mozza & Co（意大利美食）。

可丽饼

可丽饼大概是法国最典型的街头小吃了。

将面糊倒在加热的薄铁盘上，用刮刀均匀铺开，几分钟就能做好一个。顾客可以自由选择自己喜欢的口味，喜欢甜的就撒白糖，或是抹果酱、巧克力酱、蜂蜜。喜欢咸的就敲个鸡蛋，配上火腿、奶酪、香肠。

可丽饼的面糊用小麦粉和荞麦粉混合制作而成，与中国的煎饼、北美流行的薄烤饼和俄罗斯的布利尼饼都不太一样。

一般情况下，甜味的可丽饼面糊会加入鸡蛋、牛奶和白糖，有的还会加香草粉、橙花粉进行调味。咸味的面糊通常用荞麦粉、水和盐。我妈妈做可丽饼的时候会放一些朗姆酒。

可丽饼是一种荞麦面饼，在法语中被称为“galette”，源自法国西北部的布列塔尼半岛。除了在街头可以吃到这种法式煎饼外，也有不少特色煎饼店（法语中称为“crêperie”），一般店内会同时出售布列塔尼的特产苹果酒。

可丽饼的风味、吃法以及制作会让很多法国人回忆起自己的童年。事实上，每年 2 月 2 日的圣蜡节，法国人都会在家自制可丽饼。圣蜡节是一个从古代传下来的节日，它的来临预示着狂欢节的开始。

在巴黎，我只推荐一家名叫“Du pain et des crêpes（面包与煎饼）”的煎饼摊，店主姓 Alain，位于红孩儿集市 (Marché des Enfants Rouges)。Alain 先生会根据你的口味，加生菜、番茄、火腿、洋葱、牛肉或三文鱼。除了可丽饼，你还可以吃到用鹰嘴豆粉制作的布利尼饼，典型的地中海风味。Alain 在巴黎颇有名声，所以要吃上他做的煎饼，需要等 20 分钟左右。

Du pain et des crêpes

地址： marché des Enfants Rouges，
39 rue de Bretagne, 巴黎 3 区

工作时间： 周三至周五：9：00—15：00；
周六：9：00—20：00；
周日：8：30—14：00

华夫饼

华夫饼面团的制作方式与可丽饼类似。店家将面团放在两块蜂窝状的金属模具中加热，刚出炉的华夫饼外层松脆，咬下去后内层又非常松软。法国北部一直有食用华夫饼的传统，人们会在热乎乎的华夫饼上撒一层糖霜，或者抹上果酱、巧克力酱吃，非常美味。

异域美食

犹太文化、近东文化以及北非文化丰富了法国的街头美食，其中不乏一些典型的特色小吃，如 Kebab(土耳其肉夹馍，即中东特色的面包夹烤肉)、法拉费 (将鹰嘴豆泥与调味品混合后捏成球状，油炸而成，常夹在皮塔饼里，再配上酸奶酱) 等。

在巴黎，以下这些店的中东特色美食都是值得品尝的。

Zarma

主营： 土耳其肉夹馍
地址： 64 rue Jean-Baptiste Pigalle，巴黎 9 区

Grillé

主营： 土耳其肉夹馍
地址： 15 rue Saint-Augustin，巴黎 2 区

Chez Hanna

主营： 法拉费
地址： 54 rue des Rosiers，巴黎 4 区

Miznon

主营： 法拉费、皮塔饼、土耳其肉夹馍
地址： 22 rue des Ecouffes，巴黎 4 区

Urfa Dürüm

主营： 库尔德和土耳其三明治
地址： 58 rue du Faubourg Saint-Denis，巴黎 10 区

如何读懂菜单

最有名的菜肴

法国每个地区的特色美食在前文中已经做了介绍。参考这些特色美食，再加上接下来我们要介绍的内容，即使不会法语，也能轻松破译法国各地餐厅中的深奥菜单。

小吃

先生三明治 (Croque monsieur)：在两片吐司面包中夹入火腿和奶酪，放进烤箱烘烤。烤出来的三明治外层松脆，里面的奶酪绵软顺滑，一定不会让你失望。

女士三明治 (Croque madame)：在先生三明治的基础上加个煎蛋，就成了女士三明治。

前菜

蜗牛 (Escargots)：蜗牛配上黄油、大蒜和欧芹酱汁，用烤箱烤制而成。

鸡肉 / 鸭肉 / 鹅肉

烤鸡（Poulet rôti）：用烤箱将整鸡烤熟，搭配鸡肉本身的汤汁食用，可以只点鸡翅或鸡腿。

甜橙鸭（Canard à l'orange）：用柑曼怡酒和橙汁炖出来的鸭肉。

鸭胸肉（Magret de canard）：将鸭胸肉（也是鸭肝的原料）切成薄片，煎烤至半熟或七分熟，食用时常搭配水果，如苹果、无花果、芒果等。

油封鸭 / 油封鹅（Confit de canard/d'oie）：将鸭肉或鹅肉（有时候也会用火鸡或是猪肉）浸入鸭油中，慢火炖煮煎炸。

羊肉 / 牛肉

七时羊腿（Gigot de sept heures）：焖煮 7 小时的羊后腿。

诺曼底小牛排（Escalope de veau normande）：薄薄的小牛排配上新鲜的奶油蘑菇汁。

牛肉卷（Paupiettes）：薄牛肉片裹上肉馅儿，然后卷起来进行烹制。

勃艮第牛肉（Bœuf bourguignon）：用勃艮第红酒炖出来的牛肉。

牛肉炖胡萝卜（Bœuf aux carottes）：把牛肉和胡萝卜放一起炖煮。

蔬菜炖肉（Pot-au-feu）：高汤炖煮的各种牛肉，搭配萝卜、大葱、胡萝卜等蔬菜食用。

猪肉

猪肉里脊（Filet mignon）：选取猪肉最嫩的里脊部分烤制而成，搭配法式芥末酱。

鱼肉

裹面烹制（Cuisson meunière）：黄油放入平底锅中加热，将整条鱼或整块鱼裹上面粉放入平底锅中煎炸，再淋上融化的黄油、柠檬汁和欧芹。

单面烹制（Cuisson à l'unilatéral）：将鱼块带皮的一面放在烤盘上，鱼肉那一面抹上粗盐，单面煎烤，烹调出鱼肉本身的汁，这种烹饪方式非常适合三文鱼。

锡纸包烤（Cuisson en papillottes）：将整条鱼或鱼块放入专门的烹调用纸中，同时加入调料，放进烤箱或蒸锅中烹制。

酱汁

白黄油酱（Beurre blanc）：热酱汁，用黄油、白葡萄酒和火葱调制而成。

蛋黄酱（Mayonnaise）：冷酱汁，将油、蛋黄、醋（或柠檬汁）混合搅拌至乳化。

塔塔酱（Tartare）：冷酱汁，在蛋黄酱的基础上加一小把切碎的细香葱、欧芹、香叶芹、龙蒿、刺山柑花蕾和醋渍小黄瓜。

鸡蛋黄油分葱酱（Béarnaise）：热酱汁，用黄油、蛋黄、小洋葱头、龙蒿和香叶芹调制而成。

橄榄油蒜泥酱（Aïoli）：最初这种酱汁只是将大蒜汁和橄榄油混在一起，如今人们会加入蛋黄来增加酱汁的乳化感。

Gribiche 酱（Gribiche）：冷酱汁，以白煮蛋、芥末、油、小洋葱头、欧芹、洋葱、细葱、刺山柑花蕾和醋渍小黄瓜为原料调制的酱汁。

波尔多酱（Bordelaise 或 marchand de vin）：热酱汁，用红酒、牛肉清汤、牛骨髓、小洋葱头和百里香调制而成。

荷兰酱（Hollandaise）：热酱汁，用黄油、鸡蛋和柠檬调制而成的浓稠酱汁。

贝夏梅尔酱（Béchamel）：热酱汁，在黄油中加入面粉，再加入热牛奶或奶油。

南蒂阿酱（Nantua）：热酱汁，在贝夏梅尔酱的基础上加螯虾黄油调制而成。

巴斯克酱（Basquaise）：热酱汁，用番茄、甜椒、巴斯克辣椒和洋葱调制而成。

猎人酱（Chasseur）：热酱汁，用葡萄酒、黄油、小洋葱头、蘑菇和番茄调制而成。

大狩猎者酱（Grand veneur）：热酱汁，配料有洋葱、小洋葱头、百里香、月桂、面粉、红酒醋、小牛肉清汤、醋栗果冻、黄油、橄榄油、胡萝卜和黑巧克力。

后面这两款酱汁是用来搭配野味的。

甜点

奶油鸡蛋布丁（Flanc）：鸡蛋打发，加入牛奶和面粉，混合均匀后用烤箱烤制而成。

车厘子布丁（Clafoutis）：带有整颗车厘子的奶油鸡蛋布丁。

尚蒂伊鲜奶油（Crème chantilly）：将新鲜奶油打发，撒上白雪一样的糖霜。

兰姆巴巴（Baba au rhum）：口感松软的蛋糕，类似于酥皮蛋糕，用朗姆酒浸泡，有时还会配上厚厚的尚蒂伊鲜奶油。

诺曼底苹果挞（Tarte normande）：用奶油、鸡蛋、糖和苹果烧酒制作挞底，再铺上一层熟苹果。

焦糖浮岛（Œufs à la neige 或 île flottante）：蛋白打发后抹在焦糖风味的英国蛋奶酱上。

提拉米苏（Tiramisu）：在法国很流行的一款意大利甜点，将手指饼干在马沙拉葡萄酒或阿玛雷托力娇酒中浸润，抹上马斯卡彭芝士，用冷咖啡调味，再撒上可可粉。

舒芙蕾（Soufflé）：一款经典、细腻的法国甜点，可甜可咸，有时会用柑橘味利口酒（多选用 Grand-Marnier 牌）调味。

餐厅里的注意事项

在法国的任何地方，自来水都可以直接饮用。如果客人没有提出特别的需求，餐厅免费提供的也是可以直饮的自来水。

“当日推荐套餐（menu du jour）”一般比单点更优惠。

服务费是涵盖在餐费中的。在结账的时候如果特别满意，那就可以适当给点小费，凑个整。

在某些国家，比如意大利，客人需要按人头数付服务费，包括面包、水杯、餐巾、盐、胡椒等所有服务项目。但在法国，这些都是免费的，没有按人头收取服务费之说。

结账的时候要仔细检查账单，以免最终的价格与实际情况不符——有时服务生会把你的账单跟邻桌的弄混。同时，也要检查一下账单的价格是否与菜单上标注的价格一致。

如果你只是想喝杯咖啡或饮料，或者是想要快点吃完赶去下一个景点，建议你选择餐厅的吧台位置。有些餐厅的吧台餐费相比正餐厅要便宜一些。

如果一家餐厅的菜单很长，或是品种特别丰富，那它很有可能采用的是半成品速冻包装食材，或者加热真空成品食材。在法国，政府为了帮助食客区分餐厅，会为那些“良心”餐厅颁发“Fait Maison”标签，表示餐厅中的菜品都是厨师亲手现做的。

实用信息

中国驻法国大使馆、领事馆

中华人民共和国驻法兰西共和国大使馆

地址： 11, avenue George V - 75008 Paris
电话： +331 49 52 19 50
传真： +331 47 20 24 22
网址： amb-chine.fr
邮件： chinaemb_fr@mfa.gov.cn
工作时间： 周一至周五 09：00—12：00，14：30—18：00

领事处

巴黎领事处

地址： 18—20 Rue Washington 75008 Paris
电话： +33 (0)1 40 70 04 01
传真： +33(0)1 47 20 63 28
网址： amb-chine.fr/fra/zgzfg/zgsg/lsb/
邮件： pariscentre@visaforchina.org
工作时间： 周一至周五 09：00—12：00，14：30—17：00

中国驻里昂总领事馆

地址： 26, rue Louis Blanc, 69006 Lyon
电话： +33 (0)4 37 24 83 07
签证服务： +33 (0)4 37 24 83 05 (15：00—17：00)
网址： lyon.china-consulate.org/fra/
邮件： chinaconsul_lyon@mfa.gov.cn
工作时间： 周一至周五 09：30—12：00

中国驻马赛总领事馆

地址： 20 boulevard Carmagnole, 13008, Marseille
电话： +334 91 32 00 00
传真： +334 91 32 00 38
网址： marseille.china-consulate.org/fra/lgxx/
邮件： consulate.marseille@gmail.com
工作时间： 周一至周五 09：00—12：00，14：30—15：30

中国驻斯特拉斯堡总领事馆

地址： 4, rue Eugène Carrière, 67000 Strasbourg
电话： +33 (0)3 88 35 32 34 （签证事务）
传真： +33 (0)9 65 23 57 93
网址： strasbourg.china-consulate.org/fra/
邮件： chinaconsul_st_fr@mfa.gov.cn
工作时间： 周一、周三、周五 09：00—12：00

中国驻圣丹尼总领事馆

地址： 50, rue du Général de Gaulle, Saint-Denis, Île de la Réunion, France
电话： +262-(262)98 92 98
传真： +262-(262)98 96 98（行政事务）
+262-(262)98 02 22（签证事务）
网址： reunion-sdn.china-consulate.org/fra/
邮件： sdnchinevisa@163.com（签证事务）
工作时间： 周一至周五 09：00—12：30 14：00—16：30

货币

法国流通的货币是欧元，纸币的面值有500欧元、200欧元、100欧元、50欧元、20欧元、10欧元和5欧元，硬币面值有2欧元、1欧元、50欧分、20欧分、10欧分、5欧分、2欧分和1欧分。

和大部分国家一样，相比实际市场汇率，在机场、酒店和大型购物中心换汇多少会有一些损失。

换汇时候，可以适当要求兑换一些面值50欧元、100欧元和200欧元纸币。因为500欧元（甚至是200欧元）的大面值货币比较少用，消费的时候，商家不易找零。

不要去黑市或通过不认识的人兑换欧元，他们很可能会直接骗走你的钱或是给你一些在法国根本不流通的货币。

使用自动取款机的时候，不要让陌生人靠近。如果有可疑的大人或小孩在你周围转悠，建议你干脆放弃本次取款，或者换一个地方再取钱。

尽管银联支付还没有在法国全面普及，但已经有越来越多的地方可以使用这种支付方式。银联卡可以在Crédit Agricole, Société Générale和Crédit Lyonnais这几家银行使用，带Visa、MasterCard标志的信用卡以及美国运通卡基本可以畅通无阻。

巴黎市区有一家中国银行，位于16区，就在凯旋门附近。

地址： 23, avenue de la Grande Armée
电话： +331 4970 1370
网址： www.bankofchina.com/fr

最后，切记一点，无论如何都不要随身携带太多现金。

城区

法国的三大城市有“城区”的概念——巴黎有20个区，马赛有16个，里昂有9个。

时差

法国与中国的时差夏季是6小时，冬季为7小时。举例说，夏天，当法国是09：00，中国则是15：00。

海关

入境法国时，每个人可以免费携带：200根香烟，或100支小雪茄，或50支雪茄，或250克散装烟草。

4升非气泡型葡萄酒，16升啤酒以及1升酒精度高于22度的烈酒（或2升低于22度的酒）。

以个人、夫妻或家庭为单位的旅客，如果入境时携带超过1万欧元现金，则必须向海关进行申报。

有些商品在没有提前报备的情况下不允许出口或进口，还有一些则是完全被禁止出入海关的。

如果要享受退税，必须满足以下要求：

拥有非欧盟居民的身份证明。

购买的物品必须是个人使用。

如果同一件物品数量超过15件（有时甚至低于这个数量），海关会质疑你购买、携带该物品离境的目的，怀疑有进行第二次售卖的倾向。

如果一天内在同一家店消费总金额小于175欧元，则不享受退税。

烟草制品不享受退税。

如果退税单上有“Pablo”标志，说明离境时可以直接在机场的自动退税机上扫描条形码完成退税。

如果在机场操作退税，则需要在办理登机手续之前完成退税程序。有关机场退税点的具体位置，可以在《巴黎机场》这一章节中找到具体信息。

如果你在离开法国、返回中国之前还要去往另一个欧盟国家，那么退税程序应在最后离境的那个国家完成。

法国各大机场都可以找到Pablo退税机：巴黎戴高乐机场、巴黎奥利机场（奥利南和奥利西）、巴黎伯韦机场、马赛-普罗旺斯机场、尼斯蔚蓝海岸机场、里昂圣埃克絮佩里机场、南特大西洋机场、斯特拉斯堡恩茨海姆机场、日内瓦克万特兰机场。

此外，马赛的海港和一些公路离境点，如 La Ferrière-sous-Jougne、 St-Julien-en-Genevois 与 Vallard-Thonex 都设有退税点。

用水

在法国的任何地方，自来水都可以直接饮用，有些质量甚至比瓶装水好。餐厅提供的免费饮用水也都是水管中的直饮水，大可放心饮用。

用电

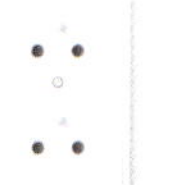

法国的通用电压是220~230伏，电流是50安。中国的通用电压和电流分别是220伏与50安，所以去法国旅行不需要使用变压器，所有在中国正常使用的电子产品在法国也可以放心使用。

但要注意，法国使用的是C型或E型插座，而中国通用的是A型，所以如果需要，记得带上电源转换插座。

讨价还价

法国的商店、超市及大型百货商场里的标价都是固定的，不能还价。在一些旧货市场和古董商店，虽然商品也有标价，但买卖双方可以协商价格。不过请注意，在法国，还价范围很少会超出原价的20%，如果要求过高的折扣，销售方一般会立即回绝。

至于那些最顶尖的奢侈品店铺，商品往往价格不菲，单价至少在2万欧元以上。这种购买其实更像是重要的商业对话，对话时需要一定的技巧，以及优雅的谈吐，这时一口流利的法语就非常重要了。

营业 / 开放时间

法国曾有很长一段时间为了保护劳动者禁止周日工作。如今，很多大城市也允许商家在周日像往常一样正常营业，多在一些旅游景点（如巴黎市中心），其他地方的很多商场在周日是不工作的。

通常情况下，博物馆一周7天都开门，也有一些会在周二闭馆。

经营性场所的开门时间一般在上午09：00—10：00，根据所处街区的不同，19：00—20：00会陆续结束营业。周五和周六的营业时间会相对延长。

行政机构和银行的营业时间多为每周一到周五，08：00—17：00。有些银行会在周六08：00—12：00继续工作半天，但这些周六开门的银行通常会在周一关闭。

法定节假日

1月1日：元旦

3月至4月：复活节（宗教节日），复活节后一天（日期不固定）

5月1日：劳动节

5月8日：德国投降纪念日，也就是第二次世界大战的结束日

5月：耶稣升天节（宗教节日），复活节后第40天（日期不固定）

5月～6月：圣灵降临节（宗教节日），复活节后第50天（日期不固定）

7月14日：法国国庆节

8月15日：圣母升天节日（宗教节日）

11月1日：诸圣节（宗教节日）

11月11日：一战停战纪念日

12月25日：圣诞节（宗教节日）

驾驶证

如果你有中国驾照，那就可以在法国开车，前提是有官方公证的驾照翻译文书。或本人持有国际驾照也可以在法国自驾。

法国与中国一样，都是靠右行驶。

健康与药品

法国有世界一流的医疗体系。法国的任何地区或城市，都有非常出色的医生、诊所、医院和药房。

如有紧急就医需求，所有欧盟国家通用的急救电话是112。

在法国，15这个号码也是紧急救护热线。

SOS 医生（SOS Médecin）指可以进行紧急求助的全科医生，求救热线为3624。

中毒可拨打：+331 4005 4848。

聋哑人士的短信求助号码是：114。

在法国，有些药品在没有处方的情况下是不允许购买的。法国的药品管理机制比中国更为严格，如需购买相关药品，记得带好处方。

与中国一样，法国的药店也很好辨识——找到绿色的十字标志就可以了。每个街区一般都有一家药店，在夜间和节假日也正常营业，被称作“守卫药店”。所有普通药店关门后，都会在橱窗的显著位置标出“守卫药店”的具体信息。

安全

去法国就跟去欧洲或美洲任何一个国家一样，都存在可能的风险。如果不来法国，你就一定会错过这几千平方千米土地上的各种风光美景、人文情怀和艺术气息。只要来过法国，以后无论何时何地，你都可以像电影《卡萨布兰卡》的男主角那样，说：“我们永远有巴黎。”是的，来法国吧，这个国度就像它的首都一样，将永远在你心中占据一个位置，无可取代。

当然，去法国还是要注意一些安全问题。

在火车站和机场，不要乘坐正规出租车以外的其他车辆。正规车辆一般都停靠在指定的接客点，只有那些黑车司机才会进入到达大厅拉活儿。

旅行途中，如果有人说你掉了金戒指或其他贵重物品，既不要搭话，也不要关注，径直离开就可以了。那些东西都是仿制品，目的就是让你拿真钱来换。

还有一些骗子惯用的伎俩，比如3张卡片的小把戏——将2张黑卡和1张红卡混合，多次反复后让你挑出红卡。千万不要去参与这类游戏，那都是设了圈套的戏法，为的就是让你输钱。

也不要相信那些推销彩色编织手环的人。所谓的“友谊手环”都是圈套，一旦被套上，随之而来的就是敲诈了。

一些年轻人还会邀请你为请愿书签名——即便那些文件带有“官方 logo”，其实都是假的。别停下脚步，不要去看那些文件，迅速走开就可以了。

不管是为了询问信息，还是为了躲避拥挤的人群，一律拒绝陌生人想帮你拿包或衣服的请求。要集中注意力，切勿让视线离开自己的包、钱包或其他重要财物。

在餐厅或咖啡馆就餐时，如果你把外套搭在椅背上，不要在外面的敞口口袋里放贵重物品。

如果背斜挎包，包不能放在身后，要背在身前。双肩包也一样。

离开租住的公寓或酒店房间之前，尽可能仔细检查一遍，带走贵重物品。实在无法带走的，则要锁在保险柜里（如果有的话）。

在任何一个博物馆或景点，都不要买"黄牛"票。

法国的社会保障制度很完善，对于弱势群体也会及时提供支援。在公共场所，很难区分真正的行乞者，尤其是那些抱着婴儿的人——我建议还是让专业的机构和团体来实施救助，这样也可以避免遇到骗子。

在火车站或地铁站，谨防陌生人以帮你拿行李为借口顺手拿走你的行李，一定要始终看好自己的随身物品。

遇到问题时，可以去警察局（commissariat de police）求助，大城市以外的地区则有宪兵队（Gendarmerie）负责。警察局的官方系统软件中有中文报案功能，接收申报的警察会给你一份中文回执，之后去中国驻法国大使馆或申报保险赔付时需要用到这个回执。

吸烟

法国所有的公共场所都禁止吸烟，其中包括餐厅、酒吧、咖啡馆和舞厅。某些机场和火车站设有吸烟室，但大部分情况下，抽烟者在公共场所想吸烟的时候只能去户外。

电话

法国的国际区号是33，10位数的电话号码都以数字"0"开头。

从国外往法国拨号，"33"之前需要加上国际代码"+"或"00"，"33"之后去掉数字"0"，电话号码从10位变成9位。

巴黎的电话号码由01开头，法国西部的是02，东部是03，东南部是04，西南部是05。商业号码以08开头，一般这种号码会提供门类不同的收费服务，并且只能在法国本地进行拨打。

从法国打电话回中国，需要在国际代码"+"或"00"后面加上中国的国家区号"86"。

行李

法国的大城市都很现代化，在这里你能找到旅行所需的一切物品，所以无需准备太多行李。

但有些东西还是需要提前准备的：

电子设备的转换插头（具体型号可查看上一章节中的"用电"信息）。

一副小型便携望远镜——可以更好地观察景点或历史建筑的完美细节。当然，在远眺城市全景的时候，望远镜也是个好帮手。

一切可以提高旅途安全性的物品，如可以放钱的带拉锁腰包、紧急情况下呼救用的哨子等。

如果你去法国南部旅行，太阳眼镜是必不可少的，当然还有防晒用品和泳衣！

48小时搞定签证

如今，中国公民获得法国签证的时间纪录再次被刷新。为了表达对中国游客的欢迎，法国政府加速并简化了签证程序。

法国签证允许游客在15个欧盟申根国内自由出入和旅行。根据在法停留类型的不同，有单次或多次入境的签证。无论是旅游还是商务，短期签证允许停留最多3个月时间。2016年起，新签证的某些入境条件有所限制，具体情况可向附近的签证中心咨询。

法国签证需要通过法国大使馆的签证中心——TLScontact（中智签证）办理。在以下这些城市都能进行办理：北京、上海、沈阳、武汉、成都、广州、重庆、济南、深圳、长沙等。想去法国旅游的朋友可以选择离自己最近的城市办理签证。

中智签证的网址是 https://cn.tlscontact.com/cnSHA2fr/splash.php?l=zh_CN，所有的签证流程和需要准备的材料介绍得都特别详细，中国公民可以通过该网址进行相关的签证申请工作。

通过日历了解法国

1月

天气开始变冷，庆祝圣诞和元旦后，法国人就开始忙着“打折”了。也有人在节日大餐后选择节食减肥，去健身房办卡锻炼，但往往到年底也没去几次。

打折季（Soldes）：商家集中打折的时间，大约持续5周，过季产品会在原价基础上打8折到3折不等。

巴黎

巴黎家居装饰博览会（Salon Maison et Objet）：在凡尔赛门展览中心举办，最潮的家居用品和装饰品都汇聚于此。许多来自亚洲（特别是中国）的参观者会专程来巴黎参加这一盛会。

网址： www.maison-objet.com/fr/paris

时装周（Fashion Week）：高级定制服装的盛会，全世界的超模都涌入巴黎，各大国际周刊的编辑也都纷纷聚焦于此。

网址： www.modeaparis.com

美洲杯大奖赛马术比赛（Grand Prix d'Amérique）：在文森特马场举办，是全球顶级的马术大奖赛之一。

网址： www.prix-amerique.com

2月

法国开始入冬，所有地区无一例外都变得寒冷。2月中旬会有一个假期，很多法国人选择去山中度假。

最近几年，中国的春节开始在法国流行起来。每个城市都会组织燃放烟花和舞龙表演，为华人也为所有人祝福。

巴黎

法国国际农业博览会（Salon de l'agriculture）位于凡尔赛门展览中心。在这个热闹非凡的展会上，法国人将所有农产品呈现给观众。除此之外，还有上百头农耕动物会来到展会现场，孩子们的最爱。

网址： www.salon-agriculture.com

尼斯

狂欢节（Carnaval）：法国人气最高的节日。

网址： www.prix-amerique.com

芒通

柠檬节（Fête du Citron）：人们用成吨的柠檬和橙子装饰狂欢节马车。

网址： www.fete-du-citron.com

3月

3月的法国雨水较多，时常还有不期而至的大雨光顾。法国人把这种反复无常的雨天称为“les giboulées”，意为“夹带着雹或雪的骤雨”。

巴黎

时装周（Fashion Week）：时装国度的节日再次到来，只不过这次的主角是秋冬成衣。

网址： www.modeaparis.com

爱马仕跳跃马术表演赛（Saut Hermès）：在大皇宫举办，这是世界上最优雅的马术表演赛事，由爱马仕集团赞助支持。

网址： www.sauthermes.com/fr

4月

此时法国已经进入春天，是游览的好时节，卢瓦尔河谷南部地区的风光尤其优美。不过在北方，有这样一句谚语：“4月，先别着急脱衣服”，有点像中国那句老话：“春捂秋冻”——因为一年中最后的寒潮随时都有可能卷土重来。

巴黎

巴黎马拉松（Marathon de Paris）：全长42千米，不失为游览城市的好方法……如果你很能跑的话！

巴黎博览会（Foire de Paris）：在凡尔赛门展览中心举办，展品全部与法国经济相关。

网址：www.foiredeparis.fr

库洛米耶

国际奶酪和葡萄酒博览会（Foire internationale aux fromages et aux vins）：由诺曼底的一座小城主办，虽然算不上“高大上”，但可以品尝品类多到眼花缭乱的法国奶酪和葡萄酒。

网址：www.foire-fromages-et-vins.com

5月

5月可以说是法国最美好的季节了，气候宜人，户外文化活动层出不穷。

巴黎

法国网球公开赛（open de France）：在罗兰·加洛斯网球场举办，世界一流水平网球运动员都来到这片布洛涅树林的球场，一决高下。

纪念碑展览（Monumenta）：在巴黎大皇宫中殿举办的当代艺术展，旨在呈现具有纪念意义的作品。

戛纳

戛纳国际电影节（Festival international du cinéma）：各路明星、豪车、传说中的红毯……这就是著名的戛纳电影节！

网址：www.festival-cannes.com

波尔多

河流节（La fête du fleuve）：平时无缘一见的船舰、生蚝品鉴、音乐会、漫天的烟火……波尔多人认为，加龙河为自己带来无上荣耀，每逢双数年就要为它举办一场庆典。

摩纳哥

世界一级方程式锦标赛（Grand prix de Formule 1）：满城都是高速赛车，城市街道变身赛道。

网址：www.formula1monaco.com

圣米歇尔山

圣米歇尔湾马拉松（Marathon de la baie du Mont Saint-Michel）：沿圣米歇尔山海湾举办的马拉松赛事。

6月

6月是游览法国的绝佳月份。这个时候的法国人还没有完全进入假期模式，但随着夏天临近，大家心情都很不错。6月份天气晴好、温和，即便是在卢瓦尔河以北，也已经可以坐在露天茶座里享用午餐或晚餐了。

巴黎

夏至音乐节（fête de la musique）：每年夏至日举办，专业及业余的演奏者会在所有街道和公共广场整日整夜地演奏。

戴安娜马术大奖赛（Prix de Diane）： 在尚蒂伊马场举办。

网址： www.prix-de-diane.com

波尔多

波尔多国际酒展（Vinexpo）： 全世界葡萄酒爱好者与专业人士的盛会，每两年一次，逢单数年举办。

网址： www.bordeaux-fete-le-vin.com

勒芒

勒芒 24 小时耐力赛（Les 24 heures du Mans）： 开创于 1923 年，是全球著名的汽车赛事之一，比赛 24 小时不间断。

网址： www.24h-lemans.com

7 月

7 月是游览法国的绝佳月份。这个时候的法国天气晴好，节日众多。许多法国人开始在布列塔尼、诺曼底、地中海沿岸、大西洋沿岸、山上或国外度假 。巴黎几乎没有什么人，天气开始变得炎热，偶尔还会下场大暴雨。

法国国庆日（Fête nationale）： 每年的 7 月 14 日，法国各地会燃放烟花并举办舞会庆祝国庆节。巴黎市会在 14 日上午举行阅兵仪式，消防员则于 13 日、14 日在消防局举办舞会。

巴黎

巴黎海滩（Paris Plages）： 7 月的最后一周，塞纳河的堤岸会变身成为海滩。

环法自行车赛开赛（Arrivée du Tour de France）： 此时，香榭丽舍大道挤满了疯狂的人。

艾克斯—普罗旺斯 Aix-en-Provence

艾克斯—普罗旺斯音乐节（Festival d'Aix-en-Provence）： 欧洲备受好评的古典音乐和歌剧节日之一。

网址： www.festival-aix.com

阿维尼翁

阿维尼翁戏剧节（Festival du théâtre）： 这座教皇城一改往日风貌，演员和戏剧艺术爱好者把这里变成了一个热闹非凡的戏剧世界。

网址： www.festival-avignon.com

奥朗日

歌剧节（Chorégies）： 奥朗日有一座从罗马帝国时期保留至今的剧院，来自全球各地的歌剧演员在此上演经典歌剧。

网址： www.choregies.fr

尼斯

爵士音乐节（Festival de jazz）： 从举世闻名的爵士乐明星，到初出茅庐的年轻音乐人，全世界的爵士乐人都聚集到了尼斯。

网址： www.nicejazzfestival.fr

巴约讷

巴约讷节（Fêtes de Bayonne）： 闪亮的马车游行、巡回的乐队、烟火表演、体育演出……每年约有 150 万人参加这个盛大的狂欢节，大部分人身着白色服装，腰系红色皮带。

网址： www.fetes.bayonne.fr

8 月

许多巴黎人会选择在夏天出国度假，所以这时候来巴黎游玩会相当惬意，没有那么多人，游客就能“占山为王”啦！不过夏季天气炎热，偶尔还会有大暴雨。

巴黎

巴黎海滩（Paris Plages）： 塞纳河沿岸继续变身海滩。

9月

暑假结束了，学生们陆续返回学校上课。家长们忙着去商场为孩子们购买新学期的用品和新衣服。有些树木开始落叶。在卢瓦尔河谷地区南部，夏天倒还是恋恋不舍。这也是去地中海沿岸和法国西南部的好时节。

世界遗产日（Journée du Patrimoine）：所有法国官方认定的历史建筑和城堡皇宫在这一天都将敞开大门，迎接八方来客。包括那些平时根本没有机会进去的地方，比如说法国的总统府——爱丽舍宫。

巴黎

电子乐游行（Technoparade）：电子乐爱好者的大游行。

巴黎家居装饰博览会（Salon Maison et Objet）：在巴黎北部的维勒班展览中心举办，家居用品和装饰品的新潮设计都汇聚于此。许多来自亚洲（特别是中国）的参观者，专程到巴黎来参加这一盛会。展会每年举办两次，9月份在距离戴高乐机场不远的巴黎北郊也会举办。

网址：www.maison-objet.com/fr/paris

古董年展（Biennale des antiquaires）：各大艺术品商及古董商相聚巴黎大皇宫，展示并出售顶级的古董藏品——每一件都异常珍贵、非凡夺目！

里尔

旧货集市（Grande braderie）：在旧货集市期间，美丽的里尔城变身成一个大型古董旧货市场，每条街道、每个角落都可以淘到超级优惠的宝贝。

网址：www.braderie-de--lille.fr

10月

天气转凉，天空开始变得阴沉，不过也别太担心，好天气也不少。

巴黎

蒙马特葡萄收获节（Fête des vendanges à Montmartre）：虽然蒙马特的葡萄酒不算是品质上乘，但趁着葡萄收获的季节，去圣心教堂脚下的葡萄园里逛逛，别有一番风味。

不眠夜（Nuit Blanche）：从19：00开始，一直到第二天日出之前，整座城市不间断地上演各种精彩节目——仅限当日有效的展览、神奇装置、令人惊艳的视觉表演等。

凯旋门马术大奖赛（Grand prix de l'Arc-de-Triomphe）：在尚蒂伊马场举办，是马术爱好者们绝不会错过的精彩比赛。

网址：www.prixarcdetriomphe.com

国际汽车展（Salon mondial de l'automobile）：在凡尔赛门展览中心举办，各大品牌的新款汽车悉数亮相。你还可以坐进那些平时难得一见的超级赛车里，摸一把方向盘过过瘾。

网址：www.mondial-automobile.com

11月

法国人一直不怎么喜欢11月，因为白天变得更短，阴天和雨天增多。但在游客们看来，此时正是享受秋季美景和各类文化活动的好时机。

博纳

博纳葡萄酒拍卖会（Vente de vins des Hospices de Beaune）：人们会在这座建于15世纪的勃艮第济贫院里拍卖全世界最好的葡萄酒。

网址：www.hospices-de-beaune.com

12月

时至年底，节日气氛越来越浓。从月初开始，街上张灯结彩，璀璨夺目。各大商场和店铺都人头攒动，人们要为家人准备圣诞礼物，为朋友准备新年礼物。假期的临近也让孩子们异常兴奋，虽然天气干燥、寒冷，但气氛温馨、快乐。

巴黎

香榭丽舍大道及其他主干道都亮起圣诞装饰灯，各大商场（老佛爷百货、春天百货、乐蓬马歇百货等）橱窗里的神奇布景，让孩子们看得如痴如醉。

斯特拉斯堡

圣诞集市（Marché de Noël）：整座城市沉浸在仙境般的氛围中。

里昂

灯光节（Fête des lumières）：里昂城变为创意灯光秀的大舞台。

网址： www.fetedeslumieres.lyon.fr

第二章　初抵法国

经过12小时的漫长飞行，你终于抵达了巴黎——这座云集了绘画、电影、奢华、优雅、时尚、科学和想象的城市……

如果你在飞机上刚好挨着窗户坐，且天公作美，那你就能从空中俯瞰巴黎。大饱眼福，首先进入视线的是大片大片的稻田，因为巴黎盆地是法国的粮仓。再飞一会儿，你会见到村落、森林、草地，还有用树木围起来的田地。

我们常说法国处处皆城堡，法式城堡也是一道美景。从空中鸟瞰时，可以清楚地看到蜿蜒的河道、环绕周围的法式园林、整齐的灌木丛以及大片油画般美丽的鲜花。通常来说，流水将铺满沙砾的庭院一分为二。轴线末端就是城堡入口，它曾属于某位伯爵或侯爵，直到今天或许也还属于某个贵族。总之，星罗棋布的城堡，如同一颗颗珍宝，为巴黎这座城市平添了不少魅力。

航班

中国航空公司有直飞法国的航线，在服务质量、安全和舒适性上都非常出色。根据出发城市的不同，可以选择中国国际航空、东方航空、南方航空、海南航空……如果你喜欢中途转机的航线，那选择就更多了——一些南美洲的航空公司，如智利的拉塔姆航空（LATAM），就有中法航线。

如果去法国旅游，旅程从一开始就要有法国范儿。事实上，当你登上法国航空公司（Air France）的班机时，听到乘务人员用法语向你问候“Bonjour, bienvenue à bord（你好，欢迎登机）”时，你就已经先人一步抵达巴黎了！

法航不仅可以让旅客先行感受“法国”，它本身也与中国有着息息相关的独特历史。法国是世界上率先公开承认中华人民共和国成立的西方国家，双方建交两年后的1966年，法航开启了第一条“巴黎—上海航线”，由一架波音707飞机执飞，每周飞抵一次。当时，这条航线要经停3站，还要在雅典、开罗、卡拉哈什和庞贝进行4次燃料补给，飞行时间长达23小时。法航也是当时唯一一家开通中国航线的欧洲航空公司，到了1972年，航班频次增加到了每周2班。

1973年，法航增开“巴黎—北京航线”，随后的几十年间，又不断增开新的航线。

法国航空与荷兰航空合并后，从巴黎飞往中国的目的地城市共有9个。也可以从北京、上海、香港、广州、武汉直飞到巴黎，需要在阿姆斯特丹转机的航班到达城市有北京、上海、香港、成都、杭州、厦门和台北。此外，法航荷航集团还跟中国南方航空、东方航空拥有多个代码共享航班。这些航班上的工作人员，均已接受过系统的汉语培训，可以满足中国乘客的基本需求。

巴黎的机场

在很长一段时间里，巴黎的机场给亚洲游客留下的印象并不是很好。他们觉得机场陈旧，设施不够便利，提供的服务也不符合一个大国应有的形象。于是，巴黎的机场花了很多年的时间整修、治理，这才得以与亚洲的那些机场相媲美。戴高乐机场1号航站楼从开始翻新以来，就一直被一些专业评分网站所诟病，被认为是全球最不方便的机场之一。2号航站楼的声誉也受其影响，常被指出要改善设施。事实上，戴高乐机场早已改头换面，增添了许多新的设施，很多以前来过的旅客都认不出来了。研究数据显示，从2010年至今，巴黎的机场服务质量的提高与改善速度是欧洲同规模机场的3.5倍。

巴黎的机场有一句宣传语:“巴黎爱你。”这不是简单的喊口号，事实上，从机场开始，巴黎人就已经在身体力行地贯彻了。

无论是跟团游还是自由行，大部分中国游客到法国的入境城市是巴黎。巴黎有两个机场，奥利机场（机场代码OR）距离市区14千米，位于华西的戴高乐机场（机场代码CDG）距离市中心有24千米。对于大多数从欧洲城市出发的游客而言，降落奥利机场的可能性比较大。而所有从中国出发的游客，抵达的都是戴高乐机场。

戴高乐机场常犯的错误

许多游客都会犯一个错误——他们以为从戴高乐机场可以直达 Charles de Gaulle Étoile 地铁站。

千万不要像他们那样！ Charles de Gaulle Étoile 广场（星形广场）位于凯旋门附近，并没有从机场直通的地铁，而需要乘坐 RER。不过呢，就在星形广场旁边，Mac Mahon 大街转角的地方，就有一班开往戴高乐机场的直线巴士！

没错，看上去真的让人晕晕乎乎……所以千万要细心，可别走错路啦！

奥利机场

奥利机场始建于 20 世纪中叶，最初是军用机场，自 1954 年起功能转化成为民用机场。有两个毗邻的航站楼，分别是奥利南和奥利西。最近，又有一栋面积 8 万平方米的新建筑即将落成并投入使用。新区域可以连接原有的两个航站楼，增设新的飞机停靠点，优化安检和边境管控流程，并在开阔的空间内提供新的免税购物区，提高旅客的舒适度。

在奥利机场饿了怎么办？我推荐一家名叫 CUP 的餐厅。这家餐厅的大厨 Gilles Choukroun 在巴黎 17 区还开有一家餐厅，绝对能够满足吃货们的味蕾。

戴高乐机场

戴高乐机场 1 号航站楼于 1974 年落成并启用，航站楼的建筑外形呈圆形，连接着 6 个航站点。这种结构限制了机场本身的扩展，不过围绕着中央的建筑主体，将来还形成第二个圆环，给旅客提供更多的购物和就餐空间。 2 号航站楼的第一部分建筑自 1972 年起开始对外开放，2012 年翻新后，新增的部分 2E 拥有一个全新的候机大厅——M 大厅，跻身全球最佳航站楼之列。

游客将在巴黎的两大机场受到热情的接

待和服务。佩戴“很高兴为您服务”（Happy to Help You）工牌的工作人员，会提供多种语言的信息，其中就有中文。

如果在机场里迷了路，只要找到一台引导机，将登机牌放进机器扫描，机器就会告诉你如何前往登机口，或是如何去往你找的店铺。

如果你刚好在春节期间来法国，那你会惊喜地发现巴黎机场将与你一同欢度新春。届时，机场会雇用20名说中文的工作人员，专门接待中国游客。

机场的饮料自动贩售机增加了热水供应，436块机场信息指示牌中也设置了中文服务。

在机场的商店里，有150名会说中文的售货员，银联支付在各个商铺都通行无阻。

机场的洗手间都是免费的。

Wi - Fi连接免费且无流量限制。如果需要更快的网络服务，有两种套餐可供选择：高速无线网络（30分钟2.9欧元，60分钟5.9欧元）或增强无线网络（24小时9.9欧元）。网络登录页面提供11种语言，其中就有简体和繁体中文。

巴黎机场还有一处名为“Instant Paris”的VIP候机室，配有图书馆、私人影院、游戏中心、专门供应新鲜健康食材的“裸餐”主题餐厅、多个沐浴空间以及一家配有80个房间的酒店。这个候机室位于戴高乐机场2E航站楼L大厅的国际航班区域，装修风格让人仿佛置身于一间位于巴黎的大公寓内。酒店有80个房间可供预订，1小时到1天不等，起步价为75欧元。

在2E航站楼，还有个不错的地方“I Love Paris”餐厅。餐厅主厨同时也是坐落于巴黎1区皇家宫殿花园内的米其林二星餐厅Le Grand Véfour的大厨。正因如此，皇家宫殿的风格也被带进这家机场餐厅，以造型艺术家丹尼尔·布伦（Daniel Buren）设计的丰富色块为装饰，天花板的六边形浮雕，出自伊朗裔设计师英迪娅·马哈维（India Mahdavi）之手——灵感自然是法国国土的六边形了。这个餐厅非常值得一去，选个能看到机场跑道的座位，细细品尝一下这里的超薄芒果片配龙虾、鹅肝、炖小牛肉，享受出发前的惬意。当然，千万别忘了自己的登机时间哦！

网址： cn.airports.paris
手机APP： Paris Aéroport
微信公众平台： 巴黎机场 ParisAirport

退税

游客最好在回程前就做好退税准备。下文将一一介绍机场内可退税的地点，其中带有“Pablo”标志的自动退税机，将中文设置为操作语言之一。

各机场的自助退税点

奥利机场

自动退税窗口

南航站楼：出发层，G门
西航站楼：出发层，H门

人工退税窗口

南航站楼：出发层，G门
西航站楼：到达层，E门

戴高乐机场

自动退税窗口

1号航站楼：CDGVAL层6号大厅，5台自动退税机

2A航站楼：出发层，5号门，2台自动退税机

2C航站楼：出发层，4号门，2台自动退税机

2E航站楼：出发层，8号门，5台自动退税机

2F航站楼：到达层，2台自动退税机

3号航站楼：出发层，国际海关区域，1台自动退税机

人工退税窗口

1号航站楼：CDGVAL层，6号大厅
2A航站楼：出发层，5号门
2C航站楼：出发层，4号门
2E航站楼：出发层，8号门
2F航站楼：到达层
3号航站楼：出发层，国际海关区域

离开机场

巴黎的机场也有一些不尽如人意的地方。比如，入境过程总是很漫长。虽然这跟越来越严格的安全检查有关，不过整体上还是让人感觉冷冰冰的。持不同类型护照的旅客，可根据不同颜色的隔离带选择队伍。自动护照机是为欧洲境内的公民而设立的，照理说应该能够减轻排队等候的压力，但就我个人经验，那些机器能有 2/3 正常运行就不错了。

相比香港、新加坡、上海或北京的那些机场工作人员，法国机场入境处没有硬性规定警察必须要站得笔挺、对游客微笑，或是祝他们度过愉快的时光，也不会被限制在工作之余与旅客进行私下的互动和交流。通常来说，这种工作方式不会影响他们完成自己的本职任务。不过游客们需要记住一点，对很多法国人而言，虚情假意的微笑和示好没有任何意义，他们对待他人的直接和生硬并不一定就意味着缺少尊重。

无论是从奥利机场还是从戴高乐机场出发，去巴黎市区都没有与北京的机场快轨、上海的磁悬浮列车、深圳的地铁一号线，抑或香港的机场快线相媲美的现代化交通方式。旅客可以选用以下方式前往巴黎市区。

优步（UBER）——在法国，优步可靠且高效。车辆现代、宽敞、整洁，服务也无可挑剔。不过，使用 UBER 需要下载专门的手机应用，并且支付时只能使用欧洲的银行卡（不支持银联支付）。

出租车——正规的出租车会在机场规定的乘车点等候乘客。选择安全、正规的出行方式，可以避免很多不必要的隐患。在法国，绿色的标志灯意为“空车”。上车后，司机开始打表计费，到达目的地后会提供收据。乘客自己携带上车的手提行李不收费，如果有多件行李需要放在出租车后备箱，将额外收取 1 欧元的费用。

现在，从机场乘坐出租车前往巴黎市区实行定额收费，具体费用情况如下：

50 欧元，从戴高乐机场到巴黎右岸；

55 欧元，从戴高乐机场到巴黎左岸；

30 欧元，从奥利机场到巴黎左岸；

35 欧元，从奥利机场到巴黎右岸。

在后面的章节中，我也会告诉大家在巴黎乘坐出租车需要注意的地方。

机场巴士——机场巴士会在以下几个站点停靠：La Motte-Picquet，Tour Eiffel，Trocadéro，Porte Maillot，Charles de Gaulle Etoile，Gare de Lyon 以及 Montparnasse，均为空调车，提供免费 wi - Fi。从戴高乐机场前往巴黎市区的车费是 15 欧元，从奥利机场前往巴黎市区的车费是 12 欧元。

华西巴士（RoissyBus）——这趟巴士隶属于巴黎的公共交通系统，连接戴高乐机场和巴黎歌剧院。在机场的 1 号航站楼 24 号门、2A 航站楼的 9 号门、2D 航站楼的 11 号门以及 2E 和 2F 航站楼的到达层均设有站点。在巴黎歌剧院的停靠站点位于 Scribe 路 11 号（11, rue Scribe）。

RER 火车——RER 在法语中是“区域快速铁路网”的意思。RER 火车 B 线往来于巴黎的两个机场之间，并在巴黎市中心设有 7 个停靠站：Gare du Nord、Chatelet-Les Halles，Saint-Michel Notre-Dame，Luxembourg，Port-Royal，Denfert-Rochereau 以及 Cité Universitaire。就线路和车次来看，RER 火车是一个非常便捷的交通选择。

不过，RER 火车也有缺点。比如从戴高乐机场出发的列车，有快车和慢车之分。快车只在巴黎市区的火车北站（Gare du Nord）停靠，而慢车则会在巴黎北部城郊的多个站点停靠，这些地区往往也是治安较差的区域。我建议在等车的时候，留心站台提示，选乘快车前往市区，这样既节省了时间，也更安全。不管怎样，乘车过程中总需要多留个心眼，看好自己的行李。

在所有从巴黎机场去市区的交通方式中，最安全、最舒适的当数优步、出租车以及机场直达巴士。小佛爷个人建议，初到巴黎的游客不要乘坐 RER 火车。

在巴黎出行

巴黎的公共交通，尤其是地铁和公交车，都是快速、高效出行的好选择，这都得益于密集、合理的交通网络。

地铁

巴黎的地铁相当古老，最早的两条地铁线在 1900 年就通车了。目前巴黎共有 16 条地铁线，绵延 220 千米，设有 302 个车站。

根据不同的车票类型，票价也不尽相同。

单程全价票[*]的售价为 1.9 欧元，如果一次“批发”10 张，那总共只要 14.5[**] 欧元，这样的票价在欧洲地铁中算是便宜的了。

Forfait Mobilis 票可以在一天之内无限次乘坐地铁，并且覆盖巴黎 1 ~ 5 圈内所有的交通线路，包括巴黎戴高乐机场和凡尔赛宫，票价为 17.3 欧元。

还有一种名称为 Paris Visite 的地铁票，可以在 5 天内无限次在 1 ~ 5 圈内通行，价格是 63.9 欧元。

当然，还可以选择购买一种叫作 Navigo Découverte 的地铁卡，7 天的价格仅为 22.15 欧元，虽然有 5 欧元的工本费，但算下来还是比 Paris Visite 地铁票更划算。4 ~ 10 岁的儿童在跟随大人乘坐公共交通出行时，可以享受半价优惠。唯一的缺点是，购买地铁卡需要提供乘客本人的证件照。通常情况下，如果售票窗口没有大排长龙，那你只需要花上几分钟就能购买到这种地铁卡。

每条地铁线路都是用数字命名的，列车的方向则由终点站的名字来定义。比如，地铁 1 号线的两个方向分别是：La Défense 和 Château de Vincennes。

出站一般不需要再次刷票 / 卡。

巴黎地铁的开放时间是每天早上 05:00 一直运行到次日凌晨 01:00，每周五晚上还会延迟到次日凌晨 02:00。

巴黎交通官方网站： www.ratp.fr

乘坐公交车

巴黎共有 353 条公交线路。地铁票同样也适用于公交车，且可以在 1.5 小时内无限换乘（仅限公交和电车）。不过，如果上了公交车后再买票，价格稍微会高一些（2 欧元），而且只能在公交车上用，不能换乘地铁。

乘坐公交车时，法国人习惯在上车时向司机问声好——“Bonjour”！如果要下车，那务必记得按一下公交车上的下车按钮，告知司机你需要下车。

实用贴士：巴黎的公交车站均提供 USB 插孔，方便为电子设备充电。

巴黎的夜班公交车名叫 Noctilien，运行时间 01：00—05：30。

巴黎公交线路官方网站： www.ratp.fr

巴黎的公交车

外国游客初次翻开巴黎公交图的时候，内心一定是崩溃的——这也太密密麻麻了吧，好像玩不来啊！相比之下还是乘坐地铁更简单。

不过，也有一些公交车线路仿佛就是专门为游客设计的“旅游专线”，途经不少博物馆和景点，下面这几条线就值得你铭记在心：

公交车 72 路

途 经 Place de l'Alma，Grand et Petit Palais，Concorde，Palais-Royal，Louvre，Pont des Arts，Pont-Neuf et Châtelet

公交车 63 路

途经 Invalides，Saint-Germain des Prés，Saint-Sulpice，Odéon，Musée du Moyen Âge

公交车 21 路

途经 Opéra，Palais-Royal，Louvre，Conciergerie，Notre-Dame de Paris，Musée du Moyen Âge，Palais du Luxembourg，Panthéon

不妨计划一下出行路线，列一张乘车表，去就近的地铁站买上 10 张优惠票，巧妙换乘地铁和公交车（90 分钟内可以进行换乘），欣赏和游览更多景点。

有轨电车

巴黎和巴黎大区共有 9 条有轨电车线路，车票与地铁和公交车的都是通用的。

区域快速火车网络（LE RER）

巴黎的区域快速火车（简称 RER）与地铁、公交车、有轨电车分属两个不同的运营商，可以通往巴黎郊区，甚至可以到达地铁 5 圈之外，票价规则也不同。乘坐 RER 途经或是前往巴黎郊区时，要特别注意安全，尤其是 RER B 线和 D 线。

城际列车（LE TRANSILIEN）

城际列车连接大区的几个火车站以及巴黎城市圈以外的区域。

观光游览船

游览船是塞纳河上的“水上公交”系统，沿途共设置9个站点：**埃菲尔铁塔**（Tour Eiffel）、**奥赛博物馆**（Musée d'Orsay）、**圣日耳曼德佩**（Saint-Germain-des-Prés）、**巴黎圣母院**（Notre-Dame）、**植物园**（Jardin des Plantes）、**时尚和设计之城**（Cité de la Mode et du Design）、**市政厅**（Hôtel de Ville）、**卢浮宫**（Louvre）**和香榭丽舍**（Champs-Élysées）。

乘坐游船时，可以携带自行车上船，一般在船头处可以找到自行车停放区域。

一日通票（有效期一整天）：17欧元，儿童8欧元，持巴黎交通卡Navigo可享受优惠票价11欧元（只在柜台有售）。

两日通票（有效期为连续两整天）：19欧元，儿童10欧元，持巴黎交通卡Navigo可享受优惠票价13欧元（只在柜台有售）。

游船停靠点均设有售票处，也可以在官方网站进行购票。

网址： www.batobus.com

出租车

长期以来，巴黎的出租车在市场上处于垄断地位，因此，客户对于服务质量是没办法挑剔的，只能接受。

除了接送机的出租车是统一定价外，其余出租车都通过计价器进行计价的。如果有司机提议一口价，你可以直接拒绝。

往返机场的固定价格是：

戴高乐机场到巴黎右岸50欧元；

戴高乐机场到巴黎左岸55欧元；

奥利机场到巴黎左岸30欧元；

奥利机场到巴黎右岸35欧元。

出租车单程最低价为7欧元。里程初始，计价器的起步价是2.6欧元。

携一件行李乘车是免费的，如果额外有超过5千克的行李，司机则有权每一件加收1欧元。

超过三个乘客时，司机会在第四位乘客头上加收3欧元。

巴黎的出租车接受信用卡付款（美国运通卡、Visa信用卡、Diner Club卡等），但基本上都不支持银联。

在出租车等候区域，乘客有权选择自己想要乘坐的出租车，并不一定要选第一辆。

乘客也有权选择路线，前提是你可以清楚地向司机指明线路。否则，司机会选择一条他认为更加直接的路线。

当然，车内的空调温度也是乘客说了算。

如果想在车上安静休息，可以要求司机关掉收音机。

每一程结束后，记得索要发票。如果不小心在车上丢了东西，至少还有一个凭证，能知道车牌号。一般很少有司机会主动提出给乘客开发票。

如果与出租车司机发生纠纷可以记下这个地址。

警察局（Préfet de Police）

DTP –BTTP, 36 rue des Morillons, 75732 Paris Cedex 15

UBER和其他带司机的租赁车辆

UBER（优步）以及其他带司机的租赁汽车公司（如Chauffeur privé或LeCab）也提供优质、高效且专业的服务。使用这些服务都需要专门的应用软件，可以事先下载好，然后在旅行期间使用。不过有一个限制，这些应用软件都需要绑定国外信用卡，不接受银联卡。所以对于大多数人而言，也许只能选择出租车。

电动共享汽车（Autolib'）

Autolib' 是巴黎市区电动共享汽车的品牌名称。这种共享汽车全年无休，24 小时都可以在巴黎街头找到。

如何租用这种电动汽车呢？你需要在线注册，或者直接去 Autolib' 的接待中心，带上护照和信用卡（只接受 Visa 或 MasterCard，银联卡和美国运通卡都不行），当然还有国际驾照以及中国驾照。凭这些材料可以申领到一张取车卡了。

需要用车时，在自动充电停车桩上读取卡片数据，即可开锁。然后将电动车和充电桩的连接线解开，再关上充电阀门就可以了。

还车的时候，找到一处电动车租赁点，然后将连接线正确地插回充电桩，关上阀门，再刷一下取车卡，安全锁住电动车即可。

电动车的租赁费用为每 30 分钟 9 欧元，预订的话需要额外加收 1 欧元。

Autolib' **接待中心**
地址： 5 rue Edouard VII, Paris 9
营业时间： 每周一至周六 11：00 – 20：00

共享自行车（Vélib'）

Vélib' 是巴黎自行车租赁系统的名字。这种共享自行车也是 24 小时随时待命，看上去非常牢固，而且车把前方还配有一个车篮子，在巴黎基本每 300 米就能找到一个停车点。

如果想租赁自行车，只需要在自动取车机器上买一张租赁票就可以了——每一个停车点都设有这种机器。一天的租金是 1.7 欧元，一周 8 欧元。购买租赁票时，机器会在使用者的信用卡上划取 150 欧元的预授权，作为租车押金，归还车辆时，预授权就自动解除了。

当然，你也可以购买更短的时段。比如前半小时骑车是免费的，从第二个半小时开始收费 1 欧元，第三个 30 分钟收费 2 欧元，超过这个时间段，往后的每 30 分钟就要收 4 欧元了。想省钱的话，那就每 30 分钟换一辆车，这样也可以把城市骑行游分成好几段来进行。

这种共享自行车用起来也不复杂。先在自动取车机机器上输入租赁车票号，然后选择屏幕上显示的可用车辆，再按照提示号码找到那辆车即可。

车辆可以在任何一个停车点进行归还，将车锁对准停车桩的插孔即可，听到提示音并且停车桩显示绿色灯光，即表示这辆车已经成功归还了。

Vélib'
电话： +331 3079 7930
网站： www.velib.paris

巴黎的哪部分与你意气相投

时尚：8 区
购物：3、4、6、8 区
设计：3、4、12、13 区
古老巴黎：1、2、5、6 区
16、17 世纪的巴黎：4 区
新艺术和装饰艺术风格：16 区
演出、音乐、舞蹈、歌剧：2 区和 9 区
政治：7 区
富人区：16 区
大众巴黎：20 区
犹太文化：3 区和 4 区
“同志”文化：3 区和 4 区

第三章　爱都巴黎

爱情的滋养

许多人带着邂逅浪漫爱情的愿望来到巴黎，也有人带着爱人来到巴黎，期待爱的美丽升华。

人们会由衷赞美一株茁壮生长、花团锦簇的玫瑰，并希望它能长得更高，绽放更多的花蕾，开枝散叶，天长地久。想让玫瑰更茂盛，就需要给予它足够的养料。爱情也是如此。

对于爱情而言，巴黎就是滋养它的养料——城市的空气中仿佛都弥漫着这种养分。温柔的月光下，与爱人一起站在亚历山大三世桥上，远眺路易十四时期士兵疗养的荣军院；在每个整点看埃菲尔铁塔向你们忽闪忽闪地眨眼睛；在 6 区的 Fürstenberg 小广场上，手挽手坐在泡桐树或路灯的光影下；在蒙马特的爱墙前，寻找那句最能表达心声的“我爱你”；在伯特休蒙公园的瀑布前许下一个愿望……每段感情都需要一份值得回味的美好记忆，这样爱才会永葆活力——巴黎就是一个能让爱充满回忆的地方。它带来的不仅仅是存满照片的相机，还有许许多多妙不可言之处，让恋人的感情迅速升温。巴黎是永恒的，在这里，时间仿佛静止了。

这座浪漫之城是爱情故事中最美的背景。长椅上深情对视的恋人、闪耀着温暖灯光的蜿蜒小道、举办婚礼的庄严城堡、婚纱照中优美的桥。现在就该故事的主角——你们——上场了！

相较于莫斯科或北京，巴黎没那么肃穆；相较于香港或纽约，巴黎不会极尽张狂；相较于里约或罗马，巴黎更加文明。巴黎如同一个宝盒，吸引着恋人们纷纷前来。就像法国影片《天堂的孩子》中的主角 Garance 说的那样：“对于像我们这样相爱的人来说，巴黎很小，但爱情很伟大。”

金钱汇聚到了伦敦、苏黎世或法兰克福，商贸中心在上海、孟买和新加坡扎根，而法国人则对爱情情有独钟。在法国文化传统中，爱是谦逊的——男人要优雅、忠诚，像英雄一样当一个护花使者。不过，个人主义和享乐精神又赋予了法国人热爱自由的特性，所以对爱情中出现的不忠诚，法国与其他地方相比会更宽容一些。在共和国总统弗朗索瓦 · 密特朗的葬礼上，他的夫人、情人都会到场。对于选民而言，政客们的风流韵事并不会左右他们手中的选票。在法国人的集体意识中，一个有魅力的男人或女人是不会太差的。

总的来说，在公开场合秀恩爱对法国人而言不是什么大问题。无论是牵手还是拥吻，恋人间的亲昵举动不会让旁人皱眉，哪怕是爱抚也不会招来非议。如果你和恋人一同来到巴黎，那我建议你们不妨学一下罗伯特·杜瓦诺那幅著名的照片“市政厅之吻（Le Baiser de l'hôtel de ville，1946）”，去巴黎市政厅前拍一张合影。在这张黑白照中，恋人相拥而吻，而从他们身旁经过的路人“熟视无睹”。

在法国，同性之间的婚姻也是被承认的，而且这些人也有领养孩子的权利。

漫步塞纳河畔

公元前1世纪，人们在塞纳河靠近下游的地方兴建了一座城市，这就是最初的巴黎。其实，最早的城市基础建设（古罗马人称作城堡，也就是一种营地）就位于现今巴黎市西郊的 Nanterre 附近。作为交流和运输的主要通道，塞纳河不仅运送来往的行人，还运输各种货物。这条河流将巴黎和大西洋连接起来，让商品贸易兴起、发展。中世纪的时候，有很长一段时间，人们将粪便、垃圾、动物的血液直接倾倒入河……如今，塞纳河水很干净，40多种不同的鱼类畅游其中，生态环境已经治理得很好了。

以塞纳河为中轴线，城市以及道路在其两岸逐渐发散开来。左岸充满文化气息，右岸则以商业贸易活动为主。与塞纳河平行的道路，门牌号的数字依照河流的流向（自东向西）递增，与之垂直的道路门牌号则从靠近塞纳河的房屋开始编号。

中国人应该比其他任何国家的人更能理解为什么塞纳河是巴黎的城市命脉。在中国，人们对水的概念多是与江河联系在一起，而非大海。公元前645年，管仲在《管子·水池》中就将水比作是地球的血液，河流构成了血液系统。从古至今，中国人善于在水流经过的地方开发各种资源，“靠水吃水”一直被认为是一种智慧的表现。孔子曰“知者乐水”，意思是聪明的人喜欢水，因为水是灵动的、活跃的、有适应力的——这跟巴黎人的观念完全契合。

与长江、黄河或海河相比，总长度仅777千米的塞纳河只能算是一个“小朋友”。但实际上，塞纳河的能量却不小。塞纳河岸遍布着全世界最美的建筑，无论是乘坐游船，还是在岸边行走，都可以欣赏到令人窒息的城市美景。塞纳河被联合国教科文组织评为世界文化遗产，河水在流经巴黎市中心的圣路易岛和西岱岛时分成了两股，然后又重新汇合。与中国的大江大河不同，塞纳河并不会让人感到震撼，但它亲切、友好、平易近人，让每个人都想靠近它，想沿着河岸散散步。

走在人行道上，首先映入眼帘的是那些旧书摊。从16世纪开始，旧书商们就在塞纳河边售卖二手书，摊位的颜色、大小、材质经过统一规划，不会影响周围的景观。如今，这些旧书摊也会出售版画、仿制画、石版画和旧版报纸，偶尔还有一些古董版画。这些作品，可能没那么古老，没那么昂贵，但都满载着人们对巴黎的独特记忆。走在洒满阳光的河岸边，偶尔停下脚步，翻翻这些旧书摊上的货品，寻找记录巴黎旧时光的图片，重现那些已经被人们遗忘的职业，感受曾经的家庭生活场景，这份惬意和欣慰值得分享。

沿着河岸内侧的台阶拾级而下，可以离水更近一些。河边有供恋人相拥而坐的长椅，偶尔还有一些音乐爱好者在岸边演奏。滑板和轮滑爱好者也喜欢来这里练习新花样。当然了，还有许多孤单的人来这里寻找灵魂伴侣，他们多集中在杜勒丽花园附近。

巴黎海滩

每年夏天，成吨的沙子被运到巴黎奥斯特里茨桥和阿尔科莱桥之间的河岸，并铺出一片人工海滩，从7月的最后一周开始，一直持续到8月的第三周。公共区域设有长椅和折叠扶手椅，甚至还有露天喷雾和冲淋设施。如果游客能赶在大批人马之前抵达人工海滩，还可以抢到一个有大遮阳伞的好位置。

沙滩上有许多户外运动项目可以参加：水上浮球、沙滩排球、羽毛球、乒乓球、篮球、地滚球等。从奥斯特里茨桥开始，一直到巴士底广场的这片塞纳河水域，你还能发现脚踏浮艇、皮艇之类的运动项目甚至还有小型帆船。另外，如果你是太极爱好者，在苏利桥附近就能找到“组织”。

世上最浪漫的桥

我们可以沿着河堤散步，看塞纳河缓缓流淌，也可以站在一座桥上驻足欣赏美景。

对于法国人而言，塞纳河上的每一座桥都有一个非常浪漫的故事。就像香颂（法语"chanson"的音译，指复古怀旧的情歌）里唱的那样，人们穿过塞纳河上的桥去寻找爱人，或是在桥上跳舞、邂逅、相遇、相知。有中国朋友告诉我说：“爱情就是连接两颗心的桥梁。”想想那些我所知道的中国的桥，比如世界上古老的石拱桥——赵州桥、北京的十七孔桥，还有那些用画笔记录下的桥，我就相信他们说的是有道理的。神话传说中的牛郎和织女也是“鹊桥相会”。

巴黎一共有37座桥，一定要好好欣赏，亲自走走。当然啦，如果乘坐游船，还能近距离欣赏到桥的细节，其精美与优雅一定会让你叹为观止。船上一般有5种语言的导览介绍，如果你决定乘船游览，可以选择中文导览词，我就不用在这里说太多了。不过呢，有几座桥大家一定不能错过，它们会带给你意想不到的惊喜，让你感动，甚至唤起你对爱情的向往！

接下来我就自西向东，介绍那几座不容错过的桥。

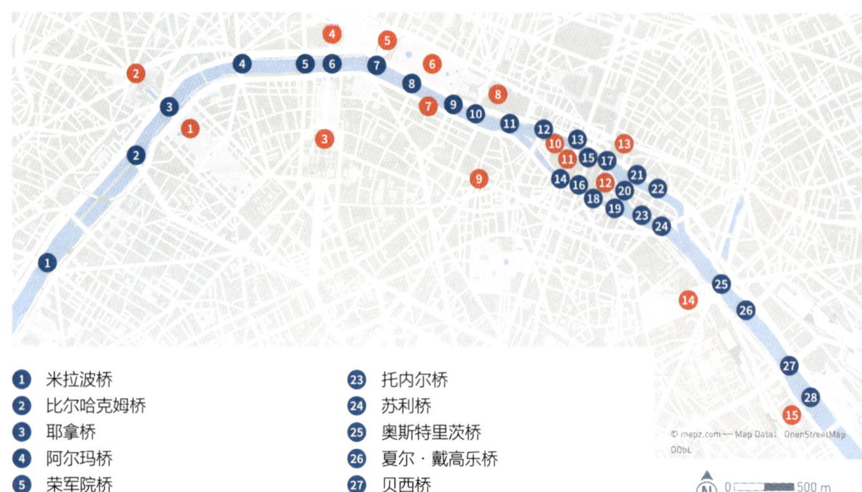

1. 米拉波桥
2. 比尔哈克姆桥
3. 耶拿桥
4. 阿尔玛桥
5. 荣军院桥
6. 亚历山大三世桥
7. 协和桥
8. 利奥波德 · 赛达尔 · 桑戈尔行人桥
9. 皇家桥
10. 卡鲁塞尔桥
11. 艺术桥
12. 新桥
13. 兑换桥
14. 圣米歇尔桥
15. 圣母院桥
16. 小桥
17. 阿尔科莱桥
18. 双桥
19. 主教桥
20. 圣－路易桥
21. 路易－菲利普桥
22. 玛丽桥
23. 托内尔桥
24. 苏利桥
25. 奥斯特里茨桥
26. 夏尔 · 戴高乐桥
27. 贝西桥
28. 波伏娃步行桥

1. 埃菲尔铁塔
2. 特罗卡迪罗广场
3. 荣军院
4. 大皇宫、小皇宫
5. 协和广场
6. 杜伊勒里花园
7. 奥赛博物馆
8. 卢浮宫
9. 圣日耳曼德佩
10. 巴黎古监狱
11. 圣礼拜堂
12. 巴黎圣母院
13. 市政厅
14. 植物园
15. 弗朗索瓦 · 密特朗图书馆

米拉波桥（LE PONT MIRABEAU）

交通： 地铁 10 号线 Mirabeau 站、RER C 线 Javel 站

每个法国人在学生时代都读过一首叫作《米拉波桥》的诗——诗人纪尧姆 · 阿波利奈尔在感怀爱情时，将逝去的甜蜜时光比作米拉波桥下流淌的塞纳河水……

比尔哈克姆桥（LE PONT DE BIR-HAKEIM）

交通： 地铁 6 号线 Bir-Hakeim 站

比尔哈克姆桥于1905年（光绪三十一年）落成时，就是我们现在看到的样子，它可以算是巴黎最著名的桥了。这座桥有两层，下层为行人和车辆设计，上层供地铁通行，双层金属结构让比尔哈克姆桥在外形上就先声夺人。再加上那些起支撑作用的廊柱，真是分分钟钟就能拍成明信片。这座桥在很多广告大片、电影、音乐 MV 中都出过镜，好好珍惜在桥上的时光，因为这也是香奈儿、好莱坞、珍妮 · 杰克逊的选择。像那些巨星一样，在比尔哈克姆桥上留下你的身影吧！

桥中央有一段连着天鹅岛（île aux Cygnes），从这里你可以欣赏到最美的埃菲尔铁塔。如今，很多年轻的中国新人热衷于在这个角度拍婚纱照。沿着天鹅岛走下去，就会看见一座高 11.5 米的自由女神雕像。实际上，纽约的自由女神像就是法国人民为庆祝美国的百年独立赠送的礼物。为了呼应它，定居在美国的法国人共同筹集资金，根据法国雕像家弗雷德里克·奥古斯特·巴特勒迪的自由女神雕像原型，在巴黎竖起了这座尺寸小一些的自由女神像隔着近半个地球，巴黎和纽约的两座自由女神像遥遥相对。

耶拿桥（LE PONT D'IÉNA）

耶拿桥是遵照拿破仑一世的旨意建造而成的，始建于 1814 年。1853 年，人们将这座桥进行了翻新，增加了 4 尊具有象征意义的雕像：桥的南端竖立着高卢士兵和罗马士兵，北端则是阿拉伯士兵和希腊士兵。

阿尔玛桥（LE PONT DE L'ALMA）

地址： 21 rue des Blancs-Manteaux
交通： 地铁 1 号线、11 号线 Hôtel de Ville 站

阿尔玛桥最初在拿破仑三世时期的 1856 年落成（中国历史上清代咸丰年间），但整座桥在 1970 至 1974 年经历了一次重建。

这座桥非常出名，有两个原因。

首先，这座桥的桥墩都是佐阿夫兵（Zouave）形象的雕像。佐阿夫兵是指在殖民时期远赴非洲的法籍士兵。通过塞纳河的河水漫过佐阿夫士兵雕像不同的身体部位（脚、腿肚、大腿……），就能判断河水是否超出了正常水位。倘若河水到达雕像的耳朵，沿河的道路就要立刻封闭，防止洪水侵袭。塞纳河最严重的一次河水上涨发生在 1910 年，当时的河水一直漫过士兵们的肩膀。

塞纳河的几次大规模涨潮

历史上，塞纳河水位超过 8 米警戒线的情况一共发生过 3 次，分别是：1658 年的 8.80 米、1740 年的 8 米和 1910 年的 8.62 米。最后的这场“大洪水”被摄影师通过许多摄影作品记录下来：人们在市政厅前的广场上靠小船通行，巴黎仿佛有了威尼斯的既视感，整座城市有 2 万多幢建筑受到洪水影响，一半的地铁也因此停运。

2016 年 6 月初，塞纳河的水位上涨到 6.10 米，影响到不少巴黎人的日常生活。沿河的道路都因为这次“小洪水”而通行受阻，卢浮宫的一部分馆藏作品也被转移到地下室以防受损。不少公共安全专家将 2016 年的这次“世纪大涨潮”与 1910 年的那次作比较，担心它会对巴黎再次造成大规模影响。

1997 年 8 月 31 日那天，阿尔玛桥举世瞩目，这也是它成名的另一个原因：20 世纪最传奇的爱情故事就是在这里画上了悲剧的句号。

与许多情侣一样，威尔士公主——也就是戴安娜王妃——和她的情人多迪·法耶兹也非常喜欢巴黎。多迪甚至在巴黎的 Arsène Houssaye 大街 1 号拥有一套公寓，紧邻凯旋门和星形广场，这是他们秘密恋情的庇护所。

悲剧发生的那天下午，这对恋人来到多迪父亲的丽兹酒店。大约晚上 9 点半，他们在酒店套房内共进了晚餐。晚上快 12 点的时候，二人准备动身前往多迪在巴黎的公寓。想要离开酒店，就必须躲开那些在旺多姆广场等候多时、一直盯着酒店大门的记者和相机镜头。为了引开媒体，一辆打掩护的车先行出发，而多迪和他的恋人则从酒店后门离开。他们坐上了一辆奔驰车，丽兹酒店的安全总管亨利·保罗负责开车，多迪的保镖坐在副驾驶座上。

不一会儿，几名记者开车跟了上来——

显然，刚刚的招数没能骗过他们。奔驰车没有走最直接的路回公寓，多迪让司机绕路，走阿尔玛桥旁那条沿着塞纳河的隧道。当时车的速度非常快，突然间，车子失去了控制，司机拼命地踩刹车，但车还是撞上了隧道里的第三根柱子。多迪和司机当场死亡，黛安娜身受重伤，生命危在旦夕。送进医院后 2 个小时，当天清晨 4：25，医生宣告戴安娜王妃死亡，她的生命永远停在了 8 月 31 日。

Trevor Rees-Jones——多迪的保镖是事故中唯一幸存的人。

这起事故就发生在阿尔玛广场地下的隧道中，而故事并没到此结束。

在隧道上方，立着一座“自由之火”金铜雕像，完全复制了美国自由女神像手中火把上的那束火焰（也就是说火焰高达 3.5 米），这尊雕像是美国《国际先驱论坛报》为了祝福法美两国友谊而赠送给法国的礼物。黛安娜王妃去世的消息一经传出，人们就纷至沓来，在雕像的灰黑色大理石底座上摆满了蜡烛和鲜花。人们前来缅怀这位永恒的公主，他们都认为，这束火焰就是为这场悲剧而竖起的纪念碑，有些人甚至还想象她的遗体也被葬在了这里。

事实上，黛安娜王妃葬在了位于英格兰北部安普顿郡的斯宾塞家族墓地中。而这束火焰却一直在接收着来自世界各地到访者留下的纪念品：鲜花、蜡烛、相片、孩子们亲手画的画，等等。其实，缅怀者更应该去位于巴黎玛黑街区（le quartier du Marais）的威尔士公主花园（jardin clos de la princesse de Galles）。这座受中世纪风格启发的花园，鲜为人知，但这儿才是真正意义上怀念这位“威尔士公主”的地方。

如果你在阿尔玛广场附近，还可以去塞纳河对岸那座金顶的俄式东正教教堂看看。它是建筑大师让·米歇尔·维尔莫特的作品。

交通：地铁 9 号线 Alma Marceau 站；RER C 线 Pont de l'Alma 站

荣军院桥（LE PONT DES INVALIDES）

交通：地铁 8 号线 Invalides 站

荣军院桥并不是一座建在荣军院中轴线上的桥，它是香榭丽舍环形交叉路的一部分。沿着大皇宫的后翼行走，就位于巴黎科技宫旁边。荣军院桥是塞纳河上桥身最低的一座，原桥曾被拆毁，1855 年重建。桥身两端装饰的雕像分别代表陆地上和海上的胜利。

亚历山大三世桥（LE PONT ALEXANDRE III）

交通：地铁 8 号线、13 号线、RER C 线 Invalides 站

有很长一段时间，我住的离亚历山大三世桥非常近。这是巴黎最美的一座桥，每次经过时，我都能看到美丽的中国新娘穿着白色礼服，挽着新郎拍婚纱照。后来我还给这座桥起了个外号——“中国恋人桥”！

1900 年，世界博览会在巴黎召开，好像全世界的人都涌到了巴黎。当时俄国与法国缔结联盟正好 9 周年，亚历山大三世大帝在法俄联盟期间去世，法国人便决定用他的名字来命名这座大桥。1896 年（中国历史上清代光绪年间），当时的沙皇尼古拉斯二世和法兰西共和国总统一同为大桥奠基。大桥最终在世博会召开时竣工。

为什么这座桥能够出现在那么多中国恋人的婚纱照中呢？因为整座桥被 32 盏精雕细琢的路灯装点得精美绝伦，更因为这座桥完美地融入了周围的环境，形成一幅和谐壮丽的风景。

先来看看装饰考究的 4 根立柱。

北面的上游立柱：飞马旁边是一尊精美的镀金雕像，象征着艺术，立柱底部则采用了中世纪风格的装饰。

北面的下游立柱：飞马旁边是一尊寓意农业的精美镀金雕像，立柱底部则配以象征现代法国的装饰。

南面的上游立柱：雕刻着法国第一艘铁甲船“光荣号”，立柱下方是象征文艺复兴时期法国的装饰。

南面的下游立柱：la Guerre tenant Pégas（珀伽索斯，天马或飞马，是希腊神话中著名的奇幻生物，一匹长有双翼的马，通常为白色，为美杜莎和海神波塞冬所生，角色是马神）。立柱下方是象征路易十四时期法国的装饰。

乘坐游船的时候，我们可以看到下游的桥身一侧装饰着涅瓦河的水泽女神与俄国的纹章，靠近上游的一侧则装饰着塞纳河的水泽女神和巴黎的纹章。水泽女神又称宁芙，原文为 nymphe，指那些与自然相关的神灵。

在桥的两端和桥面上，可以好好欣赏这些雕像精美繁复的装饰细节：骑在狮背上的孩童、与海鱼和贝壳共舞的天使 、骑着白斑狗鱼的小孩，等等。

亚历山大三世桥的桥面是水平的，而且桥身距离水面也很近，所以需要粗大的桥墩来支撑。它的底座基石深入水下，在建造过程中曾发生 29 起事故，造成 1 人死亡。

也正是由于桥面很平，所以可以把周围那些壮丽的建筑物一览无余，更重要的是，人们可以直接从香榭丽舍大街一眼望到荣军院。无论你是在游船上，还是在亚历山大三世桥所处的街区，这些毗邻大桥的建筑都值得好好欣赏一番，它们与大桥完美地融合在一起，形成了世上绝美的景致之一。

如果你是步行游览，可以从香榭丽舍大街的环形交叉路口出发，然后往南看，尽头便是宏伟的荣军院。这栋建筑是遵照路易十四的旨意建造起来的，用以安置那些在战役中受伤的军人。朝亚历山大三世桥的方向往前走，就能抵达荣军院所在的街区。过桥之前，你左手边的温斯顿 · 丘吉尔大街（l'avenue Winston-Churchill）上有小皇宫（le Petit Palais），在它对面，也就是你的右手边，就是大皇宫（le Grand Palais）。这两栋建筑都是在1900年巴黎世博会前夕建造而成，你可以先在这条街上近距离地欣赏一下。站在温斯顿 · 丘吉尔大街上，可以看到大皇宫顶部有两个面朝不同方向的雕像作品，其中一个名叫“战胜无序的和谐（L'Harmonie triomphe de la Discorde）”，另一个面对着塞纳河的雕像作品是“超越时间的不朽（L'Immortalité devance le Temps）”。这两件作品均出自法国雕像家 Georges Récipon 之手，疾驰的战马惟妙惟肖，作品传递出强烈的情绪与张力，深受褒奖。

沿着温斯顿 · 丘吉尔大街走下去，就是亚历山大三世桥所在的河堤了。

无论你站在这条轴线上的哪个位置拍照，都能把这一壮丽恢弘的景致放入取景框中。

协和桥（LE PONT DE LA CONCORDE）

交通： 地铁 8 号线、13 号线、RER C 线 Invalides 站；地铁 1 号线、8 号线、12 号线 Concorde 站

协和桥在建造之初，有部分石材来自 1789 年法国大革命时（乾隆年间）那座著名的巴士底皇家监狱。整座桥在 1791 年完工，并在 20 世纪初进行了扩建。

利奥波德 · 赛达尔 · 桑戈尔行人桥（LA PASSERELLE LÉOPOLD SÉDAR SENGHOR）

交通： 地铁 12 号线 Solférino 站、RER C 线 Musée d'Orsay 站

这座金属结构的行人桥桥面为巴西木料覆盖，只有一个桥拱，横跨塞纳河两岸。事实上，它由两座交会的行人桥组合而来，一座通向更低的河岸边，另一座则连接更高的路面。两座桥的桥面在河中央交会相叠，外观上尽显优雅。这座桥于 1999 年建成，得名于塞内加尔诗人利奥波德 · 赛达尔 · 桑戈尔*。

* 译者注：Léopold Sédar Senghor 早年留学法国，被广泛认为是 20 世纪非洲最重要的知识分子之一，曾在 1960 年至 1980 年担任塞内加尔首任总统，并在离任总统职务 3 年后成为法兰西学术院院士。这座桥原名苏法利诺行人桥（passerelle de Solférino），于 2006 年更名，以此向利奥波德 · 赛达尔 · 桑戈尔致敬。

皇家桥（LE PONT-ROYAL）

交通： 地铁 1 号线 Tuileries 站、RER C 线 Musée d'Orsay 站

皇家桥由当时的法国国王路易十四下令建造，并由他的首席设计师儒勒阿杜安 · 孟萨设计——许多 17 世纪的经典建筑作品都出自这位设计师之手。皇家桥于 1689 年建造完成，取代了原来那座已经坍塌了的木桥。这是巴黎最古老的桥之一，仅次于新桥（Pont Neuf）和玛丽桥（Pont Marie）。

卡鲁塞尔桥（LE PONT DU CARROUSEL）

交通：地铁 1 号线、7 号线 Palais Royal-Musée du Louvre 站

卡鲁塞尔桥的历史可以追溯到 1834 年，如今的桥上竖立着四座雕像，分别象征着富足、工业、塞纳河和巴黎。

建造之初，人们认为这座桥太低、太窄、不坚固，于是在 1932 年至 1935 年进行了一次重建。

艺术桥（LE PONT DES ARTS）

交通：地铁 7 号线 Pont Neuf 站

艺术桥附近有一栋精致的建筑，那就是大名鼎鼎的法兰西学院。艺术桥之前的那座桥被“二战”时的一颗炸弹炸得岌岌可危，后来又因为多起事故，原桥的桥墩受到了严重毁坏。1984 年，艺术桥建成，正式替代了原来的那座桥。

艺术桥在法式浪漫中有着不可撼动的地位，这得益于它为恋人们提供的长椅。静静地依偎在一起，美景环绕，妙不可言。桥的一端直通卢浮宫的方庭，可以看到法兰西学院的圆顶、西岱岛的一角，甚至还能远眺巴黎圣母院，桥的另一端则是埃菲尔铁塔。

当然，除了长椅，恋人们更喜欢在木制的桥面上铺一块野餐布，摆上精心准备的餐具和美食，开一瓶香槟。抬头是皎洁的月光，低头是粼粼的波光，转头是含情脉脉的爱人，这顿野餐简直不能更浪漫。

“爱情锁”让艺术桥成为名副其实的爱情象征。大约从 2008 年起，恋人们喜欢把写有双方姓名首字母的爱情锁挂在艺术桥的围栏上，锁好，这就好比是把他们的爱情锁住。紧接着，恋人们会将锁的钥匙扔进塞纳河中，寓意这份爱情牢不可破。

这种做法其实并不是法国人的专利，中国恋人一样会用锁把爱情锁起来。在欧洲的许多地方，情侣也用这样的方式寄托对爱情忠贞的渴望。当然也有些城市明令禁止这样的行为，比如威尼斯和柏林。

日积月累，桥上的金属挂锁总重量达到了 70 吨，肩负“爱情使命”的艺术桥终于不堪重负，2014 年 6 月，桥上的围栏被压弯。再加上一直有人认为这些挂锁影响美观，而且丢入河中的钥匙会对河水造成污染，2015 年 1 月 1 日，市长决定拆除这些爱情挂锁，取而代之的是玻璃围栏。

艺术桥不再接收游客们的挂锁，恋人们开始将对爱情的寄托转向塞纳河上的其他几座桥——主教桥、利奥波德 · 赛达尔 · 桑戈尔行人桥、西蒙 · 波伏娃行人桥，因为这些桥上还有可以挂锁的围栏。就连阿尔玛广场上自由火焰雕像周围的那圈围栏也没能逃过恋人们的浓情蜜意。

除了是爱情的象征，艺术桥也是荧幕上的常客。电影《天使爱美丽》《谍影重重》《穿普拉达的女魔头》《巴黎谍影》中有它的身影。电视剧《欲望都市》《绯闻女孩》也曾在此取景，更不用说那些数都数不清的广告大片了。

新桥（LE PONT NEUF）

交通：地铁 7 号线 Pont Neuf 站

新桥听上去很“新”，但它其实是巴黎最古老的桥，建于 1578 年至 1607 年（明朝神宗帝和光宗帝在位期间）。

在古代，人们习惯在桥上建房屋、做生意。新桥是当时第一座没有建房屋的桥梁，商贩们在新桥上的那些半圆形“阳台”上摆摊做买卖。如今，这些“阳台”成为游客们拍摄巴黎以及塞纳河的最佳地点。

新桥也是法国第一座两侧设有人行道的桥，当时是为了避免马儿奔驰而过或马车急行时溅起的泥水弄脏行人。整座桥横跨塞纳河，并在中间位置与西岱岛相连，全长 238 米。

新桥桥梁围栏外侧有 385 个怪面装饰，可以坐塞纳河游船好好欣赏一下。

兑换桥（PONT-AU-CHANGE）

交通： 地铁 1、4、7、11 号线 Châtelet 站；RER A、B、D 线 Châtelet 站

这座兑换桥建成之前，这个位置上的好几座桥都建有房屋，其中兑换所占地儿最大，以至于从桥的另一端都看不到塞纳河了。桥上可谓是“纸醉金迷”，聚集着众多兑换商（珠宝商和金银匠）。1639 年至 1647 年，这些店铺集体出资重建桥梁。但直到 1786 年，桥上的各种建筑才被拆除。

如今屹立在塞纳河上的这座桥于 1860 年（清代咸丰年间）建成。桥的侧立面装饰的“N”代表的是当时的当权者拿破仑三世。

圣米歇尔桥（LE PONT SAINT-MICHEL）

交通： 地铁 4 号线 Saint-Michel 站；
RER C 线 Saint-Michel Notre-Dame 站

圣米歇尔桥始建于 1378 年，是兑换桥的姐妹桥。就像巴黎的其他桥一样，这座桥也经历了很多次重建，现在我们所看见的这座桥是在 1857 年建成的。桥拱上同样也装饰着代表拿破仑三世的字母“N”。

圣母院桥（LE PONT NOTRE-DAME）

交通： 地铁 4 号线 Cité 站

在这座桥的位置上，历史上曾有过很多座桥，其中一座是罗曼人时期建造的。1853 年，奥斯曼重新规划巴黎，大兴土木，那座桥直接被废弃，扔进了河中。

历史上，这个位置上的桥还被称作“恶魔桥”，因为这里曾发生过多起河道通行事故。罪魁祸首当然不是恶魔，而是这些桥在设计上缺陷。一些桥墩的位置不当，导致水流方向和角度出现问题，使得航行事故频发。这些桥被一一推翻，最后由亚历山大三世桥和米拉波桥的设计师于 1919 年进行重新设计，也就有了现在的这座桥。

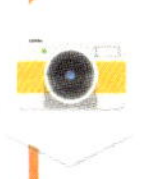

《悲惨世界》里的桥

在法国大文豪维克多·雨果的小说《悲惨世界》中，警察沙威就是从圣母院桥跳入塞纳河中自杀的。但在汤姆·霍珀导演的电影版《悲惨世界》中，沙威则是从主教桥上跳河自杀的。

小桥（LE PETIT-PONT）

跟圣母院桥一样，小桥也有很多“前身”。最早的一座是罗曼人在建立巴黎城之初架起来的，此后同一位置上又兴建过四座桥，直到 1853 年建成最后一座，才是我们今天看到的模样。

阿尔科莱桥（LE PONT D'ARCOLE）

阿尔科莱桥是为了纪念 1796 年拿破仑·波拿巴攻打奥地利人的一场战役得名的。不过，拿破仑在这次战役中吃了败仗。

如今我们看到的这座桥建于 1864 年。当时，人们保留了原桥的金属结构主体，又花了 3 个月的时间修建完毕。

双桥（LE PONT-AU-DOUBLE）

在这个位置上建造的第一座桥可以追溯到 7 世纪，通过此桥往南走，可以直接到达巴黎最早的医院——L'Hôtel-Dieu。我们现在看到的这座桥是在经历了好几座桥建造之后，最终于 1883 年建造完成的。

主教桥（LE PONT DE L'ARCHEVÊCHÉ）

交通： 地铁 10 号线 Maubert Mutualité 站

这座建于 1828 年（清代道光年间）的桥是巴黎最窄的一座。

自从艺术桥被禁止悬挂爱情锁后，来自世界各地的恋人就来到主教桥，将他们对爱情的忠贞锁于此地。后来，由于担心这座桥会遭遇跟艺术桥一样的悲剧，巴黎市政府在围栏周围安装了玻璃保护板，禁止挂锁。

圣－路易桥（LE PONT SAINT-LOUIS）

交通：地铁 10 号线 Maubert Mutualité 站

这座桥位于西岱岛的东侧，在圣路易岛的西端。

很长一段时间内，圣路易岛上都没有人居住。从 1634 年开始，它和西岱岛之间先后出现过 7 座桥，目前这座钢结构桥于 1970 年竣工，仅供行人步行通过。桥上经常有街头艺人进行精彩的表演。

路易－菲利普桥（LE PONT LOUIS-PHILIPPE）

现在的这座桥是在 1862 年时完成修建的，原桥由国王路易·菲利普下令建造，但曾一度中断。

玛丽桥（LE PONT MARIE）

玛丽桥得名于为了建设这座桥而据理力争的企业家 Christophe Marie 的名字。于 1635 年（清代崇德年间）建成开放后，桥上的 50 间房屋让它不堪重负。1658 年，部分桥体坍塌，房屋也掉入河中。1769 年，桥被完全修复，此后再也不允许在桥上建造房屋了。

托内尔桥（LE PONT DE LA TOURNELLE）

交通：地铁 7、10 号线 Jussieu 站；地铁 10 号线 Cardinal Lemoine 站

这座桥在圣路易岛的另一端，是玛丽桥的延续。它的前身是一些木桥和石桥，坍塌后于 1928 年重建。

托内尔桥上装饰着法籍波兰裔雕像家保罗·朗多夫斯基的现代艺术品。艺术家在一根 15 米高的柱子上刻上了巴黎的守护圣人——圣日内维耶，还有一个小女孩，她手中握着一艘象征巴黎的小船。

从托内尔桥和桥附近的河岸上拍摄巴黎圣母院，角度很棒。

苏利桥（LE PONT DE SULLY）

交通：地铁 7 号线 Sully Morland 站；地铁 7 号线 /10 号线 Jussieu 站

苏利桥斜跨在塞纳河上，一端连着圣路易岛。这座桥建于 1876 年，是在奥斯曼男爵进行大刀阔斧的建设时造起来的。

站在这座桥上，可以将整条河岸、圣路易岛以及巴黎圣母院尽收眼底。

奥斯特里茨桥（LE PONT D'AUSTERLITZ）

我们今天看到的奥斯特里茨桥建于 1855 年（清代咸丰年间），是拿破仑一世为纪念奥斯特里茨战役而建，桥上的石头上刻着在战役中死去的将领的名字。

贝西桥（LE PONT DE BERCY）

贝西桥建于 1864 年。1904 年，为了增强运输能力，让地铁能够通行，贝西桥进行了第一次扩建。1986 年，在原来的基础上，又扩建了第二层相同结构的桥，但这次用的材料是混凝土。如此一来，巴黎罕见的桥上桥诞生了。在这座桥上，可以欣赏到财政部大楼的摩登外观。

波伏娃步行桥（LA PASSERELLE SIMONE DE BEAUVOIR）

交通：地铁 6 号线 Quai de la Gare 站

西蒙娜·德·波伏娃是一位受全世界敬仰的法国作家。这座仅供行人通行的步行桥就以她的名字命名。事实上，波伏娃不仅赋予女性自由以理论武器，她还是一个爱情至上的人。她与哲学家让－保罗·萨特精神恋爱，使得世界各地的恋人们将此桥奉为浪漫之地，不顾禁令也要把爱情锁锁在围栏上。

这座步行桥于 2006 年开始对行人开放，连接了贝西公园和弗朗索瓦·密特朗图书馆。

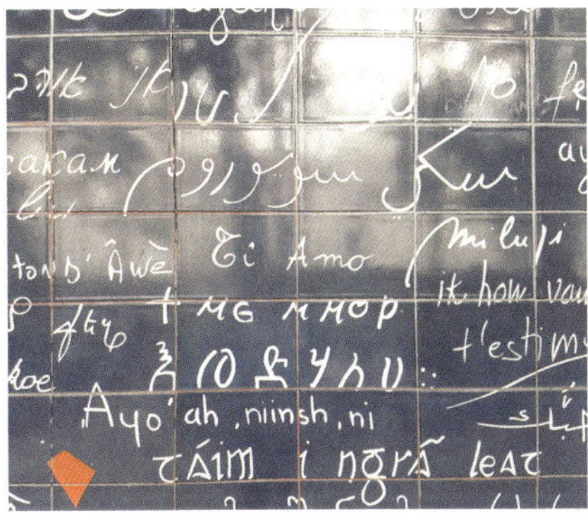

圣心大教堂与蒙马特高地

来蒙马特的恋人们……

想要得到最甜蜜的亲吻、向倾慕的对象表白、送上求婚戒指、庆祝结婚1周年或50周年，或者只是想牵着爱人的手静静地坐在长椅上……那就到蒙马特高地吧。

来到蒙马特，恋人们会变得更甜蜜、更幸福。

一如在电影《天使爱美丽》或《红磨坊》中所展现的那样，蒙马特高地一直都是让人心动的街区，深受人们喜爱。艺术家、学生、游客、富人、穷人、妓女或流浪汉都在此地聚集。

蒙马特人最大的特点是追求自由，崇尚独立。1870年，法国向普鲁士宣战，这是一场荒谬又突然的战争，直接导致了拿破仑三世政权的落败，资产阶级掌权的新政府走上了投敌卖国的道路。一场起义运动随之而来，策划地就在蒙马特高地。在Adolphe Thiers执政的政府试图收回安置在高地上的大炮时，起义军宣告成立“巴黎公社”。起义军的主体是工人、热爱自由平等的人和拥护妇女解放的人，他们被称作“巴黎公社社员”，梦想建立一个共产主义社会。然而，由于组织结构的局限性，精神上太独立，没有协调统一的行动，他们只是进行了大规模的破坏，同时失去了知识分子精英的支持。最后，这次起义被血腥镇压，约2万名起义者遭遇射杀。

这场独立运动仅维持了72天，但它在许多小说、绘画、传奇故事还有歌曲中得以再现，其中最著名的就是《樱桃时节》（Le Temps des cerises）。在法国，这是每个人心中都珍爱的歌，歌词将巴黎公社时期的血滴比作樱桃，饱含深意。

蒙马特地区有两种游览小火车：Montmartrain 和 Promotrain，一般每隔 30 分钟发车。第一种火车从 Pigalle 地铁站出发（11 月至次年 3 月，每隔 1 小时发车），第二种从红磨坊（Moulin Rouge）出发。小火车全程约 40 分钟，经过蒙马特街区的主要街道。如果不嫌小火车太颠簸以及尾气太刺鼻的话，这是个不用爬台阶的好办法。

运行时间： 每天 10：00—18：00

（11 月至次年 3 月期间 10：00—17：00）

票价： 5 欧元，优惠价 3.5 欧元

电话： +331 0148 00 9080

交通： 地铁 2 号线 Pigalle 站

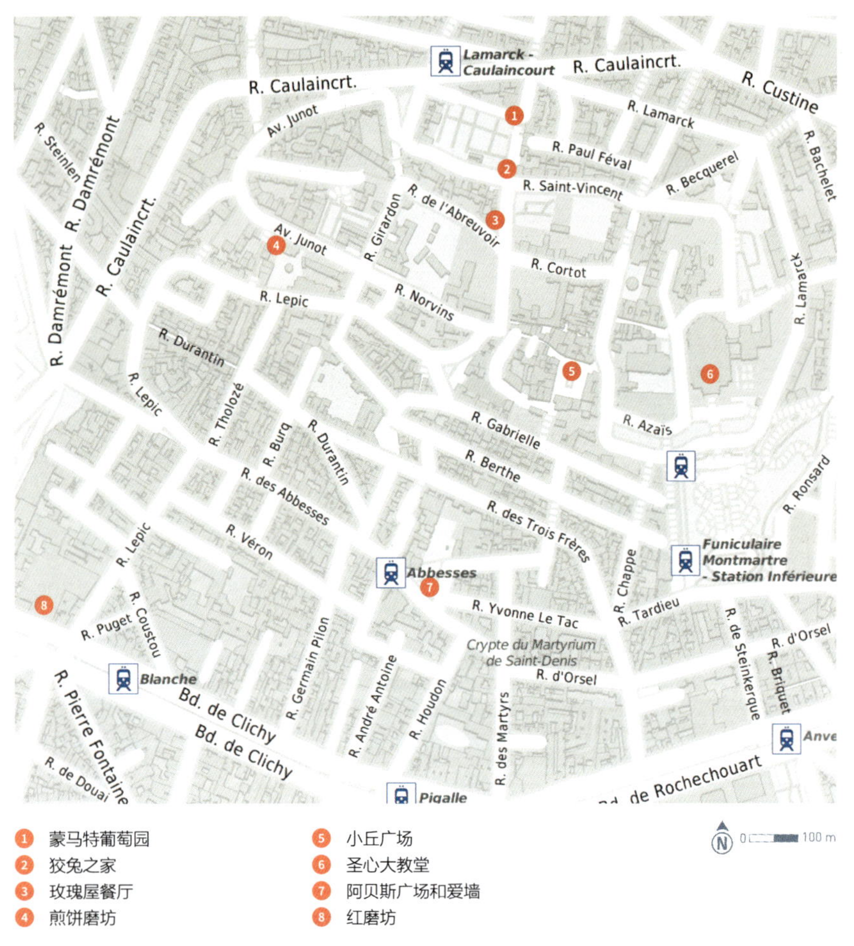

1 蒙马特葡萄园
2 狡兔之家
3 玫瑰屋餐厅
4 煎饼磨坊
5 小丘广场
6 圣心大教堂
7 阿贝斯广场和爱墙
8 红磨坊

爱的迷宫

蒙马特高地遍布崎岖小道，好似一座迷宫。小道旁老旧的房屋爬满了常春藤和紫藤，还有各种奇奇怪怪、五花八门的商店。在蒙马特迷路也不失为一件乐事，因为在拐角处你总能发现一些惊喜：一尊雕像、一幅浮雕、一个专心取景拍摄的人、庆祝最后一个单身日的准新人、走街串巷的小贩、风车，抑或是突然冒出来的一家 20 世纪上半叶风格的小酒吧。

这里当然是恋人们约会的胜地，有很多适合独处和接吻的角落。人们也不会对坐在台阶上喝香槟的恋人大惊小怪。

“迷宫”的入口一般就是地铁Anvers站，从这里可以走上通往高处的Steinkerque路，

街道两侧的小店出售物美价廉的旅游纪念品，比如中国制造的小商品和贝雷帽。其实，在法国大家平时不怎么戴这种帽子——它只是游客想象中的法式风情，最好不要在不正规的商店里浪费钱。

走完这条街，你可以拾级而上（共有270级）到达圣心大教堂广场。不想爬台阶的话，可以乘坐缆车节省力气，使用一张单程地铁票或RATP套票就可以搞定了。站在圣心大教堂前，你可以俯瞰到世界上最美的风景——在脚下蔓延的巴黎城。

圣心大教堂

交通：地铁2号线Anvers站

1870年，法国在普法战争中战败，引发了人民起义。法国曾是诸多教皇的保护者，法国的战败让教皇失去了防御，主教会议也被迫中止。教会将这次失败认定为一场精神上的灾难，必须弥补，而获利的保守派和一些热忱的信徒也决心实现先前的构想——在高地上建立一座大教堂，人们可以到那里表达对耶稣之心的崇敬。在天主教中，圣心含有神圣之爱的意思，因为耶稣为人类而牺牲了自己，所以这座大教堂被命名为“圣心大教堂”。1874年，建筑师Paul Abadie在选拔中脱颖而出，第二年，圣心大教堂的第一块基石正式落下。这座教堂于1891年起正式投入使用，随后的几年之中又逐渐完善了圆顶、钟塔和圣坛上方的巨型镶嵌画（圣坛就是教堂中设立的祭台）。

圣心大教堂的风格非凡出众。事实上，这座教堂受法国传统宗教建筑的影响不大，更具有拜占庭风格，它的大圆顶很容易让人联想到土耳其风格的清真寺、威尼斯的圣马可大教堂。

在圣心大教堂里面，圣坛上方有一幅巨大的镶嵌画，面积达475平方米。管风琴是最后安置的，由史上最好的管风琴制造者之一Aristide Cavaillé-Coll于1898年制造和安装。

教堂的圆顶可以参观，需要从教堂左侧进入，爬300级台阶（没有电梯哦）。这是巴黎市区仅次于埃菲尔铁塔的第二高点，能够俯瞰巴黎美丽的全景。从这里可以看到教堂钟塔里的钟——La Savoyarde，它有19吨重，是法国最大的钟。

洁白无瑕的石材！

建造教堂所用的石材非常特殊，即使历经风雨沧桑，仍然保持着原来的白色，几乎就是洁白无瑕的！

围着教堂漫步，然后去Rue de la Bonne街逛逛，那里游客很少。教堂后侧和教堂钟塔风景独好，能拍出浪漫无比的照片。

稍后你可以到Riche-lieu-Drouot地铁站附近，在第9区的Lafitte街和Rossini街的转角处来张自拍——以洛雷特圣母教堂为背景，远处是圣心大教堂。小佛爷保证你美不胜收。

别有洞天

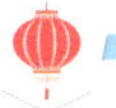

参观完圣心大教堂之后，一定要去蒙马特的那些小巷里走走，别有洞天……下面是我推荐的游览路线。

从Rue du Chevalier de la Barre左转进入Rue du Mont Cenis，然后在第二个路口右转到Rue Norvin，步行几米后就会抵达Place du Tertre广场。广场上有各种各样的艺术家。有的可以为你创作油画肖像，有的可以用黑纸给你做一个轮廓剪影，还有的可以创作 Poulbot 艺术风格的画像。20 世纪初，法国画家 Francisque Poulbot 以巴黎街边的孩子为题材创作画像，并因此而出名。如今，“Un Poulbot”就是指有点儿桀骜不驯的机灵鬼怪的小男孩，并由此演变成一种画风。你一定会注意到，蒙马特有许多开心小孩的图案，这也代表了蒙马特精神。广场周围都是饭馆，而 A la mère Catherine 餐馆是第一家 Bistro。过去，哥萨克人为了催促餐馆服务员快些上菜，会说“Bistro!”，这个词在俄语里是“快点儿”的意思。后来，Bistro 就用来特指服务很快的平价餐馆。

继续沿着 Rue Norvins 走，在 Rue des Saules 的岔口向右转，在 Rue de l'Abreuvoir 的岔口上，就是 Maison Rose，它常出现在蒙马特画家们的画作里，特别是 Utrillo 的作品里。

回到 Rue des Saules 路，再往前走几米，右手边就是著名的蒙马特葡萄园，始建于 1933 年。这块土地在地域上偏北，所以葡萄采摘时间延长到了 10 月的后两周，每年生产 1000 瓶编码的佳美葡萄酒（黑比诺为主），口味还不错。

小佛爷建议：你可以到蒙马特高地旅游局预先申请参观葡萄园，得到批准后就可以拜访并品尝这里出品的葡萄酒了。

继续沿着 Rue des Saules 路走，在 Rue Saint-Vincent 交叉路口可以看到狡兔之家（Lapin Agile）。这是蒙马特有名的小酒馆，它在巅峰时代，常有画家、政客、作家、音乐家等名流在这里聚会，一些无政府主义者、流氓、流浪者也会流连于此。所以，只需要在狡兔之家前面的长椅上拍张照，回国就足够你“高谈阔论”一番！

下面开始往回走，在 rue de l'Abreuvoir 路口右转，一直走到 Place Dalida 广场。广场上有一座体态丰满的女子半身雕像，她就是出生于埃及的歌手 Dalida，当时深受法国人的喜爱。遗憾的是，1987 年，她在蒙马特的家中自杀。

接下来，向左进入 Rue Girardon 路，一直走到 Rue Lepic 路，就到了美丽的格雷特磨坊（Moulin de la Galette）。这里其实有两座风车，名称分别叫 le Blute-fin 和 le Radet。Le Blute-fin 是一座真正的风车，建于 1622 年。当然啦，它已经不再是最初的模样，不过它的关键部件都还是以前的。le Radet 则建于 1717 年，到了 19 世纪，这里变成人们唱歌、跳舞、喝酒的地方，还能吃到老板娘亲自做的饼。

渐渐地，Le Radet 变成了餐馆，出现在许多名家的画作中，比如雷诺阿、凡·高、毕加索、劳特累克、凡东根，还有郁特里罗等。

从这里往右走上 Rue des Abbesses 街，可以很快抵达 Rue Joseph de Maistre 路。

这条街上的 12 号是一家百年老酒店——Terrass Hotel，在这家酒店的露天酒吧，可以 360 度欣赏蒙马特和巴黎城的绝美景色。

蒙马特高地旅游局

地址： 21 place du Tertre

电话： +331 4262 2121

网址： www.montmartre-guide.com

阿贝斯街与阿贝斯广场

沿着阿贝斯街（Rue des Abbesses）走，你会在左手边的人行道上看到一家面包房——巴黎穀仓（Le Grenier à pain），以美味的传统法棍著称。在这条街以及与其垂直的几条街上，还能看到不少出现在电影《天使爱美丽》中的店铺。

如果你非常喜欢《天使爱美丽》这部电影，可以沿着阿贝斯小径（le passage des Abbesses）往左走，一直走到阿贝斯广场（place des Abbesses），再继续沿着三兄弟街（la rue des Trois Frères）走一会儿，就会抵达克利农之家（la Maison Collignon）——也就是电影中出现的那个著名的杂货铺了。

让我们重新回到阿贝斯街（Rue des Abbesses），在阿贝斯广场（place des Abbesses）前面走左手边的小路，就能到达Jehan Rictus 广场，那里有巴黎最浪漫的风景之一：爱墙（le Mur des Je t'aime）。

爱墙

Jehan Rictus 广场其实是个简单、朴素的小花园，点缀着几张长椅。花园里种着樱桃树、槭树和月桂，但它非常值得探访，因为这里有一件世界上独一无二的艺术品——爱墙。

这面 40 平方米的墙壁上，铺砌着 621 块 21 厘米 ×29.7 厘米的瓷砖，与国际标准纸张 A4 纸的尺寸一样。艺术家 Frédéric Baron 和 Claire Kito 将用 280 种语言写成的“我爱你”画在这面墙上。密密麻麻的字里行间，散布着点点红色——那是“破碎的心”，艺术家们希望爱墙可以让恋人们破碎的心重新愈合。

这是一个充满爱意的地方，可以拍出最浪漫的照片。在游览蒙马特街区之前，你可以先来这里拍张美照。

蒙马特的中国画

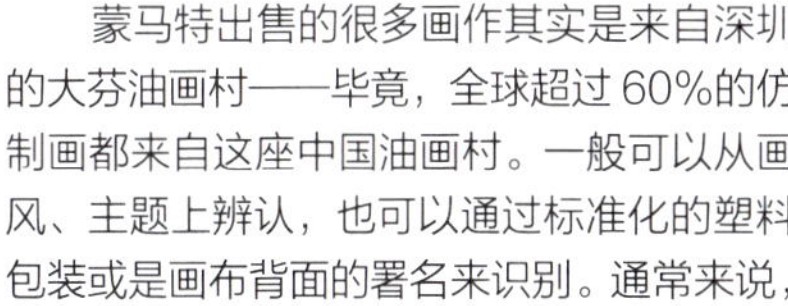

蒙马特出售的很多画作其实是来自深圳的大芬油画村——毕竟，全球超过 60%的仿制画都来自这座中国油画村。一般可以从画风、主题上辨认，也可以通过标准化的塑料包装或是画布背面的署名来识别。通常来说，一幅油画作品上总能找到一些颜料残留或手指印记，但在批量生产的画作上是没有的，只有真正的画家在工作室中亲笔画出来的画作上才留有这些痕迹。

不远处的……皮加勒

巴黎的皮加勒（Pigalle）是位于克利希大道（le boulevard Clichy）从北至南300米长的一段街区，在地铁Pigalle站与Blanche站之间。19世纪及20世纪上半叶，这里曾是巴黎最动荡的街区。脱衣舞酒吧、情趣用品店、情色电影院以及妓院是它的招牌，街道上聚集着三教九流：强盗、警察、皮条客、非法商人、寻欢作乐的人和流浪汉。互联网出现后，一切都变了，如今的皮加勒只剩下几间酒吧、脱衣舞场，似乎是对曾经灯红酒绿年代的追忆。

红磨坊

红磨坊建于1889年，也就是被称作“美好年代”（La Belle Époque）的那个时期。那是一个科技和社会飞速发展的和平年代，正值1900年巴黎世博会召开之际。红磨坊的装饰在当时看来有点古怪，建筑顶部有一个人造的风车磨坊，类似蒙马特高地上的那个真磨坊。花园里有一个巨大的大象雕像（电影《红磨坊》中就能看到）。就像电影里拍的那样，当时的画家亨利·德·图卢兹－罗特列克是众星捧月的焦点人物，同时代的艺术家、音乐家、作家都围绕在他周围。红磨坊的墙上展示有许多出自这位艺术家之笔的海报，他的绘画作品在巴黎的奥赛美术馆也有展出。

后来，一场大火将红磨坊付之一炬，1915年人们对其进行了重建，此后这里又于1951年翻新。1962年，人们将一个巨型鱼缸安置在此，用以观赏海豚的水上芭蕾或是鳄鱼、蛇的表演，如今的演出则使用蟒蛇。

地铁Blanche站对面的大街上站满了招揽生意的人，他们会友好、有序地带你去红磨坊演出大厅，帮你找一张桌子。这里的桌子都紧紧挨着，可以接待4人、6人、8人或10人的不同团体，很像传统的大酒吧，一整晚你都将在极具感染力的氛围中度过。掌声、音乐声、觥筹交错声混杂在一起，红色织物包裹的小灯就像灯笼一样摇曳，来自世界各地的衣着光鲜的人们……所有这一切糅合在一起，弥漫着浓浓的法式情怀，唤醒人们心中的“生活乐趣”。因为红磨坊的存在，美好年代的氛围得以在今日重现，就像法国人形容这种欢乐时光时说的那样：生活在对我们微笑。

红磨坊最著名的演出叫《仙境》（Féerie），场面宏大、振奋人心、富有韵律，每晚上演两场。观众围坐场内，可以一边喝着香槟，一边欣赏演出。在演出开始前部分观众还可以在这里用餐，一般有 4 种菜单供选择（包括专供素食主义者的菜单和只含鱼肉和蔬菜的菜单），食物可口，搭配也富有创意。要在演出前如此紧张的时间内做出这样水准的菜对于工作人员来说可是不小的挑战，然后，不管用餐情况如何，演出一定会准时开始。

60 名多丽丝女孩（Dorris Girls，这个名字来源于红磨坊的传奇编舞 Doris Haug）和其他演员一同上场，身着精美的舞服，将歌舞表演完美呈现在观众面前。每一位舞者都是绝色美人，有些人会袒胸露乳，但即便如此，最为害羞的客人也大可不必担心——她们所展现出的是优雅、经典和才华，而非情色或尴尬。男性观众一定会被这样的演出所征服，当然，前提是他们的伴侣不会感到什么困扰！

演出用的服装加在一起有上千套。依照传统，每场演出都会在有高难度踢腿和劈叉动作的法国康康舞中结束，这已经成了红磨坊的标志。康康舞的配乐激情奔放，来源于法国作曲家雅克 · 奥芬巴赫的《地狱中的奥菲欧》。

其实，法国康康舞并不是红磨坊唯一的传统。起初，人们还会在其中加入一些平衡表演、魔术杂耍或世界各地的杂技。某些保留演出则会让人想起红磨坊历史上的大人物，比如著名的舞者拉古丽（La Goulue）。这些传统加在一起，让红磨坊成为巴黎独一无二的夜总会，人们可以在此感受到历史的厚度。

观众在这里欢笑、摇摆、鼓掌、心旌荡漾。即便你回到中国后，也将永远难以忘怀这样的夜晚。

地址： 82, boulevard de Clichy, 巴黎 18 区
电话： +331 5309 8282
营业时间： 每天 18：45 至第二天 01：00
交通： 地铁 2 号线 Blanche 站
咨询邮箱： information@moulinrouge.fr
订票邮箱： reservation@moulinrouge.fr
19 点场的晚餐 + 演出价格： 190 欧元起
VIP 价格： 420 欧元
21 点 /23 点场的演出价格： 77 欧元起
VIP 价格： 210 欧元
VIP 礼遇： 专属接待通道（无需排队）、VIP 座位、特级香槟 1 瓶 / 两位、免费衣帽寄存服务、马卡龙、礼物

让酒瓶塞跳跃起舞

在法国，大部分提供香槟的场所的服务生都会尽量确保无声的状态下完成开瓶动作。他们会在瓶颈内转动瓶塞，缓慢释放出瓶中的气体，避免开瓶时发出声响，因为那样会显得粗俗。

在红磨坊则刚好相反：整个演出过程中，我们都可以听到香槟酒开瓶的声响。这是一场尽兴的节日，跳跃而出的酒瓶塞或许可以让中国朋友们联想到节日里的爆竹声！

红磨坊也是一个巨大的香槟消耗场所，这里每年能消费掉 25 万瓶香槟。

浪漫生活博物馆

离开白色广场（la place Blanche），沿着白街（rue Blanche）一路向下直到查普特街（rue Chaptal），就可以在道路中段找到浪漫生活博物馆（le musée de la Vie romantique）。

荷兰裔的法国画家雅利 · 谢弗曾在 19 世纪的上半叶，即浪漫主义的黄金时期，居住在此。他的作品中经常有一些像是沉浸在幻想中的人物肖像。

在我看来，浪漫主义时期折射出了法国

与中国之间的一个很大的差别。中国的绘画常常展现厚重感的风景——连绵的、陡峭的，或布满积雪的山脉，在群山中会勾勒几个渺小的人物。世界在近处，个人在远方。而法国的浪漫主义则刚好相反：个人形象凸显出来，世界被缩小，只起装饰效果。在谢弗的画中，这成为一种表达情感的方式。

当时，雅利·谢弗的居所是艺术家和作家们约会、交流的地方，如乔治·桑就经常去他那里。后者是法国文学史上的重要人物，也是坚定的爱情至上主义者。她是法国诗人阿尔弗雷德·德·缪塞以及作曲家弗雷德里克·肖邦的情人，经常一身男性装束，倡导两性关系中的性自由。

我推荐你们去参观一下这个小小的博物馆，大概只需要 1 小时，就可以让自己沉浸于那个爱情高于一切的年代中。

对了，博物馆的玫瑰花园里还有一个小茶室，可以去里面小憩片刻，喝上一杯木槿花茶（le thé aux fleurs d'hibiscus）。

地址： 16 rue Chaptal, 巴黎 9 区
电话： +331 5531 9567
开放时间： 每天 10：00—18：00，周一及法定假日闭馆
交通： 地铁 12 号线 Saint George 站；
地铁 2 号线 Blanche 站 /Pigalle 站；
地铁 13 号线 Liège 站

罗丹博物馆

和所爱之人，手牵手一起逛

地址： 77 rue de Varenne, Paris 7
电话： +331 4418 6110
开放时间： 每天 10：00—17：45（周一闭馆）
票价： 10 欧元，优惠票 7 欧元
交通： 地铁 13 号线 Varenne/Invalides 站；
RER C 线 Invalides 站

有些博物馆适合结伴前往参观，比如说卢浮宫，有一些适合独自前往，而充满了浪漫气息的罗丹博物馆，是适合两个人牵手一起逛的那种。

奥古斯特·罗丹是法国最伟大的艺术家之一，被视为现代雕像的奠基人，他的爱情经历也是激荡起伏。罗丹一生有过很多情人，在生命的最后几年才与罗丝·波雷（Rose Beuret）结婚，后者陪伴了他长达 53 年之久。

罗丹还有个比他小 24 岁的情人，就是

那位天才艺术家卡米尔·克洛岱尔（Camille Claudel），她曾经是他的学生兼助手，他们还在同一个工作室里工作过。在罗丹博物馆中，有一个展厅专门展示卡米尔·克洛岱尔的杰出作品。在经历了精神崩溃和感情挫折后，卡米尔·克洛岱尔陷入了妄想症和精神错乱之中，最终于 1914 年在精神病院去世。此前，她的家人一直将她关在这家医院，她的爱人从没有将她带出去过。

罗丹作为她的导师、情人和朋友，在他们相处的 15 年间见证着她性格中的疯狂。有人说，正是罗丹放大了卡米尔·克洛岱尔性格中的疯狂与偏执，或者说，他至少对此该负有责任。电影《卡米尔·克洛岱尔》（又译为《罗丹的情人》）就是改编自他们的故事，法国著名影星，大鼻子情圣杰拉尔·德帕迪约（Gérard Depardieu）饰演罗丹。

如果你想找一个纯粹浪漫的地方，那就去罗丹博物馆吧。导演伍迪·艾伦也钟情于此——法国前第一夫人卡拉·布吕尼出演的电影《午夜巴黎》就有部分场景拍摄于此。

漫步其中，被往昔的爱情激流带领着去每一个展厅。墙壁仿佛还在这对恋人的争吵中颤抖，你能感受到从嫉妒、拥抱和亲吻中激发出的能量。你会感觉身处爱情里，或者即将陷入其中。

博物馆在一座 17 世纪的建筑中，这里也是罗丹生活和工作过的地方，共有 18 个展厅。建筑中央有一座 3 公顷的露天花园，也摆放了很多艺术作品。

展厅和花园中陈列的作品一定会触动你的内心，它们所传达的激情、痛苦和疯狂可以穿透每个人的内心。

这无疑也说明了为什么罗丹能够声名远扬到中国。原中国国家博物馆副馆长陈履生曾经说过：“罗丹的名字在中国家喻户晓。他影响了中国好几代的艺术工作者，也包括我自己。”

罗丹博物馆的 12 件作品

- **头戴花饰的年轻女子**（Jeune fille aux fleurs dans les cheveux）
  1870 年　陶土

罗丹 30 多岁时完成这件作品，雕像中的年轻女子形态优雅、经典，不禁让人想到拿破仑三世时期的艺术潮流。对于当时年纪尚轻的罗丹而言，创作如此优雅又具有装饰性的作品，正好迎合了市场需求。

- **青铜时代**（L'âge d'airain）
  1877 年　铸铁

在这件作品中，罗丹用一名年轻的比利时战士作为模特来表现力量和人类原始的生命力。如果你感觉雕像的左手似乎悬空吊着，那是因为最初他的手中握着一杆枪。最终，罗丹决定去掉那杆枪。作品立刻就与众不同了，同时又展现出一股倔强的力量。由于这尊雕像作品过于逼真，人们纷纷指责雕像家将铸模直接安在了模特身上——这一争论让罗丹变得更加出名。

- **地狱之门**（La Porte de l'enfer）
  1880—1890 年　青铜

高 7 米、重 8 吨的《地狱之门》是罗丹的旷世之作，灵感来源于 13 世纪意大利诗人但丁的长诗，这件青铜作品极为复杂，且人物众多，作者在有生之年都没有能够看到所有雕像作品组合在一起的模样。我们今天看到的《地狱之门》直到 1928 年才全部组合完成，也就是说，你所欣赏到的这件作品罗丹本人都没有亲眼见到过。

- **吻**（Le baiser）
  1882 年　大理石

这件作品会是你在法国欣赏到的最美的作品，同时也是最浪漫的作品。据说，罗丹本人都被雕像所表现出的幸福和欢愉所惊艳。

● **加莱义民**（Les Bourgeois de Calais）
1989 年　石膏

这幅作品里的故事发生在 14 世纪的百年战争期间。加莱市位于法国北部，曾经被英国国王爱德华三世围剿。后来，爱德华三世决定赦免当地的居民，但前提是将 6 名市民处决。于是，这 6 个义民被带到国王面前，他们赤着脚，脖子上戴着镣铐，任凭他处置。最终，国王决定赦免他们。

罗丹的这件作品表现出那些自愿为城市牺牲的义民奔赴刑场时的悲壮，他们虽然被绑在一起，但每个人在生命最后一刻却又分别被孤独感所包围。

从 1895 年起，《加莱义民》的原作就被安置在了加莱市，如今我们在罗丹博物馆看到的是这座雕像的复制品。

● **思想者**（Le Penseur）
1880 年 /1903 年　青铜

《思想者》是罗丹最著名的一件作品，不断地被复制、再造、模仿。起初，罗丹想表现的是但丁，并将它放在《地狱之门》的顶端。这个男人弯曲着身体，思考世间的万恶。因此，这件作品最初的名字叫作《诗人》。

在这件雕像中，思想去了另一个维度，而身躯仍然强劲有力。我们每个人都身处现实之中，思维和梦境却会逃离出去。罗丹擅长用整块石头或未经打磨的青铜来塑造人物形象，突出表现这种对比效果。

在 1880 年的版本中，《思想者》只有 70 厘米高，20 世纪初，这座雕像被放大，然后与《地狱之门》脱离开，成为一件独立的作品。

● **大教堂**（La Cathédrale）
1908 年　石头

交会的两只右手分别来自两个不同的人物，形成一个拱形，就好像教堂的穹顶一样，极具建筑感。万物尽在双手之下的空无中，仿佛无法靠近、无法触碰。

● **达那伊德**（La Danaïde）
1889 年　大理石

这座雕像描绘了一个筋疲力尽的女人，头发如流水般倾泻而下，泪水涟涟。她是希腊神话传说中的一个人物——达那俄斯的女儿，也是 50 个达那伊德姐妹中的一个。这个年轻的女子因为在新婚之夜杀死了自己的丈夫而被惩罚往一个无底的桶里灌水。罗丹最初把这个雕像设计在《地狱之门》系列作品中，但最终还是改变了主意，让它成为一件独立的作品。

● **卡米尔·克洛岱尔的头像和皮埃尔·德·维桑的左手**（Masque de Camille Claudel et main gauche de Pierre de Wissant）
1895 年　石膏

就像所有天才那样，罗丹也是个喜欢尝试创新，探索新奇的人。这件作品中，他将两个不协调的雕像组合起来：一个是女人的头像，来自卡米尔 · 克洛岱尔的头部铸模，另一个是左手，来自雕像《加莱义民》中的一个人物。

一眼看过去，手的雕像偏大，甚至有点不合比例，但整部作品却透露出一种新意，仿佛是对头部所传递出的不安眼神的一种威胁。

● **浪**（La Vague）
1897 年 /1903 年
大理石、条纹大理石、青铜

中国朋友应该会喜欢这件出自卡米尔 · 克洛岱尔之手的作品，因为它具有典型的亚洲风格，特别体现了中国传统艺术中的山水意境。在这幅作品中，卡米尔 · 克洛岱尔将渺小的人物置于巨大的环境中，无处可逃。雕像中的三个女人都是青铜作品，她们弯曲的膝盖，仿佛在与命运的巨浪抗争……

- **巴尔扎克**（Balzac）
  1898 年　青铜

为了纪念巴尔扎克这位深受法国人爱戴的伟大小说家，罗丹创作了这件同名雕像。当时，巴尔扎克是一位举足轻重的人物，人们自然都很期待能有一件尊贵的作品来表现这位伟人。让大家意想不到的是，他们等到的竟然是将整个身躯裹在庞大睡袍中的大作家——有人甚至说罗丹在试验过程中曾将一件真的睡袍铸进石膏模型中——作品中的巴尔扎克看上去强劲有力，即便其身上的衣服都无法阻挡这种力量感。雕像的脸部变幻出多种多样的表情，但又好像有个人在全力控制他的情绪一般。人物的头部和身体、意志与表情都形成了强烈的对比却又十分克制。

- **行走的人**（L'Homme qui marche）
  1907 年　青铜

从这个雕像作品可以看出罗丹对古希腊和古罗马艺术的痴迷。他塑造了圣·让巴蒂斯特的形象，在基督教中，他是耶稣的亲信。雕像的上半身和腿部分别来自两件不同的作品，艺术家仿佛将现实分解了一般——古希腊或古罗马的雕像经常使用的正是将敲坏的作品再重新组合的手法。然而，即便这样，也丝毫不影响雕像的美。同时，这也是罗丹的一个大胆尝试，他想通过“行走的人”来寻找一种新的雕像形式，即对行动进行诠释，创作本身就可以前进。

橘园美术馆

地址： Jardin des Tuileries (côté Seine), Paris 1
电话： +331 4450 4300
开放时间： 09：00—18：00（周二闭馆）
票价： 9 欧元，优惠票 6.5 欧元
交通： 地铁 1、8、12 号线 Concorde 站
提供中文的语音导览器（价格 5 欧元）

走进美术馆的椭圆形大厅，在柔和的自然光线中凝视印象派大师莫奈的名作《睡莲》系列，有种置身于吉维尼花园的错觉。这些画作的尺寸很大，高约 2 米，长 6~17 米。整个系列共有 8 幅画作，加在一起面积可达 200 平方米。

橘园美术馆的名字源于一棵曾经长在杜勒丽宫殿里的橘树。1920 年，莫奈为展出画作《睡莲》的美术馆亲自选定了这个名字。

但遗憾的是，美术馆开幕时莫奈几近失明，无缘亲眼看到《睡莲》盛开在“橘园”。

参观者可以坐在展厅中央的长椅上，静静地欣赏画作，享受宁静、愉悦的精神抚慰。

地下一层展出的是让·瓦尔特和保罗·纪尧姆的系列收藏。这两位收藏家倾其一生，收藏了 20 世纪初的诸多珍贵名画。热爱保罗·塞尚的参观者可以在这里一饱眼福。此外，你还能欣赏到马蒂斯的《穿灰裤子的宫女》、阿梅代奥·莫迪利亚尼的《保罗·纪尧姆画像》、雷诺阿为儿子画的《穿小丑服的克劳德·雷诺阿》、玛丽·洛朗桑的《西班牙舞者》、亨利·卢梭的《年轻父亲的马车》以及柴姆·苏丁和安德烈·德朗的多幅画作。当然，你也一定不会错过莫里斯·郁特里罗笔下的蒙马特。

相比在橘园美术馆里展示的这几幅《睡莲》，莫奈其他几幅描绘睡莲的作品尺寸要小很多。如果想一睹大师的更多作品，可以前往位于巴黎 16 区的马摩丹·莫奈美术馆，在那里你能看到他的另一幅名作《印象·日出》——印象派运动的名字也是由这幅画而来的。

马摩丹·莫奈美术馆

地址： 2 rue Louis Boilly, 巴黎 16 区
电话： +331 4496 5033
票价： 11 欧元，优惠票 6.5 欧元
开放时间： 10：00—18：00
（周四延长至 21：00，周一闭馆）
交通： 地铁 9 号线 La Muette 站
RER C 线 Boulainvilliers 站

在哪里欣赏莫奈

无穷无尽的色彩变幻、亦真亦幻的缥缈雾气……莫奈笔下的水、天空和大地仿佛都参照了《易经》，这位印象派大师与中国传统哲学所表达的意境在冥冥之中有一种关联。

这种关联在莫奈的系列画作《睡莲》中得到了充分的诠释。这些绘画作品大部分在巴黎的橘园美术馆展出，其余则散落在法国各地的美术馆和博物馆中，如巴黎的奥赛美术馆和马摩丹·莫奈美术馆、勒阿弗尔的安德烈·马尔罗现代艺术博物馆、南特市美术馆和格勒诺布尔博物馆。而他的另一名作《鲁昂大教堂》系列也分别陈列在多个美术馆中：奥赛美术馆、马摩丹·莫奈美术馆、鲁昂美术馆。

在法国旅行期间，如果你希望了解那座对莫奈的绘画产生深远影响的花园，可以前往距离巴黎不远的吉维尼小镇。他的作品主要集中在刚才提到的几个博物馆和美术馆里，如果你是莫奈的重度发烧友，不妨按照这份清单一一到访。

· 橘园美术馆，巴黎
· 奥赛美术馆，巴黎
· 马摩丹·莫奈美术馆，巴黎
· 鲁昂美术馆，鲁昂

此外，在巴黎小皇宫，里尔、里昂、南锡、图尔奈、卡昂、第戎、兰斯、南特等地的市立美术馆、蓬图瓦兹的塔维·德拉库尔博物馆、蒙彼利埃的法布尔博物馆以及勒阿弗尔的安德烈·马尔罗现代艺术博物馆均能看到莫奈的画作。

拉雪兹公墓

地址： 16 rue du Repos, Paris 20
门票： 免费
开放时间： 工作日及周六 09：00—17：30
周日及国定假日 09：00—18：00
交通： 地铁 2 号线 Père Lachaise 站

中国的圣贤曾教导人们说，出生和死亡都是人生的阶段，生者为阳，死者入阴。古人也说，人生在世应该尽情享受生活，不要畏惧死亡。毫无疑问，法国人也很认同这一观念，所以他们在巴黎建起了全世界最美丽的公墓——拉雪兹公墓。**就像其他法国公墓一样，这同时也是一座漂亮的公园和一个对外开放的博物馆，每年吸引 350 多万游客前来游览。总之，这里崇尚爱，而非惧怕死亡。**

拉雪兹公墓是在拿破仑一世的提议下于 1804 年建成的，占地面积 43 公顷，是巴黎最大的公墓，里面安息着 7 万个灵魂。当时，耶稣会买下了这片土地，依照宗教规则，公墓归耶稣会士所有，并以神父拉雪兹的名字命名。

起初，没有人选择拉雪兹公墓，因为当时它位于郊区，远离市中心——每个人都希望死后能葬在自己的教区，离家更近一些。1817 年，公墓的创建者提出了一个史无前例的想法：将这片公墓交由公众进行自主管理。再后来，人们又将一则传奇爱情故事的两位主人公 Abélard 和 Héloïse 之墓移到此地，这里才渐渐为人们所接受，并慢慢演变成一个充满浪漫气息的公墓。

被诅咒的恋人

故事始于一位名叫 Abélard 的年轻人，他是一名修道士、哲学家、教师、神学家和作曲家，1079 年出生，1142 年去世。他与自己的学生，Argenteuil 修道院的 Héloïse 坠入了爱河。Héloïse 饱读诗书，博学多才，同时也是一个音乐家和女权主义者。她全心全意地爱着 Abélard，她写给爱人的信后来结集出版后成为法国第一部爱情文学著作。

跟所有陷入爱河的人一样，他们惺惺相惜，你侬我侬，但这份爱也是疯狂的，因为他们都是神职人员，所以这段关系只能保密。所有的美好似乎都止于灾难降临的那一刻，Héloïse 的叔叔 Fulbert 发现了这段秘密恋情。Fulbert 是巴黎圣母院的议事司铎，他手握大权，做事刻板、严肃。在他看来，婚姻必须建立在荣耀和虔诚的基础之上。出于对职业生涯的考虑，Abélard 和 Héloïse 只能在一个寂静的清晨悄悄地举行了婚礼。但这注定是场不被祝福的婚姻，Flubert 甚至将这件他不认可的婚事公之于众，将这对苦命鸳鸯推到了舆论的风口浪尖。当时 Héloïse 已经怀有身孕，Abélard 不希望妻子受到恐吓和惊吓，便偷偷安排她躲进一间修道院中。Fulbert 指责 Abélard 抛弃了妻子，派出两名心腹将 Abélard 阉割。时值 1117 年，而 Abélard 只有 38 岁，这让他一下子成了“名人”，随之而来的是无休止的羞辱。最终，教会法庭处置了 Fulbert 的两名心腹，挖去了他们的眼睛，Fulbert 也被迫辞职，而 Héloïse 和 Abélard 被分别关押在了两个不同的修道院中。

Héloïse 死后，人们将她埋葬在当地一个很小的墓园中，就在她丈夫的下方，代表顺从，也是对这份忠贞不渝的爱情的纪念和尊重。

正是被这对恋人的爱情打动，1817 年 7 月 16 日，Héloïse 和 Abélard 的墓被放置于拉雪兹公墓主入口附近，靠近 Boulevard de Ménilmontant 大道。这一举动让拉雪兹公墓渐渐得到世人的关注。不久之后，同一时期的两位名人也安眠于此，他们分别是法国剧作家莫里哀和诗人拉 · 封丹。此后，拉雪兹公墓的地位正式被世人认可，这里也成为人们死后理想的陵墓安置地。

这对恋人让拉雪兹公墓成为爱情最后的避难所，源源不断的游客被这种浪漫情节吸引而来，如今这里已是全世界参观人数最多的墓园！

吉姆 · 莫里森之墓

吉姆 · 莫里森（Jim Morrison）是美国摇滚乐队 The Doors 的创始人和领袖，同时也是一位诗人。他在当时是众所周知的抑郁歌手，每日忍受着心力衰竭和肺水肿带来的痛苦。1971 年的一天，这位狂野的摇滚音乐人被人发现死在巴黎家中的浴缸里，人们对他的死因众说纷纭，至今还是个谜。吉姆 · 莫里森的人生足以让他成为拉雪兹公墓中的明星，他以一个艺术家的身份离开人间，并留下了一连串的传奇。

他的墓很小，很低调，墓碑上刻着一句希腊语墓志铭：KATA TON DAIMONA EAYTOY，意为“忠于自己的内心”。每天都有慕名而来的人送上缅怀之物，鲜花、酒、香烟以及罐装的苏打饮料……墓周围的树干被口香糖覆盖，奇特且有一种难以言说的艺术表现力。

吉姆 · 莫里森之墓的不远处就是 Abélard 和 Héloïse 的陵墓，沿着 Chemin Maison 路一直走到 Chemin Lebrun 路就能看到了。

奥斯卡 · 王尔德之墓

1895 年，因为和英国勋爵阿尔弗雷德 · 道格拉斯的情人关系，爱尔兰作家、剧作家奥斯卡 · 王尔德被英国法庭判处“有伤风化罪”，在监狱中服苦役。后来，对英国失望透顶的王尔德来到法国巴黎，并在这里度过了余生。1900 年，贫困潦倒的王尔德在巴黎 Beaux-Arts 街的一个小旅馆中死去。

在英国，人们花了好长时间才开始正视王尔德的才华，相比之下，法国人就宽容得多，他们把王尔德视为天才。1909 年，人们将他的墓迁到了拉雪兹公墓的 89 区。穿过整个墓园，走到 l'avenue Carette 大道上，正对主入口的那个墓碑就是。

王尔德之墓成为另一种自由爱情的象征。从 20 世纪末开始，法国人及来自世界各地的参观者，形成一种约定俗成的方式来缅怀他——在他的墓碑上留下口红印。唇印渐渐布满了整个墓碑雕像，口红的油脂对墓碑造成了一定的损坏。2011 年，对墓碑进行了修复，石制雕像的周围竖起了玻璃挡板。如今，这块冰凉的玻璃表面上依然有不少王尔德的仰慕者留下的吻痕。

伊迪丝 · 琵雅芙之墓

伊迪丝 · 琵雅芙（Édith Piaf）的坟墓位于拉雪兹公墓 97 区，这位演唱《玫瑰人生》的法国传奇歌手，于 1963 年 10 月 14 日安葬于此。

就在她去世的前一年，伊迪丝 · 琵雅芙嫁给了一位年仅 25 岁的年轻歌手，而当时的琵雅芙已经46岁了。她人生的最后一年，仿佛有着特别的寓意，她总与那些比自己年轻很多的人相恋。

回顾她的人生，1948年她与马塞尔·塞尔当相识，随后便与这位有妻室的拳击手坠入爱河。不幸的是，一年后，这位拳击手在一次空难中去世了。从此之后，琵雅芙的生活便充满了悲情色彩。一见钟情、事故、失望、分离接踵而至，一半是天堂，一半是地狱，喜悦裹挟着痛苦，最终在悲痛中了结。因为患了严重的类风湿，病痛一直折磨着她，药物或手术都无济于事，她只能依赖吗啡止痛。尽管如此，疼痛的折磨仍然挥之不去。

琵雅芙的石碑采用了暗色大理石，看上去阴沉沉的，但每天都有鲜花环绕。有人说，是过于旺盛的爱情、激情和无以复加的悲伤最终杀死了琵雅芙，当然，疾病和生命力透支也是重要诱因。

自然之美

拉雪兹公墓同时也是一座公园。建筑师Brongniart希望人们可以在这里驻足休息，或者在绿树成荫的小道上闲庭信步，因此，这里被设计成了一座“英式”园林，一个草木自由生长的地方。建筑师希望生者和死者可以在这个空间和平共处，或者说从某种意义上可以友好相处。

当然，你可以在拉雪兹公墓中和所爱之人携手散步。在这个被永恒装点的空间中，生命的意义和幸福的简单都是在别处无法体验的。

何以浪漫？与心爱的人走进被毛茸茸的青苔覆盖的哥特式教堂，欣赏非凡的巴洛克式纪念碑和大理石雕像，走在栽有5300棵树木的小路上，偶遇可爱的刺猬或是灵动的松鼠……十指紧扣，四目相顾处情深不可问。

树木爱好者们也会喜欢上这里，因为拉雪兹公墓种植了白蜡树、板栗、刺槐、核桃树、梧桐、椴树、雪松等种类繁多的树种。树枝上各种各样的鸟巢，也是一道别样的风景。

中国元素

1959年，拉雪兹公墓75区种了一个来自中国的树种——杜仲。这种树是为数不多的可以忍受欧洲寒冷冬日的乔木树种，它的叶和皮也是非常重要的中药药材。

拉雪兹公墓和它的骗局

注意，拉雪兹公墓并没有设置官方导游。有些人会冒充官方人员，拿一张伪造的导游证行骗，但其实他们没有任何资质。

蒙巴纳斯墓园

巴黎的蒙巴纳斯墓园也不失为一处浪漫之地。墓园里葬着一位在1910年为爱殉情的年轻俄罗斯女孩。她的墓碑上有一尊名为《亲吻》的雕像，出自雕像家布朗库西之手。这件作品表现了一对拥抱的情侣，造型极简，充满几何感。雕像家说：“我想纪念的不仅仅是这对情侣，同时还有世上所有有幸在离开人世前拥有爱情的人们。”

地址： 3 boulevard Edgar Quinet，巴黎14区
电话： +331 4410 8650
开放时间： 周一至周五 08：00—18：00
周六至周日 08：30—18：00
交通： 地铁4、6号线 Raspail站

10 个不容错过的浪漫景点

太子广场

太子广场（La place Dauphine）呈三角形，位于西岱岛（l'île de la Cité）的西端，在 17 世纪时被视作皇家广场。新桥建成后，国王亨利四世下令修整与新桥中部相接的太子广场。1907 年，人们在太子广场的两侧建造了 32 栋楼宇，它们面向塞纳河，砖石和板岩的阳台面向新桥而立。好莱坞的两位法国著名演员曾在太子广场生活，分别是 Yves Montand（玛丽莲 · 梦露的情人之一）和 Simone Signoret。

广场的中央有一座国王亨利四世骑马的铜像。这尊雕像铸造于 1818 年，前身是法国大革命时期被融化的一座古老的铜像。

铜像的后面有一个狭窄的楼梯，沿着楼梯向下走就到了 Vert-Galant 广场，在西岱岛的顶端。小广场延伸到塞纳河里，将水流分开，站在那里就像站在乘风破浪的船头。深呼吸，像《泰坦尼克号》里的杰克和露丝一样，与爱人紧紧相拥吧……站在这里，可以欣赏到右岸的卢浮宫和前方的艺术桥，还有左岸的法兰西学院和美术学院，就连伍迪 · 艾伦都选择这个浪漫的角落来装点自己的电影《午夜巴黎》。

交通： 地铁 7 号线 Pont Neuf 站

菲尔斯滕贝格广场

菲尔斯滕贝格广场（place de Für-stenberg）虽然很小，却是恋人们拥抱、亲吻的惬意之地。四棵粗大的泡桐树紧紧围绕着小广场，就像是四个守护神，广场中央还有一盏巨大的路

灯。相传在古代日本，如果家中生了女儿，就会种一棵梧桐，等到女儿出嫁时，把树砍掉，用卖木材换来的钱，给女儿准备嫁妆。而中国的一些传说中，凤凰喜欢停憩在梧桐的树枝上，这种树经常出现在中国古代艺术品中。

菲尔斯滕贝格广场是以一位主教的姓命名的，他曾是广场附近 Saint-Germain des Prés 教堂的主教。不远处的 Fürstenberg 街6号曾是法国著名画家德拉克洛瓦的工作室，如今那里变成了德拉克洛瓦美术馆。在同一条街上的10号，可以欣赏到优美的浮雕作品。

为了防止流浪汉在此逗留，菲尔斯滕贝格广场上的长椅全被撤走了。和爱人手牵手走在泛黄的路灯下，仿佛置身于电影场景之中，这就足够了。

交通：地铁 4 号线 Saint-Germain-des-Prés 站；
地铁 10 号线 Mabillon 站

让二十三世广场

这座广场是以 20 世纪的一位教皇命名的，位于在西岱岛的东端。中世纪时，这里是巴黎圣母院修士会的空地，可以从最佳视角欣赏到塞纳河和教堂后堂。这里是一个放松身心的理想之地，圣母院的入口处就在广场以西十几米的地方。

交通：地铁 4 号线 Cité 站

伯特・肖蒙公园

我曾在伯特・肖蒙公园（parc des Buttes-Chaumont）附近工作过很长一段时间。那时我经常去那里坐坐，如今我依旧怀念公园里的山丘、圆亭、洞穴、峭壁、湖泊、岛屿、小溪、瀑布，还有其别具匠心的装饰。这座建于 1867 年的公园，面积约 25 公顷，如同一个植物版的迪士尼乐园。独具一格的布景，让人仿佛置身童话世界一般。

没有比这更浪漫的公园了，它似乎能够展现出人们内心的风景。这里曾是采石场，地形起伏不平。后来，拿破仑三世任命工程师 Jean-Charles Alphand 利用高低起伏的地势来建造这座公园。

公园的湖中有一座小岛，每个来到这里的人都会赞叹那如画般的意境。岛上矗立着一座 30 多米高的山峰，犹如中国画家笔下的山崖。山巅上，人们还仿照意大利蒂沃利的一座庙宇建造了西比尔庙。游客沿公园的西侧走，可以通过一座 65 米长的悬索桥到达湖心岛，这座悬索桥由埃菲尔铁塔的设计师 Gustave Eiffel 设计、修建。游客也可以通过公园南边的另一座 20 米高的桥入岛。

为了给这座公园增添浪漫色彩，人们在湖畔的悬崖峭壁上开凿了洞穴，曾经游客可以踩着 173 阶石梯走进洞穴。

另外，你还会醉心于这里树种的多样性——银杏树、西伯利亚榆树、黎巴嫩香柏树等诸多树木在这里茁壮生长。为了不惊扰生活在草地里的微小动物群，这里的草地都使用割草机手工打理，而非电动除草机 。迁徙的鸟群飞过天空，在空中随意变换着队形。正如公园设计者所希望的那样，此时游客仿佛回到了自己心中的国度，心中充满自由和惬意。

交通：地铁 7 号线支线 Buttes Chaumont 站 /Botzaris 站

布洛涅森林

布洛涅森林（Le bois de Boulogne）坐落在巴黎市西部，面积 850 公顷，是纽约中央公园的 2.5 倍，是北京天坛公园的 3 倍。这个巨大的绿色空间与城东的文森树林（le bois de Vincennes）一起被视为巴黎的两片“肺叶”。园丁们从不清扫这里的落叶，保持了森林的本色。在过去，国王会到这里狩猎，强盗和流浪者则会藏身于此。

拿破仑三世在位期间下令改建这片森林，将其变成了我们今天看到的样子。森林里有人工修凿的河床，有两个被小瀑布隔开的人工湖，还有一个大瀑布。内湖中间有两个小岛，由一座小桥连接。巴黎人还在森林里一个名叫“Longchamp”的地方建了一个赛马场。

可以和心爱的恋人流连于此，也可以和家人来此共享天伦之乐，还可以来这里遛狗、骑自行车、慢跑、摄影、写生和打牌。每个人都能拥有足够大的空间，无论是热闹还是幽静，这座森林都能让你暂时忘却城市的烦恼。

想在布洛涅森林重温旧日时光的优雅吗？以下是我的建议：

租一条船，泛舟于湖上，身旁就是闲游的天鹅和野鸭，听着远处林间传来的鸟鸣，远离城市的喧嚣。

或者在草地上铺一张野餐垫，带上一篮美味的食物和一瓶好酒——布洛涅森林特别适合浪漫的野餐。

如果条件允许，你还可以到 La Grande Cascade 餐厅用餐。餐厅的装修和服务会让你误以为穿越回了法兰西第二帝国……

电话： +331 5392 8282
交通： 地铁 1 号线 Porte Maillot 站或 Les Sablons 站；RER C 线 Neuilly Porte Maillot 站

布洛涅森林变形记

到了晚上，布洛涅森林就好像变了模样……太阳下山后，布洛涅森林的浪漫会瞬间蒸发。记住我的忠告：千万不要在树林里冒险，你永远不知道会遇到什么人——美女可能会变成吸血鬼，也可能会变成扒手。

19 世纪拱廊街

19 世纪上半叶，为了方便行人躲避恶劣天气，人们在一些楼房内部或楼房之间建造了许多盖顶拱廊街。后来，拿破仑三世命奥斯曼男爵重新规划巴黎城，在城市改建的过程中，许多拱廊街被拆除，渐渐消失了。

阳光透过玻璃屋顶洒在长廊里，安静的地砖、古典的金属结构、珐琅、圆球灯、塑像、浮雕、隐藏在古色古香的橱窗背后的商店……每个角落都充满了惬意的气氛和年代感，洋溢着充满魅力的浪漫情怀。在这里，你会发现中意的商店，也会找到别致、美味的餐馆。

舒瓦瑟尔拱廊街（LE PASSAGE CHOISEUL）

地址： 地铁 3 号线 Quatre-Septembre 站

位于巴黎 2 区，两端分别在 rue des Petits-Champs 街和 la rue Saint-Augustin 街。这是巴黎最长的拱廊街，全长 190 米。

茹弗鲁瓦长廊街（LE PASSAGE JOUFFROY）

地址： 地铁 8、9 号线 Richelieu-Drouot 站或 Grands Boulevard 站

两端分别位于 Boulevard Montmartre 大道 10 号和 Rue de la Grange-Batelière 街 9 号，它是巴黎第一个供地热的拱廊街。

巴黎的格雷万蜡像馆 (le musée Grévin) 就在这条拱廊街上，可以参观一下。如果你从 Boulevard Montmartre 大道那头开始游览，那么你会在右手边看到一家特别的商店——法耶百货。此外，还有古典手杖专家 Georges Segas 的店铺，他是一名极具古典情怀的老派喜剧演员，店铺橱窗展出有河马皮质手杖、牛骨手杖、纸压手杖还有羚羊角手杖，有时还有鲨鱼脊柱手杖或鲸须手杖露面。在这里，你可以挑一支巫师手杖或来自 19 世纪的精致银饰手杖，价格从 50 到 5000 欧元不等。

在茹弗鲁瓦廊街转角处，还有一家电影布景般的小酒店——肖邦酒店 (l'hôtel Chopin)。左边不远处有一家 1846 年开业的玩具店，名叫 La boîte à joujoux，它的橱窗里装饰着电动小火车、洋娃娃和老式积木玩具。

科尔伯特拱廊街（LA GALERIE COLBERT）

地址： 地铁 3 号线 Bourse 站

建于 1826 年，位于巴黎 2 区，两端分别在 Rue des Petits-Champs 街 6 号和 Rue Vivienne 街 2 号。科尔伯特拱廊街在建立之初是为了跟一条名叫薇薇安拱廊街（下文会有介绍）竞争。如今，它已经成为所有拱廊街中最具历史价值的一条，许多文化机构和大学研究院都设在这里。

全景廊街（LE PASSAGE DES PANORAMAS）

地址： 地铁 8、9 号线 Grands Boulevards 站

建于 1799 年，位于巴黎 2 区，两端分别是 Boulevard Montmartre 大街 11 号和 Rue Montmartre 路 158 号。

它是巴黎最古老的拱廊街，最初的装饰风格从东方集市获得灵感。街上的 Stern 印刷雕刻工坊是巴黎最美、最古老的雕刻工坊。在这里，既有 17 世纪的木质墙壁，墙上装饰着科尔多瓦皮革，还有人字纹拼接的木地板。

王子廊街（LE PASSAGE DES PRINCES）

地址： 地铁 8、9 号线 Richelieu-Drouot 站

建于 1860 年，位于巴黎 2 区，两端分别在 Boulevard des Italiens 大道 5 号和 Rue de Richelieu 路 97 号。

王子廊街建好后，巴黎市就停止了拱廊街的建造。这条拱廊街的魅力在于其温暖的色彩，各式各样的玩具店，将游客带回美好的童年时光。

维尔多廊街（LE PASSAGE VERDEAU）

地址： 地铁 8、9 号线 Richelieu-Drouot 站或 Grands Boulevards 站

建于 1848 年，位于巴黎 9 区，两端分别在 Rue de la Grange-Batelière 街和 Rue du Faubourg Montmartre 街。

附近的德鲁奥拍卖所（la salle de vente aux enchères Drouot）吸引了许多古玩店、卖明信片和旧书的店家入驻这条街。

巨鹿拱廊街（LE PASSAGE DU GRAND-CERF）

地址： 地铁 4 号线 Etienne Marcel 站

位于巴黎 2 区，两端分别在 Rue Saint-Denis 街 145 号和 Rue Dussoubs 街 8 号。

这条拱廊的顶部是玻璃做成的，有 12 米高的精致铁架结构，很多艺术家选择在这里开店，不容错过哦。

维侯·多达拱廊街（LA GALERIE VÉRO-DODAT）

地址： 地铁 1、7 号线 Palais Royal-Musée du Louvre 站 / 地铁 1 号线 Louvre-Rivoli 站

建于 1826 年，位于巴黎 1 区，两端分别在 Rue Jean-Jacques Rousseau 街和 Rue du Bouloi 街。

维侯 · 多达廊街的地板和彩绘廊顶十分引人注目。这里还有一家名叫 Christian Louboutin 的精品店，值得一去。

高跟鞋坏了吗？来 Minuit moins sept 鞋店吧。这里既可以修理长靴，也能修薄底浅口鞋。这里是世界上唯一可以换 Christian Louboutin 红鞋底的地方，收费 94 欧元。

薇薇安拱廊街（LA GALERIE VIVIENNE）

地址： 地铁 3 号线 Bourse 站

建于 1823 年，位于巴黎 2 区，两端分别在 Rue des Petits-Champs 街和 Rue de la Banque 街。这里的马赛克地面由 19 世纪意大利著名的马赛克工艺师 Giandomenico Facchina 设计、制作。这里有法国设计师 Jean-Paul Gaultier 的精品店，还有出自当代艺术家 Emilio Robba 之手的精美摆件、布艺花和褶皱花瓶。

孚日广场和雨果故居

想成为 17 世纪法国皇家装饰画中的人物吗？想在满是古老的商店和餐馆的拱廊下漫步吗？想象昔日的王子或公爵那样在花园里放松消遣吗？我建议你一定要去 1612 年建成的孚日广场，因为这是巴黎的第一座皇家广场。

广场周围的建筑都是那个时代最典型的风格：红砖与白石相间的外墙，双层斜坡式石板屋顶。广场南边正中间那栋庄严的楼宇曾是国王的寝宫，与之相对位于北边的便是王后的寝宫。这座气势恢弘的广场正中央是国王路易十三的塑像，周围有 4 个喷泉。

许多名人和政治家都曾生活在孚日广场，其中一位就是大名鼎鼎的维克多 · 雨果。他曾在 1832—1848 年住在孚日广场 6 号，现在那里是雨果故居博物馆。感兴趣的朋友可以到这里参观，探寻这位大作家与女演员朱丽叶 · 德鲁埃的浪漫故事。朱丽叶拒绝跟这位大才子结婚，也不愿同他一起生活，她希望爱情能够永远保持最初的新鲜和纯真。

门票： 免费

电话： +331 4272 1016

开放时间： 每天 10：00—18：00，周一和节假日闭馆

中文讲解器： 有

交通： 地铁 1、5、8 号线 Bastille 站

卢森堡公园和美第奇喷泉

塞纳河左岸的文化街区有许多值得游览的地方，下面不妨跟我一起去转一转。

在 Saint-Michel 大道与 Gay Lussac 街的交叉路口，正对着 RER 地铁站的就是卢森堡公园的入口。进入公园后，一直向前走，就可以到达中央水池。

卢森堡公园是由国王亨利四世的遗孀、国王路易十三的母亲玛丽·德·美第奇在 1612 年修建的。这位王后出生于佛罗伦萨，原来生活在卢浮宫。丈夫被暗杀后，她想要远离这伤心之地，便打算在儿子的狩猎行宫里建一座意大利风格的花园。除此之外，王后还决定推翻原先的小楼，盖一座真正的宫殿，风格就参考意大利的皮蒂宫，后者是托斯卡纳的银行家卖给美第奇家族的一座宫殿。玛丽很重视艺术，她邀请许多意大利艺术家为宫殿进行创作。

花园则由皇家园艺师 André Le Nôtre 于 1635 年修建，跟宫殿一样，花园在过去几个世纪里虽然经历了一些改变，但仍然保留着最初的风格和特点。

我今天所说的卢森堡宫，在 1793 年后曾一直作为监狱使用，这里关押过革命领袖丹东、德穆兰等人。如今，宫殿为参议院（法国两院制议会中的第二议会）所使用。

漫步在宫殿外面的花园小径上，你会遇到从附近大学出来转悠的学生，说不定就有来自世界上最古老大学之一的索邦大学。放眼望去，有人下棋，有人打牌。老年人在长椅上休憩，小孩子们在池边玩着木质的小帆船。

许多雕刻家为这座花园创作过雕像，近 4 个世纪的时间里，这里一共立起了 106 尊雕像，大多数都立在中央水池旁的平台上，有王后以及一些杰出女性的雕像。

如果说卢森堡公园是一件珠宝盒，那么里面最珍贵的宝石就是美第奇喷泉了。继续向右边走，宫殿东侧就是美第奇喷泉。

玛丽王后于 1630 年（明崇祯年间）下令修建这座喷泉，由佛罗伦萨著名工程师托马斯·兰奇尼主持。卢森堡宫是按照皮蒂宫的风格设计的，所以她希望这个喷泉可以让她怀念起位于佛罗伦萨宫殿旁边的波波里花园。几经修改、重建，甚至迁址后，直到 19 世纪，美第奇喷泉才成为我们今天见到的样子。50 米的长形水池让这里变得更加幽静、深邃，喷泉周围的装饰有些是同时期建好的，有些则是后来加上的。比如，位于美第奇喷泉后方的丽达喷泉就是1862 年修建完成的。同一时期，人们还在喷泉正前方立起一座名为《波吕斐摩斯突袭阿喀斯和伽拉忒亚》的雕像，它出自艺术家 Auguste-Louis Ottin 之手，这个雕像作品的灵感来源于希腊传说里的一个悲剧爱情故事。伽拉忒亚与阿喀斯是一对彼此相爱的恋人，独眼巨人波吕斐摩斯也钟情于伽拉忒亚，但遭到了她的拒绝。当波吕斐摩斯看到伽拉忒亚躺在阿喀斯的怀中时，愤怒不已，用一块埃特纳火山的巨石砸死了阿喀斯。这座雕像表现的是波吕斐摩斯发起攻击之前，浑然不知危险来临，依偎在一起的恋人。

交通： RER B 号线 Luxembourg 站

希腊和中国相隔甚远，为什么中国游客会被卢森堡公园林中的雕像打动？失去丈夫的、悲伤的王后能否在潺潺流水声中找到内心的平和？阿喀斯与伽拉忒亚的爱情故事为什么千百年来如此牵动人心？

我想，这是因为这座公园描绘出了爱情的各种模样——独眼巨人无望的爱情、阿喀斯对伽拉忒亚至死不渝的爱情、孤独的玛丽王后深深怀念的爱情、漫步林间的情侣之间的甜蜜爱情。人们来到这里，欣赏美丽的景色，也赞美将他们结合在一起的情感纽带，中国朋友们一定也感受到了这一切！

站在卢森堡公园的雕像《希腊演员》（L'acteur grec）前，不远处就是美第奇喷泉，以先贤祠为背景，来拍张自拍吧！

索邦大学

逛完卢森堡公园后，可以沿着 Soufflot 街走到尽头，那里坐落着法国最著名的大学——索邦大学。这所大学建立于 1200 年（金代章宗年间），主体建筑则是在 17 世纪上半叶建成的。漫步在这个街区，与大学生、艺术家和学者擦肩而过，会产生与右岸完全不同的感觉。这里散布着诸多书店和艺术画廊，轻松、恬静的空气中弥漫着从露天咖啡座飘来的香气。

交通：地铁 10 号线 Cluny La Sorbonne 站

圣马丁运河

在圣马丁运河河畔，你会看到恋人、运动的人、骑自行车的人、孩子、流浪汉甚至一两个醉汉。在这里，人们似乎还能看到巴黎曾经的模样，那时运载木炭的船只在水面上穿行。

19 世纪初，巴黎人的生活用水主要依靠塞纳河及其支流。然而，污染越来越严重的塞纳河水引发了多种疾病，于是拿破仑决定开凿一条长 4.55 千米的运河来解决饮用水问题。这条运河一直延伸到乌尔克运河的南段，是乌尔克运河的延续，虽然规模不大，但发挥了巨大的作用。圣马丁运河在巴士底广场汇入塞纳河中，形成了阿森纳内港，并建有游艇码头。

经过几次整修，圣马丁运河的水利工程全部完成，并于 1825 年正式投入使用。运河有几段建有拱顶，就像下水道一样。这种设计有三个好处：第一，减少了蒸汽发动机的噪声对岸边住宅的影响；第二，方便陆上行人和马车通行；第三，革命时期便于武力干预。

后来，运河的作用渐渐发生了改变。为了让运输谷物、燃料和建筑材料的大船也能在运河上行驶，人们重新挖凿了运河以增加船只的吃水深度。1882 年，运河上游的维莱特内港成为继马赛港、勒阿弗尔港和波尔多港之后的法国第四大港口。再后来，随着运河的运输效益逐渐减少，从 1960 年起，这条河流又逐渐恢复了平静。

如今，每年有 100 多万件货物要从这里中转。与此同时，圣马丁运河是一个吸引大量游客的景点。运河的魅力使得河畔的住宅和街区也身价大涨，房屋租金都很高，一些百货商场和精品店纷纷入驻。还有许多有钱的年轻人也选择住在这里，他们就是所谓的“布波族”（布尔乔亚 波希米亚）。

通过运河探索巴黎有两种方式：沿运河漫步或者乘游船。我建议你先从阿森纳内港 (Arsenal) 或者维莱特内港 (Villette) 乘游轮出发，这样可以对运河有一个整体的印象。接下来，你可以在运河浪漫的河畔和桥上静静漫步。

圣马丁运河上的游轮

圣马丁运河上有好几家游轮公司，比较大的有 Paris Canal 和 Canauxrama。虽然它们的路线各不相同，但著名景点都在线路中，比如两座旋转桥和九道水闸。水闸是为了大船的升降而建造的，就像运河上的其他机械工程一样，可以远程控制。

河上有三座横跨水面的金属桥，装饰风格特别适合自拍或跟恋人合照，尤其是位于 Bichat 街口的那座桥。

运河北端的维莱特内港（le bassin de la Villette）里有皮划艇和游艇项目。这里的圆形建筑特别引人注目，是建筑师 Claude Nicolas Ledoux 在 1784 年到 1788 年（清乾隆年间）修建的。当时为了征税，还在港口建起围墙，货船缴了税之后才得以放行。

巴士底广场不远处有一段在 Richard Lenoir 大道下方的运河，从桥面井口透下来的光线十分神秘和魔幻。这里是运河最古老的部分，同时也是最惬意的地方，会让人联想到动画片《料理鼠王》中老鼠雷米溜进巴黎地道的场景。

当游轮到达巴士底广场正下方时，抬起头会发现一座陵墓，就在广场中央的七月柱底座下面——这里安息着在 1830 年“七月革命”和 1848 年“二月革命”中遇难烈士。

注意，在 Jemmapes 港 102 号有一家酒店，隐蔽在沿岸的诸多酒吧、餐厅和精品店之中。1937 年，著名的法国电影《北方旅馆》(Hotel Du Nord）里的故事就发生在这里。不过，事实上，这部电影是导演 Marcel Carné 在工作棚里拍摄的，后来人们仿照电影里的酒店样子在这里建起了一家真正的酒店。尽管如此，每天仍有很多影迷慕名而来。酒店一层是一个饭店，很好地还原了第二次世界大战前的氛围。

圣马丁运河的河岸

圣马丁运河上最浪漫的事莫过于在河岸上漫步，如果时间允许，也可以租一辆自行车，悠闲地骑行——徜徉于春日的繁花似锦，夏夜的奔放热情，秋日的落叶翻飞和冬日的温柔宁静。

如果想看点好玩的东西，一定要等到水闸关闭的时候。每当闸门落下，船只依次通行，Lancry 街和 Lancry 港之间的 la Grange-aux-Belles 旋转桥还会转起来哦。小鸟、绿头鸭、海鸥还有苍鹭在不间断地上演剧目，蜥蜴和青蛙则在不远处的石头上慵懒地观看。

每隔 10 年，人们就会清空运河，进行清洗和维护——每次都能清理出 40 多吨垃圾。在执行这项大工程之前，河中的鱼会被提前打捞出来，清理工作完成后再放回水中。最近的一次大清洗是在 2016 年，共统计出 17 种鱼类，其中有一条 120 千克的鲇鱼和一条 16 千克的鲤鱼。

Canauxrama 游艇

地址： 13 quai de la Loire, Paris 19
电话： +331 4239 1500
交通： Jaurès 地铁站

Paris-Canal 游艇

地址： Bassin de la Villette,
19 – 21 quai de la Loire, Paris 19
电话： +331 4240 9697
交通： Jaurès 地铁站
网址： www.pariscanal.com

跳蚤市场

这里是绝大多数旅行社和导游都不会带游客去的地方——Saint-Ouen 跳蚤市场。每一场奇遇都会留下许多难忘的回忆，还有什么比在小路上散步时偶遇的惊喜和一次突然的邂逅更浪漫呢？跳蚤市场里就藏着许许多多这样的惊喜和浪漫。

跳蚤市场实际上是许多市场的集合，里面有 1700 家二手商店、旧货店和古玩店。世界上没有另外一个地方会集聚如此之多的古董，每年吸引 500 万人来到这里。每周五、周六的清晨，来自美国、巴西、印度、阿联酋、中国等许多国家的布景师、收藏家、旧货商来此挑选最中意的货品。他们为有钱的客户挑选饰品，那些客户则愿意支付10倍的价钱购入。装好货物的集装箱每周一离岸，发往世界各地。有时，好莱坞或宝莱坞的明星们也会亲自来这里淘宝。跳蚤市场就像一个巨大的露天博物馆，可以欣赏或买到昔日法国城堡和宫廷中最美的、最引以为傲的绘画、雕像、挂毯、古籍、木雕、灯具、椅子、碗柜和银器。运气好的话，你花几欧元买到的一幅画或许几年之后会被鉴定其实是某位大师的作品呢！

如今的跳蚤市场出现了一批新的顾客群，他们是品位独特的都市年轻人，爱逛那些卖复古潮物的“概念店”，比如Quintessence Playground和Habitat。

这个市场建于1885年，外围是一些倒卖仿冒品的旧货店，而且还有很多扒手，所以要尽量避免到这些区域。游客最好是打车到Rue des Rosiers，或者坐地铁到Garibaldi站下车，不要到Porte de Clignancourt或Porte de Saint-Ouen站。想要惬意地逛市场，就从Rosiers街直接进去吧！你会经过Biron市场、Entrepôt市场、Vernaison市场、Malik市场、Dauphine市场、Paul-Bert市场和Serpette市场等，最后那两个相邻的市场是本人的最爱。

电话： +331 4011 7736
开放时间： 周六 09：00—18：00
周日 10：00—18：00
周一 10：00—17：00
交通： 地铁13号线Garibaldi站

跳蚤市场也可以上演巴黎的浪漫情节，最好的方式就是在这里用餐。我特别推荐Serpette市场里的Ma Cocotte餐厅和Paul Bert市场里的Le Paul Bert餐厅。在这里，你有可能会遇到泰国公主、电影明星、巴西富豪或者摇滚乐手，当然啦，餐厅的消费水平也很高。

Ma Cocotte 餐厅

地址： 106 rue des rosiers 93400 Saint—Ouen
电话： +331 4951 7000
营业时间： 每日开放
交通： 地铁13号线Garibaldi站
备注： 接受银联卡付款

€€ €€€

让巴黎之旅更浪漫的 10 件小事

在两个景点游览的间隙，或是两次血拼购物的空当，是不是会有几个小时的闲暇时光呢？我这里有几个不错的小点子，可以让你在这段时间里拥有更多珍珠般的浪漫巴黎小回忆。

在巴黎歌剧院欣赏一场表演

巴黎有两个大剧院。位于巴士底广场（Place de la Bastille）的巴士底歌剧院，在法国成立200周年，也就是1989年7月14日当天正式开幕，舞台配置先进，上演的戏剧魅力独特，让人印象深刻。这座歌剧院是由加拿大籍的乌拉圭建筑师 Carlos Ott 设计的。

以设计者的名字来命名的加尼叶歌剧院（Opéra Garnier）位于歌剧院广场（Place de l'Opéra），于1875年落成，是法兰西第二帝国时期的璀璨明珠。黄金、青铜、吊灯、圆柱、巴洛克式装潢、雕像还有恢弘的彩绘天花板，处处都体现着拿破仑三世时期典型建筑的特色。那是资产阶级兴起的时代，华丽的大理石和精美的镀金标志着这个新阶级的权力。

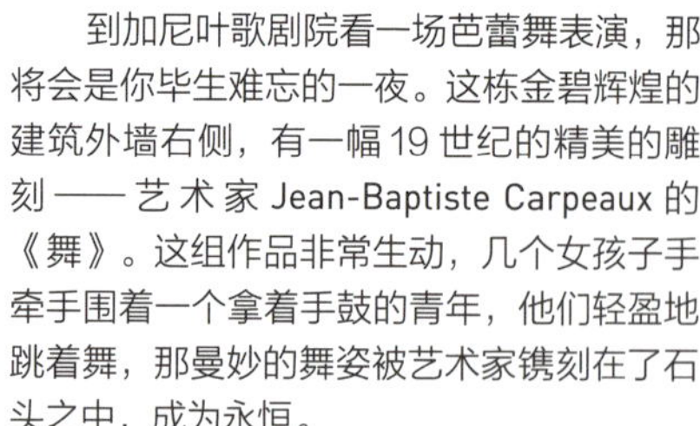

到加尼叶歌剧院看一场芭蕾舞表演，那将会是你毕生难忘的一夜。这栋金碧辉煌的建筑外墙右侧，有一幅19世纪的精美的雕刻——艺术家 Jean-Baptiste Carpeaux 的《舞》。这组作品非常生动，几个女孩子手牵手围着一个拿着手鼓的青年，他们轻盈地跳着舞，那曼妙的舞姿被艺术家镌刻在了石头之中，成为永恒。

进入大厅，缓缓走上华丽的大楼梯。大楼梯借鉴了波尔多大剧院的设计，而它本身又影响了玛瑙斯、里约热内卢、基辅和河内的大剧院。入座之后，就请沉浸在这神话般的剧场里吧！演出开始了，登台的都是国际顶级的芭蕾舞者，那晚演出的可能是《天鹅湖》《罗密欧与朱丽叶》，也可能是现代芭蕾剧。悬在空中8米多高的大吊灯灯光熄灭，情侣的手相互握紧，这种感觉怎么能错过呢？

地址： Place de l'Opéra, Paris 9
电话： +331 7125 2423
开放时间： 每天 10：00—16：30
7月中旬至9月初 10：00—17：30
门票： 11欧元，优惠价8欧元
交通： 地铁3、7、8号线 Opéra 站；RER A线 Auber 站

在贝蒂咏冰激凌店品尝野草莓味冰激凌

创建于20世纪中叶的贝蒂咏冰激凌店（Maison Berthillon）是世界上最好的冰激凌店。这里的冰激凌没有意式的那么浓，也没有美式的那么厚重，共有70种口味可供选择。香蕉味、威士忌咖啡味、焦糖姜味、薄荷味、薰衣草味、栗子味、香菜柠檬味，罗勒烤菠萝味、苦可可味、醋栗味、柠檬百里香味，甚至还有鹅肝酱味！冰激凌在二层制作完成，在一楼销售。店里最受欢迎的口味是野草莓口味（fraise des bois），必须推荐！

地址： 29—31 rue Saint-Louis en l' île, Paris 4
电话： +331 4354 3161
营业时间： 每日 10：00—20：00
周一、周二不营业
平均消费： 14—18欧元
交通： 地铁7号线 Pont Marie 站

在双叟咖啡馆喝一杯咖啡

这家位于圣日耳曼德佩（Saint-Germain des Prés）的双叟咖啡馆（les deux Magots），从1914年开始就由同一个家族经营，巴黎的文学、政治、艺术精英们经常在这里聚会。Magot在这是指异国古怪的瓷人，而咖啡馆的名字“双叟”正是指两个中国人偶——19世纪的法国人想象中的中国人。这两个中国人偶原本是一家内衣店里的，后来装饰在咖啡馆的一根内柱上。这里的服务风格跟以前保持一致，没有随着时代的变化而改变，所以你感受到的一切仍与海明威那时一样。

地址： 6 place Saint-Germain-des-Prés, Paris 6
电话： +331 4548 5525
营业时间： 每天 07：30—次日 01：00
交通： 地铁4号线 Saint-Germain-des-Prés 站

离双叟咖啡馆不远，在路的同一侧还有另一家传奇咖啡馆——花神咖啡馆（Café de Flore）。19世纪末开店后，诗人、记者、作家和歌剧家经常光顾这里。哲学家作家萨特和波伏娃更是将这家咖啡馆当作了他们的工作室，在这里写书，组织聚会。

地点： 172 boulevard Saint-Germain, Paris 6
电话： +331 4548 5526
营业时间： 每天 07：30—次日 01：30
交通： 地铁10号线 Mabillon 站

这个街区好像对权力有着奇妙的吸引力，许多政要和大企业家经常光顾位于圣日耳曼大道（Boulevard Saint-Germain）的 Lipp 啤酒店。

地点： 151 boulevard Saint-Germain, Paris 6
电话： +331 4540 5091
营业时间： 每日 11：45—次日 00：45
交通： 地铁4号线 Saint-Germin-des-Prés 站

就在这些建筑的对面，矗立着巴黎最古老的教堂——圣日耳曼德佩教堂（Saint-Germain des Prés）。这座教堂始建于10世纪，后来几经修葺，如今已经很难想象出这座教堂刚落成时的模样了。

走出双叟咖啡馆，对面的人行道上有路易·威登、乔治·阿玛尼、卡地亚、施华洛世奇等许多品牌的精品店。

在阿拉伯世界文化中心喝一杯薄荷茶

建筑师 Jean Nouvel 独出心裁地将阿拉伯世界文化中心（Institut du monde arabe）靠近塞纳河的一侧设计成了玻璃幕墙，有240扇阿拉伯式窗户（moucharabieh）。这些华丽的窗户是由微电脑控制的，窗户上照相机光圈般的几何形孔洞，会根据阳光照射

强度的不同而开合，自动调节光线。这栋楼也会打一些电影广告。可惜的是，由于维护不够，楼的外观已经受损了。

大楼 9 层有一家餐馆——Zyriab，可以品尝到经典的黎巴嫩美味佳肴。午后时分，品尝着摩洛哥点心，再配上一杯美味的薄荷茶，真是惬意极了。

地址： 1 rue des fossés Saint-bernard, Paris 5
电话： +331 4051 3838
票价： 8 欧元，优惠价 4 欧元
开放时间： 周二、周三、周四 10：00—18：00
周五 10：00—21：30
周六 10：00—19：00
周日不营业
交通： 地铁 7、10 号线 Jussieu 站，地铁 10 号线 Cardinal Lemoine 站

巴黎大清真寺

如果你喜欢异国风情，那我推荐你去巴黎大清真寺的饭店（Restaurant de la Grande mosquée）。这座建于第一次世界大战后的清真寺是为了向将近 10 万名为法国而战的穆斯林致敬并表达感激。大清真寺是法国最古老的清真寺，以摩洛哥清真寺为模型而建，材料都是从北非运过来的。

如果你想暂时逃离铺天盖地的欧洲风情，那就推开茶室或 Aux portes de l'Orient 饭馆的大门，这里有马格里布特色菜肴，比如美味的塔吉锅（Tajine）和古斯古斯饭（Couscous）。

地址： 2 bis place du Puits l'Ermite, Paris 5
电话： +331 4535 9733
开放时间： 每日 09：00—12：00，14：00—18：00
周五不营业
门票： 3 欧元，优惠价 2 欧元
交通： 地铁 7、10 号线 Place Monge；
Censier Daubenton 站

在巴黎瑞典文化中心品尝瑞典圆面包

建于 16 世纪的马尔勒酒店（Hôtel de Marle）里设有一个瑞典文化中心，就在马雷街区（Quartier Marais）。这里是巴黎最适合漫步的街区，建筑耐人寻味，墙面、橱窗、喷泉、雕像，一切都令人着迷。文化中心里的瑞典咖啡厅（Café suédois）是个歇脚的好去处。下午茶时间，可以在这里品尝甜点、沙拉和瑞典糖汁饮料，邂逅瑞典的特色美食。

地址： 11 rue Payenne, Paris 3
电话： +331 4478 8011
营业时间： 每日 12：00—次日 08：00
周一不营业
交通： 地铁 1 号线 Saint Paul 站；地铁 8 号线 Chemin Vert 站

在白鸟餐厅浪漫美餐一顿

想一边看着埃菲尔铁塔，一边在巴黎最美的露台上享受一顿奢华大餐吗？在疯狂购物之后，钱包还很饱满，想为你的爱人编织片刻梦境吗？那么乘电梯到巴黎半岛酒店（Hôtel Peninsula Paris）6 层，这里的白鸟餐厅（OISEAU BLANC）会为你呈上一顿优雅的法式大餐。在某些时段，露台是开放的，你可以俯瞰着巴黎城，小酌一杯。

地址： Hôtel Peninsula, 9 avenue Kléber, Paris 16
电话： +33 1 5812 6730
营业时间： 每天 12：00—14：30，18：30—22：30
交通： 地铁 6 号线 Kléber 站

在鹌鹑之丘街区漫步

巴黎 13 区的鹌鹑之丘街区（Quartier Butte-aux-Cailles）就像一个村庄，安静而美丽。在春日或夏日的傍晚来这里，从卢梭广场（Square Henri Rousselle）漫步到巴黎公社广场（Place de la Commune de Paris），路边是各种各样别致的小商铺和传统酒吧。

交通： 地铁 6 号线 Corvisart 站；地铁 7 号线 Tolbiac 站

乘热气球鸟瞰巴黎

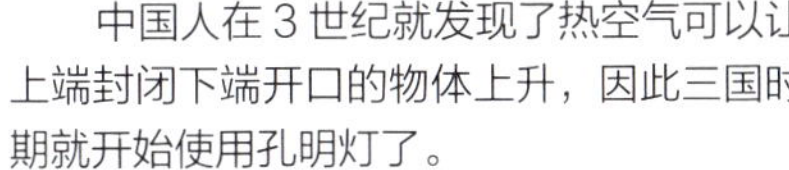

中国人在3世纪就发现了热空气可以让上端封闭下端开口的物体上升，因此三国时期就开始使用孔明灯了。

在法国，1783年，孟格菲兄弟在阿诺奈小镇成功升起了一只热气球。同年，在凡尔赛宫，他们在路易十六面前进行了首次动物升空试验，将一只公鸡、一只小羊和一只鸭子放在了热气球的吊篮中。

如今，你也可以乘坐巨大的热气球在巴黎上空飞行。热气球就在雪铁龙公园（Parc André Citroën）里，它还可以测定巴黎的气象状况和空气污染指数。热气球高35米，是世界上最大的热气球，可以同时搭乘30人，升至150米的高空。与心爱的人一起在半空中欣赏埃菲尔铁塔、特罗卡代罗广场，鸟瞰整个巴黎，这一定会成为你们浪漫的回忆之一。

地址： Parc André-Citroën, Paris 15
电话： +331 4426 2000
票价： 12欧元，优惠价6欧元
营业时间： 每天09：00—20：00
交通： 地铁8号线Balard站；
地铁10号线Javel André-Citroën站；
RER C线Javel站

在大雷克斯剧院看一场电影

在城里逛了一整天后，也许你在想，去哪儿歇歇脚好呢？那就去巴黎1区的大雷克斯剧院（Grand Rex）吧，这是个不错的中途休息站。建于1932年的大雷克斯剧院其实是个华丽的电影院，装饰艺术风格受到当时纽约无线电城音乐厅的启发，尤其引人注目。值得一提的是，剧院大厅装饰成了地中海村落的样子。

每到年底节庆期间，电影屏幕前就会喷出1200股水柱，上演一出水幕表演《水之仙》，屏幕面积有300平方米。

地址： 1, boulevard poissonnière, Paris 2
电话： +331 4508 9389
交通： 地铁8、9号线Grands Boulevards站/
Bonne Nouvelle站

在安吉丽娜喝一杯热巧克力

在巴黎1区里沃利街（Rue de Rivoli）226号，协和广场（Place de la Concorde）附近，有一家著名的茶馆。从1903年开始人们就到这里来喝下午茶了，这就是由奥地利甜品师Antoine Rumpelmayer所开的茶馆安吉丽娜（Angelina），是以他继女的名字命名的。

现在北京的老佛爷百货3层也开了一家Angelina。不过，在里沃利街的这间，仿佛还弥漫着香奈儿女士的香水味，因为这里是她的心头爱。作家普鲁斯特以及一些法国高级时装设计师也经常光顾这里。在这家古老的茶馆中，与爱人一起喝一杯招牌热巧克力，再搭配一份这里的招牌甜品—“勃朗峰”奶油栗子蛋糕，温情满满，甜蜜蜜。这里的巧克力原料精选自非洲的三种可可豆，浓郁醇香，蛋糕则选用栗子酱、鲜奶油和蛋白酥精制而成。

地址： 226 rue de Rivoli, Paris 1
电话： +331 42 60 82 00
营业时间： 周一至周五07：30—19：00
周末08：30—19：30
交通： 地铁1、8、12号线Concorde站

适合自拍的 10 个好地方

圣玛尔特街

位于巴黎10区的圣玛尔特街（rue Sainte-Marthe）距离圣马丁运河（Canal Saint-Martin）和圣路易医院（Hôpital Saint-Louis）都不远。圣路易医院建于17世纪初，是由国王亨利四世下令修建的鼠疫病院。

圣玛尔特街上五颜六色的商店、酒吧和饭店风格各异，如巴西风、非洲风、西班牙风和意大利风等。

交通： 地铁 2 号线 Colonel Fabien 站

莫扎里亚街

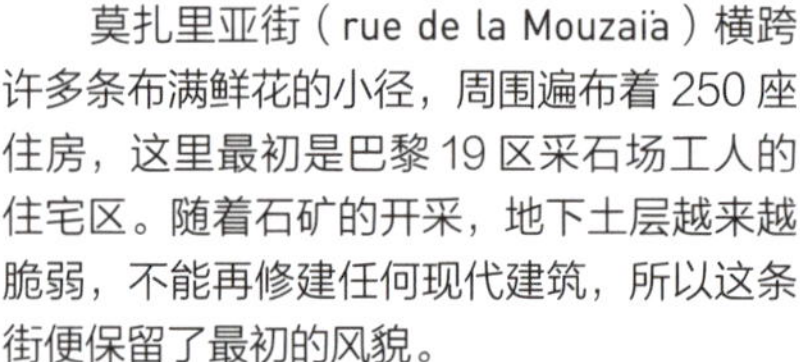

莫扎里亚街（rue de la Mouzaïa）横跨许多条布满鲜花的小径，周围遍布着250座住房，这里最初是巴黎19区采石场工人的住宅区。随着石矿的开采，地下土层越来越脆弱，不能再修建任何现代建筑，所以这条街便保留了最初的风貌。

春天或夏天的时候，在紫藤花下漫步，在墨西哥橙树、日本海棠、绣球花以及各种藤类植物间穿行……你会欣赏到一幕又一幕色彩缤纷、洋溢着田园风情的画面。

这条街几百米外还有一座肖蒙山公园（Parc des Buttes-Chaumont），可以一起游览。

交通： 地铁 7 号线支线 Botzaris 站 /Pré-Saint-Gervais 站

圣叙尔皮斯广场

圣叙尔皮斯广场（La place Saint-Sulpice）就像是一幕电影场景。

圣叙尔皮斯教堂是仅次于巴黎圣母院的巴黎第二大教堂，设计师从伦敦的圣保罗大教堂中汲取了灵感。教堂在修建过程中时有中断，整个工程从 17 世纪中叶一直持续到 18 世纪中叶，因此呈现出许多不同的建筑风格。虽然工期很长，但仔细观察，就会发现教堂的两塔之间似乎缺少了什么——这里并未修建一般教堂主墙上必备的三角楣饰。

走进教堂，你一定会赞叹 Charles de Wailly 在 1788 年设计完成的布道台。这是一件细木工艺与砖石工艺相结合的完美杰作，架在两座楼梯之间，看上去轻盈优雅。教堂里有三幅法国大画家德拉克洛瓦的作品，在圣天使偏祭坛（Chapelle des saints anges）的两侧，分别是《雅各布与天使的争斗》和《被逐出圣殿的赫略多洛》，还有拱顶上的《圣米歇尔屠龙》。

这些作品曾经有些蜡迹和烟熏的痕迹，2016 年人们对它们进行了修复。

教堂尽头的祭坛后面，就在圣母偏祭坛（Chapelle de la Vierge）旁边，精美的巴洛克式壁龛里有一件 18 世纪雕像家 Jean-Baptiste Pigalle 的作品，圣母怀抱圣婴，散发出神圣的光芒，脚下踩着一条蛇。

再回到圣叙尔皮斯广场。一座修建于 1847 年的精美喷泉坐落在这里，由建筑师 Louis Visconti 精心设计，喷泉中央是四尊放置在壁龛里的主教雕像，分别对着四个方向。这座喷泉的水流似乎可以让阳光翩翩起舞，拍出的每一张照片都沐浴在欢乐的气氛之中。

交通：地铁 4 号线 Saint-Sulpice 站

广场附近的街道特别适合自拍，尤其是加奈特街（Rue des Canettes）、吉萨尔德街（Rue Guisarde）和公主街（Rue Princesse）。

如果时间充裕，建议你也可以到布西街（Rue de Buci）上散散步，街道两边都是些气氛不错的餐馆。沿着圣安德烈艺术街（Rue Saint-André des Arts）一路走下去，可以到圣米歇尔广场（Place Saint-Michel）。

《达芬奇密码》中的圣叙尔皮斯教堂

教堂的祭坛左边放着一架来自 18 世纪的科学仪器——日晷，人们也称之为子午线。这就是借丹·布朗的《达·芬奇密码》而声名大噪的玫瑰线。在小说里，这条线起着极其重要的作用。用这个仪器可以确定太阳的位置，验证日历的准确度。当阳光从教堂南侧耳堂（与中殿垂直相交，靠近祭坛的位置）玻璃窗上的小孔照射进来时，光束会顺着镶嵌在地板和北侧耳堂方尖碑上的铜线移动。仪器上共有四个刻度，可以进行各种测算。

圣米歇尔广场和圣米歇尔喷泉

圣米歇尔广场（Place Saint-Michel）特别受大学生和年轻游客的青睐。

如果你是从圣安德烈艺术街走过来的话，继续向前穿过圣米歇尔桥（Pont Saint-Michel），然后转过头，位于你前方的就是美丽的圣米歇尔喷泉（la fontaine Saint-Michel）。它是巴黎最上镜的喷泉之一，其历史可以追溯到1860年。这座喷泉嵌在一栋建筑的侧墙上，壁龛内精致的雕像作品是《击败恶魔的大天使米歇尔》，旁边装点着四个廊柱。雕像脚下是两个长着翅膀、狮头、羊身、龙尾的吐水怪物，也可以说是喷水龙。廊柱上的四个雕像分别象征：审慎（手持一面镜子和一条蛇）；公正（握着一把双刃剑）；节制和力量（手拿大力神赫拉克勒斯的木棍）。

喷泉朝向北面，整体采光不是很好，设计师便选用不同颜色的大理石进行装饰，予以弥补。

盛夏时节，有人将脚伸进喷泉的水池中，拍一些小清新风格的照片；还有人把硬币扔进水池里，许下心愿……

漫步在东西向的街道上，请路人帮忙拍张照吧，留下美好的回忆。街道两边有着许多希腊和土耳其餐馆，特别是圣赛佛伦街（Rue Saint-Séverin），充满了神秘的异国情调，不过这些餐馆的质量和服务可能没有看上去的那么好。

穿过圣雅克街（Rue Saint-Jacques），走到加兰德街（Rue Galande），很快就能看到古老的圣朱利安教堂（Église Saint-Julien le Pauvre）。然后左转上芙阿尔街（Rue du Fouarre），左手边是维维亚尼公园（Square René-Viviani）。这座公园里有巴黎最古老的树，一棵产自北美阿巴拉契亚山的刺槐树，于1601年栽种到这里。

远处的蒙特贝罗码头（Quai de Montebello）很适合拍照，在那里可以看到巴黎圣母院（Notre-Dame de Paris）和主宫医院（Hôtel-Dieu）。从码头向右转，步行几米就到了著名的莎士比亚书店（Shakespeare & Co）。这家书店经常出现在电影里，这里的每处角落、每个书架都散发着温暖、惬意的气息。如此浪漫的书店成为许多游客必去的景点之一，也是摄影爱好者钟爱的地方。

交通： 地铁4号线Saint-Michel站；
RER B、C线Saint-Michel Notre-Dame站

协和广场的喷泉和方尖碑

协和广场（Place de la Concorde）是巴黎最大的广场。你可以绕着广场正中央的方尖碑转一圈，欣赏周围的一切。然后面向世界上最美的香榭丽舍大街（Avenue Champs-Élysées）站好，向左转，你可以看到远处埃菲尔铁塔最上面的两层。继续左转，可以看到荣军桥（Pont des Invalides），桥的另一边有一座希腊圣庙式的建筑，那就是国会大楼（Assemblée nationale）。再向左接着转，橘园博物馆（Musée de l'Orangerie）以及它身后静静流淌的塞纳河就会映入眼帘。

协和广场和卢浮宫在同一条直线上，眼前的花园就是二者之间的杜勒丽花园(Jardin des Tuileries）。再左转15度，你可以看到皇家大道（Rue Royale）上的两栋壮丽的建筑，左边那栋是著名的希尔顿酒店（Hôtel de Crillon）。和平大街（Rue de la Paix）的尽头坐落着一座希腊神庙式建筑，即玛德莲教堂（Églisede la Madeleine）。这座教堂由建筑师 Pierre-Alexandre Vignon 设计，

修建工程持续了80年——从18世纪末开始，中间经历了停工，直到19世纪初才又继续开展下去。这是一栋纯粹的新古典式建筑，灵感来自雅典卫城南部的一座神庙。这样转完一周后，现在你又正对香榭丽舍大街了。

再回到协和广场，立在广场中心的这座方尖碑可谓气势宏伟，南北两边均有精美绝伦的喷泉。

在协和广场可以拍到最美的照片，尤其当黑夜将至未至时，整个世界都笼罩在一层柔美的光晕之下。不过，照片无法精确记录一切，你回国后可以跟朋友们用语言细细描绘在此度过的美好时光。

这座广场建于1772年，设计师名叫Ange-Jacques Gabriel，北边的皇家大道（Rue Royale）沿袭了广场的风格，分布街道两旁的建筑均有17世纪盛行的古典主义派装饰。

1831年，为了感谢法国人Jean-François Champollion协助破译了古埃及象形文字，埃及总督赠送给法国一尊方尖碑，安放在协和广场正中央。这座石质的方尖碑已有3300年的历史，最初建在埃及底比斯城的卢克索神庙。其从底座到顶端都刻着象形文字，内容主要歌颂埃及法老拉美西斯二世的丰功伟绩。要搬运和重新竖起这根重达227吨的巨石柱，是一项艰巨的工程，共计有20万人参与其中，搬运的各个阶段也都刻在了石碑上。由于方尖碑顶端用金铜包裹的小方尖塔已经遗失，1998年圣罗兰公司出资重新制作了一个新的金色方尖。

方尖碑的每个侧面都适合拍单人照、双人照或多人合照，由Jacques Hittorff设计的两座精美喷泉，更是绝佳的取景地。靠近塞纳河的是海神喷泉（Fontaine des Mers），皇家大道那边的则是河神喷泉（Fontaine des Fleuves），清晨或黄昏时分，在喷泉附近能够拍出许多意境优美的照片。

广场周围的八座雕像分别代表法国的八个重要城市：布雷斯特、鲁昂、里昂、马赛、波尔多、南特、里尔和斯特拉斯堡。

在协和广场和香榭丽舍大街交接处的两侧各有一座石墩，是香榭丽舍大街入口的标志。石墩上分别立着一尊马夫牵马的雕像，人们称之为《马尔利的骏马》（Chevaux de Marly）。由于担心空气污染会损害大理石雕像，人们使用两尊复制雕像作为替代，真品收藏在卢浮宫里展出。

交通： 地铁1、8、12号线Concorde站

断头台

许多重大历史事件都发生在协和广场。从前，在广场中央有一座断头台，锋利的刀斧架在两根木柱之间，上下滑动，用以斩首。这座机器最初由Joseph Ignace Guillotin设计建成，目的是在执行死刑时避免犯人遭受不必要的痛苦。经过反复试验，断头台于1792年投入使用。

法国大革命时期，被送上协和广场断头台斩首的人包括国王路易十六和玛丽王后。

德摩比勒街

德摩比勒街（La rue des Thermopyles）位于巴黎14区，在狄多街（Rue Didot）和雷蒙·德洛瑟朗街（Rue Raymond-Losserand）之间。这条街又叫温泉关街，得名于公元前

480 年希腊与波斯之间的那场著名的温泉关战役。虽然希腊在这场战役中失败了，但正是斯巴达勇士们的英勇就义，才有了希腊后来的独立。

每个人都会沉醉在德摩比勒街散发的魅力之中，这里曾经是私家府邸里的道路，所以仍保留着浓郁的田园风情——各种各样的鲜花围绕着石板小路，紫藤肆意舒展在路边房屋的墙上。

交通： 地铁 13 号线 Pernety 站

巴黎皇宫中的布伦柱

巴黎皇宫（Le Palais Royal）建于 17 世纪初，是国王路易十四童年时的住所。18 世纪末，一场大火烧毁了这座宫殿，后来经过重新修建，才变成了现在的模样。

沙特尔公爵（Duc de Chartres）成为皇宫的所有者后，他决定对皇宫进行改造，围绕一座大花园将宫殿延伸、扩建。宫殿的改建工作由建筑师 Victor Louis 负责，法国最负盛名的法兰西剧院（Comédie Française）的设计师也正是这位。新建的楼群形成朝北打开的矩形，中间还有一条小赛道。一层长长的拱廊里开了许多餐馆、商铺和赌博俱乐部，既可遮风又能避雨，成了人们散步和休闲的好去处。好几个世纪里，这里一直是巴黎人的娱乐中心。当时的法国人很喜欢赌博，无论是轮盘赌、掷骰子、纸牌还是赛马，只要能打赌，他们都玩。

后来，又一场大火烧毁了宫殿里的赛道，人们用另一座精美的建筑予以弥补——在矩形花园的北侧建起一座新剧院，即皇家宫殿剧院（le théâtre du Palais Royal）。

如今，法国最高行政法院、国务院、文化部和宪法委员会都在这座皇家宫殿中办公，处理各类国家事务。

从靠近法兰西剧院一侧的门廊进入宫殿，首先看到的是前院，院子里陈列着艺术家 Daniel Buren 的现代艺术品——布伦柱。260 根黑白条纹相间的柱子整齐地排列在空地上，白色部分用的是意大利卡拉拉山的白色大理石，黑色部分则取自法国与西班牙交界处比利牛斯山上的黑色大理石，与建筑外墙上的装饰交相辉映。圆柱共有三种不同的高度，令人不禁联想到曾经在皇宫里非常流行的棋盘游戏，有的圆柱底下还藏着地下喷泉。每到夜晚，灯光照在这组独特的艺术品上，显示出些许神秘感。

交通： 地铁 1、7 号线 Palais Royal-Musée du Louvre 站

在皇家宫殿，一定要去中央喷泉的柱子旁边抛一次硬币，这时候也可以来张美照。而且，如果你的硬币能够抛到柱子顶端，那么愿望就会实现！

巴黎植物园

巴黎植物园（Le Jardin des plantes）建于 18 世纪，一直由法国著名的植物学家 Buffon 掌管，直到 1788 年。植物园既装点着法国国家自然历史博物馆（Muséum d'Histoire Naturelle），同时也是博物馆的一部分。在“法式花园”里，各类植物整齐地呈几何形排列，从演化厅（Grande galerie de l'Évolution）一直延伸到塞纳河岸边。而“英式花园”里的植物布局则比较自然随意，更有野性，向西延伸。

这里的演化厅可能是世界上最美的自然历史博物馆，如果时间充裕，可以来这里好好参观一下。

一座植物园中最重要的自然就是植物。这里有许多珍稀植物，花卉也品种多样。大温室非常值得一游，包括冬园（Jardin d'hiver）、墨西哥园（Jardin mexicain）和大洋洲园（Jardin océanien）。另外还有一间温室，集中展示了地球 4.3 亿年间植物的演变历史。

植物园西部有一座小小的动物园，它建于 1793 年，是全世界第二古老的动物园，当初是为了将动物们从凡尔赛宫皇家动物园

转移出来而建的。

漫步在披满鲜花的小径上，这座植物天堂的每一个角落都让人想拿出手机或相机，留下美好的景色和回忆。

地址： 57 rue Cuvier, Paris 5
电话： +331 4079 5601
开放时间： 每天 07：30—20：00

国家自然历史博物馆

门票： 11 欧元，优惠票 9 欧元
开放时间： 每天 10：00—17：00
交通： 地铁 5 号线 Gare d'Austerlitz 站

密特朗国家图书馆树林

规模宏大的密特朗图书馆（bibliothèque François Mitterrand）从 1995 年起，共计收藏了 4000 万册图书、资料和珍贵的中世纪手稿，其中有 1 万册手绘图书，藏书规模非同一般。

这些珍贵的藏书最初保存在巴黎 2 区的一些老建筑中，那里至今仍有许多藏品。在密特朗图书馆，你可以参观全世界最美丽的阅览室——拉布斯特厅（Salle Labrouste）。

密特朗国家图书馆以四栋直插云霄、相向而立的大楼为主体，如同四本打开的书，四座建筑的中央是一片面积 1.2 万平方米的茂密树林。这些高大的树木，让人感觉似乎真的进入了一片广阔无边的松叶林，拍照时特别上镜。不过，这片树林并未向公众开放，游客可以从“松林之上”的阅览室静静凝视这片树林，而围绕在树林四周的走廊，就像中世纪的回廊一样，不失为一处适合冥想的静谧之地。

交通： 地铁 14 号线 Bibliothèque François-Mitterrand 站；RER C 线 Bibliothèque François-Mitterrand 站

游乐场艺术博物馆

地址： 53 avenue des Terroirs de France, Paris 12
电话： +331 4340 1622
门票： 16 欧元，优惠票 8 欧元
交通： 地铁 14 号线 Cour Saint-Emilion 站
需要电话或网上预约

我记得小的时候，每次去游乐场都特别开心。当时我住在法国西南部的巴约纳市（Bayonne），游乐场里有旋转太空船、气枪射击场，还有令人眩晕的过山车。炸糕和焦糖苹果的香气，沉浸在喇叭广播的喧嚣声中……

如果你也喜欢游乐园的气氛，喜欢自拍照里充满鲜艳、有趣的色彩，那么我建议你一定要去巴黎贝尔西街区（Quartier de Bercy）的游乐园艺术博物馆（le musée des Arts forains）。这里以前是一个葡萄酒酒库，如今的博物馆由著名建筑师 Gustave Eiffel 的一位学生设计、建造，展出欧式游乐园里的各种设施，唯美诗意，充满了年代感。骑上旋转木马，仿佛行走在梦境中。推荐游览时间为 1.5 小时。

第四章　巴黎记忆

我发现很多中国朋友都很擅长算术。公元前 11 世纪，数学开始在古代中国出现和发展。公元前 3 世纪，中国人发明了算筹，到 12 世纪又发明了算盘。似乎每个中国人心中都有一台计算器，知道如何让付出的精力和金钱获取应得的回报。

这趟欧洲或法国之旅的每一笔花费都应该物有所值，让花出去的钱转化成能够永远相伴的物品、能够向亲戚朋友讲述的故事，以及能够带回东方的无价之宝。

在这一章里，我会把巴黎和法国每个曼妙的瞬间都放入回忆的制造机，让这片土地带给你的感受、记忆和画面成为永恒。

巴黎十大旅游热点

卢浮宫（Le Louvre）
埃菲尔铁塔（La Tour Eiffel）
塞纳河游船（Une croisière sur la Seine）
巴黎圣母院（Notre-Dame de Paris）
巴黎古监狱和圣礼拜堂（La Conciergerie et la Sainte Chapelle）
荣军院和拿破仑墓（Le dôme des Invalides et le tombeau de Napoléon）
跳蚤市场（Le marché aux puces）
香榭丽舍大街（Les Champs-Élysées）
传统酒馆（Une brasserie traditionnelle）
老佛爷百货和巴黎春天百货（les Galeries Lafayette ou Le Printemps）

著名景点

埃菲尔铁塔

地址： Champ de Mars, 5 avenue Anatole France, Paris 7
电话： +338 9270 1239（个人预约）
+338 9270 0016（团体预约）
门票： 17 欧元，优惠价 5 欧元
开放时间： 每天 09：00—24：00

每个人心中都有一个埃菲尔铁塔梦。在抵达巴黎之前，你一定在很多地方见过“各种各样”的埃菲尔铁塔，也一定幻想过站在雄伟的塔前或是高高的塔上对着相机镜头露出开心的笑容。

来到巴黎，梦想即将成真。不过，为了让梦想圆满，不留丝毫遗憾，请务必要耐心。小佛爷建议你在走到铁塔脚下仰望这座 324 米高的钢铁建筑之前，先从远处纵览铁塔的壮丽。

特罗卡德罗广场

地址： Musée de l'Homme, 17 place du Trocadéro, Paris 16
电话： +331 4405 7272
门票： 10 欧元，优惠价 8 欧元
开放时间： 每天 10：00—18：00，周二闭馆
1 月 1 日、5 月 1 日、12 月 31 日关闭
交通： 地铁 6、9 号线 Trocadéro 站

乘坐地铁，在 Trocadéro 站下车，可以抵达特罗卡德罗广场。乘坐巴士的话，可以直接在特罗卡德罗广场站下车。广场正前方坐落着一座恢弘的建筑，长长的两翼形成宽阔的弧形，面朝塞纳河而立，这就是夏乐宫（Palais de Chaillot）。夏乐宫于 1937 年为巴黎世博会而修建，里面有 4 个博物馆和

一个剧院。

夏乐宫的正门面对特罗卡德罗广场，你可以站在两翼中间的平台上，欣赏下面的花园和精美的喷泉。水池中有 20 门大喷水炮，喷出的水柱最高可达 50 米，还有 56 门小喷水炮，水柱可达 7 米远。水池里还有 12 个垂直的喷泉，能够以每秒 5700 升水的速度将水喷向空中。

这里是拍摄埃菲尔铁塔的最佳机位。在你的正前方，塞纳河的对岸，埃菲尔铁塔完美地呈现在你的相机中。埃菲尔铁塔后面是战神广场（Champ-de-Mars）的草坪。从这里你还可以远眺到巴黎军官学校（École Militaire），那是一座 18 世纪的建筑。从这个点放射出去，先贤祠（Panthéon）、巴黎圣母院（Notre-Dame de Paris）、荣军院（Invalides）……层出不穷的历史建筑，组合成令人叹为观止的绝美景象。

夏乐宫西翼的人类博物馆（Le musée de l'Homme）的露台上有一家 Café de l'Homme 餐馆，同时坐拥特罗卡德罗花园和埃菲尔铁塔的优美和壮观，你可以在这无与伦比的景色中喝上一杯。拍完美照后，走下平台，步行穿过花园，从耶拿桥（Pont d'Iéna）穿过塞纳河，就可以来到铁塔脚下。

注意！在特罗卡德罗广场，还有从特罗卡德罗花园到塞纳河再到铁塔这一路，扒手十分猖獗，要照看好自己的财物。另外，还要提防那些让你捐款签名的青年，他们假借慈善的名义，实则将筹集到的钱中饱私囊。

铁塔的脚下

埃菲尔铁塔建成于 1889 年（中国历史的清代光绪年间），以设计师 Gustave Eiffel 的名字命名，是为了举办纪念法国大革命胜利 100 周年的世界博览会而建。巴黎人民仅用两年零两个月的时间就建造完成了这座举世闻名的铁塔。在 1889 年世界博览会期间，埃菲尔铁塔吸引了无数人前来观光。铁塔的建造之所以如此迅速，一个主要原因是所有的部件都已经提前在埃菲尔的工厂里制造和组配完成。建成之后，铁塔成为当时世界上最高的建筑，直到 1930 年纽约盖起克莱斯勒大厦。一开始，人们计划将铁塔保留 20 年，然后拆除。但设计师不愿看到自己的作品被拆毁，于是他想出一个能够让铁塔保留下来的好办法——将铁塔用于气象观测、物理实验和电台广播。时至今日，铁塔一直发挥着巨大的作用，再也没有人说要拆除它了。

20 世纪 80 年代，埃菲尔铁塔曾进行过一次大规模的翻新整修。人们拆掉了多余的构件，为铁塔减轻了 1340 吨重的负担，并且对楼梯和电梯都进行了重修。

埃菲尔铁塔的塔基呈正方形，站在正中央，就等于站在了铁塔的心腹位置，这时抬起头仰望铁塔，真是雄伟、震撼。

铁塔的脚下有一家纪念品商店（先不着急进去，铁塔的第一、二层都有类似商店），还有两个自动取款机。

在铁塔的西角（塔墩上标有“Ouest”）和南角（塔墩上标有“Sud”）之间，是旅游信息咨询中心，团体游客的特别通道以及预约游客的取票处也设在这里。另一侧的北角（塔墩上标有“Nord”）是普通售票厅，还有一尊由雕像家 Antoine Bourdelle 创作的 Gustave Eiffel 半身像。

有的游客想用爬楼梯的方式体验登塔，而不是乘电梯，勇气可嘉！不过只能爬到二层！

如果你购买了可以乘电梯到塔顶的票，那么电梯会先带你到二层，然后换乘另一部电梯到塔顶。下塔的电梯则会直接将你带到一层。

第一层

铁塔第一层铺着透明的地板，“悬空”站在距地面 57 米高的地方俯视下方，绝对刺激！

这一层设有多媒体设备来展现铁塔的历史，还有一段旋转楼梯，就是当年 Gustave Eiffel 去第二层的办公室走过的楼梯。同样，这里也有商店和餐厅。

第二层

这里距地面 116 米，是欣赏巴黎的最佳高度，你可以把巴黎城的每个经典细节都能一览无余，美不胜收。

二层有几家商店和餐厅，其中儒勒·凡尔纳餐厅（Le Jules Verne）是一家米其林星级餐厅，在铁塔的南角也有独立的入口。

另外，这里还有一些富含教育意义的石桩，展示着铁塔电梯的演化过程。

第三层

你现在所处的高度为 276 米，这里装饰着方位表，可以找到许多大城市的方位……当然也少不了中国的大城市，看看有没有你的家乡吧！

塔顶

这里有个埃菲尔工作室，但里面展出的都不是真迹。实际上，这里曾经是一个小型气象观测站。

塔顶上有一座按 1：50 的比例尺等比缩小的铁塔模型，颜色比原塔要红很多。

墙壁上的测量器，可以量出你现在的身高——从地面算起！

绚烂之夜

每天晚上，埃菲尔铁塔每到整点都有 5 分钟的灯光秀，塔身上的 2 万盏灯闪闪亮起，塔顶上的 4 台探照灯的光柱，像灯塔一样掠过整座城市。

在叙弗朗大道（Avenue de Suffren）和布宜诺斯艾利斯街（Rue de Buenos Aires）的交会处，以埃菲尔铁塔为背景，按下快门，留住最美时刻！

巴黎圣母院

1. 圣雅克塔
2. 夏特雷广场
3. 市政厅
4. 维尔 - 加隆广场
5. 太子广场
6. 巴黎古监狱
7. 圣礼拜堂
8. 上帝医院
9. 巴黎圣母院
10. 约翰二十三世广场
11. 圣米歇尔喷泉
12. 圣 - 塞维林街区
13. 中世纪博物馆

地址： 6 parvis Notre Dame, Place Jean Paul II, Paris 4
电话： +331 4234 5610
开放时间： 每天 08：00 — 18：45
周末 08：00 — 19：15

巴黎圣母院经常让法国人追忆起基督教对西方文化的影响：遍布欧洲各地的教堂、彩色玻璃和雕像、教堂供香的芬芳、在教堂穹顶下的婚礼及其他典礼。在法国，基督教的存在非常自然，也潜移默化地影响着每个人，包括教徒以及非信徒。其实，每一个法国人，就算他本人不是基督徒或天主教徒，他这辈子也一定参加过信徒的洗礼、婚礼或葬礼。

对于大部分外国人，特别是无神论者而言，巴黎圣母院有着另一种特殊的意义。人们知道这座巴黎最大的教堂，多是因为生活在圣母院钟楼阴影里的爱斯梅拉达、卡西莫多和克劳德·孚罗洛，以及他们之间荡气回肠的故事。这部出自法国文豪维克多·雨果的小说《巴黎圣母院》出版于1831年，被多次改编成电影和漫画。

每年到巴黎圣母院参观游览的法国和外国游客达到了2000万人次，这让它成为法国和欧洲游览人数最多的景点。

巴黎圣母院可以免费参观，不过要排很长的队，好在前进的速度比较快。游览圣母院的钟楼和珍宝馆要付费，但在每月的第一个周日可以免费，不过也需要留出时间排队。圣母院还有一个地下考古博物馆，就在教堂前的广场下面。如果时间宽裕，建议你一定要爬上钟楼，从这儿能拍到绝美的照片。

从1163年到1345年，历时近两个世纪，跨越了七代人的石匠、建筑师、工程者和雕刻师共同缔造了巴黎圣母院。然而，这座古老而又庄严的大教堂至此仍未完工。19世纪，教堂又进行了一次大规模翻修，增添了许多元素，比如由建筑师Violet Le Duc设计的尖塔。

12世纪时，哥特式风格在巴黎地区十分盛行，其特点是高耸挺拔，建筑顶部要尽可能高，内部的空间要足够宽敞，可以容纳众多的信徒。巴黎圣母院就是一座哥特式教堂，为了营造出向天空无限延伸的感觉，设计师采用了拱券结构，减小了拱顶所带来的压力。

外部

广场

中世纪时，圣母院前面的广场并不像我们今天见到的这样。那时，教堂附近都是些低矮的小木屋，错综的街道上有许多摊贩。放养的猪、羊等家畜吵吵闹闹，路上既没有人行道，也没有排水沟。大教堂就位于一条路的转弯处，十分突兀，没有任何建筑能把它遮住。

原点

请注意，广场地面上有一个标着“POINT ZERO”的铜牌。这里就是“原点”，从巴黎到各地的距离都是从这里开始测量。

建议拍照纪念一下，你可是站在法国的“起点”呢！

考古地下室

20世纪的许多考古发现都发生在巴黎圣母院的广场之下，特别是1965年至1967年，这里的考古发掘成就尤为瞩目，于是人们便在此地建了一座地下考古博物馆。行走在地下室的玻璃路面上，再往下就是高卢罗马时期或中世纪的古老街道。

在这里还能看到圣埃蒂安教堂（Église Saint-Étienne）的遗迹，巴黎圣母院就建在这座教堂的遗址之上。

地下考古博物馆非常值得游览，入口在广场上离教堂最远的地方，需要付费，参观需要约半个多小时。

电话： +331 5542 5010
开放时间： 每天 10：00 — 18：00
周一闭馆
门票： 7欧元，优惠价5欧元

正面（西墙）

教堂正面高45米，横向划分成三层，竖向也分出了三道门，形成一种视觉上的平衡及和谐。墙面外观看上去是色调柔和的米色，很难想象，墙面上的雕像和装饰原来都曾是鲜艳的颜色。

中央玫瑰窗

教堂正面的玫瑰窗前有一尊圣母玛利亚的雕像，旁边伴着两位天使——说明这座教堂是献给圣母玛利亚的。玫瑰窗的直径为9.7米。不过，与人们想象中不一样的是，这还不是圣母院里最大的一扇玫瑰窗。

拱门间的四尊雕像

面向教堂，这四尊雕像从左至右分别是：

圣埃蒂安（Saint-Étienne）、象征基督教的人物形象、象征犹太教的人物形象、圣德尼（Saint-Denis）。为了歌颂新宗教的胜利，象征犹太教的人物形象双眼被蒙了起来，头冠掉在地上，手里虽然握着《摩西十诫》，却颠倒了方向。

最后审判之门

教堂中央拱门上的雕像描述的是基督教神学中上帝对死者进行审判、重新赋予他们生命的那一刻。这是教堂中最精美的杰作之一，值得花点时间欣赏细节。

这扇门正上方的尖拱门楣共有三层。

最下面的一层刻画着等待重生的逝者。中间那层是大天使米迦勒将人的善行和恶行放在天平的两端称量。善者分到左边，而恶人被分到右边，由魔鬼押送进地狱……你可以仔细观察那些将要入地狱的人，他们的脸上露出无边的恐惧，雕像充满令人印象深刻的写实主义精神。最上面一层则描绘了正在主持审判的耶稣基督，在他旁边分别是圣母和建议耶稣从轻判处的使徒圣约翰。

尖拱门楣的左边是天堂，右边则是地狱。在地狱的那一侧，如果仔细观察第五道弧形的底部，可以看到一个大腹便便的魔鬼。为了惩罚罪人，他坐在了一位国王和一名主教的头上！

正面两侧的雕像是十二圣徒，两扇门中间的雕像是上帝。

圣母门

位于左侧的拱门是圣母门，它的历史可以追溯到1210年，比中间的大门还要古老一些。尖拱门楣上的雕像描述了耶稣之母的故事，最高那层描绘的是圣母加冕，两侧的雕像有国王、智者、天使和先知，有的脚下还围着一些动物。

圣安娜门

位于右侧的拱门是圣安娜之门，门楣上描绘了她的一生。圣安娜是圣母玛利亚的母亲，也就是耶稣的外婆。门上的雕像在圣母院建立之前就已经存在了，其中的一部分作品可以追溯到1140年至1150年。

这扇门上的金属配饰以及合叶都是真正的杰作，相传这些铁具的熔铁由魔鬼铸造。

众王廊

众王廊位于正门上方，高20米，长3.5米，里面陈列着一排共计28尊雕像，都是犹太国王。其实，大部分雕像在岁月的流逝中都被损毁了，尤其是法国大革命期间，革命者认为这些国王雕像代表的是王权。直到19世纪，工匠大师Viollet-le-Duc主持翻新工程，众王廊才得到了完美修复。

塔楼

巴黎圣母院的塔楼高69米，如果仔细观察，会发现这两座塔楼并非一模一样。

面朝圣母院，位于右侧的南塔楼历史更为悠久，这里藏有圣母院里最大的钟Bourdon，重13吨，仅钟舌就重达500千克，已经有300多年的历史了。

左侧的那栋塔楼里还有4口钟，也可以参观一下。

● 南面（靠塞纳河一侧）

巴黎圣母院面向塞纳河那面的墙上有一扇直径13米的玫瑰窗，上面三角形的部分也有精美的玫瑰窗，无处不展现着哥特式艺术的绝美。

飞扶壁

飞扶壁就是支撑主殿外墙的那些柱子，建于1230年。扶壁是哥特式风格的典型特点，一般用于高大建筑的设计中，墙体越高就越需要飞扶壁在侧面支撑。不过，巴黎圣母院扶壁的主要作用是排水，支撑作用倒是其次，所以规格上比较纤细。

滴水和喷火怪兽

巴黎圣母院的滴水可以一直追溯到中世纪。滴水是为了防止雨水侵蚀墙体而从顶部延伸出来用以排水的建筑构件，圣母院的滴水被设计成了骇人的兽形。抬起头，可以看到教堂顶上的鬼怪——狮头、羊身、龙尾的吐火怪物（Chimère）。换个角度，这些建于19世纪的小怪兽似乎又为圣母院增添了一抹别样的魅力。

北面

玫瑰窗

北面与南面对称，同样有一个直径13米的玫瑰窗，比正面的大许多，这也是欧洲最大的玫瑰窗。墙上较小的玫瑰窗雕刻着齿轮。

后堂

后堂就是教堂祭台后面半圆形的部分。圣母院的后堂建于1163~1180年，是教堂历史最悠久，同时也最为优美的部分。高达15米的飞扶壁支撑着墙壁，同时起到装饰性作用。

以后堂为背景，能拍出最美的巴黎圣母院自拍——我建议到塞纳河对岸，蒙特贝罗码头（Quai de Montebello）9号对面。

尖塔

如今我们看到的这座尖塔建于19世纪，高96米，是在橡木外镀铅制成的，重达750吨。教堂最初的尖塔修建于13世纪，然而由于抗风性不佳，存在倒塌的危险，在1786年被拆除。现在这座尖塔由Viollet-le-Duc设计、建造，也是为了纪念最初的那座。

尖塔下方围绕着十二尊雕像，意为基督的十二圣徒。尖塔顶端有一个十字架和一只雄鸡，雄鸡的嘴里衔着圣物。

内部

主空间

教堂中殿和两翼副殿加在一起面积达到720平方米，能够容纳9000人。大殿内柱的庄严、彩色玻璃窗的精美，都令人赞不绝口，鸿篇巨制的油画也堪称杰作，其中有些作品由金匠联合会赠给教堂。

偏祭坛

教堂主祭坛周围过道边上的是偏祭坛。从北边（进门后左手边）朝圣坛的方向走到第三个偏祭坛处，会看到一尊雕像，刻画了耶稣在一位西方孩子和一名东方孩子中间的场景。这尊雕像下面供奉着一位来自中国的圣人——圣陈昌品修士的圣骨。

圣坛

圣坛是指教堂中祭坛所在的位置，巴黎圣母院的圣堂中放着一尊由Nicolas Coustou于18世纪初雕刻的圣母怜子雕像。在作品中，圣母将死去的耶稣抱在自己的膝盖上。

这尊雕像的两侧分别是路易十三和路易十四的雕像，他们仿佛正在向圣母祈祷。教堂另一边，也就是南面，也有一尊圣母像。这尊14世纪的圣母像就是巴黎圣母（Notre-Dame-de-Paris），也叫“圣母柱（Vierge du pilier）”。仔细观察，圣母的脸上露出一种微妙的神情，似乎在微笑，又像是不满，而耶稣正在拉扯她衣服的下摆。

教堂的每一侧都有供教士使用的木制祷告席。其中有两排祷告席用帏布覆盖：一排是巴黎大主教专用，另一排是必要时给参加弥撒的访客的。

在圣坛两侧分别有两个副殿。

南北玫瑰窗

耳堂南端的玫瑰窗，是由国王路易九世出资修建的，正中央是耶稣像。耳堂是指与主殿垂直相交的副殿。从教堂内部欣赏玫瑰玻璃窗，阳光穿过，色彩更加美丽和明艳。不过，只有一小部分彩色玻璃是“原住民”，可以追溯到1737年，大部分的玻璃是在19世纪大规模翻新时修复的。

耳堂北端的玫瑰窗保存完好。这些彩色玻璃都来自13世纪，是辐射状哥特式艺术的代表作，花窗中心是圣母玛利亚。

管风琴

法国最大的管风琴在巴黎中央市场区的圣厄斯塔什教堂（Église Saint-Eustache）内，巴黎圣母院的管风琴是第二大的管风琴建好之后，在1733年、1868年和2014年进行了调整和翻新。

参观塔楼

塔楼的入口在教堂外面，位于圣母院北侧的回廊路（Rue du Cloître Notre-Dame）上（面向教堂正面的左手边）。先登上两塔之间的怪兽廊（Galerie des Chimères），近距离观察这些著名的怪物雕像。它们面目骇人，蹲在 46 米高的地方，注视着巴黎。

从怪兽廊可以拍到非凡的好照片。

接下来，你将进入到南塔，继续攀登，途中可以看到 17 世纪的大钟 Bourdon，国王路易十四将其命名为伊曼纽尔（Emmanuel）。

抵达塔顶时，你已经爬完了 387 级台阶！风景迷人，是不是完全没有觉得腿酸？

请注意，参观塔楼需要买票，排队时间也很长，为安全起见，游客只能分批次按顺序进入塔楼游览。

巴黎圣母院珍宝馆

圣母院珍宝馆在19世纪建的圣器室中，这里是教堂附属室，曾经也是教士休息室，位于教堂南侧，可以从祭坛右边的一个偏祭坛进入。

这里最有意义的珍藏是镶嵌着黄金珠宝的圣物盒，用来盛放基督王冠、十字架的木块以及十字架钉。不过，这些圣物只有在特定时间才会展出，供信徒瞻仰。展出时间为每月第一个礼拜五的 15 点，封斋期的每个礼拜五的 15 点，以及耶稣受难日的 10 点至 17 点。

珍宝馆里也展出国王路易九世的遗骨：一块下颌骨和一块肋骨，还有他的衣物。

从罗马式到火焰哥特式建筑风格

巴黎圣母院属于典型的哥特式建筑。

在哥特式之前，巴黎圣母院从 10 世纪到 12 世纪都是罗马式建筑风格，尤其继承了罗马风格中的拱形结构，即简单的弧形，被称为“半圆形拱穹”。

哥特式诞生于 12 世纪，追求建筑的高度、垂直度、光线以及容纳度。为了更好地表现这种效果，哥特式建筑会采取拱券结构。

到了 14 世纪下半叶，从盛行的哥特式风格中又发展出了一种“火焰哥特式”。离巴黎圣母院不远的夏特莱广场（Place du Châtelet）上的圣雅克塔（Tour Saint-Jaques）便是火焰哥特式的代表性建筑，修建于 1509 年至 1532 年。

圣雅克塔（TOUR SAINT-JAQUES）

地址： Square de la Tour Saint-Jacques，巴黎 4 区
开放时间： 6 月至 9 月的周五至周日开放，10：00—17：00
门票： 10 欧元，优惠价 7 欧元
交通： 地铁 1、4、7、11、14 号线 Châtelet 站

巴黎古监狱

巴黎古监狱（la Con-ciergerie）位于西岱岛，10 到 14 世纪期间曾是一座哥特式王宫，后来才变成监狱。这里关押过的最有名的囚犯是法国的最后一个王后玛丽·安托瓦内特，直到 1793 年被革命党人处决之前她一直被关押在此。监狱靠塞纳河的一侧似乎专为摄影人而造，在这里可以拍出非常美丽的照片！如今，巴黎立法大楼占据了古监狱的一部分。监狱位于一楼，而议会在楼上。

古监狱之游会是一次令人惊叹的旅程。你可以直接从卫兵大厅进入，这间大厅的修建可以追溯到美男子腓力四世时期（元世祖忽必烈统治期间），四座巨大的壁炉同时供暖，大厅的拱顶和厅里的哥特式石柱则构成了一座石头森林。

继续朝前走，经过右边精美的旋转楼梯，到达约翰三世时期（1350 年，元顺帝惠宗时期）修建的厨房。四座壁炉大到可以烤制整头牛，当时的食物补给都是直接通过塞纳河运输的。

重新回到大厅，穿过大厅走到最里面。左边是卫戍厅，也就是现代的卫兵大厅了。

往回走，从大厅出来穿过巴黎大街，这里如今是纪念品商店。

穿过最里面的小门，进入牢房的过道。书记官大厅和盥洗间都重建过，书记官的工作是登记囚犯信息，囚犯在被送上断头台之前都会被剃光头发，露出脖颈。

顶楼有几间单人牢房，就跟法国大革命后的三年恐怖时期的牢房一样。那些有能力收买狱卒的囚犯，可以自由选择牢房：普通牢房——睡在草垫上，“皮斯托尔牢房”（皮斯托尔是当时的货币）——睡在床上，还可以选择高级贵宾牢房。

走出错综复杂的牢房迷宫，你会来到一个四面被高墙围住的庭院。这里是女囚庭院，她们在院子中间的喷泉里洗衣服，在同一个桌子上就餐。女囚们每十二人分为一组，在这里等待将她们送往断头台的马车。

最后参观的地方是玛丽 · 安托瓦内特王后赴死前所在的牢房。现在的这间牢房是在原来关押王后的牢房的基础上重建而成的，当时有两名守卫，监视着这位王后的一举一动。

地址： 2 boulevard du Palais, Paris 1
开放时间： 每天 09：30 — 18：00
关门前半小时停止进入
古监狱和圣礼拜堂联票： 15 欧元
交通： 地铁 4 号线 Cité 站；
地铁 1、7、11、14 号线 station Châtelet 站；
RER B、C 线 Saint-Michel 站
其他： 提供中文小册子

圣礼拜堂

圣礼拜堂由国王路易九世下令建造，用以保存基督的荆冠、十字架的残片以及他从君士坦丁堡国王那里购买的其他圣物。这栋建筑于 1248 年正式启用，是一座极为精致和华丽的圣骨堂。由于圣礼拜堂与立法大楼有一部分是重叠的，所以无法看到圣礼拜堂的全貌。不过，你可以在立法大楼庭院的出口处欣赏圣礼拜堂的整体构造。

圣礼拜堂由两部分构成。

尽管大厅里的油画在 19 世纪时进行过修复，但其色彩的运用还是会让人想起中世纪时期宗教建筑的样式——140 个支柱构成的柱头实在是宏伟非凡。

一段笔直狭窄的楼梯通往顶楼的礼拜堂。这间礼拜堂的高度是其宽度的两倍，彩绘玻璃窗的面积达到 750 平方米，所以整座殿堂几乎是透光的。其中 15 扇玻璃窗的历史可以追溯到 13 世纪，而上面的大型蔷薇花饰可追溯到 15 世纪。一部分玻璃彩画在 19 世纪时曾进行过修复。礼拜堂和国王卧室之间有一条过道连接。

地址： 8 boulevard du Palais, Paris 1
电话： +331 5340 6080
开放时间： 每天 09：30 — 18：00
交通： 地铁 4 号线 Cité 站

圣路易岛

在巴黎，圣路易岛绝对是值得一去的景点——这里有巴黎最著名的冷饮店 Berthillon，还有其他众多让人流连忘返的门店。岸边那些 17 世纪时落成的美轮美奂的建筑错落有致，构成一道亮丽的风景……

巴黎市政厅

16 世纪时期，塞纳河畔立起了一栋装饰华丽的文艺复兴风格的宫殿，由国王弗朗索瓦一世下令建造。那就是如今的巴黎市政厅。

这栋建筑曾在 1871 年巴黎公社运动时期被摧毁，又在 1874 年至 1882 年进行了重建，成为现在的样子。中间部分的建筑上方有一座顶端装饰着蹲坐怪兽的阁楼，阁楼两侧各有一座平顶金字塔状的阁楼。

市政厅的墙上刻着 100 多尊人物雕像，无声地诉说着这座城市的历史变迁。市政厅的内部十分壮观，尤其是受凡尔赛宫镜宫启发的节日厅更是宏伟非凡。

巴黎市政厅前面的广场全年都会有众多节日活动，比如户外展览、免费音乐会、大屏幕转播重大体育赛事等。一到冬天，这儿就变成了一个溜冰场。然而，在 500 多年前的中世纪，这里是处决囚犯的地方。广场的地势朝塞纳河的方向缓缓下沉，岸边有一处砾石沙滩，负责城市食物供给的船只可以在这里靠岸。

交通： 地铁 1、11 号线 Hôtel de ville 站

凯旋门

地址： Place Charles de Gaulle, Paris 8
电话： +331 5537 7377
门票： 9.5 欧元，优惠价 6 欧元
开放时间： 4 月 1 日到 9 月 30 日 10：00 — 23：00；
10 月 1 日到次年 3 月 31 日 10：00 — 22：30；
法定假日不开放
交通： 地铁 1、2、6 号线 Charles-de-Gaulle-Etoile 站；
RER A 线 Charles-de-Gaulle-Etoile 站
其他： 提供中文简介

古代罗马人为了庆祝胜利而创立了凯旋仪式，赋予战胜者以荣耀，同时对战败者进行羞辱。得胜的将军乘坐铜马车行驶在队列之中，战俘紧随其后，由士兵押送行进。人们还会专门建起一座雄伟的拱门，凯旋的队列从拱门穿过，宣示胜利。

巴黎凯旋门受罗马提图斯凯旋门的启发而建造，见证了众多战争英雄、科技领域杰出人物以及伟大艺术家的身影。最初，为了纪念奥斯特里茨战争的胜利，拿破仑一世下令建造凯旋门，由建筑师 Jean-François Chalgrin 设计，从 1806 年动工开始计算，整个建造花了将近 30 年。拿破仑与奥地利的玛丽 · 路易斯在 1810 年举行婚礼的时候，人们不得不在高度仅为 1 米的地基上建一个装饰物，以表明这栋建筑还在建造之中。

再后来，当拿破仑的灵柩穿过凯旋门，前往荣军院时，他的胜利与失败都已经成为历史。1885 年，雨果的灵柩也经由凯旋门送往先贤祠，为了让巴黎人民可以向他致敬。到了 20 世纪，经常有胆大的飞行员操纵飞机穿过凯旋门，进行飞行表演！

无名战士墓

1921 年，第一次世界大战结束后，政府决定在凯旋门下安葬一位在战争中牺牲的无名战士，他象征着所有为保卫法国而献出宝贵生命的战士。之后，这栋建筑的纪念意义就被愈发强化了。

后来，人们在无名烈士墓前增设了一盏长明灯，使用天然气照明。长明灯安放在一个朝向空中的炮口似的小洞中，小洞嵌在一个刻着很多战剑的盾牌的中间。

如果你恰好是在下午 6 点半左右来到这里，那你就可以看到退伍军人或军事协会的代表在这里整理队列——他们每天都要在凯旋门举行点亮记忆之火的象征性仪式。

凯旋门上的雕刻

凯旋门高 50 米，宽 45 米，有 4 个雕像群，其中著名作品《1792 年 · 志愿军之歌》（Le Chant des volontaires de 1792），也就是人们常说的《马赛曲》（La Marseillaise），刻在朝着香榭丽舍大街的右边石柱上。这件雕像表现的是战士出征的情景。或老或小的战士在自由女神的召唤下互相扶持着奔向战场，传达出不可战胜的坚强和勇气。人们常常将这份视死如归的气概与德拉克洛瓦的作品《自由引导人民》（La Liberté guidant le peuple）所表现出的精神作比较，后者可以在卢浮宫里欣赏到。

其他几幅高浮雕作品分别是《1810 年 · 胜利》（Le Triomphe de 1810）、《1814 年 · 抵抗》（La Résistance de 1814）以及《1815 年 · 和平》（La Paix de 1815）。在这些雕像之上，凯旋门的两侧，是一些表现法国大革命和帝国时期的军事生活场景的雕像：玛尔索将军葬礼、阿布奇战役、热玛皋斯战役、强渡阿赫高乐大桥、攻占阿莱克桑德里以及奥斯特利茨战役。门楣上刻有由拿破仑指挥的所有大型战役的名字及法国革命战争的名字。再往下是围绕建筑一整圈的檐壁，一半表现的是军队出征，另一半则是军队归来。

最后，为了更加明确地表现对这些战争英雄的敬意，人们将伟大的将军和军事家的名字刻在凯旋门内部的侧面，他们所参与的战役名称则被刻在了主拱孔内部的墙上。有些名字下面画着横线，表明他们在战争中壮烈牺牲。

参观

站在香榭丽舍大街上，在地铁站出口附近或在碧丽熙购物中心（Publicis Drugstore）的旁边，都能欣赏到凯旋门的风光。凯旋门坐落的星形广场（la place de l'Étoile）人行道十分宽阔，可以尽情拍照。

自拍的绝佳地点是在星形广场和弗里兰大街（l'avenue de Friedland）的拐角处，尤其当夕阳西下，那景致绝对让你终身难忘。

7 月 14 日是法国的国庆日，每年的这一天，凯旋门的拱顶上会垂下一面巨大的国旗，进行庆祝。

香榭丽舍大街 156 号门前的地下通道可以直达凯旋门脚下，站在广场上看车水马龙，人头攒动。地下通道还通往售票处，可以购买上到凯旋门平台的门票。如果你比较赶时间，那就不必爬上去，在近处细细欣赏一下这栋建筑就已经足够了。如果买好票，爬完 284 个台阶（这里也有电梯，不过是为残疾人准备的），那么你就来到全巴黎最美的观景台了。从高处往下看，你会立刻明白为什么广场被称为“星形广场”——12 条大街在此会聚，路面上不同材质的彩色砖块形成了一颗星星的形状。

难得一见的照片

想象一下——当凯旋门的门拱正好将正在升起或落下的太阳圈住，这样的画面是不是让人叹为观止？

拍摄凯旋门日落照，必须在香榭丽舍大街上，而且每年只有两次机会：3 月 10 日或 4 月 1 日前后。而拍日出照则需要到另一边的军团大街（avenue de la Grande Armée）上，在每年的 2 月 7 日或 11 月 4 日前后。

荣军院和拿破仑墓

地址： 129 rue de Grenelle, Paris 7
电话： +338 1011 3399
开放时间： 4 月 1 日至 10 月 31 日 10：00—18：00；
11 月 1 日到次年 3 月 31 日 10：00—17：00；
1 月 1 日、5 月 1 日、12 月 25 日闭馆
门票： 11 欧元
临时展览票价： 8.5 欧元
交通： 地铁 8 号线 La Tour Maubourg 站；
13 号线 Varenne 站

拿破仑的中国情缘

经历了最后几次战役的失败，拿破仑被押送到英国，随后被流放到位于大西洋上的圣赫勒拿岛。1815 年至 1821 年，他在这里度过了人生最后的时光。这并不是一座宜居的岛屿，从 17 世纪起就是英国的殖民地。由于拿破仑曾经从厄尔巴岛逃离过，所以圣赫勒拿岛上有数千名士兵对他进行严密看守。岛上还有很多工人和仆人，其中就有 900 名中国人。这些中国人都受雇在长官 Michel Lepage 手下，承担厨房或花园里的工作。他们在山脚下的岩洞中制作了一些装饰着龙和鸟的木板，并布置了圆桌和座位。拿破仑很喜欢这个别有洞天的地方，经常来这儿工作或休息，也开始喜欢上了这些中国人，后来他在遗嘱中都不忘提及他们。

相传，拿破仑到圣赫勒拿岛后读到了英国驻中国的第一位大使乔治·马戛尔尼的一篇文章，文中讲述的是这位英国贵族在中国的奇妙旅程。他出访中国是为了促进中英两国之间的联系，但这位英国人拒绝向天子鞠躬，还嘲讽中国皇帝赏赐给他的礼物。拿破仑对他的作品《英使谒见乾隆纪实》很感兴趣，并预见到中国会改变整个世界的命运，他说：“中国一旦被惊醒，世界会为之震动。”

1821 年，拿破仑在圣赫勒拿岛去世。在岛上被囚禁的 6 年，他和同样远离故土的中国人朝夕相处。直到 1840 年他的遗体才被送回法国，葬在荣军院的圆顶教堂中。

荣军院

1670 年，国王路易十四下令建造残老军人院（此处的“院”是指医院），为在战争中受伤或致残的法国军人提供福利。

这栋建筑的灵感来自马德里附近的埃斯克里修道院，于 1674 年正式落成。

荣军院最多可以容纳 4000 名生病或受伤的人，当时，他们在这里受到了良好的照料和关怀。医院房间里，有暖气供应，每周四都会为有需求的人提供拐杖和安装义肢。直到现在，这里仍然保留着伤残军人疗养院的功能。

1789 年，革命者们在荣军院里找到了 3.2 万把步枪和 27 门大炮，他们拿起武器占领了巴士底狱，开启了法国大革命的浪潮。

在拿破仑统治时期，荣军院的地位得到了极大的提升。拿破仑深切地热爱那些跟着他在战场上出生入死的战士们，他赐予他们极大的荣耀，经常在荣军院里举行各类庆典。

我建议你从亚历山大三世桥对面的广场步行去荣军院，这样可以先从远处欣赏一下这栋宏伟庄严的建筑。

这是一栋完美的法国古典主义艺术的模范建筑，由建筑师 Libéral Bruant 设计。建筑外形庄严肃穆，长达 195 米，左右对称，韵律感十足，中间的楼阁外廓呈圆形，金光闪闪的顶端，象征着太阳王的光辉。

荣军院中央入口的两侧各有一座雕像，分别是玛斯——罗马神话中的战神（古希腊神话中的阿瑞斯）和密涅瓦——掌管智慧和谋略的女神（古希腊神话中的雅典娜）。

主院建筑在设计上具有经典的美学特征，重叠的拱廊是医院和兵营建筑的典型样式。用敌人大炮打造成的拿破仑铜像，竖立在中间拱廊下，高 4 米，重 5 吨。长廊上依次排列着 70 门大炮，这些大炮的历史可以追溯到 17、18 和 19 世纪。

在这里还可以看到众多古老的武器和盔甲（主院，一层），游客可以体验从路易十四到拿破仑一世期间的军事艺术（三层），还可以参观呈现戴高乐时期文化的展览（地下）。四层也会举办一些临时展览。

圆顶教堂

在带大家游览巴黎的过程中，我一直试图寻找每处遗迹与中国历史有关联的地方，同时，我也想把法国人的思维方式和看法分享给远道而来的朋友。

现在，你面对的这栋荣军院的圆顶教堂（L'église du dôme）就是一件令我十分感动的建筑作品。在我看来，它完美地融合了法国人热爱的所有东西：简洁的样式，水平线条与垂直线条之间的平衡，完美的比例，矩形底座、三角形、圆柱和半球堆叠的协调，朴实的装饰等等。相对于巴黎圣母院、埃菲尔铁塔和凯旋门，圆顶教堂更好地展示了法国精神和法国人的价值观。我们将它视为杰作，如同中国人心目中的北京天坛一样地存在，是一个无与伦比的奇迹。

由 Jules Hardouin-Mansart 设计的圆顶教堂高达 107 米，于 1708 年完工，圆顶教堂外部精致的镀金装饰共花费了 7 千克黄金。

站在教堂内，一定要抬起头欣赏穹顶上的那些让人赞叹不已的油画。

四周的祭台安葬着很多伟大的历史人物，其中就有法国国歌《马赛曲》的作者 Rouget de L'Isle，还有拿破仑一世的儿子“罗马王”艾格隆（L'Aiglon），他原本可以继承拿破仑的王位统治法国，却不幸英年早逝，享年 21 岁。17 世纪法国的众多重大防御工事的设计者 Vauban，以及一些帝国时期的将军和波拿巴家族成员都葬在这里，后来的一些军事将领也长眠于此，例如 Lyautey，Foch，Mac-Mahon，Juin，Leclerc 等。

1840 年，人们在圣赫勒拿岛挖出了拿破仑的灵柩，经检验尸体保存完好。法国人将他运回祖国，暂时存放在圆顶教堂旁边的圣杰罗姆教堂内。

1861 年，人们按照建筑师 Louis Visconti 的设计方案，在圆顶教堂里挖了一个圆形墓穴。至此，这位在法国历史上赫赫有名的皇帝才最终得以正式长眠。六层灵柩层层嵌套，安放在一个用红色石头制成的大型石棺内。外椁的石头是芬兰的变质石英岩（大部分导游会说成俄罗斯板岩，是错误的），它的底座由绿色花岗岩制成。

石棺四围的圆形墙壁上装饰着 10 幅浅浮雕作品，它们提醒着法国人民，应感念这位皇帝所做的贡献：中央集权、民法典、国家荣誉勋章、大学系统的革新、国家最高行政法院的设立、设立国家审计法院等。

拿破仑大帝的脚步

拿破仑在巴黎的很多地方都留下了自己的足迹，对这位皇帝感兴趣的人可以在以下这些地方重温他当年的光辉岁月。

住所

在马尔梅桑城堡（Le château de la Malmaison）居住时期的拿破仑还只是一名普通执政官，他与妻子约瑟芬一起住在这里。约瑟芬用之前向拿破仑借的钱买下这座城堡，1809 年她与拿破仑离婚后，约瑟芬将城堡保留下来，重新装修。

圣克劳德城堡（Le château de Saint-Cloud）位于巴黎市郊。“雾月政变”，拿破仑成为第一执政官后，这里就成为他最主要的住所。

枫丹白露城堡（Le château de Fontainebleau）是拿破仑成为皇帝之后的主要住所。

其他与拿破仑有关的建筑

大特里亚农宫（Le Grand Trianon）。

小凯旋门（L'arc de triomphe du Carrousel）

旺多姆圆柱（La colonne Vendôme）

凯旋门（L'arc de triomphe de l'Étoile）

圆顶教堂（L'église du Dôme）

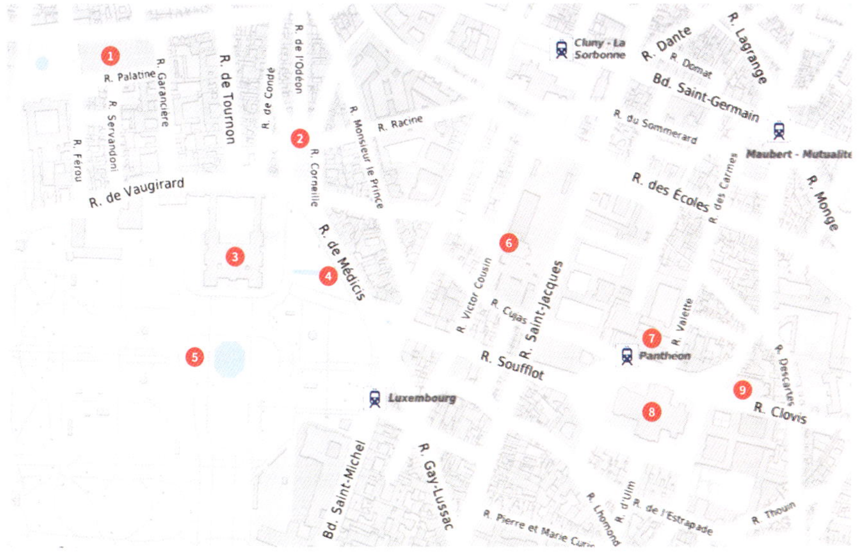

1 圣叙尔比斯教堂
2 奥德翁剧院
3 卢森堡宫
4 美第奇喷泉
5 卢森堡公园
6 索邦大学
7 圣日内维耶图书馆
8 先贤祠
9 圣艾蒂安 - 迪蒙教堂

先贤祠

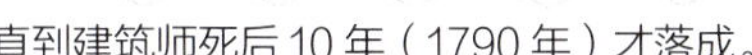

地址： Place du Panthéon, Paris 5
电话： +331 4432 1800
开放时间： 每天 10：00 — 18：30
交通： 地铁 10 号线 Maubert Mutualité 站

法国没有祭奠先人的传统，他们不会在家里设立纪念逝去亲人的祭台，而是更倾向于在内心深处默默想念。

然而，一些伟大的历史遗迹，如凯旋门或荣军院，可以让法国人记起历史上的那些举足轻重的先人们。先贤祠也起到了同样的作用，这是一栋耸立在卢森堡公园边上的宏伟建筑。

1744 年，国王路易十五在法国东部病倒，他许下愿望说，如果自己能恢复健康并回到巴黎，他就会以巴黎守护圣人（Sainte-Geneviève）的名义建一座教堂。最后，他痊愈了，于是便任命建筑师 Jacques-Germain Soufflot 来设计这样一栋建筑。先贤祠于 1757 年动工，灵感来自罗马的万神殿。由于修建期间不断加固支撑穹顶的支柱，最后直到建筑师死后 10 年（1790 年）才落成。

法国大革命希望消除宗教对文化的影响，于是这栋建筑便成了一座非宗教性质的神殿，用以安葬共和国的英雄。也就是在这一时期，人们在教堂的三角楣上刻上了这句话：“祖国感念你们。”（Aux grands hommes la patrie reconnaissante）后来，随着政治体制的变换，先贤祠不断地在宗教和非宗教性质之间转变。最后一次修整时，人们忘了将圆顶上装饰的十字架取下来，它就一直保存在那里了。

先贤祠里有一座纪念碑，上面刻着一些名字，是那些国家缅怀却又未能安葬于此的人，其中就有《小王子》的作者圣 · 埃克苏佩里。

在先贤祠的地下一层安葬着 75 位伟人。其中有：

伏尔泰（Voltaire），哲学家、作家（入口处）；
卢梭（Jean-Jacques Rousseau），哲学家、作家（入口处）；

雅克－日梅恩·索弗洛（Jacques-Germain Soufflot），建筑师（入口处）；
路易斯·安东尼·布干维尔（Louis Antoine de Bougainville），航海家、探险家（3号墓穴）；
让·莫奈（Jean Monnet），经济学家、欧盟的创立者之一（6号墓穴）；
安德烈·马尔罗（André Malraux），作家（6号墓穴）；
玛丽·居里（Marie Curie），诺贝尔化学奖和物理学奖得主（8号墓穴）；
皮埃尔·居里（Pierre Curie），玛丽·居里的丈夫、诺贝尔奖得主（8号墓穴）；
让·穆兰（Jean Moulin，6号墓穴）、皮埃尔·布罗索莱特（Pierre Brossolette）和日尔梅娜·蒂利翁（Germaine Tillion），第二次世界大战时期的英雄（9号墓穴）；
维克多·雨果（Victor Hugo），作家（24号墓穴）；
大仲马（Alexandre Dumas），作家，著有《三个火枪手》和《基督山伯爵》（24号墓穴）；
左拉（Émile Zola），作家（24号墓穴）；
路易·布莱叶（Louis Braille），盲文书写系统创立者（25号墓穴）；
维克多·舍尔谢（Victor Schœlcher），政治人物，在法国为废除奴隶制度而奋斗，1848年实现宏愿（26号墓穴）。

傅科摆

1851年，一位名叫莱昂·傅科的物理学家在先贤祠的穹顶上悬挂了一个巨大的摆锤，并将一个重达28千克的铜球挂在摆锤下方的悬挂点上，摆锤下方铺着沙子。铜球的每一次摆动都会到达67米的高度，持续16秒，摆幅为6米，经过最低点时会在沙子上留下一道痕迹。循环往复，每次摆动仅有2.5毫米的误差！这个实验的意义在于，摆锤的位置没有发生变化，这说明地球每分每秒都在自转！

傅科后来又在先贤祠的圆顶教堂重新进行了傅科摆实验，不过这次将摆锤换成了黄铜，但也取得了相同的实验结果，令人惊叹不已！

圣艾蒂安－迪蒙教堂

地址： Place Sainte-Geneviève, Paris 5
电话： +331 4354 1179
开放时间： 每周二至周日 08：45—19：45
交通： 地铁10号线 Maubert Mutualité 站

圣艾蒂安－迪蒙教堂（L'Eglise Saint-Étienne-du-Mont）位于先贤祠后方，是巴黎最美的教堂之一，修建于15至17世纪之间。这栋建筑融合了文艺复兴风格和哥特式风格，既精巧又优雅，看上去十分和谐。教堂内部，石质的网扣形式，达到了良好的采光效果，石柱耸立，将祭坛和中厅分割开来，这就是所谓的祭廊——圣艾蒂安－迪蒙教堂的祭廊是巴黎保留相对完整的几条祭廊之一。

各大博物馆

下列博物馆中的永久收藏都归巴黎市所有，每周二至周日的10：00—18：00可以免费参观：

巴黎现代艺术博物馆（Musée d'Art Moderne de la Ville de Paris ）

巴尔扎克故居（临时展览时收费）（Maison de Balzac）

布尔代勒博物馆（临时展览时收费）（Musée Bourdelle）

巴黎历史博物馆（Musée Carnavalet-Histoire de Paris）

赛奴奇亚洲博物馆（Musée Cernuschi-Musée des Arts asiatiques de la Ville de Paris）

哥纳克·珍博物馆：巴黎市立18世纪博物馆（临时展览时收费）（Musée Cognacq-Jay-Musée du XVIIIe siècle de la Ville de Paris）

巴黎解放运动博物馆：让·穆兰博物馆（Musée du général Leclerc de Hauteclocque et de la Libération de Paris-Musée Jean Moulin）

小皇宫：巴黎市立美术馆（Petit Palais -Musée des Beaux-Arts de la Ville de Paris）

浪漫主义生活博物馆（Musée de la Vie romantique ）

雨果故居（Maison de Victor Hugo à Paris）

扎德金博物馆（临时展览时收费）（Musée Zadkine）

所有的国家博物馆每月第一个周日免费开放。巴黎博物馆通票可以参观50多个博物馆及历史遗迹，无需排队。

巴黎博物馆通票
价格： 48欧元/两天，62欧元/4天，74欧元/6天
订票网址： www.parisinfo.com

卢浮宫

电话： +331 4020 5317
门票： 15 欧元
开馆时间： 每天 09：00—17：45
周三、周五为 09：00—21：45
周二闭馆
提供中文指南
地铁线路： 1 号、7 号线 Palais Royal-Musée du Louvre 站
有语音向导服务，可提供各类语言，但尚无中文版本

不言而喻，卢浮宫是绝大多数人法国行的必访地之一。站在卢浮宫的门口，你距离蒙娜丽莎的神秘微笑就只有几百米远了！

我推荐你步行从杜伊勒里花园穿过去（在 Tuileries 地铁站下车后即可进入公园）；如果开车，可以从里沃利街（rue de Rivoli）和雷蒙尼耶将军大街（l'avenue du général Lemonnier）的交叉口或密特朗码头街（quai François Mitterrand）和雷蒙尼耶将军大街（l'avenue du général Lemonnier）的交叉口进入。

你可以先从远处欣赏这座宏伟建筑的整体结构，两侧的建筑像是展开的翅膀，敞开怀抱迎接世界各地的游客。正前方就是它的主干部分，是卢浮宫的心脏——方形庭院。

卡鲁索凯旋门

卡鲁索凯旋门（l'arc de triomphe du Carrousel）位于卢浮宫的对面，是从远处欣赏卢浮宫的绝佳位置，也非常适合拍照。它以古罗马时期的凯旋门为模型，由拿破仑一世于1806~1808年（清嘉庆年间）下令建造，用来迎接凯旋的士兵。八根石柱的顶端各有一座士兵雕像，外侧的浅浮雕表现的是拿破仑的军事胜利和外交功绩。凯旋门的顶部雕像是一驾由胜利、和平女神驾驭的四马战车。起初，这四匹马是拿破仑在 1798 年从威尼斯的圣-马克大教堂运过来的。"滑铁卢战役"失败后，当时的威尼斯被奥地利占领，这四匹马就被归还给了奥地利。因此，现在你看到的是复制品。

金字塔

卢浮宫的入口位于一座巨型金字塔下方。这座金字塔是什么风格呢？是像卢浮宫一样具有法国特色？还是跟法老陵墓一样的古埃及风？都不是，这座金字塔其实有一点中国风，因为……

1981 年，这座闻名世界的博物馆深受其巨大成功的困扰，最初建成的公众接待服务处、残疾人无障碍设施、技术区、餐厅和停车场都已经跟不上时代的步伐。同年，经过几个月的激烈竞选成功上任的前总统弗朗索瓦 · 密特朗开始着手卢浮宫的整体改造，整个工程直到 1999 年才正式竣工。为了能够顺利完成这项浩大的工程，密特朗选择了全球知名的建筑师之一，出生于中国广州的贝聿铭。贝聿铭于 1945 年加入美国国籍，曾设计过江苏省的苏州博物馆，香港的中国银行大楼，台北的 The Ellipse 360 塔以及上海的东方汇经中心。他在巴黎的壮举则是将卢浮宫成功带入了 21 世纪。在尊重已有建筑的基础上，贝聿铭在这里设计了一座玻璃金字塔，由 603 块菱形和 70 块三角形玻璃准确拼接而成，为全新落成的游客接待处带来充足的阳光。此外，还有三座比较小的金字塔，位于巴黎的其他区域，其中一座在凯旋门附近，顶尖朝下，指向地下商业和文化中心。

卢浮宫的历史

在变成博物馆之前，卢浮宫是一座皇家宫殿。我想先介绍一下这段历史，因为它直接反映了法兰西王国的几大重要时刻。不过我知道大部分人时间宝贵，你也可以跳过这几页，直接前往游览部分。

卢浮宫经历了 800 年的时间才形成今天的模样。

从 11 世纪末到 13 世纪，欧洲人一直在进行十字军东征，这是基督教的圣战。十字军战士希望消除阿拉伯人和土耳其人的影响，以防他们宗教复兴，进而玷污基督教。法国国王腓力二世 · 奥古斯都希望在十字军外出征战期间，仍然能够保证巴黎的安全。1202年，人们在方形庭院西南角建造了一座辅堡，正中间则矗立着一座城墙厚4.2米的主塔，这就是卢浮宫塔。辅堡前的两座吊桥是进入辅堡的唯一通道，另外还有10座炮塔护卫着城墙的安全。

从这以后，随着王位的代代相传，首都的防御工事也逐渐转变。我们如今参观的这栋建筑物，即腓力二世·奥古斯都时期的辅堡，就这样一步一步转变为豪华、壮观的卢浮宫殿。

尤其在16世纪，国王弗朗索瓦一世命令建筑师Pierre Lescot对卢浮宫重新进行装修，削弱它的中世纪色彩。弗朗索瓦一世统治时期，法国的文艺复兴运动开始兴盛，知识、艺术、文学、旅行、交流以及思想蓬勃发展。正是在这一时期，卢瓦尔河谷的城堡群开始形成。然而，Lescot并没有用完全回归古希腊和古罗马的方式进行重修，而是选择了用法国古典建筑风格去设计卢浮宫的西翼建筑群。这一模式也在接下来的一个世纪里得到了更好的发展。Lescot还发明了“多面坡顶原则”，也就是将建筑物的最高层用作多面坡顶的基础。这种形式的屋顶下方一般都设有阁楼，作为佣人的房间，这在巴黎建筑史上一直很常见。

纵观整个卢浮宫的历史，其最辉煌的时期可以说是在16世纪末。当时，国王亨利四世有一个梦想，在这个美梦中，一座方形庭院的四周围着宫殿，在古堡原先的位置上扩张了四倍，并且拆除了以前的主塔。他希望卢浮宫的一侧护墙可以延伸得更远，直到接上另一座宫殿——杜伊勒里宫，后者是前一任国王的母亲卡特琳娜·德·美第奇下令建造的。亨利四世还梦想沿着塞纳河建一座有着大画廊的宫殿，长450米，宽13米。最终，在儿子路易十三和孙子路易十四前赴后继的努力之下，法兰西终于实现了亨利四世的梦想。

路易十四将卢浮宫作为自己的住所，并进行了大量的改造工程，尤其是方形庭院东侧的区域。意大利建筑师Le Bernin是第一个接受这项工程的人，他曾设计过梵蒂冈圣彼得大教堂的前柱廊，不过一直没有开工。最后，由法国建筑师三杰Le Vau、Brun和Perrault联手完成了这部法国古典艺术史上的经典之作。

卢浮宫的改造工程完成后，路易十四很快又打算在凡尔赛再造一座新的宫殿。大臣Colbert认为巴黎才是国家权力的象征，请求国王将卢浮宫继续作为权力的中心，但他最终还是没能说服路易十四。1682年，王宫迁往凡尔赛，卢浮宫便逐渐成为各种国家机构的所在地，法兰西学院就曾设立于此。

1789年的法国大革命结束了法国的封建统治，人们决定将卢浮宫改成博物馆，并向公众开放，公开展示从天主教会或流亡贵族那里没收来的珍宝。

第一帝国时期，拿破仑一世住在杜伊勒里宫，下令修建卢浮宫北面靠近里沃利街的护墙——这项工程直到他统治的末期才完成。19世纪中期，人们开始建造金字塔四周的建筑物，形成主院，并划分出四个内庭的布局。

跟蒙马特一样，在巴黎公社时期，杜伊勒里宫遭遇火灾，毁于一旦，国王亨利四世连接两个宫殿的梦想最终还是破灭了。但这场火灾在卢浮宫的西面打开了一道窗口，连接起了协和广场、香榭丽舍大街和凯旋门。卢浮宫终于向全巴黎敞开怀抱，不再孤芳自赏。

游览

卢浮宫每年接待游客的数量达到1000万人次，仅次于北京的故宫。就藏品的数量及普遍性而言，卢浮宫可以说是世界最大的博物馆，迄今为止已经展出3.8万件藏品，藏品总量累计达55.5万件（包括借给其他文化机构的藏品）。卢浮宫共有8个藏品部门，分别是古埃及文物馆，东方文物馆，希腊、伊特鲁里亚及罗马文物馆，伊斯兰艺术馆，绘画馆，雕像馆，工艺品馆和素描馆。

卢浮宫十分宏伟，占地14万平方米，仅展览画廊就达到6.6万平方米。

我建议大家提前在网上订票。现场买票的话，会有一大批游客在金字塔前排队。小提示：如果从地下（可以直接从地铁站到达）进入，排队的人相对少一些。

要想参观卢浮宫所有的展厅，可能需要几天的时间，如果想更好地理解这些展品，可能得好几周。那怎么办呢？难道只能快速参观所有展厅，走马观花地浏览展品吗？当然不是，我推荐大家分两次参观。

我设计的高效超值线路可以节省一些步行时间，除了欣赏那些闻名于世的艺术作品之外，你还可以更好地利用时间，参观其他同样很有价值的作品。

卢浮宫内允许拍照，但不能使用闪光灯，因为闪光灯可能会破坏一些画作的颜色。自拍杆也被禁止使用，避免划破画布或对其他游客造成伤害。

裸体名作

在游览法国或欧洲大多数博物馆时，要先做好看到很多裸体展品的心理准备。对于东方艺术来说，人们更看重的是“身体”与山峰、瀑布、山谷和宇宙之间的联系，而非将“身体”看作独立的存在。更何况，人类的身体一直处于变化之中，会老去也会腐烂。那么，将它固定在一种短暂的状态里又有何用？在欧洲，人们的思维则恰恰相反。赤裸的身体值得敬仰，它是自然与精神的结合，大部分人都追求完美的形体。古代希腊人及后来的罗马人都赋予裸体崇高的意义，在雕像艺术家用刻刀去表现它之前，体操艺术家就已经亲自去呈现肢体之美了。

小佛爷高效超值路线

收银台、游客集合中心及出发点都位于最底层，这里还提供中文版本的卢浮宫地图。木板指示牌上标明了三个展区的方向：黎塞留馆（Richelieu）、叙利馆（Sully）和德农馆（Denon）。我们上楼来到一层，再向左手边走，抵达 4 号展厅（雕像馆）。

- **第一站：《奴隶》**
  （Les Esclaves，未完成）
  米开朗基罗

作者：米开朗基罗·博那罗蒂，1475 年出生于卡普雷塞，1564 年卒于罗马，是文艺复兴时期佛罗伦萨的雕像家及画家，同样也是建筑师、诗人和城市设计师。

代表作：《大卫》《圣母怜子图》《摩西（雕像）》《西斯廷教堂天顶壁画》《最后的审判》《罗马圣彼得大教堂（建筑）》。

展出作品：从 1505 年起为教皇于勒二世陵墓设计的《奴隶》系列作品，但最终未完成，以两座被缚的奴隶雕像为代表。一座名为《垂死的奴隶》，雕像中的男性奴隶年轻、俊美，看起来像是要睡着了。另一座《反抗的奴隶》则表现了一个不愿屈从命运，正在挣扎的奴隶。

作品的优美之处：这两座奴隶雕像都表现出强烈的力量感，作品的美来自人的肉体与试图解放身体的灵魂之间的强大张力，同时还会看到**运动与静止、灵魂与物质、冲劲与羁绊、生与死**的交织，与东方的阴阳相合颇有些相似。

- **第二站：《自由引导人民》**
  （La Liberté guidant le peuple）
  欧仁·德拉克罗瓦

4 号展厅一直朝里走，从楼梯（就在电梯边上）来到上面一层，进入 77 号展厅。这里有两幅世界名画，分别是德拉克罗瓦的《自由引导人民》和杰利柯的《梅杜萨之筏》。

作者：欧仁·德拉克罗瓦，1798 年出生于沙朗通，1863 年卒于巴黎，法国 19 世纪中期伟大的浪漫主义画家之一。

代表作：《但丁与维吉尔共渡冥河》《沙达纳帕路斯之死》《房间里的阿尔及尔女人（同一展厅展出）》。

展出作品：《自由引导人民》表现的是1830年7月27、28、29日发生的革命运动，也称为“光荣三日”。这场革命由共和党人发起，最终推翻了国王查理十世的统治。画中着重表现的是一个挥舞着法国国旗的女人，半裸的身体和希腊风格的服饰让她看起来就像自由女神，充满了寓意。这幅画的三角形构图法也十分经典。在画面底部，死去的战士叠在一起，好像是“自由”的底座；旗帜占据着三角形的顶端；右侧年轻人的左手和左侧革命党人的步枪构成了三角形的两边。油画也选用白色、蓝色和红色作为主色调，让人不禁联想到法国国旗。

作品的优美之处：德拉克罗瓦描绘的是真实历史事件，但他的表现手法使画作具有更广泛的意义。挥舞旗帜的女人保卫的不仅仅是1830年巴黎人的自由，更象征了全人类的自由。

- **第三站：《梅杜萨之筏》**
  (Le Radeau de la Méduse)
  杰利柯·西奥多

作者：杰利柯·西奥多

代表作《热罗姆·波拿巴骑马像》《艾普森的赛马》《患嫉妒偏执狂的女精神病患者》

展出作品：这幅《梅杜萨之筏》讲述的是1816年，一艘载有150名士兵的巡洋舰“梅杜萨号”在塞内加尔海域遇险。士兵们在海上漂流了13天之久，最终不得不同类相食，只剩下10名幸存者。两名存活下来的士兵描述了当时的场景，帮助杰利柯完成了这幅作品。

作品的优美之处：浪漫主义画家杰利柯的这幅作品同时传达出了无尽的恐惧和坚定的希望。他用成堆的尸体来表现恐惧，但同时也让我们看到希望——幸存者支起身体，努力向海岸线靠近，共同努力托起一个黑人朝远处海面的帆影拼命挥舞布条。

- **第四站：《蒙娜丽莎》**
  (La Joconde)
  达·芬奇

走到77号展厅最里面，穿过76号展厅，再从7号展厅来到6号展厅，就可以亲眼欣赏到这幅世界名作了。关于画中人的一种推测是，这个微微含笑的女人名叫丽莎·格拉迪尼，也叫蒙娜丽莎，是富商弗朗西斯科·戴尔·吉奥亢多的妻子。

我想你一定会无比惊讶——是的，这幅画仅有这么大，高77厘米，宽53厘米。

这可能是世界上最著名、最昂贵的一幅画了，被安放在一个温度和湿度都精确控制的恒温箱里，前面罩着一层防弹玻璃。虽然可以近距离欣赏，但想走到《蒙娜丽莎》身边仍是件不容易的事。你可能需要一点耐心，毕竟，在其他任何地方都不可能再亲眼见到这幅画了。用白杨木制成的画板十分脆弱，不能轻易地离开卢浮宫，所以这幅画永远都无法在其他博物馆展出。

作者：莱昂纳多·达·芬奇，1452年出生于芬奇（意大利），1519年卒于昂布瓦兹（法国），科学家、工程师、解剖学家、画家、雕像家、建筑师、城市规划师、植物学家、音乐家、诗人、哲学家及作家。

代表作：《岩间圣母（同一展厅展出）》、《圣母领报》、《最后的晚餐》

展出作品：《蒙娜丽莎》里的女人是谁？其实，没有人能确定这幅画上的女主角是否真的是佛罗伦萨丝绸商人的妻子。众说纷纭的推测，也成为这幅画的一种魅力。

作品的优美之处：这幅画作的构图在当时具有革命性的意义，画家通过明暗对比强烈的背景、多层次的渲染营造出朦胧的效果，尤其是画中人嘴角的那一抹微笑，赋予整幅画以高深莫测之感，让每一位观众都产生无尽遐想。

- **第五站：《迦拿的婚礼》**
  (Les Noces de Cana)
  委罗内塞

这幅最伟大的画作面积达到70平方米，跟《蒙娜丽莎》位于同一展厅。

作者：委罗内塞，原名保罗·卡利亚里，1528年出生于意大利委罗内塞（这也是他名字的由来），1588年卒于威尼斯。

人生的最后几年，他在威尼斯完成了最重要的几件作品。

代表作：《勒班陀战役的寓言》

展出作品：这幅作品表现的是《圣经》中记载的一个圣迹。耶稣受邀参加一场婚礼，最后，婚宴上的酒都喝光了，于是耶稣就将水变成了酒。虽然取材于《圣经》故事，但是画家采用的是当代的绘画方法，呈现了130多个人物，有耶稣、耶稣的母亲、门徒、贵族及仆人，甚至还有英国女王、弗朗索瓦一世、画家提香、丁托莱托和画家本人。

作品的优美之处：委罗内塞将神圣与世俗、宗教与日常生活融合在一起，其中最让人印象深刻的是内容的戏剧性和画面的电影般的既视感。此外，成就这幅名作的还有作者对色彩的使用：橙黄色、亮红色、浅蓝色——这些都是从东方进口的稀有颜料，只有在威尼斯才能买到。委罗内塞的色彩运用是如此出色，以至于人们用他的名字来命名画中人衣服的颜色，如画面下方左边第三个人穿的衣服就被取名为“委罗内塞绿”。

欣赏完《蒙娜丽莎》和《迦拿的婚礼》后，往回走，穿过7号厅和76号厅，再向右转，进入75号厅。

- **第六站：《拿破仑一世的加冕礼》**
  (Le Sacre de Napoléon Ier)
  雅克－路易·大卫

作者：雅克－路易·大卫，法国画家，1748年出生于巴黎，1825年卒于布鲁塞尔。他拒绝一切他认为无用的东西，并奋力投身于当时的政治活动，其作品灵感多源自古希腊罗马传说，并将古典主义的形式与现实生活相结合。

代表作：《荷拉斯兄弟之誓（同一展厅展出）》《苏格拉底之死》《马拉之死（同一展厅展出）》《波拿巴翻越大圣伯纳德山口》

展出作品：1804年，大卫在巴黎圣母院见证了拿破仑一世的加冕礼，于是就有了大家眼前的这幅作品。当时，拿破仑拒绝下跪接受教皇的加冕，而是把皇冠夺过来自己戴上，这一举动意味着王权与教会的分离。为了避免这尴尬的事实，大卫在作品中表现的是拿破仑给王后加冕的场景。他站在圣坛边，却没有面对圣坛，而是用自己的方式为王后戴上冠冕。这意味着，他面对的是民众，而非上帝。

作品的优美之处：这幅画作的构图十分出色。越是主要人物，光线就越强。画面中拱廊的形状将观众的目光引向拿破仑的母亲，她在画面中占据着重要位置（然而事实上，她并未出席加冕礼）。画面色调十分丰富——这也是大卫的功力深厚之处，他成功地将一幅政治主题油画变成了**真正的艺术品**。

- **第七站：《萨莫色雷斯的胜利女神》**
  (La Victoire de Samothrace)

穿过整个75号展厅，来到达鲁楼梯前，这里展示着一幅**希腊艺术的杰作**：《萨莫色雷斯的胜利女神》。

作者：无从考证

展出作品：公元前190年，古希腊人在萨莫色雷斯众神庙的圣殿竖起了这尊胜利女神像。女神站在船头，海风迎面吹来，大概是为了纪念一场海战。

作品的优美之处：女神的翅膀迎风而立，风吹动她的衣服，栩栩如生。底座与雕像形成一个整体，不可分离。雕像背后的达鲁楼梯更是加强了这种效果。

- **第八站：《米洛的维纳斯》**
  (La Vénus de Milo)

从达鲁楼梯走下来，到达一层，穿过4号、5号、6号和7号展厅，来到16号厅，在这里可以欣赏到《米洛的维纳斯》。

作者：无从考证

展出作品：这座雕像于1820年出土于希腊的米洛岛，由几部分雕像碎块拼凑组成，但她的两只胳膊却一直没找到。人们后来在雕像上检测到颜料的痕迹，因而推测作品最开始可能上过颜色。

作品的优美之处：扭转的上半身，垂落在胯部的衣褶，高贵而平静的面部，都赋予这座雕像一种神秘的高贵之感。

其他作品

在这里，我为那些时间充裕或是第二次参观卢浮宫的游客推荐另外 24 件卢浮宫的著名藏品。

绘画类

《自画像》(Autoportrait 或 Portrait de l'artiste tenant un chardon)，作者阿尔布雷特 · 丢勒，位于黎塞留馆三楼的 8 号展厅。

《劫持萨宾女人》(L'Enlèvement des Sabines)，作者尼古拉斯 · 普桑，位于黎塞留馆三楼的 14 号展厅。

《花边女工》(La Dentellière)，作者约翰尼斯 · 维米尔，位于黎塞留馆三楼的 38 号展厅。

《镜前的女人》(La Femme au miroir)，作者提香·韦切利奥，位于德农馆二层的 7 号展厅。

《圣母加冕图》(Le Couronnement de la Vierge)，作者圭多·迪皮耶特·弗拉安吉利科，位于黎塞留二层的 3 号展厅。

《路易十四》(Louis XIV)，作者亚森特 · 里戈，位于叙利馆二层 34 号展厅。

《宰相洛兰的圣母》(La Vierge du chancelier Rolin)，作者扬 · 凡 · 艾克，位于黎塞留馆三楼 5 号展厅。

雕像类

《马利骏马》(Chevaux retenus par un palefrenier 或 Chevaux de Marly)，作者纪尧姆 · 库斯图，位于黎塞留馆的中二层的马利庭院。

古埃及艺术

《盘腿而坐的书吏》(Le Scribe accroupi)，公元前 2600 年—公元前 2350 年的第四或第五王朝，位于叙利馆二层的 22 号展厅。

《一个欧洲女人的肖像》(L'Européenne)，公元 2 世纪，位于德农馆中二层的 1 号厅。

《塞尔维特立夫妇棺》(Sarcophage des époux de Cerveteri)，公元前 520 年—公元前 510 年，位于德农馆一楼 18 号厅。

《狮身人面像》(Grand sphinx de Tanis)，位于叙利馆中二层的 1 号厅。

希腊、伊特鲁里亚及罗马文物

《女子半身像：艾丽娅》(Buste de femme : Ariane)，公元前 3 世纪，位于德农馆一楼的 20 号展厅。

阿提卡红绘双耳喷口杯 (Cratère en calice, attique à figures rouges)，有画家欧弗洛尼奥斯的签名，公元前 515 年—公元前 510 年，位于叙利馆二层 43 号展厅。

手持扇子的长袍女人 (Femme drapée dans son himation tenant un éventail)，公元前 330 年—公元前 300 年，位于叙利馆二层 38 号展厅。

作战的斗士 (Guerrier combattant)，签名为以弗所的阿加西亚斯，约公元前 100 年，位于德农馆一楼的 23 号展厅。

哈德良 (Hadrien)，140 年，位于德农馆的一楼的 26 号厅。

莉薇娅 (Livie)，公元前 31 年，位于德农馆一楼的 23 号展厅。

帕里斯的审判 (Mosaïque du jugement de Pâris)，115 年—150 年，位于德农馆一楼的 31 号展厅。

缪斯石棺(Sarcophage des Muses)，2 世纪，位于德农馆一楼 26 号展厅。

双臂交叉人偶型的女性头部雕像 (Tête d'une statue féminine du type des "idoles aux bras croisés")，公元前 2700 年—公元前 2300 年，位于德农馆中二层的 1 号展厅。

东方文物部

《汉谟拉比法典》(Code de Hammurabi)，公元前 1792 年—公元前 1750 年，位于黎塞留馆一楼 3 号展厅。

《弓箭手檐壁》(Frise des archers)，阿契美尼德王朝大流士一世统治时期，约公元前 510 年，位于叙利馆一楼 12b 展厅。

《人首翼牛像》(Taureau androcéphale ailé)，新亚述帝国萨尔贡二世统治时期，位于叙利馆一楼 11 号展厅。

工艺品部

摄政王钻石 (Le Régent)，位于德农馆二层 66 号展厅。

皇帝凯旋记事板 (Feuillet de diptyque)，中世纪前期，黎塞留馆二层 1 号厅。

奥赛博物馆

地址： 1 rue de la Légion d'Honneur, Paris 7
电话： +331 4049 4814
开放时间： 周一至周六 09：30 — 18：00
门票： 12 欧元，优惠价 9 欧元
交通： RER C 线 Musée d'Orsay 站

曾经我很好奇，为什么我的亚洲朋友，尤其是中国朋友会如此钟爱印象主义？跟很多人聊过之后，我发现其实无论是东方人还是西方人，都偏爱用精神所感受到的印象来表现世界，而非通过理智获取的确定事物来表达。正因如此，印象主义成为传播最为广泛的欧洲艺术。

所以，我的亚洲朋友们总会在奥赛博物馆留下美好回忆，因为这里有全球最丰富的印象派和后印象主义派藏品。

奥赛火车站

事实上，奥赛博物馆建在一座废弃的车站里。

众所周知，每一届世界博览会都会对举办城市产生重大影响。世博会召开前，举办城市通常会修建一些新的建筑、道路和设施。奥赛火车站就属于这种情况。1900 年巴黎世博会期间，这里接待了大批游客及官方代表团。它就像一扇窗户，向全世界人民展示了巴黎和法国的第一印象。优雅的穹顶向游客展示了法国人的品位和古典主义之美，架在新型金属结构上的巨大玻璃屋顶，彰显了法国的先进科技，而位于车站西边的精美酒店，则凸显了法国人的热情好客。

第二次世界大战之后，一部分铁路交通开始向奥斯特里茨火车站转移，奥赛火车站渐渐被冷落，后来就被遗弃了。1971 年，人们甚至计划拆除车站，在这里建一家现代化的大酒店，当然，建造酒店的计划最终没有实现。

一座 19 世纪的博物馆

时任法国总统的吉斯卡尔 · 德斯坦支持将这座象征着工业时期法国的火车站转变为博物馆，他的继任者弗朗索瓦 · 密特朗，实现了他的愿望。众多建筑师开始着手这项工程，法国建筑师负责总体的翻新，名叫盖 · 奥兰蒂的意大利室内设计师则负责中殿的装修。最终，奥赛博物馆于 1986 年正式揭幕。

外部介绍

博物馆西面有一块空地，这里竖立着许多精美的雕像，其中有三座动物雕像：分别是一匹马、一头犀牛和一只困在陷阱里的小象。仔细观察的话，可以看到陷阱上刻着小兔子，还有一只表情惊诧的青蛙。空地上的另外六件雕像作品代表着六个大洲：欧洲、非洲、北美洲、南美洲、大洋洲以及亚洲。亚洲部分由伟大的法国雕像家亚历山大 · 法居完成。他用一位坐在象背上的女性代表亚洲，这位女性的怀中抱着一座四脸菩萨。这些作品大多来自特罗加德罗公园，是为了迎接 1878 年的世博会而准备的。

在面向里尔街的那一侧还可以看到《胜利女神像》和《意志的力量》这两座著名雕像，作者布德尔是法居的学生。

游览

奥赛博物馆的藏品多达 6000 余件，其中 3000 件是向公众展览的。就像游览卢浮宫一样，我专门设计了一条高效超值路线，同时也为那些时间充足的游客准备了一份额外的清单。

这里允许拍照，但禁止使用闪光灯、三脚支架和自拍杆。

小佛爷高效超值路线

- **第一站：一楼的雕像**

很多博物馆都有专门的雕像馆，而在奥赛博物馆，雕像就是整个一楼的主宰。

入口处的左手边是著名动物雕像家安托万－路易·巴里的作品《坐狮》（Lion assis）。这件作品表现的并不是一只咆哮的、凶残的狮子，而是一只坐着的、富有威严的狮子。是不是联想到东方的传统石狮了呢？

接下来这件作品是亚历山大·法居的《基督教少年殉教者》（Tarcisius martyr chrétien，1867 年），表现的是一位年轻的基督教徒被处以石刑的场面。少年即将死去，旁边就是杀害他的石头。法居依据一张照片里的少年雕刻了这件作品。离中殿稍远的一根大柱子上雕刻着法居的另一件作品《斗鸡比赛的胜者》（Vainqueur au combat de coqs，1864 年）。胜利者的狂欢与殉教者的悲怆形成强烈的对比。

再接下来是让·巴普帝斯蒂·卡尔波的雕像《乌谷利诺》（Ugolin，1862 年），它是一件让人毛骨悚然的作品。雕像原型是历史人物乌谷利诺，他与二子、二孙被关在塔中活活饿死。饥饿难忍之时，他不得不吃掉了儿孙的尸体。雕像家通过乌谷利诺支离破碎的面部表情，深刻表现了当时的惨状，而他的孩子们都在爱与恐惧中挣扎。在《乌谷利诺》的后方，有一幅表现罗马酒神节的巨幅画作。

查尔斯·科迪尔的雕像作品《苏丹黑人》（Nègre du Soudan，1856 年），展现了殖民地区的异域风情。这尊半身雕像的模特是一位被解放的奴隶，他当时正在阿尔及尔街头表演达姆达姆鼓。科迪尔将这一场景转变为用青铜、条纹大理石以及板岩构成的固态作品，生动地表现出了非洲人的特点，但又不失庄重、尊严。

一位具有传奇色彩的艺术家——卡米尔·克洛岱尔，罗丹的学生、情人以及艺术竞争者。奥赛博物馆中陈列着她的雕像《成年》（L'âge mûr），这个作品可以说是对她悲剧生命的完美诠释。雕像中的她扑在爱人罗丹脚边苦苦乞求，然而罗丹一生都停留在另一个女人罗斯的身边，最后还娶了后者为妻。冰冷坚硬的雕像里，表现了一颗破碎的心，一种撕裂的痛。

中殿往里走，是让－巴蒂斯·卡尔波的作品《舞蹈》（La Danse），这是卡波尔为巴黎歌剧院专门创作的。为了防止原作受损，如今立于歌剧院门口的那尊雕像是复制品。柔美与力量、表情与动作完美融合在这件作品中。这种极致的、精准的表现力，在该作者的另一件作品《地球四极》（Les quatre parties du monde soutenant la sphère céleste）中也被淋漓尽致地发挥。代表非洲的人物雕像脚腕上的铁链断裂，被代表美洲的人物雕像踩在脚下——卡波尔通过这件作品传达自己支持废除奴隶制的立场。

这里陈列的著名雕像作品还有弗朗索瓦·朋彭的《白熊》（L'Ours blanc，1823—1833 年），这在当时算得上是一件非常现代的作品。作者摒弃一切琐碎的渲染，追求对“动物的本质”的展现，但是其对素材处理的细腻程度却又让人瞠目结舌。

- **第二站：《奥林匹亚》（Olympia，1863 年）爱德华·马奈**

这件油画作品位于 14 号展厅，就在中殿的右手边。

1865 年，马奈的这件作品面世，引起强烈轰动。画面中，一名妓女直勾勾地看向画外的观众，站在旁边的黑人管家更是增添了粗俗之感。无论是主题还是创作手法在当时都是史无前例的。为此，画家承受了很大的压力，而正是这幅画让马奈成为印象派的先驱。

● **第三站：《世界的起源》**

（L'Origine du monde，1866 年）

库尔贝

在一楼的另一侧，也就是中殿左边的 20 号展厅，你可以观赏到这幅史上**颇具争议性的作品之一**。

19 世纪 60 年代，人们热衷于举办各种宴会，上流交际圈中有一位土耳其和埃及混血的外交官名声很大。这位外交官钟爱女性裸体画作，他要求库尔贝创作一幅令人叹为观止的作品，这就是《世界的起源》的诞生之由。在这幅作品中，库尔贝使用了珍珠白、珠色和琥珀色，这种精致的调色方式使之成为一件无可争议的艺术珍品。由于画面过于露骨，如今依然充满争议，就连 Facebook 也禁止页面中出现这幅画。

继续走到中殿的最里面，左边是通往 6 楼的电梯。接下来，你就可以欣赏到全世界最精美的印象主义画作了。

● **第四站：印象主义画廊**

《草地上的午餐》

（Le Déjeuner sur l'herbe，1876 年）

马奈

这幅《草地上的午餐》让马奈一时“名声大噪”，以至于拿破仑三世想用皮鞭抽打这幅画。这幅构图平衡，主题优美的画作之所以在当时引起极大的争议，是因为画面中两位衣冠楚楚的男士中间坐着一位浑身赤裸却极度淡定的女性。更令人称奇的是，作者并不满足于简单的视觉冲击，还将明亮的光线和半明半暗的区域相结合，人物身后的树林如同戏剧背景般引人入胜，让作品在整体上有一种不同寻常的神秘感。

《煎饼磨坊的舞会》

（Le Moulin de la galette，1876 年）

雷诺阿

如果你去过蒙马特高地，那么你一定记得煎饼磨坊，那里曾经是一间露天酒馆和舞厅。雷诺阿的这幅作品表现了一群朋友聚在一起抽烟、闲聊、跳舞或听演奏的场景。透过树叶投射下来的光线斑斑点点，但重点人物身上的光影却又是独立完整的，比如面向画面左侧看向我们的那位穿粉色衣服的女士，还有前面揽着同伴的穿蓝色裙子的女士。另外值得关注的一点是，画中人物有的看向我们，有的彼此对视，有的独自发呆，这让作为观众的我们不知该看向哪里，只好让眼神随画中人一起跳动，不知不觉就加入到这场热闹的聚会之中。

《14 岁的小舞者》

（Petite danseuse de 14 ans，1917 年）

埃德加·德加

这是一件雕像作品。为了实现极致的现实主义，德加在创作时，会先制作一个蜡纸模特，为它粘上头发、穿上衣服和舞鞋。这件《14 岁的小舞者》安置在玻璃箱内，因为艺术家希望它看起来像是自然历史博物馆的一件藏品，而且这位模特穿的是一件真正的芭蕾舞裙。

《鲁弗申的雪》

（La Neige à Louve-ciennes，1878 年）

阿尔弗莱德·西斯莱

西斯莱是英国人，但他出生在法国，并且一直在法国生活和工作。在这幅画作中，远处和近处的大雪朦胧而神秘，透着悠悠的忧伤之感，作者轻易就将观众的目光带向那团黑色的人影。更为特别的是，作者在描绘雪地时，采用了少许珠光色和微蓝色，产生一种奇妙的光线效果。

《圣拉扎尔火车站》
（Gare Saint-Lazare, 1877 年）
莫奈

作为印象派的典型代表和创始人，莫奈是法国重要的画家之一。他的创作灵感主要来自大自然。居住在巴黎附近的阿尔冈特伊期间，莫奈受环境启发创作了《野罂粟》。后来，住在诺曼底的那段时光同样也赋予他诸多灵感。在这两段田园生活之间，莫奈也曾去城里工作了一段时间，在那里寻找现代生活的体验。

钟爱乡村景色的画家会用什么方式来描绘一座规模宏大的现代火车站呢？蒸汽火车的烟囱排出滚滚浓烟，让整个画面的颜色和光线更加柔和，巨大的玻璃天棚为背景增添了些许朦胧之感，向前运行的火车则营造出某种变幻的痕迹。这些元素组合在一起时，物体的精确形状似乎已经无足轻重了。莫奈将真真切切的圣拉扎尔火车站转变成一幅纯粹的印象主义作品。

《玩纸牌的人》
（Les Joueurs de cartes, 1890—1895 年）
保罗·塞尚

酒瓶瓶身上的白色反光就像乒乓球桌中间的球网一样，在画布上勾勒出一道界线。两个玩纸牌的人分坐在两边，他们毫无疑问都是埃克斯的农民，因为创作这幅作品时塞尚就住在这里。画中的两个人看上去有些笨拙，却又很安静，全神贯注于自己手里的牌。画面色彩华美，在庄重与简洁的组合中掺杂着一丝宗教意味。

这一主题的作品共有五幅，你眼前的这幅因简洁而被视为最精美的一幅。

《圣维多利亚山》
（Montagne Sainte-Victoire,约 1890 年）
保罗·塞尚

圣维多利亚山位于埃克斯附近，塞尚画这座山达 80 多次。事实上，塞尚画的并不是山，而是山上或周边的光线。为了更好地理解这座山，画家仔细研究了这里的地理、结构以及气候。根据不同的时间和天气，他笔下的山也变换着颜色——蓝色、淡紫色或赭石色。对塞尚而言，这已经不仅是一座山了，更是一种跨越和演变，以至于现在人们都称此山为“塞尚山”。

《鲁昂大教堂》系列
（La série des Cathédrales,1893 年前后）
莫奈

奥赛博物馆展出了数件出自莫奈之手的《鲁昂大教堂》系列作品，这些作品呈现了教堂在一天中不同时刻的模样。画家在作品中着重表现光与色彩的形态和结构。莫奈想要抓住的是一种稍纵即逝的印象。当时，莫奈在教堂对面的店铺里进行创作，超近的距离让他很难画出教堂的全貌，所以他选择记录下光线轻擦石头的沙沙声。他画得很快，很多，几乎要用光画室所有的画布了。

《蓝睡莲》
（Nymphéas bleus, 1816—1819 年）
莫奈

莫奈曾说：“我最好的作品就是我的花园。”他指的就是他在吉维尼的花园，有机会的话你也可以去参观一下。莫奈在花园的池塘里种满了睡莲，这是他偏爱的创作主题之一。在这幅《蓝睡莲》中，莫奈通过自然一隅呈现出模糊的色彩和形状共同构成的主体，让观众的目光迷失在透明与抽象的效果之间，只有通过深刻的理解力才能重构这个给予画家无数灵感的池塘。《蓝睡莲》是莫奈晚年最重要的几部作品之一，也是印象派的经典之作。

《睡莲》系列的其他作品收藏在橘园美术馆。

《蓝色的舞女》
（Danseuses bleues, 1917 年）
埃德加·德加

自 1860 年起，埃德加 · 德加开始对舞蹈演员的日常生活十分着迷，他对芭蕾舞本身并不感兴趣，只是醉心于这种艺术与生俱来的高雅。他徜徉在舞蹈演员彩排现场或者穿梭于后台，寻找这种高雅，像相机一样随意截取这些舞蹈演员的画面进行创作。但是，正如德加自己所说，他的目的并不是记录，他曾写道：“人们称我为舞者画家，但他们不知道的是，舞者对我来说只是在漂亮画布上作画并描绘动作的媒介。”

《蓝色的舞女》描绘了几名舞女专心调整蓝色舞裙的画面，画面上最吸引观众目光的自然是那些丰富、细腻的蓝色。而绿色的背景也将画面深处那两位穿黄色衣服的舞者凸显出来。无论是构图、明暗还是色彩，一切恰到好处。可能是近乎失明的眼睛给了德加实现这种纯粹的机会吧。

《大浴女》
（Les Baigneuses，1918—1919 年）
雷诺阿

这是雷诺阿生前的最后一件作品，但它并没有哀叹行将结束的生命，而是在颂扬充满活力的躯体，就像几个世纪之前的天才画家提香和鲁本斯一样。

橄榄园里，两个体态丰盈的女人惬意地沐浴在阳光下，其中一个正与站在水里的另一个女人攀谈，背景里还有两个女人正在沐浴。这幅画突出表现了性感的裸体以及地中海边的悠闲和舒适。

当死亡临近时，人们试图通过一种超脱的心态来与之对抗，并且不会向别人透露这种内心感受……雷诺阿通过他的画笔来倾诉这种不得已的乐观。

《行走的人》
（L'homme qui marche）
罗丹

这是罗丹的一件青铜雕像作品，他希望观众忽略人体，关注动作本身。

走到印象主义画廊的尽头，穿过咖啡厅，沿着中殿上方的天桥走到另一头，下到三层，进入弗朗索瓦丝 · 加辛画廊，这里的 70、71 和 72 号展厅还有许多值得一览的名作。

● 第五站：凡 · 高及其后印象主义作品

凡 · 高是史上非凡的艺术家之一。他出生于荷兰，27 岁开始绘画，但从 1886 至 1890 年，也就是他短暂生命的最后 4 年里，画家的才华才充分展示出来。他最多产的这段时间是在法国和比利时度过的。旅法期间，他主要待在巴黎和普罗旺斯。巴黎的印象派对凡 · 高有着非常重要的影响，点彩派的影响则更大，后者用点状笔触形成小的色块来构成形象。另外，凡 · 高作品中炸裂式的颜色使用和表现力也使他成为“野兽派”的鼻祖。

在奥赛博物馆，可以欣赏到凡·高的《基诺夫人》（L'Arlésienne）、《罗讷河上的星夜》（La Nuit étoilée sur le Rhône）、《午睡》（La Méridienne 或 La Sieste）、《奥维尔教堂》（L'Église d'Auvers-sur-Oise）、《加歇医生像》（Le Docteur Paul Gachet）及《没胡子的自画像》（le Portrait de l'artiste）。

后面的展厅里还有保罗 · 高更的作品。高更是一位法国画家，曾在法属波利尼西亚岛上生活过一段时间，并在那里创作出许多令人称叹的作品。他对形状和颜色的驾驭，达到一种近乎神秘的境界。他是凡 · 高唯一欣赏的人。

● 第六站：三楼的雕像馆

走出 70 号展厅，雕像厅过道的平台上也有许多著名的雕像，比如阿里斯蒂德 · 马约尔的《欲望》（Désir）和《地中海》（La Méditerranée）。后者是马约尔用女性身体来表现大自然的系列作品之一。再往前走一点，可以看到埃米尔 · 安托万 · 布德尔的一件表现力量的作品——《拉弓的赫拉克勒斯》（l'Héraclès archer）。

同一楼层的 55 号展厅里有一件我很喜欢的作品：出自欧内斯特·梅索尼埃之手的《旅行者》（Le Voyageur）。这座用蜡、布和铜制成的雕像完成于 1878 年至 1890 年，总能让人想起那些不畏狂风和孤独的旅行者。

● **第七站：罗丹作品馆**

三楼平台最里面的空间摆放的都是罗丹的作品，在这里可以看到石膏制的《地狱之门》（La Porte de l'Enfer）、《乌谷利诺》（Ugolin）和《缪斯》（La Muse）。

● **第八站：在途中**

穿过中殿左边三楼的平台，朝出口走的途中，可以在 64 号厅停留片刻，欣赏 20 世纪初法国的家具样品——路易·梅杰莱尔设计的卧室“睡莲”。

在平台的几步之外，有一座十分有趣的雕像作品：欧内斯特·巴莱斯的作品《捕鳄鱼的人》（Chasseurs D'alligators）。

毕加索博物馆

地址： 5 rue de Thorigny, Paris 3
电话： +331 8556 0036
开放时间： 每周二至周六 09：30 — 18：00
门票： 12.5 欧元，优惠价 11 欧元
交通： 8 号线 Saint-Sébastien-Froissart 站

一栋叹为观止的建筑

毕加索博物馆设在一座 17 世纪的私人宅邸里。这座私人宅邸小巧玲珑，最初是为一名负责征盐税的税务官而建。本来应该以主人的名字皮埃尔·奥贝尔来命名，但纳税人习惯称它为“盐渍官邸”，以此嘲笑它的主人。

站在这栋建筑前，几乎每个人都会被它的美所震撼。你可以细细欣赏门口的三角楣，幽静的庭院，还有墙上的巴洛克式风格装饰。走进宅邸，你会发现，建筑师将楼梯设计为开放式的，这样在从下往上的参观过程中视线不会受阻，可以欣赏到屋子里丰富、优雅的装饰。楼梯平台形成一个悬空的画廊，就像剧院的楼厅一样。

将盐渍官邸变成博物馆的想法可以追溯到 1974 年，那时毕加索的遗产继承人为支付遗产税而将作品不断上交，于是国家拥有了越来越多的毕加索的作品。为了收藏这些画，政府将这栋建筑重新装修，然而画作的数量依旧与日俱增。一些遗产继承人去世后，国家又接收了一批新的作品。1985 年，博物馆正式开馆，除了毕加索自己的作品，还展出了毕加索的藏品，以及那些给他灵感的作者的作品，比如马蒂斯、塞尚、卢梭、德加等。

毕加索之所以能成为旷世奇才，因为他一生都在尝试各种各样的风格，通过不同的途径和题材，探索所有的可能性。他的作品所展现出的广泛性是别的艺术家无可企及的，也正是因为这种广泛性，毕加索才能为全世界所熟知。

小佛爷高效超值路线

毕加索博物馆每天都迎接来自世界各地的游客，从不担心自己的腰包填不满，所以对中国游客并没有特别的“款待”——这里没有中文的介绍或指示牌，没有博物馆地图，也没有会说中文的接待人员，书店里的《博物馆游览指南》价格都在 10 欧元以上。馆里的藏品经常在外展览，有时候租给国外的博物馆，有时候参加一些临时展览，有的主题展厅甚至还经常空无一物……

以下展品都具有很高的艺术价值，我将一一介绍，希望在你参观期间它们都没有“被外派”。

- **《树》**

(L'ARBRE, 1907 年)

艺术家向我们展示的不仅仅是一棵树，更是一棵树的思维。线条构成了菱形、三角形以及其他几何形状，这种重组方式让人不禁联想到非洲艺术以及立体主义。

- **《头》**

(TÊTE ,1958 年)

这件作品淋漓尽致地展现了毕加索的伟大才华。他用最常见的日常素材创造了一件非凡的艺术品。一个木盒、几颗纽扣、一点石膏和绘画树脂，仅仅是这些就构成了一个让人震撼的人物头像。

- **《哭泣的女人》**

(FEMME QUI PLEURE, 1937 年)

这是我最喜欢的作品之一。作品以淡紫色打底，明亮的黄色和白色强烈而紧凑。画面中，女人的面部流露出一种难以言表的痛苦。

- **《木制和铜铸的山羊》**

(LA CHÈVRE, BOIS ET BRONZE)

毕加索仅用日常物品——衣夹、木块、石膏——就将这只山羊塑造得惟妙惟肖，然后进行铜铸，对作品的美感进行升华。

- **《戛纳湾》**

(LA BAIE DE CANNES, 1958 年)

1958 年，毕加索买下了沃韦纳尔盖城堡，这是塞尚曾经喜欢并画过的城堡。同一年，他又画了塞尚居住的城市戛纳，不过是以他自己的方式。蓝色、绿色和黑色达到一种强烈的和谐。他将现实进行分解，就好像立体主义的冲击将他带回记忆之中。所有元素——建筑物、大海、船只和树都彼此独立，当我们欣赏这幅作品时，感受到自己犹如身处戛纳。

- **《玩汽车的孩子》**

(ENFANT JOUANT AVEC UN CAMION, 1953 年)

这幅独特的作品让人产生一种强烈的亲切感，它好像能够将我们再次带回童年。

- **《加利福尼亚画室》**

(L'ATELIER DE LA CALIFORNIE,1956 年)

当时，毕加索与他的新女友雅克琳·洛克在戛纳同居。毕加索将新房子里光线充足的房间都改造成了画室，这些大房间都在一楼。虽然这幅画名叫《加利福尼亚画室》，但作者表现的并非美国风光——加利福尼亚只是戛纳一个街区的名字。

观众会在画里看到一些反常之处：房间里长着棕榈树，树脂装饰的木板，摩洛哥的气息，小铁炉，以及那些深邃的黑色……这里真的是毕加索的家吗？房间内杂乱无章，他未完成的画作，他那些乱七八糟的搁脚凳、工具和画纸都去哪里了？然而，如果仔细观察，画里的一切看上去似乎毫无关联，但布局有序而审慎，简单而纯粹。事实上，毕加索的这幅画作是为了向刚去世的马蒂斯致敬。

- **《朵拉·玛尔像》**

(PORTRAIT DE DORA MAAR, 1937 年)

毕加索创作《朵拉 · 玛尔像》这幅作品时，用画笔将模特变形、扭曲、绷紧，在远离之后再次靠近她，从中感受困扰、尖锐和折磨，这也正是他希望别人感受到的。为了表现朵拉的模糊感，他同时描绘了朵拉的正面和侧面。这个女人身上所有的东西都是尖的：指甲、手指、胸衣、扶手椅的线条……她身后的装饰十分僵硬，就像一个牢笼。然而，这些明亮的色彩和丰富的光线又让人想要多看一会儿，仿佛里面有一种说不清的魔力。

- **《画画的克劳德.弗朗索瓦兹和帕洛玛》**

(CLAUDE DESSINANT, FRANÇOISE ET PALOMA, 1954 年)

毕加索在这幅作品里向我们展示的是他的私生活。他的儿子克劳德正在画画，女儿帕洛玛在一边玩耍，在后面昏暗的阴影中默默保护孩子们的是他们的母亲弗朗索瓦兹·吉洛。

- **《自画像》**

（AUTOPORTRAIT，1901 年）

我们可以将毕加索初期的作品根据色彩分为两个时期：从 1901 到 1904 年的蓝色时期和从 1904 到 1906 年的粉色时期。

自画像属于蓝色时期。创作这幅作品之前，毕加索最好的朋友卡萨·吉马斯自杀了，吉马斯曾帮助毕加索在巴黎安顿下来。对于毕加索而言，蓝色代表痛苦、悲痛和衰老，所以在当时的他的画笔之下，乞丐、盲人和残疾人都是这种颜色。从这幅毕加索的自画像中，我们看到一个悲伤的人，他穿着黑色大衣，几乎占满了整个画布。谁会相信，这个肃穆地看着我们的画中人其实只有 20 岁呢?

- **《牛头》**

（TÊTE DE TAUREAU，1942 年）

毕加索的天才之处在于他能创造出其他人看不到的艺术形式。关于这件作品，毕加索曾跟他的摄影师朋友布拉塞说："有一天，我在一堆旧东西里找到一个自行车座垫，正好就放在生锈的车把手边上……一刹那间，它们在我脑子里直接联系在了一起。这个牛头的构思完全是在我没料到的情况下诞生的，只不过我是将它们焊接在一起。"

- **其他陶制品和雕刻**

面对同一种材料，毕加索喜欢尝试不同的创作手法，几乎每一样事物都会引起他的兴趣。住在普罗旺斯时，他完成了几百件陶制作品，有餐具、花瓶和一些雕刻作品。

蓬皮杜艺术中心

地址： Place Georges-Pompidou，巴黎 4 区
电话： +331 4478 1233
开放时间： 每天 11：00 — 22：00
门票： 14 欧元，优惠价 11 欧元
交通： 地铁 11 号线 Rambuteau 站；
地铁 1、11 号线 Hôtel de Ville 站

蓬皮杜艺术中心是世界上最重要的现代艺术品收藏地之一。乔治·蓬皮杜在 1969 年至 1974 年担任法国总统，他对当代艺术十分着迷，想要在巴黎建造一个不同寻常的博物馆。建成后的博物馆方方面面都体现着鲜明的现代特征——馆内藏有欧洲当代最精美的艺术作品，而且博物馆本身就是一栋别具一格的建筑。

当时博物馆的修建可以说是场硬战，选址位于巴黎中心街区，却遭到周边居民和许多组织的强烈抗议，他们说从蓝纸上看，这栋建筑就像一座"超大工厂"。

说"超大"不无道理。因为按照草图，博物馆还有一个可自由出入的图书馆、一个当代音乐中心以及工业创造和设计中心。

说"工厂"也情有可原。蓬皮杜艺术中心由建筑师 Renzo Piano、Richard Rogers 和 Gianfranco Franchini 设计修建，内部构造从外面一览无余。水管、管道系统、电线、电梯以及其他部分都可以从外部看得清清楚楚，从艺术中心里面却什么都看不见。设计师通过不同的颜色来区分不同功能的设施，电力设备用黄色，空调管道用蓝色，水管选用绿色，像电梯这样的机械设备则用红色。这样一来，整栋建筑就像是被解剖过，静脉和动脉都清晰可见，让人过目不忘。每到夜晚，光线从窗户里透出来，整栋楼看上去像一颗巨大的水晶，十分壮观。

1977 年，蓬皮杜艺术中心正式开幕，人们看到这样一座建筑的时候全都惊呆了。楼前的广场上挤满了年轻的艺术家和街头卖艺人，热闹非凡，像是在欢庆节日。广场上有个向下的缓坡通向入口，让艺术中心看起来是在广迎四海游客。这栋艺术中心的规模十分宏大：长 166 米，宽 60 米，高 52 米。与最初的预估量相比，游客数整整增加了 4 倍，确实获得了巨大的成功。

就算没时间参观博物馆的藏品，也一定要花点时间欣赏一下这栋建筑。搭乘正面的自动扶梯上去，可以从上面的平台俯瞰巴黎的全景。旁边的乔治餐厅也是一座十分豪华的建筑，游人可以在这里歇歇脚、喝杯茶。

参观

蓬皮杜艺术中心的藏品多达 10 万件，涵盖了 20 世纪所有的艺术运动。它还展示了一些伟大画家、雕像家的个人发展轨迹，非常全面。正是这些让这里成为独一无二的艺术天堂。在法国旅游，除了欣赏伟大的欧洲古典艺术之外，到这里来还可领略西方现代艺术的风采，也会为你的旅途添上别样的色彩。

小佛爷高效超值路线

你可以从六层进入博物馆，开始游览。

- **第一站：《罗马尼亚人的上衣》**
  （La Blouse roumaine，1940 年）
  马蒂斯

马蒂斯用了 6 个月的时间创作了这幅画。他一直在犹豫应该让年轻女人摆出怎样的姿态：人们是俯视她，还是直视她呢？在色彩方面，每一笔都经过反复涂抹和修改。服饰的蓬松感应该多一点，还是少一点？画家将他的每一次尝试都拍下来，最终达到一个完全精练的状态。例如，最初背景里的图案都没有了，只留下一片均匀的红色，主画面则是三个大色块和一些更为和谐的圆形。

- **第二站：《女性半身像》**
  （Buste de femme，1907 年）
  毕加索
  9 号展厅

在夜以继日的探索中，毕加索感知到了所谓的原始艺术，尤其是非洲原始艺术的力量。这种通过部落面具来表达情感的审美形式给了艺术家极大的灵感，他开始用几何图形和线条对现实进行解构，并向其他艺术家极力推荐这种方式，最终推动了立体主义的诞生。毕加索的好友 Georges Braque 的作品《弹吉他的女人》（1913）就是立体主义的典型代表，这幅画就陈列在同一个展厅！

- **第三站：《泉》**
  （Fontaine，1917 年）杜尚
  20 号展厅

杜尚是一位法国艺术家，于 1955 年加入美国国籍。他将一个小便池命名为《泉》，并将它定义成艺术品，这一举动引发了一场关于艺术内涵的思考。一件工业制品只需艺术家的裁决就可以成为艺术品吗？如今，《泉》的原件已经不在了，只留下一些杜尚本人认可的复制品，这些复制品上也都有他签的假名：R. Mutt。

另一件名叫《现成品》（Ready made）的作品摆放在《泉》的旁边。这是一个瓶架，旨在说明艺术家在其制造过程中没有发挥任何作用。1914 年，杜尚将它定义为艺术品。

- **第四站：《在同一间屋子里的三个人》**
  （Three Figures in a Room 1964 年）
  弗朗西斯·培根
  22 号展厅

英国画家弗朗西斯 · 培根是 20 世纪最有才华的画家之一，他对生命的悲剧意义深信不疑，因此作品中人物的脸和身体都是变形的。培根将画中人物的脸和身体固定在有限的空间内，这些空间又被底座、圆形外廓或钢管构成的笼子所界定。他喜欢创作三联画，就像古典画家笔下的教堂装饰画一样。培根的另外 4 幅作品也在同一展厅展出。

- **第五站:《迪亚哥半身像》**
  (Bustes de Diego, 1954 年)
  阿尔贝托·贾科梅蒂
  26 号展厅

阿尔贝托·贾科梅蒂是一位瑞士艺术家，生于 1901 年，卒于 1966 年。他亲历了 20 世纪几场最重要的艺术运动，尤其是立体主义和超现实主义，不过，他的绘画风格却跟每个流派都不尽相同。在贾科梅蒂的笔下，人物和动物都被无限拉伸，有时甚至细得跟铜杆似的——这种过度拉伸赋予作品一种神秘的维度感。这幅《迪亚哥半身像》描绘的是贾科梅蒂的哥哥迪亚哥。同一展厅里的另一件作品《怀孕的情人》(Femme assise)也运用了同样的创作手法和原则。

- **第六站:《未命名》**
  (Untitled, black, red over black on red,1964 年)
  马克·罗斯科
  29 号展厅

马克·罗斯科是 20 世纪美国著名的艺术家和学者，对哲学十分着迷。他钟情于抽象表现主义流派，主张在大片底色上使用简单的矩形色块进行创作。罗斯科希望自己的作品能够引发思考，让观众的目光迷失在一片没有意义的空间里，以此达到一种神秘的恍惚感。

- **第七站:《十个伊丽莎白·泰勒》**
  (Ten Lizes, 1963 年)
  安迪·沃霍尔
  35 号展厅

这部作品完美诠释了美国艺术家安迪·沃霍尔被公认为波普艺术代表的原因:画家选取了充满神秘色彩的女演员伊丽莎白·泰勒作为创作对象，无限度地复制她的画像，直到失去所有的叙述意义。安迪·沃霍尔一生都在坚持这个原则，在世界范围内引发了与图像传播以及工业化物品角色的思考。

现在从 35 号展厅往回走到 31 号展厅，主通道上有一幅妮基·桑法勒的作品《新娘》(La Mariée)。通过描绘一个既悲惨又荒诞的形象，这位女性主义战士想要表达的是——婚姻始终是男性控制女性的途径。在《新娘》后方的平台上是亚历山大·考尔德的作品《鱼鳍》(Nageoire, 1964 年)，风格独特，意义深远。

背对“新娘”，一直向前走，左手边的墙上挂着一幅涂满蓝色的作品。

- **第八站:《蓝色》**
  (Monochrome bleu , 1960 年)
  伊夫·克莱因
  过道

伊夫·克莱因是一名法国先锋派艺术家，这幅画就是最好的说明。他将颜料混合而创造了一种无比浓厚的蓝色，并申请专利，将这种蓝色命名为 IKB(国际克莱因蓝)。为什么偏偏是这种蓝色呢?克莱因认为，这是世界上最抽象的蓝色，不拘泥于任何具体的、可触知的形式，只代表无限(海洋和天空)。当艺术家将这种颜色运用到绘画中时，画布上便没有任何与现实世界相关的东西了。在过道的另一头，正对着这件作品的是一件名为《蓝色海绵树》(L'arbre, grande éponge bleue, 1962 年)的雕像，艺术家想要表现的不再是一棵单纯的树，因为蓝色已经将它吸收，使其失去了作为树的本质。

沿着过道往前走，左边可以看到巨幅画作《食人蓝》(Grande anthropophagie bleue, 1962 年)。艺术家在一些赤裸的女性身上涂满克莱因蓝，将其变成移动画刷，然后在画布上完成创作!

继续向前走，还能看到贾科梅蒂的另外一件作品《站立的女人 2》(Grande femme debout II, 1959 年—1960 年)以及让·阿尔普的作品《云端的牧羊倌》(Le Berger des nuages, 1953 年)。

- **第九站:《纽约市》**
  (New York City , 1942 年)
  蒙德里安
  过道

蒙德里安是当之无愧的探索者，抽象派艺术的先驱之一。他不希望代表任何东西，想要将绘画从不停地复制现存事物的职责中解放出来。他在白色背景上使用黑色和彩色矩形来赋予画作生命力，表现不同的外形和色彩。《纽约市》的创作就是在画布上将不同颜色的长条交错重叠，白色背景看起来比较中性，长条则感觉像是凸起来了。所有元素放在一起，形成一种独特的韵律和冲击感，欢快而又青春。

- **第十站：《祖国、驴及其他》**
  （La Russie, aux ânes et aux autres，1911 年）
  马克·夏加尔
  过道

继续沿中间过道往前走，左边墙上挂着一幅马克·夏加尔的作品。作者在创作这件作品时参考了大量的犹太文化和俄罗斯文化资料。画中的场景发生在晚上，画里有一座俄罗斯东正教教堂，一间马厩，一个石槽，边上的牛正在进食。画中农妇的头是断裂的——犹太谚语曾说过，人们在做梦时脑袋浮在空中。这就是这幅作品的主题，这是一个奇妙的梦境，具有无穷的诗意和魔力。

下楼之前可以走到过道的尽头去看看。在康斯坦丁·布朗库西的作品《无尽之柱》（La Colonne sans fin，1928 年）后面，能够欣赏到圣梅里教堂、圣雅各伯塔和巴黎圣母院的景色。

五楼

五楼陈列的都是当代艺术收藏，你将欣赏到一些令人惊叹、具有启发性的，甚至感人肺腑的作品。尽情享受这种被惊喜包围的感觉吧，不要绞尽脑汁地去“理解”作品的主题，用心体会作品本身的诗意或杂乱感就好。

在这里，我重点推荐其中的两件作品。

《集装箱零》（Container zéro）是为庆祝蓬皮杜艺术中心成立十周年而创作的，1987 年正式面世。作者让－皮埃尔·雷诺将一个半敞开的集装箱里铺满了瓷砖。里面同时也展示其他作品，有时候甚至还会在里面挂上一些从其他展厅或仓库运来的画作。

在五楼的过道上，12 号展厅的正对面，陈列着一件中国艺术家张恩利的作品《水》（The Water，2014 年）。张恩利在 1965 年出生于吉林省，但他一直在上海工作。这位中国艺术家不喜欢华而不实的政治论调，非常关注人与物体之间的联系，因为这种联系经常会带来一些意外的美感。就这样，在描画印章、箱子和盆的过程中，他对容器产生了强烈的兴趣。在作品《水》中，张恩利使用类似传统中国画的表现手法，在画布上用墨汁展示两团水的漩涡，观者似乎可以从每一个笔触里看到画家创作时的姿态。

周边

罗马尼亚雕像家康斯坦丁·布朗库西的工作室就在蓬皮杜艺术中心楼下，位于出口右侧。在那里，你可以欣赏到著名的《海豹》（Phoque）和《熟睡的缪斯》（La Muse endormie）。

蓬皮杜艺术中心出口的左手边几十米远的地方，有一座喷泉，是为了纪念伊戈尔·斯特拉文斯基而建造的。喷泉的雕像栩栩如生，有鸟、蛇、大象、爱神、死神，令人联想到芭蕾舞《春之祭》。

喷泉由艺术家妮基·桑法勒设计，而作品的机械部分是由她的丈夫让·丁格利完成的。跃动的水流、鲜明的色彩，快来自拍一张吧！

中世纪博物馆

地址：： 6 place Paul Painlevé, Paris 5
电话：+331 5373 7800
开放时间：每日 09：15—17：15，周二闭馆
门票：8 欧元，优惠价 6 欧元
交通：地铁 4 号线 Saint-Michel 站或 Odéon 站；RER C 线 Saint-Michel 站

这座博物馆及其附属的中世纪花园，都

让人叹为观止，可以把游客带回遥远的过去。博物馆的官方名称是“国立中世纪博物馆—温泉浴场和克吕尼旅店”（Musée national du Moyen Âge – Thermes et hôtel de Cluny），由两部分建筑组成，一是1世纪末的温泉浴场，修建于古罗马占领高卢的时期；二是建于15世纪末的克吕尼修道院的旅舍店（Résidence des abbés de Cluny）。来到这里一定要去参观罗马浴场的遗迹，那儿有一个复杂的冷水浴池，类似今天的Spa。

在这里你还能欣赏到一些中世纪的著名艺术品：

《贵妇与独角兽》系列（Dame à la licorne）精美挂毯（15世纪末至16世纪初）；

法国最全的彩色玻璃藏品，尤其是来自巴黎圣礼拜堂（Sainte-Chapelle）的彩色玻璃原作；

一些巴黎圣母院的雕像真迹；

《诺特之柱》（Pilier des Nautes），由4个方台叠成的方柱，可追溯到1世纪；

14世纪教皇约翰二十二世的金玫瑰（Rose d'or）；

11世纪巴尔大教堂（Cathédrale de Bâle）祭坛上的装饰金牌。

马蒙丹·莫奈美术馆

地址： 2 rue Louis Boilly, Paris 16
电话： +331 4496 5033
开放时间： 每天10：00—18：00，周一闭馆
门票： 11欧元，优惠价6.5欧元
交通： 地铁9号线La Muette站

马蒙丹·莫奈美术馆（Le musée Marmottan）最初是一栋私人宅邸，后来成为一座博物馆。馆内藏有丰富的文艺复兴时期和拿破仑时期的艺术品，也是世界上收集莫奈的作品最多的美术馆。1960年，美术馆修建了一栋侧楼，专门收藏莫奈的作品。

美术馆最著名的展品莫过于莫奈的《日出·印象》（Impression soleil levant）《特鲁维尔的海滩》（Sur la plage à Trouville）、《日本桥》系列（Pont japonais）、《吉维尼小船》（Barque à Giverny）、《泰晤士河上的倒影》（Reflets sur la Tamise）、《傍晚的鲁昂大教堂》（Cathédrale de Rouen, effet de soleil, fin de journée）、《吉维尼花园里的小路》（L'Allée aux roses à Giverny）以及《睡莲》系列（Nymphéas）。

在马蒙丹·莫奈美术馆，还可以欣赏到其他大艺术家的作品，如贝尔特·莫里索、皮埃尔·奥古斯特·雷诺阿、卡米耶·柯罗、居斯塔夫·卡耶博特、埃德加·德加、阿尔弗莱德·西斯莱、保罗·高更以及爱德华·马奈等。

雅克·希拉克博物馆

地址： 37 quai Branly, Paris 7（206 rue de l'Université, Paris 7）
电话： +331 5661 7000
开放时间： 每天11：00—19：00，周一闭馆
门票： 9欧元，优惠价7欧元
网址： www.quaibranly.fr
交通： RER C线Pont d'Alma站

雅克·希拉克是法国历史上一位成就非凡的总统，从1995年到2007年，他执政共12年。这位法国总统酷爱中国文化，能够正确无误地背诵中国历代皇帝的顺序，可以就秦国和清西陵的考古发掘侃侃而谈，还能鉴别出一个艺术品是属于隋代，还是唐代。希拉克希望通过这座博物馆，让每个人都去探索那些遥远的文明。

雅克·希拉克博物馆（le musée Jacques Chirac）落成于2006年，设计者更喜欢把它比喻成一所房子——一所让各种文明和文化进行对话的房子。

这栋建筑由Jean Nouvel设计，受树屋的启发，他在建筑外墙上挂了一些方形的箱子。游客可以从玻璃塔进入博物馆，塔内像是个大地窖，储藏着1万件来自世界各地的乐器。然后，沿着一条弯弯曲曲的长坡走上去，地面上有16597个字的投影，像河流一般蜿蜒流淌。“河流”的出口就是中央大厅，首先来到一片红色地面的区域——根据地面颜色的不同，游客能够了解到所在展厅属于哪个文化地域。

红色地面区域里依次是巴布亚和新几内亚展区。在其中的某个展柜里，有一个人形的钩子，人像仿佛在指手画脚。接下来是美拉尼西亚、所罗门群岛、瓦努阿图群岛和波利尼西亚展区，绕过圆形大厅就是大洋洲和东印度群岛展区。

继续往前走，地面变成了赭红色，这说明你所在的是东南亚、中亚和中东展区。在这里可以看到爪哇鼓、缅甸的门板、印尼祭祀台以及越南殉葬雕像。

黄色地面的区域代表了非洲展区——马格里布地区、撒哈拉以北及以南地区、西非、中非，最后是南非和东非。由于法国有长期殖民非洲地区的历史，所以这里陈列了大量的非洲馆藏。阿尔及利亚陶罐、马达加斯加婚礼长袍、护甲和墓葬柱，每一件艺术品都十分吸引眼球。

蓝色展示的是跨越北极圈的极地文明，一尊代表月亮之魂的巨型面具静静地注视着来往游人……接着从右走，依次穿过北美洲（可以重点欣赏这里的熊图腾）、亚马孙、中美洲、安第斯山脉和南美洲展区。

这些来自世界各地的器物，无论神圣或平凡，自古至今点亮着人类的生命。最后，重新回到大厅，可以从缓坡下到出口处。

博物馆外围有一座花园，散步其间仿佛置身于一片雨林之中。这座花园由著名景观设计师 Gilles Clément 设计，中国国家艺术馆外的花园也是他的作品。

博物馆天台上的 Les Ombres 餐馆视角独特，可以将埃菲尔铁塔和特罗卡代罗广场收入眼底，非常适合拍照。

圣厄斯塔什教堂

地址： 2 impasse Saint Eustache, Paris 1
电话： +331 4236 3105
交通： 地铁 4 号线 Les Halles 站

圣厄斯塔什教堂（L'église Saint-Eustache）是巴黎规模较大的教堂之一。这座建于 16 - 17 世纪的教堂，几经改建，仍保持着文艺复兴时期的风格，彩色玻璃来自 17 世纪。在教堂中殿左侧，有一条特别的长凳，在其上方装饰着耶稣受难的浮雕。这条长凳是专为教区的名人而设的，正对着教堂布道台，其历史可以追溯到 1720 年，在法国大革命的浪潮中幸免于难。这也是君主专制时代留下的唯一一条长凳。

教堂里还有许多法兰西第二帝国时期的艺术品：绘画、雕像、彩绘玻璃和家具。在光线昏暗的偏祭坛上，有一件当代艺术家 Keith Haring 的作品《耶稣的一生》（Life of Christ），是镀白金的铜版画，全世界仅存 9 件。

维莱特

地址： 30 avenue Corentin Cariou, Paris 19
电话： +331 4005 8000
开放时间： 每天 10：30—20：30，周一关闭
门票： 9 欧元，优惠价 7 欧元
交通： 地铁 7 号线 Corentin Cariou 站 /Porte de la Villette 站

在 19 世纪的巴黎，这里曾是屠宰场。20 世纪时正式拆除，改建成了今天这座精美、广阔的公园。

公园很大，位于乌尔克运河与圣德尼运河的交汇处。瑞士建筑师 Bernard Tshumi 设计了一些鲜艳的红色房屋，然后将这些建筑以“folies（疯狂）”为主题精巧地分散在公园各处，形成一种奇妙的效果。

地铁可以直达维莱特公园（Porte de la Villette），出站后即可进入公园的金色小径（Sente des Dorées），游览完毕后再返回地铁站。

巴黎爱乐音乐厅

嗨，音乐星球就在你的右手边运转！离你最近的建筑是爱乐 2 号楼（Philharmonie 2），也叫音乐城（Cité de la Musique），由建筑师 Christian de Portzamparc 设计。这栋建筑包括两个音乐厅、一个音乐书店以及许多音乐工作室，还有一间咖啡馆，你可以在阳光下的露台上静静地喝上一杯。

爱乐 2 号楼的另一边就是巴黎爱乐音乐厅（Philharmonie de Paris），由 Jean Nouvel

设计建造。这里有一家名为“Balcon”的餐厅，可以尝试。

在更远一点的地方，可以看到一个白色的像鼓足了气一般的巨型立方体。这就是Zénith，一间能够容纳6000人的音乐大厅，专为流行音乐演唱会而设计。

回到中轴路上，从维莱特走廊（Galerie de la Villette）的一端走到另一端，这是一条贯穿整个公园的幽幽小径，景致优美。这时位于你左边的建筑是一所音乐学院。

维莱特市场大厅

今天的巴黎－维莱特剧院（Théâtre Paris-Villette）曾经是个家畜农贸市场，出售动物皮革及其他产品。剧院门前的喷泉于1911年建成，名为“努比亚雄狮喷泉”（Fontaine aux Lions de Nubie），曾经是动物的饮水槽。

接下来映入眼帘的这栋金属框架建筑就是维莱特市场大厅（Grande Halle de la Villette）。曾经，这里的肉铺生意兴旺，高峰期有5000家肉铺同时经营！如今，这是一处举办各种国际展览、会议和论坛的场所。

大厅的后方是一片2万平方米的大草坪，每到夏天，宽广的草坪就会变成一个露天电影院。夏夜的星空下，人们坐在长椅上，观看大屏幕上投射的经典影片。

请继续走，穿过乌尔克运河。

马戏团和巨龙

右侧是专为孩子们设计的龙园（jardin du Dragon），小朋友可以进到一条身长25米的五彩巨龙的身体里，然后从龙嘴里钻出来——其实是一个11米高的滑梯。

左边则是马戏团，经常有世界各地的马戏团来此表演。

科技城

再走10多米就是科技城（Cité des sciences et de l'industrie），一个寓教于乐的科学技术展览馆，非常受青少年的喜爱。在科技馆的对面，有一个漂浮在水上的大钢球，差不多有12层楼高。这是个IMAX电影院——Géode（晶球），拥有1000平方米的弧形屏幕，时常放映一些视觉效果震撼的3D电影。

往右走，穿过科技城，接下来到达的是一个被建筑物环绕的广场，不远处就是科伦丁大道（Avenue Corentin Cariou），地铁站（Porte de la Villette）就在右手边几步路的地方。

地下墓穴

地址： 1 avenue du Colonel Henri Rol-Tanguy, Paris 14
电话： +331 4322 4763
开放时间： 每天10：00—20：30，周一关闭

门票： 12欧元，优惠价10欧元
交通： 地铁4号线Mouton Duvernet站；
地铁6号线Saint Jacques站

参观巴黎地下墓穴（Catacombes de Paris）需要强大的心脏，无惧死亡之念。

18 世纪末，人们在巴黎市区的公墓中挖出了 600 万具骷髅，都是些埋了好几个世纪的尸骨……1861 年，这些尸骨被转移到了一个位于 14 区的地下采石场，在那里集中摆放。“地下墓穴”就是这样诞生的。它位于地下 20 米，总长 1.7 千米，用颅骨、股骨和胫骨拼接而成一条走廊。这里只有 14℃，进入墓穴需要走 130 级台阶，然后再爬 83 级台阶回到地面上。

地下墓穴的旁边是丹费尔 – 罗什洛广场（Place Denfert-Rochereau）。广场中央有一尊铜狮像，是建筑师 Auguste Bartholdi 在贝尔福城堡的石狮雕像的复制品，不过比原型要小一些。贝尔福位于阿尔萨斯和瑞士之间，普法战争时期曾被普鲁士军队围攻。雄狮唤起了被逼入绝境的人民内心的愤怒，它背对敌人，正视着自由女神所在的方向。贝尔福的石狮用巨大的玫红砂岩制作而成，高 11 米，长 22 米，丹费尔 – 罗什洛广场的这尊铜狮复制品则高 4 米，长 7 米。

巴黎的中国味道

毫无疑问，在法国有许多中国的影子和风味。这里有将近 70 万中国侨民，是欧洲华侨最多的国家。在异国旅行，难免会想念家乡的美味佳肴，怀念祖国的语言和文字，我推荐几个好去处，让你一解思乡之苦。

中国区

最早来到法国的中国移民来自温州，19 世纪末定居于此。

圣殿街

20 世纪初，许多来自中国的商人、学生和知识分子都移民到了这一地区。第一次世界大战时期的华工，后来也定居在圣殿街、法国高等工程技术学校和佛乐塔街（Rue Volta）附近的街区。还有一些中国人选择到玛德琳娜教堂、里昂火车站附近居住，不过现在那里的建筑已经消失了。

13 区

交通：地铁 5、6、10 号线 Place d'Italie 站

20 世纪 70 年代，又有一大批来自潮州附近的中国移民抵达巴黎，定居在如今的 13 区。不过，早在他们到来之前，这片街区就已经有中国人居住了，比如周恩来。20 世纪 20 年代，周恩来在这里组建了中国共产党法

国分部。

13 区的店铺没有别致的装饰和橱窗，饭店和商铺的老板都是中国人。每逢中国农历的新年，这里都会举办精彩的庆祝活动，吸引五湖四海的人们前来观看。

13 区出售大量的中国特产，一定会让你备感亲切，小佛爷特别推荐陈氏兄弟超市（Supermarchés Tang Frères）和巴黎士多（Paristore）。此外，13 区还有两座佛寺，其中一座是由法国潮州会馆主持修建的，在伊夫里大街（avenue d'Ivry）44 号，另一座则位于迪斯克大街（rue du Disque）的停车场里。

美丽城

交通： 地铁 12 号线、13 号线 Belleville 站

最近几年，来自浙江省的中国人为处于巴黎 19 区和 20 区交界的美丽城（Belleville）街区增添了许多活力。

巴黎吉美东方博物馆

地址： 6 place d'Iéna, Paris 16
电话： +331 5652 5300
开放时间： 每天 10：00—18：00，周二闭馆
门票： 7.5 欧元，优惠价 5.5 欧元
交通： 地铁 9 号线 Iéna 站

吉美国立亚洲艺术博物馆（Musée national des arts asiatiques-Guimet）是一座宏伟的博物馆，藏有大量从世界各地收集的亚洲艺术品。博物馆一楼展出一些亚洲国家的文物珍宝，特别是来自柬埔寨 9-13 世纪高棉帝国时期的物件，还有来自泰国、印度尼西亚、缅甸、老挝和越南的文物。

中国艺术藏品在博物馆二层以及通往三楼的通道里展出，藏品涵盖随葬器物、青铜器、玉器、邢窑瓷器、青花瓷器、唐三彩和素三彩、三国时期的青瓷和画卷等。

二层还展出了阿富汗、巴基斯坦和喜马拉雅地区的艺术品及纺织藏品。

三楼主要展出的是来自朝鲜、韩国以及日本的艺术品。

四楼陈列着大量关于亚洲的摄影作品，还有一些体积较大的中国藏品。在圆形大厅里有一扇精美的中国屏风，无论是绘画还是漆面，都令人赞叹。

最后要告诉大家的是优美穹顶下的吉美博物馆图书馆向所有学者和公众开放。

巴黎赛努奇博物馆

地址： 7 avenue Velasquez, Paris 8
电话： +331 5396 2150
开放时间： 每天 10：00—18：00，周一闭馆
门票： 免费
交通： 地铁 2 号、3 号线 Villiers 站

19 世纪末，对亚洲艺术充满热情的意大利银行家、经济学家亨利·赛努奇（Henri Cernuschi），将其毕生收藏的所有中国、日本、朝鲜和越南艺术品捐赠给了巴黎市政府。所以，我们今天得以在赛努奇博物馆里看到 1.2 万件中国藏品，这个数量在欧洲排到第五位，其中有些画作可以追溯到明清时期。

以下是赛努奇博物馆列出的一份清单，精选了中国藏品中的精品。

先秦时期（公元前 21 世纪—公元前 221 年）

- 觚，用于饮酒的容器：青铜制，二里岗（公元前 1580—公元前 1300 年）。
- 母虎纹卣，盛酒器具：青铜制，殷商国土以外出土，湖南，11 世纪。
- 瓿，盛酒器具：青铜镶铜，公元前 5 世纪。周代，春秋末期（公元前 770—公元前 481 年），战国初期（公元前 481—公元前 221 年）。

中国封建王朝时期（公元前 221 年至 1911 年）

- 鹅型陶壶：彩绘陶壶，东汉墓葬文化（25—220 年）。
- 疾驰骏马：陶土，东汉墓葬文化（25—220 年），四川。
- 弥勒菩萨：粗陶，山西云冈，北魏（386—534 年）
- 佛碑：石制，北齐（550—577 年）
- 菩萨头：大理石，隋代（581—618 年）。

● 明器宫女雕像，唐代（618—907年）。

● 阿弥陀佛像：大理石，河北，辽代（907—1125年）。

● 观世音菩萨坐像：木质彩绘，明代初期，14世纪。

● 菩萨像：鎏金铜，明代（1368—1644年）。

中式小楼

漫步在巴黎市中心的库尔塞勒街（Rue de Courcelles），一栋四层楼的红墙建筑会在第一时间跳进游人的眼睛，因为它跟周围那些19世纪的法式建筑差别实在是太大了。琉璃瓦顶上雕龙刻凤，还有东方神像，一瞬间让人觉得似乎到了北京的紫禁城或西安的某个老街区。

这座楼阁的建造者是卢芹斋先生。19世纪末，年轻的卢先生从中国来到法国求学。学成之后，他在玛德琳娜广场上开了一家亚洲古玩店。他博学、能干、积极进取、充满魅力，所以事业蒸蒸日上，生意兴隆。1925年，他买下了位于巴黎8区的一栋奥斯曼式公馆，邀请建筑师好友Fernard Bloch将这栋公馆改建成了中国风格的塔式小楼，并进行了扩建，增盖两层。这位大古董商在此开设了一家公司，小楼正式成为卢吴古玩公司的总部。1957年，卢芹斋先生去世，但这里仍继续做着亚洲古玩的买卖。

这栋小楼叫巴黎彤阁（Pagoda Paris），内设有展厅，展示许多18世纪的精美漆画壁板。这里还设有一个私人博物馆，偶尔举办临时展览。

地址： 48 rue de Courcelles, Paris 8
电话： +331 4561 0693
网址： pagodaparis.com/chn/home.html

第五章　巴黎周边记忆

圣丹尼大教堂

地址： 1 rue de la Légion d'Honneur, 93200 Saint-Denis
电话： +331 4809 8354
开放时间： 10：00—18：15（周日 12：00—18：15）
交通： 地铁 13 号线 Basilique de St—Denis 站

圣丹尼大教堂（La Basilique Saint-Denis）离巴黎之近，以至于我们可能都没有意识到自己已经出了巴黎。这座大教堂修建于 12 - 13 世纪，可以算得上是早期的哥特式建筑。它见证了哥特艺术的诞生，并将其通过建筑这种极易令人动容的方式表现出来。**之所以能够令人动容，是因为哥特艺术对光影效果的追求可谓达到了极致——通过更高的拱顶和玫瑰花窗来营造缤纷的光影。**然而，圣丹尼却也是黑暗的中心，因为这里埋葬着数位法国国王。

这座大教堂的确建立在陵墓之上，传说 250 年，圣人“丹尼”被罗马人斩首后捧着自己的头颅来到这个地方，并在此入土。此后，这里逐渐成为法国历代王朝的皇家公墓，一共葬了 43 位国王，32 位王后，还有 10 位君主立宪制时代的相关人士。

总的来说，这个景点非常值得游览，不过附近街区的治安状况不是很好，前往的话一定要小心谨慎、注意安全！

对死亡的理解

在一般人的观念里，陵墓的雕像应该是和死亡有关的情感表达，比如强烈的悲痛，但在圣丹尼大教堂事实恰恰相反！一方面，雕像的墓石将已故君王的高贵仪态刻画得惟妙惟肖，英年早逝的王子和神情活泼的小狗雕像亦是栩栩如生。另一方面，这些代表着已故亡灵的雕像又让人不得不勇敢地直面死亡。

圣丹尼大教堂就是这样一部完美呈现法国丧葬艺术的历史诗卷，折射出了西方人对死亡的理解。

文森城堡

地址： 1, avenue de Paris 94300 Vincennes
开放时间：
5 月 21 日至 9 月 22 日 10：00—18：00（关闭前 45 分钟停止入场）
9 月 23 日至次年 5 月 20 日 10：00—17：00（关闭前 45 分钟停止入场）
（1 月 1 日、5 月 1 日、11 月 11 日、12 月 25 日闭馆）
票价： 8.5 欧元，优惠价 6.5 欧元，每年 11 月—次年 3 月每月的第一个星期日免费
交通： 地铁 1 号线 Château de Vincennes 站

文森一带的城堡是真正意义上的中世纪城堡，漫步其中不禁让人浮想联翩：一队士兵沿着城堡和护城河缓缓行进，保护其中的大片土地、位于中心的小教堂和欧洲最高的

城堡主塔（52 米），弓箭手们则埋伏在周围的 6 座高 42 米的次塔上。

这座建于 14 - 17 世纪的城堡也是当时的皇宫所在地，受到历代国王的青睐，因为它位于一片猎物丰富的狩猎森林中（即如今的文森森林）。各色人等蜂拥而至——仆人、士兵、商人、工匠以及来这里赚辛苦钱的穷人——浩浩荡荡聚集到此地，还没算上那些路过的访客与游人。围起城墙，这里就可以算得上是一座真正的小城市了，但密密麻麻的房子让军队防护起来困难重重。直到 17 世纪，空间才得到了合理规划。路易十四让建筑师路易 · 勒沃建造了两座古典式的塔楼，即国王塔楼和王后塔楼，分别给母亲和大臣居住、使用。

后来国王迁去了凡尔赛宫，这片城堡又依次扮演了瓷器工厂、国家监狱和军工厂的角色。

文森城堡位于地铁 1 号线的终点站，所以非常容易到达。可以先参观城堡主塔，然后在湖边或是河边的草地和热带花园里闲庭信步。这里还有一个藏传佛教的寺庙和一座宝塔，寺庙里面立着一尊高达 9 米的佛像，这也是欧洲最大的一尊佛像。

城堡附近还有巴黎动物园，虽然无法和巴塞尔、维也纳或柏林等地的动物园相媲美，但也是个不错的休闲之地。另外，周围的餐厅、露天咖啡馆也随时恭候游人的光临。

文森森林（Bois de Vincennes）

交通：地铁 1 号线 Saint—Mandé 站 /Bérault 站 /Château de Vincennes 站、地铁 8 号线 Porte Dorée 站 /Porte de Charenton 站 /Liberté 站 /Charenton—Écoles 站

巴黎动物园（Parc zoologique de Paris）

地址：Croisement de l'avenue Daumesnil et de la route de la Ceinture du Lac, Paris 12

交通：地铁 8 号线，Porte dorée 站

开放时间：5 月 1 日—8 月 31 日 09：30—20：30

9 月 1 日—10 月 30 日 09：30—18：00

10 月 30 日—次年 4 月 30 日 10：00—17：00 周二闭园

周末及国定假日 09：30—19：30

票价：22 欧元，优惠价 16.5 欧元（12-25 岁青年）、14 欧元（3-11 岁儿童）

凡尔赛宫

地址：Place d'Armes, 78000 Versailles

电话：+331 3087 7800

门票：15 欧元

开放时间：9 月 1 日至次年 3 月 31 日 09：00 — 17：30（周一闭馆）

4 月 1 日至 10 月 31 日 08：00 — 19：00（周一闭馆）

交通：RER C 线 Versailles Château Rive Gauche 站

其他：有中文语音导游

到北京不去故宫绝对不可能！同样的，巴黎之旅一定不能错过凡尔赛宫。当初，国王路易十四为了彰显皇权，下令修建凡尔赛宫，它是 17 世纪法国的象征。

当时，世界上有两大强国，分别是西方的法兰西王国和东方的中国。法兰西的国王是自称“太阳王”的路易十四，而中国则处在康熙帝统治时期。这两位君主可以说命运相仿。首先，他们生活在同一时期，康熙生于 1654 年，卒于 1722 年；路易十四生于 1638 年，卒于 1715 年。其次，他们都是年幼即位，康熙 8 岁登基，路易十四 4 岁登帝，执政第一年都由摄政王行使权力。并且，他

们分别是两国历史上在位时间最长的君主，康熙在位 61 年，路易十四在位 72 年。最后，这两位君主都开创了盛世之治。

路易十四认为全世界没有能跟自己比肩的君主，只有中国的皇帝令他钦佩万分，因此，他派特使前往中国。按照惯例，这些特使大多是传教士和耶稣会士。然而，在得知康熙帝对科学很感兴趣之后，这些传教士并没有布道，转而积极地分享西方在制图术、数学以及天文学方面的知识，极大地维持了中国精英阶层的学习热情。与此同时，他们也将中国的宝贵经验和知识带回法国。

路易十四对中国皇帝的兴趣从未消退过。在一封写于 1688 年 8 月 7 日的信函中，他称呼中国皇帝为“我最亲密的朋友”，并向后者表达了钦佩之情。1670 年，他命人在凡尔赛宫建造了一座小型的中式宫殿，餐具、真丝布料、家具装饰以及绘画都带有丰富的中国元素。对路易十四来说，有生之年未与康熙会面或许是他一生的遗憾。

参观凡尔赛宫的时候，在挂毯或瓷器中找找中国风吧，说不定会让你有宾至如归的感觉呢！

前往凡尔赛宫

凡尔赛宫位于巴黎西郊 16 千米处。前往凡尔赛宫最简便的方式是搭乘 RER 的 C 号线至凡尔赛宫左岸站。

驾车前往：A13 高速公路，在凡尔赛中心下高速。

GPS 导航：48°48'17N / 2°07'15E。

接待区

游客可以从杜福尔馆（le pavillon Dufour）进入凡尔赛宫，馆里提供各种旅游服务，比如寄存行李或大件物品、租用电子语音导游，还设有卫生间。

Alain Ducasse 在杜福尔宫二层开了一家名为 Ore 的餐厅，可以品尝到精心准备、制作的经典法式菜品。

我建议大家在上午九点开门时赶到，尽量在大批游客涌入之前开始参观，这样会有充足的时间去欣赏宫殿里的房间和镜廊。中午的时间就留给凡尔赛宫的花园、大特里亚农宫、小特里亚农宫以及王后农庄吧。如果想在河边用餐，明媚的正午时分最好不过了，你还可以租辆自行车或一艘小船。本章的最后会给大家介绍娱乐项目的相关信息。

气势恢弘的宫殿

凡尔赛宫有 2300 个房间，其中约 1000 个对外开放。宫殿之外还有一些附属的建筑群，如小特里亚农宫、大特里亚农宫、王后农庄和橘园。凡尔赛宫的公园占地共计 815 公顷。

这座华美的宫殿由国王路易十三的狩猎行宫改造而成。后来，人们在原先的基础上逐步增盖了许多侧翼建筑，进而形成一个大理石庭院，收银处则位于这个大型 U 字建筑群的深处。自 1660 年起，路易十四对凡尔赛宫产生了浓厚的兴趣。1682 年，他带家人和宠臣入住凡尔赛宫，从此这里成为绝对的权力中心。后来，越来越多的贵族也来宫殿里生活，对他们来说，国王的一个小小注视都是莫大的恩赐，而哪怕是轻微的蔑视也意味着处罚。没人知道究竟有多少人曾在凡尔赛宫居住过，有研究说，这里曾经有过 5000 名贵族和同样多的佣人。

凡尔赛宫由古典主义建筑的天才大师们携手共建而成，包括：Le Vaux、Jules Hardouin－Mansart、Charles Le Brun 和 Robert de Cotte。扩建从未间断，宫殿逐渐变成了名副其实的小城，房屋、广场、剧院、教堂、马厩等一应俱全。

第一眼看到凡尔赛宫，就能被它的恢弘气势深深吸引。游客在错落有致的庭院里游走，渐渐深入宫殿内部，有种被整个建筑包裹起来的感觉。从军事广场（place d'Armes）的正门进入贵宾庭院，再到皇家庭院，最后来到由黑白两色大理石板装饰的大理石庭院。国王套房可不是轻易就能拜访到的，访客需要努力爬过一条长坡——这种筋疲力尽会让来访者变得谦卑，用心感受君权的威严。紫禁城里层叠的柱廊和宫殿，也会让人产生同样的感觉。

参观宫殿内部

国王套房和镜廊

海格力斯厅

首先参观的是海格力斯厅（Le salon d'Hercule）。海格力斯一半是人，一半是神，是朱庇特和人间女子所生的儿子，因完成了十二项“不可能完成”的伟绩而著名。天花板上的巨幅壁画由艺术家 François Le Moyne 创作，画中共有 142 个人物！心力交瘁的艺术家，为壁画涂上最后一抹色彩后将一把利剑插入身体，自尽身亡，生命的力量转移到了这幅作品之中。

大厅的一面墙上有 Véronèse 的不朽名作《西蒙家宴》（Le Repas chez Simon），是威尼斯共和国的总督送给路易十四的礼物。

富饶厅

富饶厅（Le salon de l'abondance）摆放着清凉的饮料和美酒。“国王之舟”——一种船型银制餐具，是国王的专属餐具，君权的象征，就放置在富饶厅大门的上方。

维纳斯厅

维纳斯厅（Le salon de Vénus）中的“Vénus”既指金星，也指罗马神话中的爱神维纳斯。大厅的天花板上绘有维纳斯的画像，内部装饰为巴洛克风格。曾经，外国大使们经由著名的“大使楼梯”最先抵达的就是这个大厅，不过那座楼梯已不复存在。

狄安娜厅

大厅里装饰着代表狩猎女神狄安娜的画像。每逢举行晚会，狄安娜厅（Le salon de Diane）就会变成台球室，当国王赢球时，掌声响彻整个大厅。

马尔斯厅

马尔斯是战神，因此马尔斯厅（Le salon de Mars）的装饰带有浓厚的军事色彩。天花板上的油画作品，展示的是战神驾驶狼驭战车的情景。这间大厅曾被用作警卫厅，后来又改成音乐室和舞会厅。有一幅描绘大卫在马尔斯厅演奏竖琴场景的油画，深得路易十四的喜爱。

墨丘利厅

墨丘利厅（Le salon de Mercure）又名“御床厅”，是国王休息的地方。每到夏天，王室成员们聚在这里玩游戏。大厅内部的装饰富丽堂皇，不过后来，这里的许多银制饰品都被拿去熔化，用以资助战争。

1715 年，路易十四逝世，他的遗体在墨丘利厅放置了 10 天。

在天花板的油画上，我们可以看到墨丘利坐在雄鸡拉动的战车上，他既是诸神的使者，也是商业和旅行的保护神。

阿波罗厅

路易十四视自己为掌管美学、艺术与和平的太阳神阿波罗，因此，阿波罗厅（Le salon d'Apollon）的布置极尽奢华。在众多奢侈的装饰之中，一座高 2.6 米的纯银御座尤为瞩目。然而，就像许多银质的家具和饰品命运，为了支持国王的战争，这尊宝座也被送进了火炉。

战争厅

战争厅（Le salon de la guerre）装饰的主题是纪念路易十四与各国签订的《奈梅亨和平条约》。拱顶的壁画分为四个部分，其中三部分画着国王的手下败将：德国人跪在脚下，旁边有一只鹰；气急败坏的西班牙人和一只狮子；荷兰人被打倒在一头狮子身上。第四部分描绘了女战神正在制伏“背叛”和“冲突”的场景。在进入大厅的那面墙上，装饰着 Coysevox 的浮雕作品《路易十四骑马踏地》。天花板上的壁画，描绘的是法国军队驾云凯旋，盾牌上都有路易十四的肖像。

镜廊

镜廊（Le salon de la guerre）是著名建筑师 Jules Hardouin—Mansart 在 1678 年至 1684 年间修建完成的，是凡尔赛宫最辉煌的部分。拱型天花板上是 Charles Le Brun 的巨幅油画，再现了路易十四执政头 18 年的丰功伟绩。整条镜廊长 73 米，非常震撼。与拱窗相对的 17 面大镜子由 357 块镜片组成。当时只有威尼斯拥有生产、制作镜子的技术，但是，这些镜子都是“法国制造”，质量上乘，令人印象深刻。

镜廊的左侧有一扇大门，通向牛眼厅，从这里开始就是凡尔赛宫的权力中心了。现在，你可以想象自己是众多法国大臣中的一员，正等着瑞士卫兵队领你进去……

牛眼厅

你现在走进的这间屋子，自 1701 年起就直通国王卧室的等待室了。

国王寝宫

国王卧室位于宫殿的中心，侧翼建筑群以此为基点进行扩建。国王用这种方式告诉每个人，他是西方世界的中心！根据各自不同的功绩，贵族们可以在这里参与国王的起床、就寝以及晚宴等。路易十四正是在这里度过了生命的最后一刻。

会议室

在路易十四执政时期，会议室（Le cabinet du Conseil）被一分为二。一边用于会见部长大臣，一边用于举行晚宴和家人聚会。后来，路易十五和路易十六添置了一些木制品，以及不少珍贵物品，比如花瓶、座钟以及马其顿国王亚历山大大帝的半身像。出了会议室，镜廊另一头左侧就是和平厅。

和平厅

和平厅（Le salon de la Paix）与战争厅相对，中间夹着长长的镜廊。这里的装饰风格与镜廊相似，天花板以及拱顶的油画是 Le Brun 的作品。从和平厅出来就是王后的套房了，一起去看看吧。

王后套房

王后寝宫

法国王室曾有好几任王后在这里居住过，19 位公主在这里出生。每位王后会按照自己的喜好布置房间，现在的大床和扶手都是原版的仿制品。

贵宾厅

这是王后的私室，用来接待贵宾或与贵妇闲谈聊天。

王后候见厅

王后在这里享用晚餐，通常国王也会一起出席。王室成员依次坐在奢华的餐桌旁，其他宾客则根据等级可以添凳或站着参加王后的晚宴。玛丽 · 安托瓦内特王后（路易十六的妻子）还曾在房间里设过一个观礼台，用于欣赏唱诗班的表演。

卫兵厅

一共有 12 名卫兵日夜保卫着王后的安全，他们在这里管制人员的出入。没有王后进出过这个房间，也没有王后给这间房重新装修的热情，所以卫兵厅的 17 世纪装饰风格一直保持到了今天。

王室教堂

王室教堂(La chapelle royale)由儒勒·阿尔杜安 · 芒萨（Jules Hardouin – Mansart）设计，于1710 年竣工，5 年后路易十四逝世。这座教堂完美体现了君主制度所推崇的至高无上的“神权”——从法国国王在兰斯教堂接受加冕的那一刻起，他的一切权力都是神圣的。每天上午 10 点，国王站在王室礼堂的廊台上参加皇家弥撒。国王站在平民的上方，与选中他的神站在同一高度。

教堂内部以白、金两个色调为主，色彩绚丽。无论是大理石地砖的颜色，穹顶的壁画还是天堂般的奢华装饰，都营造出国王和天神是住在一起的那种氛围。

国王与神，皇帝与天子

在中国，人们将皇帝即位看作“天降大任”——上天恩准他用明智、仁慈的方式统治国家。相反地，如果皇帝贪腐、残暴，便再也得不到老天爷的扶持。

法国则有所不同，人们相信国王是神选出来的，加冕礼非常神圣。国王代表了神，也就是说 ，国王可以不顾合法性做 切想做的事。

外部参观

橘园

橘园（L'Orangerie）为上千种植物提供了庇护，让它们在冬天免受严寒，比如夹竹桃、橙子、柠檬、石榴、棕榈树等。这是儒勒·阿尔杜安 · 芒萨（Jules Hardouin—Mansart）的又一杰作。

越过橘园，还有一座精美无比的法式花园——南花坛（le Parterre du Midi）。走过一段阶梯可以来到花坛边，阶梯两旁摆放着两座儿童狮身人面像，是凡尔赛宫古老的雕像之一，完工于 1668 年。

花园

凡尔赛宫的花园在城堡西侧洋洋洒洒地铺开。一部分延伸至阿波罗池，由不同风格的法式花园构成，形成四个并列的四边形花坛。相邻的部分栽有植被，一直延伸到位于十字形运河周围的水池边。

花园的装饰品加在一起多达 386 件，其中包括 221 座雕像。

凡尔赛宫花园是著名建筑师安德烈 · 勒诺特（André Le Nôtre）的杰作。对于国王来说 ，花园和宫殿本身一样重要。

凡尔赛宫的水景

国王希望凡尔赛宫处处有水，所以在这儿能看到喷泉、水池、瀑布、溪流、水镜等各种形式的水景。为了建造这些景观，必须增设水泵和水车，将附近池塘和河流中的水引入宫殿。除此之外，还需要一个蓄水池。由于用水需求不断增加，建筑师们便设计了一个壮观而庞大的机器，安置在塞纳河畔的马尔利宫（Marly），机器的水泵和涡轮叶片将水引入一条通往凡尔赛宫的渠道。

有时候，凡尔赛宫花园会举行名为“水之大”（Grandes Eaux）的大型音乐喷泉表演，届时所有喷泉和瀑布都会伴随音乐翩翩起舞。

“水之大”喷泉表演联票： 25 欧元（通票包括凡尔赛宫、大小特里亚农宫以及玛丽 · 安托瓦内特宫的参观）
喷泉表演单票（仅限花园和音乐喷泉参观）： 9 欧元，优惠价 7 欧元
团队票： 7.5 欧元
林荫路开放时间： 09：00 — 18：30
音乐开放时间： 10：00 — 18：30
喷泉表演时间： 周末 11：00 — 12：00
镜池喷泉表演时间： 10：00 — 18：30（每 10 分钟一次）
水上剧院喷泉表演时间： 10：00 — 18：30（整点前 20 分钟）
尼普顿喷泉表演时间： 17：20

夏季周末的晚上也可以进入花园，在夜幕下欣赏大运河的烟火表演。

票价： 24 欧元，优惠价及团体价 20 欧元
喷泉表演： 20：30 — 22：40
烟火表演： 晚间开园 — 22：50

凡尔赛宫夜间喷泉表演专线

交通： 地铁 8 号线 /9 号线 Grands Boulevards 站从星形广场（Place de l'Etoile）出发；返程途经星形广场（Place de l'Étoile）、协和广场（Place de la Concorde）、夏特莱广场（Place du Châtelet）以及巴士底广场（Place de la Bastille）下车
往返车票： 每人 29 欧元

主要的水池和大型喷泉

拉多娜池（le bassin de Latone）

即使花园之旅时间仓促，你也一定不会错过拉多娜水池，因为它距离城堡正门最近。水池里有拉多娜和她的两个孩子——太阳神阿波罗和月神狄安娜的雕像。他们受到别人的戏弄，朱庇特就将这些亵渎神灵的人变成了青蛙和蜥蜴，替拉多娜报仇。

镜池（Le bassin du Miroir）

看见装饰水池的两条龙形雕像了吗？那是让 · 阿尔迪（Jean Hardy）的杰作。

萨图恩池（Le bassin de Saturne）

萨图恩池中雕像的主角是冬神，他端坐在布满贝壳的小岛中央，周边环绕着精灵。传说，每年冬至冬神都会从沉睡中苏醒，与围绕在身边的情人们举办热闹的盛会。

阿波罗池（Le bassin d'Apollon）

当凡尔赛宫还只是路易十三的狩猎行宫时，阿波罗池就已经建好了。后来，路易十四命令艺术家让 · 巴普蒂斯特 · 杜比（Jean – Baptiste Tuby）设计一组大型雕像加以装饰，并取名为《太阳神战车》。于是就有了我们今天看到的这组气势恢弘的雕像——阿波罗乘坐一辆四马战车跃出水面。

尼普顿池（Le bassin de Neptune）

尼普顿池共有 99 个喷水口，园艺师勒诺特（Le Nôtre）增加了三组群雕作为装饰，分别是尼普顿和安菲特里忒（女海神）、普罗蒂（守护海洋的先知）以及海神。路易十五亲自为这座水池举办了落成仪式。

龙池（Le bassin du Dragon）

龙池就在尼普顿池的前面，“龙”在这里指的是希腊神话中的怪物巨蟒。在池中的雕像中，龙被阿波罗一箭射死，四周围绕着海豚以及带着弓箭的爱神。龙池的喷泉是凡尔赛宫最强有力的，可以喷出 27 米高的水柱。

金字塔池（Le bassin de la Pyramide）

水池中央有一座金字塔，由四个叠置的铅制盛水盘构成。下面的雕像表现的是海神的侍从特里通、海豚和鳌虾。整组雕像的修建一共用了 3 年时间。

大运河

大运河全长 1500 米，宽 62 米，于 1667 年至 1671 年挖掘建成。运河呈十字形，

国王经常在这里举办大型水上表演。在运河的十字交叉处，停泊着各国君主赠送给法国国王的船只，比如威尼斯的贡多拉船。

所有喷泉的池水都来自这条运河，通过水泵输送到各个水池。

宫殿林园

城堡西侧的花园里有好几个小树林，布局和设计各不相同，漫步其间，处处惊喜。其中比较著名的有：

王后园（Le bosquet de la Reine）

王后园的前身是迷宫林园，曾经像童话世界一般，魅力独特。如今的王后园装饰着形态各异的雕像，这些作品大多来自19世纪末期。

舞厅园（La salle de bal）

路易十四很喜欢跳舞，在位期间大力支持艺术和音乐的发展。1680-1683年，园林大师勒诺特专门为他布置了这个用来举行舞会以及观看表演的空间。乐师坐在瀑布上方，中间的大理石“岛”充当舞池，观众则坐在对面覆满青草的阶梯席位上。水从来自非洲的岩石和贝壳上倾流而下，像瀑布一样声势浩大，营造出一种神奇的舞厅效果。

栗树园（La salle des Marronniers）

这座园林里有八座半身像和两座全身雕像，如同一个宁静的港湾，等待人们去发现它的美。

柱廊园（La Colonnade）

园林中央是弗朗索瓦·吉拉尔东（François Girardon）创作的著名群雕《普鲁东绑架冥后》（L'Enlèvement de Proserpine par Pluton），四周被瀑布以及32根大理石柱环绕。拱廊的三角楣上装饰着象征孩子的浮雕，拱石上有仙女和奈阿迪斯的头部雕像装饰（奈阿迪斯是居住在河里、泉水或喷泉里的年轻水神），拱廊下方有一个喷泉。

柱廊园是儒勒·阿尔杜安·芒萨（Jules Hardouin – Mansart）的杰作。

恩克拉多斯喷泉（L'Encelade）

恩克拉多斯喷泉位于丛林园正中央，泉中的雕像描绘的是希腊神话人物泰坦的故事，他无视宇宙之神宙斯的禁令，执意要爬神山——奥林匹亚山，结果被埋在岩石之下。宙斯下旨，令泰坦饱受痛苦，这是对那些挑衅君主绝对权威之人的警告。

海豚园（Le bosquet du Dauphin）

海豚园是凡尔赛宫的古老丛林之一，由勒诺特于1660年设计和布置。

星形园（Le bosquet de l'Étoile）

这座林园的道路由中心点呈星形向四周发散，名称由此而来。星形园是个室外大厅，四周饰有精美的栅栏和喷泉。

阿波罗浴场园（Le bosquet des Bains d'Apollon）

路易十六时期，法国画家休伯特·罗伯特（Hubert Robert）设计、建造了这座园子，于1778年竣工。这座花园的特别之处在于其风格中西合璧，中国的朋友们可以去找找看那个时期的典型的中式装饰。

三泉园（Le bosquet des Trois Fontaines）

1677年，勒诺特根据国王的设想，设计完成了这座精美的丛林园。他用一排喷泉加以点缀，而错落有致的排列，让小树丛别有一番趣味。

凯旋门林园（Le bosquet de l'Arc de Triomphe）

林园中央的喷泉装饰着一组雕像群，名为《法兰西必胜》，威严的法兰西立在中间，手下败将们围在他身边。

大特里亚农宫

大特里亚农宫（Le Grand Trianon）是用来金屋藏娇的宫殿。路易十四命令建筑师儒勒·阿尔杜安·芒萨（Jules Hardouin – Mansart）修建一座“有着粉红色大理石和精美花园的小型宫殿”，供自己和情妇们独处。国王亲自设计了宫殿的图纸，他更喜欢意大利风格，还经常替代建筑师参与细小环节的设计。

拿破仑一世住进这里后，又为其增添了新的风采。如今，大特里亚农宫专门用来接待最尊贵的客人。2014 年，法国总统奥朗德就是在这里隆重招待了中华人民共和国主席习近平和他的夫人彭丽媛，顶级大厨阿兰 · 杜卡斯为这场私人晚宴掌勺。

小特里亚农宫

如果你对雕像感兴趣，那么一定会喜欢小特里亚农宫（le Petit Trianon）。这座精致优雅的古典主义建筑，有着按黄金比例设计的完美结构以及别有风味的素雅装饰。

18 世纪 60 年代，在宠妃蓬巴杜夫人的推动下，路易十五命令建筑师昂热 · 雅克 · 加布里埃尔（Ange-Jacques Gabriel）设计建造了小特里亚农宫。后来，玛丽 · 安托瓦内特王后想要逃离凡尔赛宫，路易十六便在 1774 年将小特里亚农宫赠给了王后。

王后农庄

闭塞、严谨的宫廷生活让玛丽 · 安托瓦内特王后备感压抑，于是在 1783 年，她下令修建了一座农庄。湖泊四周环绕着 12 座农房，其中 4 间可以饲养奶牛、山羊、猪、绵羊、火鸡、鸡，还有鸽子，农场气息浓厚。而果园和菜园更是让人有生活在凡尔赛宫之外的感觉。玛丽王后经常在贵妇们的陪伴下像农民一样在这里劳作。

凡尔赛宫花园用餐点

小舟餐吧（La Flottille）

餐厅、酒馆、茶室、露天餐座、外卖
可以在大运河边的室内或露台用餐
电话：+331 3951 4158
网址：www.laflottille.fr

小威尼斯餐吧（La Petite Venise）

意大利餐饮、茶室、露天餐座、外卖
位于阿波罗池和大运河之间
电话：+331 3953 2569
团队预订：+331 3953 2569
网址：www.lapetitevenise.com

花簇餐吧（Brasserie de la Girandole）

外卖（免费卫生间，残疾人可使用，母婴室）
仅限旺季
电话：+331 3907 0187

海豚餐吧（Buvette du Dauphin）

外卖（免费卫生间，残疾人可使用，母婴室）
仅限旺季
电话：+331 3907 0187

安吉丽娜餐吧（Angelina）

露天餐座、外卖
地址：位于玛丽－安托瓦内特宫（Domaine de Marie-Antoinette）接待处（入口靠近小特里亚农宫）

鲜榨橙汁

地址：位于大特里亚农宫、小特里亚农宫、玛丽－安托瓦内特宫主门

手工糖果屋

地址：位于大特里亚农宫

凡尔赛宫花园娱乐项目

大运河游船租赁

每年 9 月中旬至次年 2 月期间关闭
每艘游船最多容纳 4 个人(如果有孩子则可容纳 5 人)
价格：30 分钟 12 欧元，每小时 16 欧元
营业时间：
周一至周五
3 月份：13：00—17：30(17：00 停止售票)
4-6 月：11：00—18：45(18：15 停止售票)
7-8 月：10：00—18：45(18：15 停止售票)
9-10 月：13：00—18：45(18：15 停止售票)
11 月(至 15 号)：13：00 —17：00(16：30 停止售票)
周末及假日
3 月：11：00—17：30(17：00 停止售票)
4-6 月：10：30—18：45(18：15 停止售票)
7-8 月：10：00—18：45(18：15 停止售票)
9-10 月：10：30—18：45(18：15 停止售票)
11 月(至 15 号)：11：00 —17：00(16：30 停止售票)

自行车租赁

每年 9 月中旬至次年 2 月期间关闭
价格：30 分钟 5.5 欧元，1 小时 7.5 欧元，4 小时 17 欧元，8 小时 19 欧元
可以在停靠点租赁，在其他停靠点归还
时间表：
2 月 15 日 -3 月 31 日：10：00—17：30(17：00 停止租赁)
4 月 -10 月：10：00—18：45(18：15 停止租赁)
11 月(至 15 号)：10：00 —17：00(16：30 停止租赁)
周末和节假日期间，圣安东尼大门(Porte Saint-Antoine)和王后镇(Grille de la Reine)处同样设有自行车租赁点

电动车租赁

五条线路可供选择：花园路线、特里亚农宫路线、王后农庄路线、环行大运河路线以及景区完整路线
价格：每小时 32 欧元
从北广场出发，行动不便的人同样可以租赁
必须出示驾照
每年 2 月份暂停营业
2-3 月：10：00—17：30(16：30 停止租赁)
4-10 月：10：00—18：45(17：45 停止租赁)
11-12 月：10：00—17：00(16：00 停止租赁)
支付方式：Visa 卡、欧洲卡、万事达卡、Maestro 卡、现金

游船、自行车以及电动观光车

网址：www.astel—versailles.com
电话：+331 3966 9766
邮箱：contact@astel—versailles.com

Segway 平衡车

需陪同和引导，仅限大运河周边行驶
价格：1 小时 35 欧元，2 小时 55 欧元
出发地点靠近动物园正门
电话：+331 7852 5400

枫丹白露城堡

皇家住宅

地址：77300 Fontainebleau
电话：+331 6071 5070
开放时间：4 ~ 9 月 09：30—18：00；10 月到次年 3 月 09：30—17：00；周二关闭
票价：11 欧元
其他：网站和语音导览均有中文服务
前往枫丹白露城堡可以在巴黎的里昂火车站乘坐火车

我最喜欢的就是即将介绍给你们的枫丹白露城堡。这里曾是多位君主的官邸，比如弗朗索瓦一世、拿破仑一世等。到巴黎市区外 60 千米，来场“皇宫远足”吧！

法国曾被 64 位国王和 3 位皇帝统治，他们中有的修建了豪华的皇家住宅，供自己和后代居住，有的则痴迷于大肆建造宫殿，“地产”遍布多处。

枫丹白露城堡始建于12世纪，之后进行过多次扩充，修建工作一直持续到19世纪。有几位国王在此诞生，有几位则在这里驾崩，还有一些国王想把这里变成展现杰出艺术的场所。法国文艺复兴时期的伟大国王弗朗索瓦一世就是其中一位——他邀请诸如达·芬奇这样的意大利画家到法国做客，也正因如此，法国才有了如今在卢浮宫展出的《蒙娜丽莎》和《岩间圣母》。

经过亨利四世的扩建，枫丹白露城堡最多可以容纳千余人！后来的路易十四虽然修建了凡尔赛宫，但他一直都没有弃置枫丹白露城堡，甚至要求他的御用建筑师扩增面积，以便组织大型表演和娱乐活动。

经历了法国大革命时期的突发性毁坏后，拿破仑一世让这个地方重新焕发了生机，每周都会上演两场歌剧或者戏剧。教皇庇护七世（Le Pape Pie VII）还曾被软禁在枫丹白露城堡的一间房子里，其中的故事我会在后面给大家介绍。

后来，拿破仑三世又为枫丹白露城堡带来了更多荣光。他和欧也妮王后在这里的一间中式沙龙里度过许多美好的夜晚，而如今这个房间里保存了一系列让法国蒙羞的艺术作品——清末时期英法联军一起从北京圆明园掠夺来的艺术珍品。大文豪维克多·雨果把当时的法国比喻成强盗，把政府比喻成小偷，并说道："我希望这么一天会来到，解放了的、干干净净的法国把这些掠夺来的东西归还给被掠夺的中国。"

参观

文艺复兴大厅

这间大厅的历史可以追溯到文艺复兴之前的艺术黄金时代。经由形似马蹄铁的精美楼梯，可以到达建筑物里的其他角落。值得一提的是特立尼达小教堂（La Chapelle de la Trinité），它的涂绘天花板、国王塑像、讲道台以及众多艺术作品都出类拔萃，路易十五就是在这里举办的婚礼。

套房

在若干世纪里，许多名人和皇室都曾居住在枫丹白露城堡，这些住处被不停地改建或调整。所以，你会发现，这里的数百间客厅、卫兵哨所、宝座间、舞厅、图书馆、侧厅、卧房以及小礼拜堂，充满了各种风格的绘画、雕像、精致装饰、墙裙以及来自世界各地的精良挂毯。浓郁的历史和艺术氛围，可能会让参观变得凝重。如果你感觉历史的注脚与现代文明渐行渐远，甚至有可能显得晦涩，不妨轻轻松松地欣赏枫丹白露城堡的各种珍宝就已经不虚此行了。

拿破仑一世套间

1808 年，拿破仑一世开始重新布置枫丹白露城堡里那不计其数的房间，所以游客可以看到部分出自更早年代的装饰被加上了这位君主的标记，比如蜜蜂或花体字母 N。这些标记也出现在拿破仑的卧房内，同一个套间的浴室，还配备了铜制浴缸和桃花心木座椅。

值得注意的是，在这个国王套间的侧室里有一个意大利式的挂钟，它的 10 个钟盘不仅指示小时、分钟、秒，还能显示出一周七天、日月升落、昼夜平分、闰年和星座。

退位室（le salon de l'Abdication）是 1814 年拿破仑签署放弃权力诏书的地方。

你还可以在拿破仑一世小套间内徜徉，这里曾是路易十五的女眷、蓬巴杜夫人和巴里夫人的私人套间。

如果你对国王的家庭生活感兴趣的话，一定乐意参观拿破仑的第一位配偶——约瑟芬王后的住所。她的浴室里有一架放在移动台上的长沙发，只要轻轻滑动移动台，就能让嵌入地面的浴缸升起来。

教皇套间

拿破仑一世和罗马教廷的关系一直都很复杂、很紧张。庇护七世出于政治因素，答应在巴黎圣母院为法兰西第一帝国皇帝加冕。此后，拿破仑夺取了梵蒂冈的权力，教皇坚决抵抗，拿破仑遂将他押解囚禁到了法国。教皇并非一般的囚徒，当然不能给他戴上手铐脚镣。于是，庇护七世就在 1812 年至 1814 年被禁足在了枫丹白露城堡。

如今，在教皇套间的一间盥洗室中还能看到一幅教皇的画像。

弗朗索瓦一世画廊

城堡内拥有多间大型画廊，比如庆典画廊（la galerie des Fastes）和 Assiettes 画廊（la galerie des Assiettes）。1530 年竣工的弗朗索瓦一世画廊长 60 米、宽 6 米，美轮美奂。尤其是一幅出自意大利画家罗素 · 菲伦蒂诺之手的壁画，让这间画廊锦上添花。画面上，国王站在一头身披战袍的大象下方，象征着力量、智慧和长寿。

国王楼梯

国王楼梯装点了许多情色绘画，描绘了亚历山大大帝的爱情故事。据说画家普列马提齐是受弗朗索瓦一世本人情感经历的启发绘制了这些画作，后者据说共有 27 位情人。

王后卧室

这间卧室从 17 世纪起就是历任王后的居所。许多王子在这里出生，其中就有路易十四的大儿子。人们也把这间卧室称为“6 个玛丽的卧室”，因为在这里住过的王后中有 6 位名字里都有 “玛丽”。

舞会大厅（又称亨利二世画廊）

这个长条形的大厅有 300 平方米，在很长一段时间内被用作舞厅。值得一看的是靠近天花板的窗龛，以及观赏舞者的廊台。

狄安娜长廊

这个巨大的空间被用作了书房，藏书多达 1.6 万卷。在书房中间，有一个地球仪，是 1810 年专为拿破仑一世打造的。

鹿廊

鹿廊里一共装饰了 43 个鹿头石膏像，上面插着打猎得来的各种鹿角，鹿眼则是用玻璃做的。

拿破仑一世纪念馆

游览馆内的 15 个房间，可以追溯拿破仑一世的一生。

中国馆

1863 年，欧仁妮王后下令设计和布置中国馆。中国馆位于枫丹白露城堡“大楼阁”的底层，其中的陈列品都是 1860 年法国军队从中国的圆明园掠夺回来的。后来，拿破仑三世又将暹罗国使者赠送的礼物放置于此，一幅让－莱昂杰罗姆的画作呈现了当时暹罗国使者觐见时的情形。

来看看那些从中国掠夺来的珍宝：

用于供香的祭台；

皇家轿子（轿身安放在大象背上）；

中式家具；

中国织物做成的帷幔；

漆器摆件和漆器家具；

圆明园的中国景泰蓝摆件和花瓶；

供有小佛像的西藏舍利塔；

中国 18 世纪和 19 世纪的瓷器；

白玉、翡翠、水晶、珠宝和武器；

18 世纪中国皇家御用的佛像丝绸。

剧院

拿破仑三世在枫丹白露城堡内建了一个可以容纳 400 人的小型剧院，欧仁妮王后经常在这里观看或组织上流社会的晚会。2010 年，这个剧院进行了一次重修。

庭院

城堡中的众多庭院非常值得一看，比如椭圆庭院（la cour Ovale）、美泉庭院 (la cours de la Fontaine) 等。美泉庭院的名字源于庭院中的一口喷泉，泉水清澈、纯净，专供国王饮用，当初这里还有士兵把守，防止有人下毒。

狄安娜花园

园内有一个喷泉，中央有狩猎之神狄安娜的雕像，青铜雕刻的猎犬守卫着她。这尊雕像可以追溯到 17 世纪，是根据当时的一件古董雕像进行复刻的。

英式花园

花园中年代最久远的树木可以追溯到法兰西第二帝国时期，但我们现在所看到的花园是拿破仑时期设计建成的。花园中还有一口人工挖出来的池塘，池塘中有一个被称为“美泉”（belle eau）的喷泉。“美泉”在法语中谐音成了“白露”（bleau），枫丹白露城堡也因此得名“fontaine bleau”，即有美丽喷泉之地。

鲤鱼池

面对城堡正立面的马蹄铁楼梯，左手边不远处就是鲤鱼池了。弗朗索瓦一世把原来的一片沼泽之地改建成了一个池塘，鲤鱼畅游其中。那些最肥美的鲤鱼最后也成了城堡主人的盘中餐。

大花圃

这个花圃由勒诺特尔（Le Nôtre）设计，他同时也是凡尔赛宫的首席园艺师。

公园

公园占地面积 84 公顷（公园和城堡的总面积为 115 公顷）。既然来到这里，你就肯定不能拒绝到大运河边散步。亨利四世在 17 世纪初下令修建这一水利工程，比凡尔赛宫大运河的开通都要早。人们将枫丹白露的这条运河看作奇迹，运河总长 1200 米，不仅可以垂钓，国王路易十三时期河上还航行过双桅战船。

松树岩洞

白马庭院一侧的底层有一圈岩洞，这些从 16 世纪就有的艺术岩洞，在当时深受巴洛克风格的影响。

枫丹白露森林

枫丹白露城堡周围的美丽森林以其岩石、峭壁而著称，是许多攀岩爱好者和运动员的乐园。城堡四周的乡村激发了不少画家的灵感，包括柯洛（Corot）、米勒（Millet）以及其他印象派画家。

城堡王国

巴黎周边有众多城堡：尚绪尔马恩城堡（建于18世纪，富丽堂皇，可以观赏到中式装修和精美瓷器）、拉菲特之家城堡（17世纪的代表性建筑，出自建筑大师弗朗索瓦·芒萨尔之手）、朗布依埃城堡、图瓦里城堡（位于一个开放的非洲动物保护区内）、佩鲁特童话城堡、皮埃尔丰城堡、贡比涅城堡……无论你行色匆匆，还是时间富足，想参观法国所有的城堡都有一定的难度。每座城堡都有自己的风格、历史和个性，下面我将着重介绍其中的两座。

尚蒂伊城堡

地址： 60500 Chantilly

电话： +333 4427 3180

开放时间： 每天 10：00—18：00

门票： 17 欧元，优惠价 10 欧元

网址： www.domainedechantilly.com

交通： 巴黎北站有很多班次火车前往尚蒂伊

其他： 有中文电子导游

尚蒂伊城堡（Le château de Chantilly）中最古老的部分被称为“小城堡”，建于16世纪，是孔代亲王的住所，孔代家族连续几代人都住在这里。后来这里为欧玛勒公爵所有，19世纪时他正式继承了这座古堡。

昂吉安城堡（Le château d'Enghien）是主城堡的附属建筑，1643年至1769年都归孔代家族所有，用于招待访客。

值得一提的是这里的大马厩，长186米，圆形拱顶高28米，是欧洲容量最大的马厩。1719年至1740年，为了安置240匹马，城堡的主人修建了这间马厩，马厩的旁边还有一个可以容纳500只猎犬的犬舍。大马厩是古堡的精华所在，孔代亲王曾在这里举办晚宴，俄国沙皇和普鲁士国王曾来参加过宴会……现在，这里每年都会举办150场高规格的马术比赛。大马厩的内部还设有一个博物馆，展示了从古至今马匹与人类之间的关系。

以上提到的这些建筑在法国大革命中幸免于难，得以保存下来，而城堡里的其他高雅、宏伟的建筑就没那么幸运了。为了获取建筑材料，人们将这些来自11世纪的石头、梁柱和石板强行拆除，很多精美绝伦的建筑被夷为平地。

19世纪的欧玛勒公爵是法国国王路易·菲利普一世的儿子，他清晰地认识到保留历史建筑的重要性，便根据原有的建筑图纸，重建了古堡被损毁的部分，这才有了我们今天见到的“大城堡”。欧玛勒公爵将其珍贵的收藏品都放在城堡里，包括他前半生在英国收购的成千上万本珍贵书籍。

由17世纪著名园林设计师勒诺特设计的花园，也在19世纪得以基本恢复。

尚蒂伊城堡的趣闻轶事

弗里茨·卡尔·瓦岱勒是尚蒂伊城堡著名的糕点大师和供膳师，也是孔代亲王路易二世的管家。路易二世曾参与过推翻国王路易十四的计划，1671年，他想与国王和解，便邀请国王以及数百位朝臣和仆人到凡尔赛宫。按照计划，整场宴会将持续三天三夜，瓦岱勒大厨特别订购了一批海鱼。然而，第一批海鱼送到，数量很少，这让瓦岱勒误以为食材不够，将无法为主人邀请的贵宾提供最好的食品和服务。大厨深感自责，一气之下选择了死亡。可怜的他刚刚自杀，充足的海鱼就到货了。

著名的尚蒂伊奶油就诞生在城堡的厨房中。这是一种发甜的鲜奶油，长时间搅拌能够让它变得像云彩一样轻薄。而这间历史悠久的厨房如今成为一家餐厅——拉卡比泰恩内里餐厅（La Capitainerie）。有人说，在那里就餐，可以感受到尚蒂伊对食物品质的执着追求。

拉卡比泰恩内里餐厅

营业时间： 每天中午营业，请参照城堡开放时间
12月25日和1月1日停业
电话： +333 4457 1589（个人）
团体预订： +333 4427 3180
邮箱： restaurant@domainedechantilly.com

巴黎子爵城堡

地址： 77950 Maincy
电话： +331 6424 4190
开放时间： 每天 10：00—17：30
门票： 15.5欧元，优惠价13.5欧元
邮箱： chateau@vaux-le-vicomte.com

交通： 可以坐火车前往子爵城堡，巴黎东站有很多班次

先尽情畅想一下——假设你生活在17世纪，是富有、荣耀的财政部长，性格有点

狂妄自大。你决定联手当时的顶级设计师和艺术家建造一座城堡，它是如此的奢华、精致、美丽，就连国王路易十四都红了眼。你在城堡里举办了一场盛大的晚宴，邀请了欧洲的王公贵族以及所有的名流权贵。结果，国王妒火中烧，欲加之罪何患无辞？国王随便找了些罪名把你囚禁起来了，然后下令所有建筑师按照子爵城堡的模样建造一座更伟大、更豪华的宫殿——后来的凡尔赛宫。

这就是子爵城堡（le château de Vaux – le – Vicomte）的历史故事，它是法国最美的城堡之一，位于巴黎东南方 55 千米处。而这位财政部长名叫尼古拉斯·富凯（Nicolas Fouquet），官方头衔是“国王的财政大臣”。

子爵城堡建于 1656 年至 1658 年，在富丽堂皇与优雅之上，它还有一些非常微妙的创新设计。

富凯被捕后，子爵城堡饱经沧桑，在几个业主手中辗转。直到 1875 年，一位热爱艺术的制糖富商阿尔弗雷德·索米耶将其买下，并斥巨资进行翻修重建，才让它得以恢复往昔的辉煌风采。

一层

椭圆形客厅

一层最精美的房间就是椭圆形的客厅，这种形状在 17 世纪非常罕见，因此显得异常优雅。客厅的圆形拱顶有两层楼那么高，用16座雕像支撑，分别代表十二星座和四季，大厅四周则摆放着罗马国王的半身雕像。

富凯套房

大力神厅（Le salon d'Hercule）

这个房间是尼古拉斯·富凯的候见厅，查尔斯·勒布朗在圆形天花板上画了 12 表现大力神伟绩的画作。

富凯的卧室

人们称之为“缪斯之家”，缪斯是希腊神话中科学、艺术女神的总称，是主神宙斯的 9 个女儿，墙上展示了其中 8 个的画像。天花板上的壁画亦由勒布朗创作，意义为“忠诚的胜利”。这幅壁画旨在提醒国王，富凯并没有在“投石党运动”中背叛他，不过很显然，它并没有为富凯带来国王的宽恕。另外，卧室里还挂着 5 条精美的挂毯，放置床铺的小凹室内部装饰着勒布朗的精妙画作《黑夜》。

房间的尽头是一间游戏室，那儿也有一幅勒布朗的作品，名为《眠》。

国王套房

在 17 世纪，凡尔赛宫建成之前，御前会议是巡回制的。对于贵族来说，国王及数百位朝臣随时可能会登门，并且在自己家里住上一晚或数晚。正是出于这个原因，子爵城堡里有专门为国王布置的房间，不过国王从没在这里留宿过。

候见厅

圆形天花板上有 4 幅壁画，它们描绘了希腊神话中的一些场景。

国王卧室

这就是专为国王布置的房间，极其精美，尤其是刺绣装饰令人赞不绝口。王权的象征是狮子，然而过于狂妄的富凯在房间里装饰了很多自己的专属图徽——富凯家族的族徽松鼠，饰有花环的大写字母“F”，这是富凯（Fouquet）法文的首字母。天花板上的作品名为《时间检验真理》。富凯生性傲慢，通过一些浮雕来赞美自己所拥有的美德：酒神巴克斯代表富裕、战神马尔斯代表英勇、诸神使者墨丘利代表谨慎、主神朱庇特则代表强大。

餐厅

餐厅充分体现了城堡的现代特色，因为大部分古老的城堡内没有专门用来吃饭的房间。天花板上绘有代表水神（海神特里通和河神奈阿迪）以及四季的图画。

二层

富凯卧室

这个房间一直向上延伸到三层的主人卧室，内部都是最初的装饰。

富凯夫人套房

财政大臣太太套房里的候见厅、卧室以及卫生间都在 18 世纪进行过大幅翻修。

灯笼式天窗

灯笼式天窗是指城堡穹顶上方的镂空顶塔，在这里能够 360 度俯瞰城堡全景。

地下室

地下室里有仆人厅，也就是佣人居住和生活的地方，还有厨房和拱形酒窖。

公园

子爵城堡里的公园和花园均由安德烈·勒诺特（André Le Nôtre）设计，凡尔赛宫花园也出自他手。这是真正的艺术品。入口处，一条长达 1400 米的绿色长廊带领人们缓缓前行。道路两旁种了 257 棵法国梧桐，梧桐树的枝干相互交错，形成了一个巨大的绿色穹顶。这条栽有双排植被的小道甚至被载入了历史名胜古迹之列。

值得一提的还有一个岩洞，位于城堡南部，里面装饰着雕像和瀑布。

勒诺特简直是位魔法师，更是光影视觉大师。在子爵城堡，一些实际面积并不大的花园却让人感到非常广阔。设计者增加了花坛及植被区的面积，远处的雕像大小是城堡附近雕像的 3 倍，远处的水池是近处的 8 倍。远眺时视角变得狭窄，就如同电影里的长焦镜头。

每年 5 月到 9 月底，城堡及花园会装饰上 2000 根蜡烛，景色变得更加迷人。当你在影影绰绰的烛光下散步时，还会看见穿着戏装的人穿梭在花园之中，这样的仙境绝对值得参观！

观影般的体验

子爵城堡为许多电影的拍摄提供了精美绝伦的场景，比如《007》系列、《太空城》《危险关系》《铁面人》以及《绝代艳后》。

优美的景色也成为很多明星举办婚礼的首选，篮球运动员托尼·帕克和演员伊娃·朗格利亚就是在子爵城堡举行的婚礼盛典。

吉维尼－莫奈故居与莫奈花园

地址： 84 rue Claude Monet, 27620 Giverny
电话： +332 3251 2821
团队参观预约电话： +332 3551 9031
开放时间： 每天 09：30—18：00、每年 11 月到次年 3 月闭馆
门票： 9.5 欧元，优惠价 5.5 欧元
前往吉维尼可以乘坐从巴黎 Saint – Lazare 火车站发车的火车。

1883 年至 1926 年，印象派大师克洛德·莫奈居住在这栋名叫吉维尼的别墅。环绕别墅的花园里赋予了画家无尽的创作灵感，最著名的当数《睡莲》（Les Nymphéas）系列作品。你可能已经在橘园美术馆、奥赛美术馆或马蒙丹·莫奈博物馆欣赏过这些出自吉维尼花园的《睡莲》。

别墅

确切地说，这栋别墅的外观是粉色和绿色的。而房子内部，莫奈在墙面上使用了各种活泼的颜色。莫奈和家人的小书房是蓝色的。厨房里则铺满了蓝色的方砖，突显出铜质器皿的红色。餐厅的墙上，一抹鲜艳的黄色让这位深爱日本艺术的画家收集的木版画熠熠生辉。他有 230 多件这样的木版画，都是浮世绘，没有太多高雅的主题或景色，主要描述上流社会交际花、情色场景、相扑运动员、奇幻物种、名胜、自然风光等——这些来自 18—19 世纪的木版作品本身就能组成一座博物馆了。这些作品主要来自 3 位日本木版画大师：喜多川歌磨（1753—1806）、葛饰北斋（1760—1849）和哥川广众（1797—1858）。莫奈的家里还存有《富岳三十六景》系列画作 46 幅中的一幅，以及一幅葛饰北斋《神奈川冲浪里》的复制品。

别墅的二层也对外开放，最值得一看的是莫奈的房间，里面有一张精美的书桌和一个 18 世纪的衣柜。

当然了，在吉维尼，不能错过的还有它的两个花园——克洛斯诺曼德（le Clos—Normand）和水上花园（le jardin d'eau）。

克洛斯诺曼德花园

为了画出自己眼中的世界，莫奈开始在现实中制造契机，尽管他曾经追求让画作呈现模糊的状态，尤其在生命的最后阶段。吉维尼的设计就包含了一座能满足上述需求的花园，莫奈得以将梦想照进现实。作为一个园艺爱好者，莫奈结识了不少园丁，经常和他们一起合作设计花园。他对园艺充满热情，甚至不惜花重金购买珍贵的种子，从国外引进名贵的球茎品种。

克洛斯诺曼德是莫奈建造的第一个花园。这位艺术家在小道上造了一个金属的门拱，以便藤蔓攀爬、附着。他按照几何图形种了很多玫瑰、虞美人、郁金香、牡丹、水仙、黄水仙和旱金莲，花丛的上方还有不少会在特定时节开花的果树。

水上花园

莫奈一直梦想拥有一片长满了水生植物的池塘，水面上铺满睡莲，白云倒映其间。1893 年（清代光绪年间），他在路的另一侧买下了一块地，用以实现自己的梦想。如今，我们可以通过地下通道，由克洛斯诺曼德前往这座美丽的水上花园。

为了建造这座池塘，莫奈改变了艾普特河（l'Epte）水流的方向。河上横跨着一座色彩明快的日式绿色小桥——曾出现在莫奈的 45 幅作品中。这片水域周围生长着各种亚洲植物，有竹子、银杏叶、日本牡丹，还有枫树和百合花，弯弯的垂柳倒映在水中，与水生植物相映成趣。正是这个池塘给了画家无穷的灵感，著名的《睡莲》系列作品得以面世。

后来，莫奈的房子和花园一度被损坏，现在我们看到的是 1977 年至 2008 年重建后的相貌。

如果你想种一些莫奈画过的植物，可以前往此处购买：

地址： 109 rue Claude Monnet
电话： +332 3251 9971

迪士尼乐园

中国上海和香港已经有迪士尼乐园了，为什么还要推荐大家来位于 Marne – la – Vallée、距离巴黎市区 32 千米的巴黎迪士尼乐园呢？

可以用几个数据来回答：巴黎迪士尼主题乐园占地 22 平方千米，比上海和香港的要大很多。浩大的巴黎迪士尼乐园中有以下设施和游乐园。

两个主题公园：迪士尼公园（le parc Disneyland）和沃特 · 迪士尼工作室（Walt Disney Studios）。前者有许多引人入胜的游乐区，是一个能与迪士尼动画人物相遇的梦幻世界；后者则是充满迪士尼动画电影元素的欢乐天堂。

迪士尼小镇（Disney Village），一个集购物、餐饮和演出为一体的休闲娱乐中心。

迪士尼高尔夫球场（Le golf Disney – land），共有 27 个球洞。

7 个酒店：

Disneyland Hotel，粉色的维多利亚风格精美酒店，影视明星经常光顾，迈克尔 · 杰克逊曾在此拥有一间私人套房。

Hôtel New York，仿佛将宾客带到了那个生机勃勃的城市。

Sequoia Lodge，能让人联想到美国西部国家公园的壮美景色。

Newport Bay Club，就像 20 世纪初美国东海岸的旅店。

L'hôtel Cheyenne，完美还原了美国西部片里垦荒者的世界。

Hôtel Santa Fé，让人仿佛置身于美国和墨西哥的边境。

Ranch Davy Crockett，这家酒店有度假小屋和露营车。

在巴黎迪士尼附近，还有两个备受中国游客喜爱的商业中心：Val d'Europe 和 Vallée Village（详见“购物篇”）。

迪士尼乐园的主要游园区有 4 个，以睡美人城堡（Château de la Belle au Bois Dormant）为中心。穿过 Disneyland Hôtel 的走廊，进入乐园，然后沿着主道就可以走到睡美人城堡。面对城堡，从 6 点钟位置，顺时针方向依次是灰熊山谷（Frontierland）、探险世界（Adventureland）、幻想世界（Fantasyland）和发现王国（Discoveryland）。

进入 Disneyland 后，我建议先去 Railroad 乘坐环园小火车。这样既可以更快地融入梦幻的气氛，又能对园区有更好的了解。接下来，去睡美人城堡转一转吧，记得一定要去地牢，里面关着一条巨龙，它可是随时都会醒过来呢！

灰熊山谷

幽灵公馆（Phantom Manor）：幽灵出没的鬼屋。

巨雷之山（Big Thunder Mountain）：在山石隧道间穿梭的过山车。

河上之船（Riverboat）：昔日密西西比河上的蒸汽游轮。

狂野西部（Wild West）和印第安村庄（Indian Village）：小朋友们能在这两个游乐场中找到无尽的欢乐。

探险世界

阿拉丁的长廊（Le Passage Enchanté d'Aladdin）：再现了《阿拉丁神灯》中的场景。

鲁滨逊树屋（La Cabane des Robin－son）：瑞士鲁滨逊一家的奇妙都在这棵大树上，等着你去发现！

冒险岛（Adventure Isle）：小孩子们特别喜欢这座小岛上的吊桥、死亡峭壁和闹鬼地道。

印第安纳琼斯过山车（Indiana Jones et le Temple du Péril）：驶向 Temple du Péril 深处的小火车在古老的废墟之中穿行，这里什么都可能发生……

加勒比海盗（Pirates of the Caribbean）：迪士尼乐园中最受欢迎的项目。游客登上一艘船，驶向被海盗侵扰的港口，途中可以看到穿着各种特色服装的机器人。他们打架、酗酒、将城市洗劫一空，十分逼真，让人犹如身临其境！

海盗船（Le Galion des Pirates）：登上海盗船，一定要万分小心，海盗已经醒了！

幻想世界

白雪公主和七个小矮人之家（Blanche－Neige et les sept nains）：到白雪公主的家里来吧，感受这部家喻户晓的动画片带来的美妙与欢乐。

匹诺曹历险记（Les Voyages de Pino－cchio）：进入 Gepetto 木偶制作工坊，欣赏被赋予生命的匹诺曹。可爱的匹诺曹因为说谎而陷入危险之中，幸运的是，他的愧疚心 Jiminy Cricket 尚未远离。那只小小的蟋蟀，会一直陪伴在你身边。

彼得·潘乐园（Peter Pan's Flight）：与小飞侠彼得·潘、温蒂还有小仙女一起飞翔是一件不可能的事情吗？当然不是，在这里你可以飞过伦敦的房顶，来到迷失的孩子们所居住的梦幻岛，可怕的虎克船长也潜伏在那里……

小飞象丹波（Dumbo the Flying Elephant）：跟小飞象丹波一起自由自在地飞行，是很多小朋友的梦想，他们一定无法拒绝！

神奇迷宫（The Curious Labyrinth）：迷宫的每一个转角都有奇妙的东西在等着你，快踏上爱丽丝仙境之旅吧！

茶杯转转转（Tea Cups）：在爱丽丝梦游仙境游乐园中，小朋友们还可以坐在旋转茶杯里体验炫酷的旋转！

小小世界（It's a small world）：最富有诗意的梦幻世界，是孩子们最喜爱的地方，同时也吸引着内心柔软的大人们。可爱的卡通人物们围着塔楼，一起欢唱迪士尼那首耳熟能详的歌曲：《小小世界》。

发现王国

巴斯光年的激光世界（Buzz Lightyear Laser Blast）：巴斯光年必须阻止邪恶的 Zorg 毁灭地球，他需要你的帮助！想驾驶太空巡洋舰，操纵激光炮吗？那就快来吧！

太空任务 2 号（Space Mountain Mission 2）：这是迪士尼乐园中最刺激的项目。在法国科幻作家儒勒·凡尔纳笔下的太空世界里，你会被弹入宇宙，穿行在无尽的星际空间中！个人建议心理承受能力较弱的人不要选择这个 项目。

星途之旅（Star Tours）：乘坐飞往几多之月（la lune d'Endor）的太空飞行器，进入星球大战的世界，机器人 R2－D2和Z－6PO 将全程陪伴。哎呀，不幸的是，这位飞行员的技术有点儿……不熟练。如果旅程结束后，你发现自己头发乱成一团，那你就能理解我刚刚说的话了……

贝塔中心（Arcade Bêta）：有许多电玩的娱乐天地。

鹦鹉螺之谜（Les Mystères du Nautilus）：潜入到两万里深的海底，在深深的水下体验无穷无尽多的奇遇吧！

汽车乌托邦（Autopia）：在这里，你可以驾驶 20 世纪 50 年代的汽车。酷吧！

宇宙历险（Orbitron）：这里有可以让小朋友们乘坐的小型宇宙飞船。

沃特·迪士尼工作室

入口（Front Lot）

魔幻电影院（Ciné Magique）：如果不是去观看电影，你还会走进电影院吗？千万不要错过，游客会在这里了解到完整的电影史。

迪士尼 1 号工作室（Disney Studio 1）："灯光，摄像，开始！"——你马上就会变成好莱坞大片里的主角，场景轮番切换，把迪士尼的片场想象成你的家，尽情表演吧。

制片中心（Production Courtyard）

史迪奇游戏时间（Stitch alive）：游客可以与史迪奇互动，这个蓝色小生物会变成小狗的形状！

暮光塔（The Twilight Zone Tower of Terror）：就像上面提到的"太空任务 2 号"一样，这是沃特·迪士尼工作室里最刺激的一个项目，不建议心理承受能力较弱的人乘坐。在一栋废弃的 13 层的酒店里，站在电梯中等待突然的启动或下沉！

峡谷电车（Studio Tram Tour）：这里看上去是电影拍摄中的一个简单的布景，然而当灾难降临到这个被诅咒的峡谷时，会发生什么可怕的事情？人们该如何反应呢？

外景场地（Backlot）

摇滚过山车（Rock'n Roller Coaster avec Aerosmith）：与 Aerosmith 组合的一次摇滚之旅——系好安全带吧，疯狂地摇滚起来！

超级马达（Moteurs...Action! Stunt Show Spectacular）：汽车漂移的特技现场，你可以目睹汽车在火里疾驰。

绝世天劫（Armaggedon）：置身于星际空间站中，在宇宙中冒险，流星雨、大爆炸、黑洞，你还能保持镇静吗？

动画工作室（Toon Studios）

神奇动画（Animagique）：这里轮番上演着精美绝伦的表演，给小朋友们带来无限的惊喜和欢乐。

超级赛车手（RC Racer）：赛车在 25 米高的 U 型轨道上疾驰，绝对惊险刺激！

料理鼠王（Ratatouille）：想象一下，自己的身体慢慢缩小，最后变得跟《美食总动员》里的小老鼠 Remy 一样小，然后就可以在变形的厨房里追逐奔跑啦。

天降伞兵（Toy Soldiers Parachute Drop）：加入《玩具总动员》的伞兵部队，一起降落到敌人阵营里吧！

海底飞车（Crush's Coaster）：跟着小丑鱼尼莫一起穿越大堡礁，开始一场真正的海底历险。

迪士尼动画艺术之家（Art of Disney Animation）：这里详细介绍了迪士尼的动画艺术，你可以了解到动画电影背后的制作技术和想象力，浏览迪士尼动画档案，甚至成为一名动画电影导演……

迪士尼乐园交通

公共交通： RER A4 线 Marne-la-Vallée-Chessy/Disneyland 站，巴黎市区可以从 La Défense 站、Charles-de-Gaulle Étoile 站、Auber 站、Châtelet-les-Halles 站、Gare de Lyon 站、Nation 站或 Vincennes 站乘坐

自驾： 通过 GPS 定位，纬度为 48.876077，经度为 2.79646

迪士尼专车： 巴黎市区出发前往迪士尼乐园

Gare du Nord 站，地址： 83, rue de Maubeuge，发车时间 08：30

Opéra 站，地址： 8, Place de l'Opéra，发车时间 08：40

Madeleine 站，地址： 3, Boulevard Malesherbes，发车时间 08：50

Châtelet 站，地址： 1 Place du Châtelet，发车时间 09：00

返程： 迪士尼乐园出发前往巴黎市区，发车时间 20：00

迪士尼乐园门票

可在巴黎迪士尼乐园网站、香榭丽舍大街 44 号的迪士尼商店或迪士尼公园售票处购买。

比较适合中国游客的公园套票有：

一天一园迷你票（mini 1 jour/1 parc）：成人 47 欧元，儿童 40 欧元。只可使用 1 天，进入 1 个园区（Disneyland 或 Walt Disney Studios 任选），购票日的第二天开始生效，仅限平日使用。这种票型可以在巴黎迪士尼乐园网站上和香榭丽舍大街 44 号的迪士尼店购买，迪士尼公园大门售票处不予出售。

一天两园迷你票（mini 1 jour/2 parcs）：成人 62 欧元，儿童 55 欧元。相同条件，但可以同一天进入 Disneyland 和 Walt Disney Studios 两个园区。

一天一园魔幻票（magic 1 jour/1 parc）：成人 59 欧元，儿童 52 欧元。只可使用 1 天，进入 1 个园区（Disneyland 或 Walt Disney Studios 任选），购票日的第二天开始生效，任意天均可使用。这种票型可以在巴黎迪士尼乐园网站上和香榭丽舍大街 44 号的迪士尼店购买，迪士尼公园大门售票处不予出售。

一天两园迷你票（magic 1 jour/2 parcs）：成人 74 欧元，儿童 67 欧元。相同条件，但可以同一天进入 Disneyland 和 Walt Disney Studios 两个园区。

还有其他套票，季节不同，票价也会有变化。

第六章　法国记忆

很多游客来法国就是为了游览巴黎，对于他们来说，这是首要目的地，通常不安排时间去游览其他地区。然而，法国虽然不及中国广袤，但景观也是多种多样的，地区间的差异甚至超越了邻国差异。比利牛斯山、阿尔卑斯山、孚日山的丘陵、中央高原的死火山、平原、大西洋、北海、地中海海岸、森林和草地、普罗旺斯的沼泽，还有卡马尔格的湿地……亲爱的中国朋友们，如果你有时间，一定不要错过这些瑰宝。

在这里，我想推荐法国的一些有意思的景点和美丽的城市，比如……

鲁昂（Ruen）：莫奈画里的那栋壮美的大教堂14世纪和16世纪的大钟（Gros-Horloge）、哥特式市政厅以及各式各样的古代建筑。

里尔（Lille）：极具传奇色彩的中央广场（Grand – Place）和17世纪老证券交易所（Vieille Bourse），老城里的古老建筑依旧散发着无限魅力。

里昂（Lyon）：著名的富维耶圣母大教堂（Notre – Dame de Fourvière）、沃土广场上（place des Terreaux）的市政厅、汇流博物馆（musée des Confluences）、传说中的美食、Émile Cohl艺术学院（Ecole de graphisme Émile Cohl），还有许多中国留学生。

马赛（Marseille）：马赛港、山上的圣母加德大教堂（Notre – Dame – de – la – Garde）、神奇的裂石、欧洲和地中海文明博物馆（musée des Civilisations de l'Europe et de la Méditerranée）。

普瓦捷（Poitiers）：被称为“百塔之城”，城里遍布木筋墙房屋，10世纪、11世纪和12世纪的老建筑。还有古老的基督教教堂圣·让大教堂（Baptistère Saint-Jean），以及被联合国教科文组织列入《世界遗产名录》的圣·伊莱尔教堂（Saint – Hilaire le Grand）。

图卢兹（Toulouse）：精美的红砖建筑、市政厅大广场、雅各宾修道院、圣·塞尔南大教堂（Basilique Saint – Sernin）。

梅茨（Metz）：蓬皮杜梅茨中心（Centre Georges Pompidou）、梅茨大教堂、兵器广场（Place d'Armes）。

南锡（Nancy）：斯坦尼斯拉斯广场（Place Stanislas）、18世纪的珠宝。

下面是我整理出的法国旅游景点列表，详细介绍了我认为值得深入游览的地方，希望你们也喜欢！

卢瓦尔河城堡

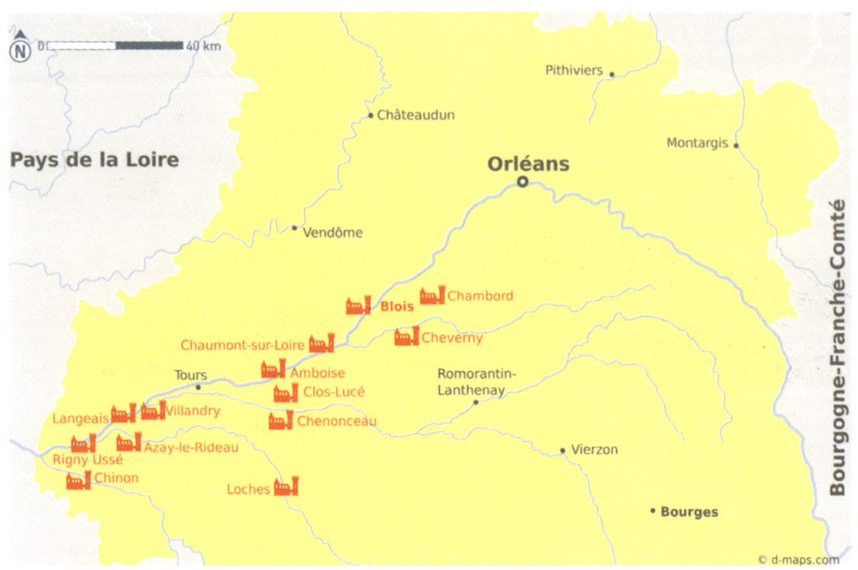

卢瓦尔河是法国最长的河流——也许让出生在黄河之畔的中国朋友们见笑了，更何况你们还有 6397 千米长的长江。但是，对于法国人而言，只有 1006 千米长的卢瓦尔河是我们的骄傲。200 多个建造于 15-16 世纪的城堡点缀着卢瓦尔河河岸，就像是肥沃的花园里盛开的花朵。在很长一段时间里，法国王室就居住在河谷地区，因为这里的生活恬静、安宁，还有丰盛的野味，河谷地区因而得以发展。河谷里的古堡完美融合了高贵与典雅，我想这也是卢瓦尔河谷被列入《世界遗产名录》的原因。

分布在河谷里的 10 座皇家古堡分别是：昂布瓦兹（Amboise）皇家城堡、拥有 17 座塔楼的昂热（Angers）城堡、布洛瓦（Blois）皇家城堡、规模最大的香波堡（Chambord）、横跨卢瓦尔河支流谢尔河河面的舍农索（Chenonceau）城堡、希农（Chinon）皇家堡垒、朗热（Langeais）城堡、洛什（Loches）皇家城堡、索米尔（Saumur）城堡以及图尔（Tours）城堡。

还有一些著名城堡，在法国历史中也占有很重要的地位：

阿泽勒丽多（Azay-le － Rideau）城堡，一个优雅的奇迹；

布里萨克（Brissac）城堡，外墙和耸立的圆塔令人印象深刻；

卢瓦尔河畔肖蒙（Chaumont － sur － Loire）城堡，有着无数故事中城堡该有的样子；

克洛·吕斯（Clos － Lucé）城堡，达·芬奇曾经的居所；

布列塔尼公爵堡（Le château des Ducs de Bretagne），位于南特；

日安（Gien）城堡，这里有一个国际狩猎博物馆；

纳维尔（Nevers）城堡，卢瓦尔河畔的第一座城堡；

卢瓦尔河畔苏利（Sully － sur － Loire）城堡，国王亨利四世的部长苏利公爵的城堡；

于塞（Ussé）城堡，《睡美人》的灵感就来自这座城堡

维朗德里（Villandry）城堡，它的六座花园比城堡主塔还要美丽。

下面我着重介绍一下舍农索城堡、香波堡和昂布瓦兹城堡，它们是最壮观的三座。

如果想进一步探索卢瓦尔河畔的建筑和历史奥秘，可以通过微信平台了解更多信息，微信号：巴黎小佛爷。

舍农索城堡

电话： +338 2020 9090

开放时间：

1 月 1 日至 2 月 21 日 09：30 — 17：00

2 月 22 日至 3 月 25 日 09：30 — 17：30

3 月 26 日至 5 月 31 日 09：00 — 19：00

6 月 1 日至 6 月 30 日 09：00 — 19：30

7 月 1 日至 8 月 30 日 09：00 — 20：00

9 月 1 日至 9 月 30 日 09：00 — 19：30

10 月 1 日至 11 月 1 日 09：00 — 18：30

11 月 2 日至 11 月 13 日 09：00 — 18：00

11 月 14 日至 12 月 31 日 09：30 — 17：00

门票： 17.5 欧元，优惠价 10 欧元

其他： 有中文网站、纸质地图和语音导览

建立于 1513 年的舍农索城堡精致、典雅，深得王后和公主们的偏爱。它仿佛沉浸在甜美和惬意里，散发着浓郁的女人气息，所以也被称为“女人的城堡”。

在国王路易十四的客厅、五位王后居住过的卧室的墙上，以及长廊里，你可以欣赏到许许多多世界著名画家的珍贵作品。此外，还有稀有的 16 世纪佛兰德斯（位于法国北部，曾被法国、比利时和荷兰统治）壁毯，整齐陈列的精美家具，这一切都让人不禁幻想假如那些美丽的历史人物仍然生活在舍农索城堡中该是多么的美好。

城堡的大长廊建在一座五孔廊桥上，横跨谢尔河河面。对了，你还可以参观建在桥墩里的厨房！

香波堡

电话： +332 5450 4000

开放时间： 1 月 1 日、2 月的第一个周二和 12 月 25 日闭馆

11 月 1 日至次年 3 月 25 日 09：00 — 17：00

3 月 26 日至 10 月 31 日 09：00 — 18：00

门票： 11 欧元，优惠价 9 欧元
接待语言： 法语、英语
其他： 有中文网站、纸质地图和语音导览

站在如此壮美的城堡前，看它与天地完美相融合，每个人都会忘记了呼吸。1519 年，在马里格纳战役中取得胜利的国王弗朗索瓦一世下令建造了这座城堡。年轻的国王充满了激情，决意要为自己的雄心建立一个纪念，这就是香波堡的诞生。

通过修建香波堡，国王向世界宣布了自己的意志、精神、伟大的愿望和他的审美观。从那时候起，这片森林里陆续建起了房屋、山墙、高耸的塔楼、156 米长的外墙，还有 426 间装饰得富丽堂皇的房间，以及连接这些房间的 77 座楼梯。

城堡的筑梦者之一达·芬奇，就住在附近。

昂布瓦兹城堡

电话： +332 4757 0098
开放时间： 1 月 1 日和 12 月 25 日闭馆
1 月 2 日至 1 月 31 日 09：00 — 12：30，14：00 — 16：45
2 月 1 日至 2 月 28 日 09：00 — 12：30，13：30 — 17：00
3 月 1 日至 3 月 31 日 09：00 — 17：30
4 月 1 日至 6 月 30 日 09：00 — 18：30
7 月 1 日至 8 月 30 日 09：00 — 19：00
9 月 1 日至 11 月 1 日 09：00 — 18：00
11 月 2 日至 11 月 15 日 09：00 — 17：30
11 月 16 日至 12 月 31 日 09：00 — 12：30，14：00 — 16：45
门票： 15.2 欧元，优惠价 7.5 欧元
其他： 有中文纸质地图和语音导览

这座城堡建造于 11 世纪，1434 年成为皇家府邸。路易十一世、查尔斯八世、路易十二世、法兰西斯一世、亨利二世、卡特琳·德·美第奇、路易十三世、路易·菲利普等许多国王和王后都在这里生活过。法国大革命时期，城堡曾遭到部分破坏，存留下来的平台、塔楼和主楼还可以看出中世纪风貌。千万不要错过古老的 Saint – Hubert 小教堂，据说达·芬奇就埋葬在这里。

图尔城堡

地址： 8 rue Nationale, 37000 Tours
开放时间： 周一至周日 09：00 — 12：30，14：00 — 18：00
9 月 16 日至次年 6 月 15 日每周二和节假日闭馆
门票： 5.5 欧元，优惠价 3.8 欧元
网址： www.museecompagnonnage.fr

大多数中国游客前往卢瓦尔河就是为了欣赏文艺复兴时期的壮丽城堡。浪漫、美丽的图尔是法兰西王国的古都，从巴黎坐火车到这里只需 1 小时（坐巴士要 2 小时）。10 个理由会证明用半天、一天甚至更长的时间去图尔会是一个非常正确的决定。

有人说图尔是“小巴黎”，从市政规划和留下来的历史遗迹，不难看出这座城市曾贵为国都。

1170 年至 1547 年间修建的 Saint – Gatien 大教堂，保留着欧洲唯一的 13 世纪的彩色玻璃窗。祭坛上方和教堂墙壁上的彩色玻璃仍然闪亮如初，是历史长河中的一块瑰宝。

还有一座 Saint – Martin 教堂，建于 19 世纪，是为了纪念圣·马丁，在他的努力下，基督教在 4 世纪的法国得以繁荣发展。

古老的 Castrum 街区保留了罗马式古城墙和圆形剧场，还有许多独特的旅店、木筋墙老房屋和一些 17–18 世纪的建筑。你一定

会喜欢上这里的，浪漫、宁静的街道没有商业气息，也没有喧闹的酒吧。与当地人一起享受那份平静和惬意吧。当然，如果你更喜欢热闹，Plumereau 广场也不失为一个好去处。

图尔市各种各样的园林吸引了无数的中国游客，也许是中国也有很多皇家园林的缘故吧。游客们钟情于法国的牡丹花，其中有些品种的原产地就是中国河南。作为回礼，图尔将一座法式花园送给了河南洛阳——两座古老的城市共同分享着这份别样的荣耀。

在图尔，还可以品尝到卢瓦尔河谷最好的葡萄酒：红葡萄酒有 chinon，bourgueil 和 saint - nicolas - de - bourgueil，白葡萄酒有 vouvray，montlouis，amboise 和 azay - le - rideau。

此外，一定要品尝图尔的 Rillette 熟肉酱（没有勒芒的那么油腻）。Rillette 肉酱是把熟猪肉和猪油按比例混合在一起，就像法国作家拉伯雷写的，是一种“棕色的猪肉果酱”。这种肉酱很滑腻，特别适合涂在烤面包片上，再配上一点小酸黄瓜。

Olivier Debré 当代艺术中心就是以抽象抒情派的艺术大师奥利维尔·德勃雷来命名的，热情欢迎世界各地的艺术家。

在图尔，最令我惊叹的莫过于 Compa - gnonnage 博物馆展出的工艺品，它们都是昔日工匠学徒制度下手艺人们的杰作。

写到这里，我突然冒出一个奇特的想法——为什么不以图尔为起点，沿着卢瓦尔河漫步，或者沿着支流谢尔河散步呢？下面这个网站可以告诉你该怎么走，虽然不是中文的，但是你下榻的酒店工作人员一定乐于帮你了解这些攻略的。

网址： www.loireavelo.fr

卢瓦尔河大区图尔市旅游局

地址： 78 – 82 rue Bernard Palissy, Tours
电话： +3324770 3737
网址： www.tours-tourisme.fr

法语的摇篮

在 1430 年至 1530 年间（中国明朝时期）的都兰地区，法国贵族从许多音乐词汇中汲取精华，通过组合和创造，让法语更加丰富和优美。这种语言是纯粹的、明确的、优雅的、没有重音，而且很慢、很清楚。都兰是图尔的旧称，是当时的国都，人们竞相模仿这种国王及其亲信之人所使用的语调。时至今日，图尔人说话的音调还是那么温柔、亲切，非常好听，与巴黎法语的语调有很大不同。

深受中国人喜爱的法国大作家巴尔扎克就出生在图尔，他一生歌颂着这个地方。有个朋友跟我说过这么一件事，他曾经看见一对来自中国西安的夫妇在大教堂后面哭泣，原来是因为他们亲自来到《人间喜剧》中描述的场景，心情异常的激动。戴思杰的电影《巴尔扎克与小裁缝》虽然是在湖南拍摄的，但同样也表达了对巴尔扎克作品的喜爱。

兰斯和香槟地区

加冕之城

对于外国人而言，兰斯就是那个香槟酒产区的区府。但对于法国人来说，兰斯在他们心中有着别样的意味。从 9 世纪开始，在后来长达 10 个世纪的时间里，法兰西国王都要在兰斯加冕。

加冕仪式象征着上帝赋予国王权力，在兰斯圣母院举行。这是一座建于 13 世纪的哥特式大教堂，一共有 2303 尊雕像！大门左侧有一尊精美绝伦的雕像《微笑的天使（Ange au sourire）》，它是这座城市的标志，有一种香槟以此命名。教堂正面是“众王廊（Galerie des rois）”，还有圣经故事中的《大卫决战哥利亚》，作品中的哥利亚塑像高 5.4 米，重 4 吨。

教堂的主殿比较窄，更加突显了教堂的高——这正是哥特式建筑的特点：接近上天。

教堂里的很多彩色玻璃在两次世界大战中被破坏了，现在的都是后来由著名的彩色玻璃窗大师 Marc Chagall 于 1974 年重新修复的。

香槟之路

像许多法国产品一样，香槟也得名于它的产区——香槟地区，这个地区人口最多的城市是兰斯，距离巴黎 143 千米。

你可以从巴黎火车站或戴高乐机场乘坐 TGV（高速火车）到香槟地区，在兰斯站（Reims）或埃佩尔奈站（Épernay）下车，全程大约需要 1 小时。从 Reims 到 Épernay 需要半小时，可以开车或坐大巴去。

根据 CIVC（香槟酒行业协会）的规定，只有香槟地区生产的气泡葡萄酒才能称为“香槟”。协会还推出了可以让中国人了解香槟的“香槟学院”中文网站，希望可以帮到你。

大部分的香槟酒大酒庄都在兰斯（Reims）和埃佩尔奈（Épernay），后者是一个位于兰斯南部的小城。很多大酒庄都不接待游客，不过也有一些独立酒庄非常欢迎人们前来参观，到他们的网站提前发送电子邮件预约就可以了。

走在兰斯的市中心，用不了几分钟你就能发现 Pommery，Krug，Veuve Clicquot，Ruinart，Taittinger，G.H. Mumm，Louis Roederer，Piper-Heidsieck 等许多有名的香槟。如果想知道具体的位置，你可以去兰斯市旅游局（l'Office de tourisme de Reims）领一张地图，也可以去旅游局官网或者 iTunes 下载应用 Reims Champagne Tour。

埃佩尔奈的香槟酒庄大多位于香槟大道上：Moët & Chandon（酩悦香槟）、Pol Roger、Mercier 和 Perrier-Jouët 等。在酩悦香槟的酒庄里，有一尊 Dom Pérignon 的雕像。相传，Dom Pérignon 是一位修士，也是香槟酿制法的发明人。17 世纪时，人们主要使用红葡萄酿酒。

沿途，你可以看到几公里的白垩酒窖，遍布大街小巷的下方，里面堆放着盛有陈酒的酒桶。你还可以探索和了解香槟酒的制作艺术。每个酒庄里最好的香槟酒你都可以品尝，每杯的价格一般不会超过 10 欧元。你也可以选择最想参观的酒庄，去他们的网站进行预约。

香槟行业协会（CIVC）

网址： www.champagne.fr
香槟学院中文网站： www.champagnecampus.cn
下载"香槟学院"应用，获取更多视频、信息和知识小游戏

香槟学院

网址： www.champagne.fr/en/discovering – champagne – region/champagne–campus/tools – to – share

兰斯市旅游局

地址： 6 rue Rockefeller 51100 Reims
网址： www.reims – tourisme.com

圣马洛

光是"圣马洛"这个名字就让法国年轻人无比向往，因为这里象征着冒险。相信我，你很快也会对这里魂牵梦萦的。早在17世纪，就是来自圣马洛的 Jacques Cartier 发现并开发了加拿大，也只有圣马洛海盗能够劫掠敌国船只，为国王而战……圣马洛的城墙更是将年轻人的思绪带到更远的地方。

圣马洛旅游局

地址： Esplanade Saint-Vincent, 35400 Saint-Malo
电话： +338 2513 5200
开放时间： 每天 09：00—18：30、周日 09：00—18：00

游览参观

城墙

圣马洛的城墙被保留下来，而主城在第二次世界大战中遭受炸弹的重创，后来进行了修复重建。

最早的城墙可以追溯到 1155 年，现在可以让人行走的城墙出自 17 世纪末的工程师 Vauban 之手，他是法国著名军事工程师。

从每个城门入口都能上到城墙上，入口处有楼梯，绕城墙漫步一圈大约需要 1 小时。

我建议从 Saint-Thomas 城门开始，按照逆时针方向进行游览。

起点是建于15-17世纪的圣马洛城堡（château de Saint-Malo），如今，这里是圣马洛市政府，还有两座城市历史博物馆。踏上旅途后，很快你就会看到一座小岛（退潮时可以上岛），岛上有建于17世纪的防御堡垒 Fort National。向左沿商船学校走，接下来就抵达了 Bidouane 塔楼，这是中世纪时期城墙壁垒的一部分。拿出相机吧！这里的视角非常好。左边有一尊雕像——法国最有名的海盗之一，也是圣马洛人心中的英雄 Robert Surcouf。他抬起手，指向英国，他对那个地方可没有善意！往城区那侧远眺，可以看到魁北克广场（Place du Québec）和魁北克之家（Maison du Québec），魁北克曾是法国在加拿大的一部分殖民地。

继续游览，右侧可以看到两个小岛，分别是大贝岛（Grand Bé）和小贝岛（Petit Bé）。只有退潮的时候，才允许人们上岛，两次退潮之间大概间隔6小时。

然后就到达卫兵室了，这里曾是在城墙上骑马巡逻的卫兵的营房，马厩盖在另一侧的下方。如今，这里有家备受好评的煎饼店。

注意看海边，在 Notre-Dame 塔楼下面有一个 Bon-Secours 游泳池。每一次涨潮，泳池都会被海水填满。退潮后，人们就可以在泳池里游泳，不用跑到远处的海里去。

接着向前走，下一站是 Hollande 堡垒。这里竖着探险家 Jacques Cartier 的塑像，就是他发现了加拿大。这座堡垒也是港口的防御装备中心，留下的加农炮就是证据。当时，夜间防御也很完备，从晚上10点到黎明都有人牵着猎犬在海滩上巡逻，保护夜里停靠的船只。曾经用来驯养这些猎犬的院子也可以参观，从左侧的楼梯下去就行了，不过仅限白天。

再往前走，到城墙转弯的地方，往下看是 Môle des Noires 海滩，往远处看是美丽城市迪南（Dinard）。

继续沿着城墙走，就到了 Dinan 门。这里通往外港，开往英国和盎格鲁－诺曼底岛屿的船都从这里出发。

到了城墙向左延伸的地方，会看到另一个海盗的塑像——Duguay-Trouin。这位海盗同时也是水手和商人，到处谈判，在交易世界里大施拳脚。在这个转角，还可以望见城里的“海盗之家（maison de corsaire）”，海盗们将掠夺来的赃物藏在一个隐蔽的房间里，里面有香料、咖啡馆、丝绸以及来自世界另一端的食物。建议下去参观一下，之后请再回到城墙上来，前行到 Grand'Porte。这是一段中世纪就有的城墙，可以从这里走下去，沿着 Grand'Rue 路走向大教堂。

大教堂

Saint-Vincent 大教堂建在一个斜坡上，主殿和耳堂都建于12世纪，其他部分修建于15世纪末和16世纪。一些后来增加的部分——坐落在南边的礼拜堂和教堂正面的中央部分——于18世纪完工。

教堂的不远处就是 Jacques Cartier 和 René Duguay-Trouin 的坟墓，他们的遗体直到20世纪才被发现。前者一开始被埋在大教堂下面，后者则是在巴黎的 Saint-Roch 教堂被发现的。

建于17世纪的 André Dé silles 酒店很优美，很别致。Saint-Aron 小教堂也是一个传奇之地，圣马洛的遗体曾保存在这里。

圣米歇尔山

圣米歇尔山的历史

公元6世纪的圣米歇尔山叫作墓石山（le mont Tombe），是一个进行宗教活动的地方。708年，一个名叫Aubert的人在山上建了一座小教堂，献给大天使圣米歇尔（Saint—Michel）。在基督教的天使等级中，大天使有着无比崇高的地位。后来，Aubert在睡梦中见到了圣米歇尔，接收到了他的旨意，大天使在他脑门上留下了指痕。

此后的几个世纪，修道士们在这里祷告、学习、修行。他们大都是966年间来到这里的本笃会修士，也有被收留的被蛮族侵袭的避难者。

朝圣者们从四面八方来到圣米歇尔山，他们的供养使修道院得到了发展。从11世纪起，本笃会修士开始建造一座罗马式教堂，现在叫"地下圣母院（Notre-Dame-sous-Terre）"。这座教堂直到20世纪中叶被发现以前，都很少有人知道。12世纪时，圣米歇尔山图书馆是世界上最完整的图书馆之一，藏有大量希腊文手抄经本，然后由修道士进行翻译。

13 世纪，由于英法两国统治阶级之间的利益冲突，圣米歇尔山被战火烧毁，只剩下残垣断壁。后来，当时的法国国王 Philippe-Auguste 下令重建圣米歇尔山。1228 年，这片名叫拉梅维耶尔（la Merveille 法语意为“奇迹”）的宏伟的哥特式建筑群正式建成，包括两栋三层的楼宇、一间食堂和一个优雅至极的回廊。

后来，在错综复杂的利害关系下，英法两国之间开始了无休止的百年战争，法国就在此修筑了防御工事。

17 世纪初，修道院被改为国家监狱，曾经囚禁过 700 名犯人，并强制他们劳动——制作草帽。1834 年，一场大火烧毁了所有库存的原料，修道院也遭到重大损毁。1863 年，监狱被关闭，著名建筑师 Viollet-le-Duc 的学生们开始修复圣米歇尔山。这位 Viollet-le-Duc 就是修复巴黎圣母院的建筑师。修复后，加上那座哥特式的顶端尖塔，大教堂总高 170 米。1895 年，由艺术家 Emmanuel Frémiet 创作的大天使雕像被安放在了顶端的尖塔上。

1922 年，圣米歇尔山修道院恢复了宗教圣地的地位，只是曾经的本笃会修士被另一个宗教派别的修士——耶路撒冷兄弟会修士所代替。

圣米歇尔山概况

圣米歇尔山是一个面积 7 公顷的花岗岩小岛，位于 Couesnon 河和芒什海峡交汇处的河口，山脚一圈周长约为 960 米。涨潮时，海浪会以迅雷不及掩耳之势奔腾而来，是欧洲最震撼的浪潮景观。游客可以在高处的城墙上、修道院前面广场的西侧平台或步行栈道上观看涨潮的盛景。

修道院的轮廓加上大天使雕像的尖顶，使这座小岛形成一个完美的锥形。高耸入云的圣米歇尔山与水中的倒影互相呼应、唯美至极——你也会被这人与自然的完美和谐与平衡所征服。

圣米歇尔山被联合国教科文组织列入《世界遗产名录》。

进入圣米歇尔山

停车场与摆渡车

公共汽车和私家车都必须停在圣米歇尔山城墙 2.5 千米以外的地方，然后步行到摆渡车车站——停车场公园的中心位置。

在那里，可以免费乘坐圣米歇尔山摆渡车（le Passeur）前往。当然，你也可以选择沿着步行栈道徒步。但我不建议徒步，因为上山的阶梯比较陡峭，最好先保留体力。摆渡车会将你载到离入口 320 米的地方，行程只需 12 分钟，运行时间为 07：00 - 次日 01：00。

另外一个选择是搭乘 Maringotte 马车，每人每趟 5.3 欧元。

如果预订了圣米歇尔山上的酒店，你可以直接将车停到酒店指定的停车场里。

沿主路进山

上岛之后就可以沿着主路（Grande Rue）上山了。窄窄的石头路两旁遍布各种商店和餐馆，热闹非凡。放心地在左边、右边、前边、后边的商店里买买买吧——其实这里一半的商店、酒店和餐馆的经营者都是 Mère Poulard 集团，他们也经营着圣米歇尔山最有名的餐馆。

去主路边上的那些小路上走走，也会有不少有趣的发现！

普拉嬷嬷

普拉嬷嬷（La mère Poulard）是 Anne Boutiaut 的昵称，她是 19 世纪负责修复圣米歇尔山的建筑师的女仆。嫁给镇上面包店家的儿子后，她成了一名厨师，并开了这家 La mère Poulard 餐厅。餐厅很快声名大噪，甚至成了一个旅游景点，招牌菜是秘制煎蛋饼。

你可以去这家餐馆看看，但是我并不建议进去用餐，因为价格高得离谱，吃过就会后悔的……

圣皮埃尔教堂

在半山腰的地方，有一座 15 世纪的小教堂——圣皮埃尔教堂（L'église Saint-Pierre）。教堂的周围是一小片墓地，Mère Poulard 就埋葬于此。

最后再爬完 350 级的台阶，就可以到达山顶平台，即修道院内门的入口。

参观浏览

电话： +332 3389 8000
开放时间： 每天开放，1 月 1 日、5 月 1 日、12 月 25 日闭馆
5 月 2 日至 8 月 31 日 09：00—18：00
9 月 1 日至次年 4 月 30 日 09：30—18：00
停车场： 11.7 欧元（24 小时）
门票： 9 欧元
其他： 有中文纸质导览及语音导览

修道院有以下这些值得了解的地方。

山上防御工事

山上的防御工事是从 13 世纪开始建设的，最初为了防御百年战争中英国的攻击。防御工事中最高的塔楼位于南侧，还有另一个名为 Fanils 的壁垒，从 16 世纪起即用于保障粮食储备的安全。这座 Fanils 壁垒上还耸立着 Gabriel 塔楼，17 世纪时，人们曾在这里建起一架风车。

这是圣米歇尔山海湾最好的防御工事。

地下圣母院

这座小教堂建于 966 年，占地面积仅 144 平方米，是早期罗马风格（以简单的圆弧拱顶为特点）。后来，人们在此基础上又添加了新的建筑，呈现出如今我们看到的内部结构。

拉梅维耶尔修道院

历时 25 年建成的拉梅维耶尔修道院，又称奇迹隐修院（la Merveille），是修士们呕心沥血修建起来的修道院及其附属建筑的统称。

在东边有：

接待室：修士们在此接待朝圣者和穷人，并提供食物。

会客厅：位于接待室上方，用于接待重要人物。

食堂：修士们在此用膳，内部半圆柱木质拱顶是用造船的工具制造的。

在西边有：

储藏室：位于一楼，用于贮藏葡萄酒和食物。

抄经坊：修士们在此完成他们的主要工作之一——为文本手绘配图。

回廊：这条回廊的结构比较少见，因为它并不通向修道院的其他地方，而是专为冥想和思考而建。廊柱精美纤细，花园中点缀着 13 株大马士革玫瑰。曾经，人们会种一些芳香植物和花卉，制成日常所需的家居用品，用于烹饪、清洁等。

修道院的其他建筑

从回廊沿着楼梯走下去，你会看到山上的其他建筑。

抱孩子的黑色圣母。

一个巨大的转轮——通过人在内部的走动让它转起来，链条一直通到围墙底部，挂在底端的货篮可以上下运送物资。

警卫室

警卫室是修道院的入口。

裁判所

13 世纪的时候，犯人在这里被判决。

未来影视城

交通：
汽车： A10 高速公路，GPS 定位：N 46° 39' 48" (46,66337) — E 0° 21' 43" (0,36187)
火车： 从 Futuroscope—TGV 或 Poitiers 火车站，乘坐到 Futuroscope 的 TER（省际列车）
飞机： Poitiers—Biard 机场
开放时间： 公园非全年开放，冬季关闭（12 月除外）
网址（中文可选）： futuroscope.com
门票： 票价根据促销活动会有所不同，一天两夜的套票为每人 92 ~ 116 欧元，含太阳马戏团演出、未来影

视城门票、酒店住宿及早餐
住宿：在未来影视城附近有许多宾馆

中国的科学技术发展日新月异，也有很多国际化的技术精英。不过，我仍然推荐你去未来影视城（Futursocope）。在这里，人们不再满足于“发现”新世界，而是要让世界“跳舞”。这是一个科幻主题公园，里面有随着电子音乐摆动的机器人，有太阳马戏团（Cirque du Soleil）的表演，游人还可以在人体内旅行。

未来影视城离普瓦捷市区（Poitiers）只有10千米的距离，非常方便。普瓦捷是一个历史悠久的城市，如果时间充裕的话，可以来这里游览一番。这座城市保留着许多中世纪的名胜古迹，同时又有现代化的娱乐方式。

影视城里吸引人的项目有：

时间旅行机（La Machine à voyager dans le temps）

登上太空火车，和动画片《疯狂的兔子》中的疯狂人物一起，开启一场穿越时间的3D之旅。

与机器人共舞（Danse avec les robots）

10个高达7米的机器人会将游客环在臂弯中，伴随DJ Martin Solveig的音乐翩翩起舞，让你体会空中起舞的刺激。

亚瑟的奇遇（4D）（Arthur, l'aventure 4D）

场景取材于法国导演吕克·贝松执导的《亚瑟和他的迷你王国》动画电影，将新型技术巧妙地运用到其中。2011年获国际主题娱乐协会颁发的卓越成就奖。

活力维埃纳（La Vienne dynamique）

这是一个闻所未闻的地方，既充满活力又富有诗意，你一定会喜欢！

空中酒吧（L'Aérobar）

有点饿怎么办？想来杯咖啡或汽水？到35米高的空中酒吧吃顿饭吧，双脚悬空、头发在风中飘扬，饭菜肯定别有一番味道。

动力世界（Dynamic）

无人机袭击——骑摩托车穿行在飞船舰队之中、病毒入侵——人体内部的探险旅行、生态对对碰——坐在环保飞船中对抗入侵飞行物……到“动力世界”体验这些冒险，时时刻刻都做好被震撼的准备吧！

勇敢者之摆（Balancier des fortiches）和小调皮的水花（Splash des loustics）

这是两个适合小朋友的项目：前者是坐在小车里，在轨道上像秋千一样来回摆动；后者是从滑梯滑入水中，溅起巨大的水花。

未来影视城还有许多节目：

星星作坊（La Forge aux étoiles）

在这里，你将度过在未来影视城最奇幻的时刻。夜幕低垂，水边将上演太阳马戏团（Cirque du soleil）精心排演的水上魔幻剧《星星工坊》。露天的水幕、奇装异服的人、7000 平方米的游乐场、闪耀的焰火……相信我，回到酒店后，你的脑海仍会不断浮现这些炫目的画面，回味无穷。

神秘方块（Les Mystères du cube）

在一个立方体里，通过投影映射让观众有身临其境的效果，舞蹈演员和杂技演员仿佛在陌生而又诗意的奇妙梦境中表演。

冰河世纪（L'Âge de glace）

如果你是动画片《冰河世纪》的“粉丝”，那么千万不要错过哦。你可以在这里看到 4D 的电影角色，还可以学习如何饲养恐龙宝宝。

最强法则（La Loi du plus fort）

通过 IMAX 激光投影和 4D 效果，你会感觉身体被缩小，然后就可以跟着两只北美森林里的小动物去丛林中探险……这是世界上最新的投影系统，效果非常逼真。

未来影视城不仅仅是游乐园，也是一个人类知识和技术的博览会。在这里，你可以探索未来世界，了解神秘的水下世界，在神奇的天文馆里走进群星之中……

孩子们在这里可以学习如何成为消防员或飞行员，还可以在趣味体验竞技场里大展身手。

西南地区

在这一章开篇之前，我要先声明一件事情——我是波尔多人。我建议中国游客到法国西南部旅行，并不是因为家乡情怀，而是这里真的值得一游。除了有历史悠久的艺术城市，这片土地上既有美食、史前文明遗迹、大海和美丽的沙滩，也有壮美的比利牛斯山、广袤的针叶林、山谷、加龙河等。最重要的一点是，西南地区比东南地区更亲切。

波尔多

波尔多旅游局

地址： 12 cours du 30 Juillet, 33000 Bordeaux
电话： +335 5600 6600
工作时间： 周一至周六 09：00—18：30
周日 09：45—16：30

我知道，很多中国游客对“波尔多”这个词并不陌生，这主要归功于在中国备受推崇的波尔多葡萄酒，而且也有中国人在波尔多购买酒庄。不过，首先呢，波尔多是一座城市……

加龙河（la Garonne）孕育了波尔多，它静静地流淌过这座城市所在的土地。这一地区还有另外一条河——多尔多涅河（Dordogne），它与加龙河汇流后形成了吉伦特河口湾（Estuaire Gironde）。

波尔多交通方便，尤其是火车，从巴黎乘坐 TGV 只需要 3 小时就可到达（2017 年 7 月后，只需 2 小时）。波尔多城中的有轨电车则让出行更加简单、便捷。

河流孕育的城市

加龙河流经波尔多城，形成一道优美的弧线，就像一弯月亮，所以这座城市还有一个美丽的别名——月亮港。在市区一些建筑的雕刻上，你可以看到由三道弧线交叉形成的月亮图案。

河流上游湍急，流经波尔多时变得平缓，

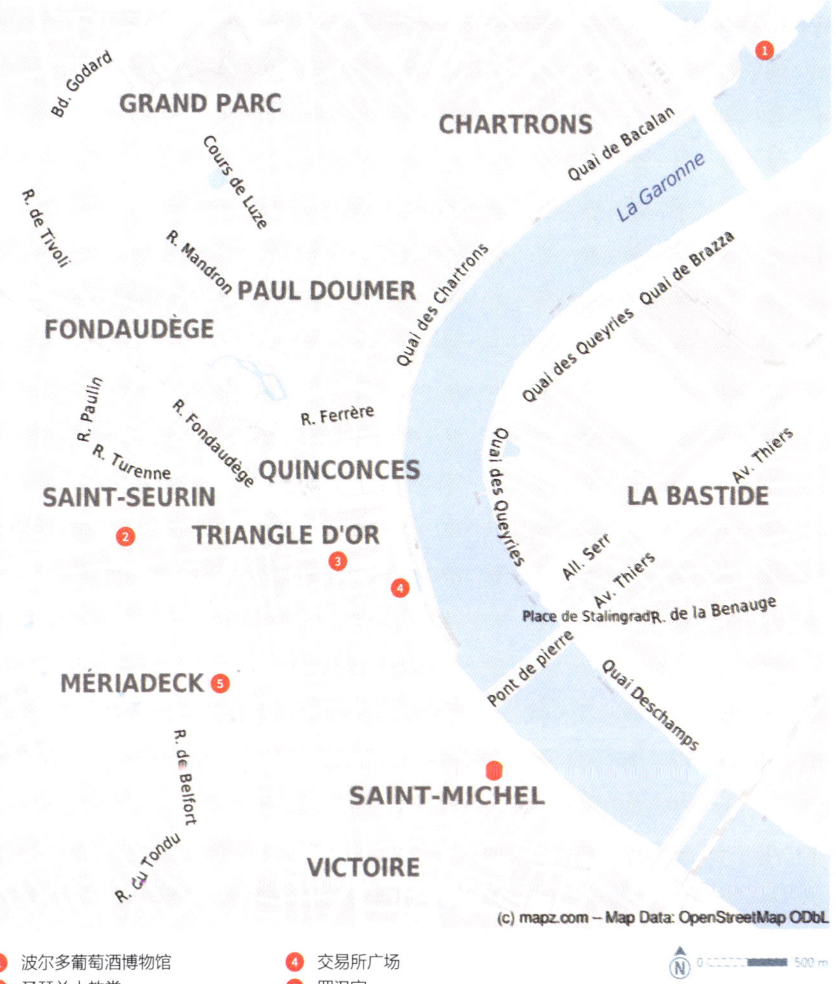

① 波尔多葡萄酒博物馆
② 圣瑟兰大教堂
③ 波尔多大剧院
④ 交易所广场
⑤ 罗汉宫
⑥ 圣米歇尔教堂

河面愈发开阔。河上横跨着几座大桥，从上游到下游，河面上的桥梁依次有：

埃菲尔行人桥（Passerelle Eiffel）：这是一座修建于1860年的铁桥，有一个感人至深的故事。建桥期间，一位工人不慎落水，有一位叫Gustave Eiffel的工程主管奋不顾身跳下河救人，不幸遇难。那一年他26岁，前程似锦。人们为了纪念这位见义勇为的英雄，就用他的名字命名了这座桥。落成初期，可以让火车通行，但后来整座桥被停用，靠近河岸的部分也被拆除。没过多久，人们又重新整修了这座桥，如今专供行人通行。

在埃菲尔行人桥附近还有一座有四条铁轨的铁道桥，于2008年落成。

Saint-Jean桥：于1965年投入使用，可以更快地通往火车站。

古老的Pierre桥：于1821年投入使用，是第一座连接主城区和右岸的桥。后来，右岸的这片地区成为一个街区，即Bastide区。

Jacques Chaban-Delmas大桥：于2013年投入使用，以一位波尔多前市长的名字命名。这是一座垂直升降式开启桥，中央的桥面可顺着4个桥塔升高77米，让大货船或者大型帆船通过。随着水位的变化桥塔会呈

现不同颜色，涨潮时是蓝色，落潮时是绿色。

最北边的桥是建成于 1967 年的 Aquitaine 桥，横跨在逐渐变宽的河面之上。

历史

波尔多的历史源远流长，可以追溯到公元前 6 世纪。

从罗马人统治时期开始，怡人的气候促进了葡萄的种植，城市开始繁荣发展。后来，波尔多成为长期独立的阿基坦公国的首府。

12 世纪，英国金雀花王朝国王亨利二世与阿基坦公爵威廉十世之女艾莉诺联姻，阿基坦成了英国领地，由英国统治长达 3 个世纪之久。在此期间，波尔多地区与英国的葡萄酒贸易频繁、密切。

1453 年，阿基坦回归法国。

18 世纪是波尔多的“黄金时代”。在此之前，由于与王权对抗、英国客源流失以及宗教战争等多重因素，这座城市经历了长达两个世纪的衰退期。到了 18 世纪，三角贸易兴起，欧洲的商品被运往非洲换取奴隶，再把换来的奴隶贩卖到美洲，最后用在美洲赚的钱购买当地产品运回欧洲出售。通过这种方式，金钱滚滚而来，法国出现了许多大家族。他们在波尔多兴建仓库、奢华酒店、公共建筑，拓宽道路，还建造了许多公园。

法国大革命是一段黑暗时期。

从 1840 年起，波尔多开始了工业化和城市化进程。

在第二次世界大战期间，这座城市被德军占领和控制。

“二战”结束后，抗战英雄雅克·沙邦-戴尔马（Jacques Chaban-Delmas）出任波尔多市长，他后来成了法国总理。戴尔马在这里任职近 50 年后，由另一位法国前总理阿兰·朱佩（Alain Juppé）接任市长。阿兰·朱佩推进了波尔多的城市化进程，将波尔多建设成了欧洲最惬意的城市之一。

曾经，这座城市的执政者被称为总督，其中最有名的就是图尔尼（Tourny）。他把波尔多建成了风格独特的城市，后来波尔多城被列入《世界文化遗产名录》。

景点

我们可以徒步游览整个波尔多。如果要去离市中心稍远的地方，有轨电车是一个非常便捷的方式。亲爱的中国朋友们，以下是我推荐的景点和游览路线：

交易所广场

让我们从河边出发吧，这里是一切开始的地方。交易所广场（Place de la Bourse）是波尔多最美的广场，建于 18 世纪中叶，由建筑师 Ange-Jacques Gabriel 设计修建，是一座新古典主义风格的皇家广场。21 世纪初，人们在面向河面的一边设计了水镜广场，约有 3500 平方米。水镜里倒映着交易所广场的建筑，十分优美。

夏天的时候，人造水雾从地面缓缓升起，深得孩子们的欢心，迫不及待地跑进去纳凉、玩耍！

在这里，弯曲的河道，无限延伸的金色堤岸，组合在一起，形成了独特、壮丽的城市景观。

梅花广场

从交易所广场，沿着河岸往北走，就可以到达梅花广场（la place des Quinconces）。19世纪初，人们在喇叭城堡（Château Trompette）的遗址上建起了这座广场，它也是法国最大的广场之一，与周围的建筑风格非常协调。广场上有两个纪念柱，面向加龙河，上面装饰着古代战船的船首。堤岸继续向北方延伸的这片地区是 Chartrons 街区。曾经，这里住着许多葡萄酒商，将瓶装葡萄酒和桶装葡萄酒也都存放在这里，为的是离货船更近。在18-19世纪，他们为波尔多带来了繁荣与荣耀。广场上还有一座雄伟的纪念碑——吉伦特派纪念碑。在法国大革命时期，吉伦特派在波尔多成立。这个纪念碑54米高，碑柱顶上有一尊打破枷锁的自由女神像。

穿过梅花广场，到达纪念碑，沿右边的 Maréchal Foch 林荫大道一直走到 Xavier Arnozan 林荫大道。这条大道的一侧曾有许多热带食品仓库，其中一间变成了现在的艺术博物馆——CAPC（当代视觉艺术中心）。另一侧是一个公园，清幽宁静，附近有路易十一和路易十六时期的奢华建筑。

图尔尼广场和图尔尼巷

从十字路口往左进入 Tourny 林荫大道，走大约10米，就能达到图尔尼广场（Place de Tourny）。广场中间矗立着总督图尔尼的塑像，是他改变了波尔多的命运。

喜剧广场

沿着图尔尼巷（Allées de Tourny）走下去，直到看见那栋华丽出众的建筑——大剧院（Grand Théâtre），这是在1780至1800年间（乾隆年间）由建筑师 Victor Louis 设计建造的剧场。12根巨柱支撑的雄伟的门廊、门廊上竖立的12尊雕像。宽敞的大厅、效仿巴黎大剧院的大阶梯、20世纪末恢复成蓝灰色的观众席……这里的每一处都让人沉醉在波尔多的美好世界里。

> 大剧院对面就是奢华的国际大酒店（Grand Hôtel Intercontinental）——喜剧广场上的精美首饰盒。广场上演着激烈的美食之争：大酒店这边是英国厨师 Gordon Ramsay 开的高级餐厅 Le Pressoir d'argent；大剧院那边则是法国厨师 Philippe Etchebest 开的高级餐厅 Le Quatrième mur。这两位都是世界顶级厨师，他们的美食都很值得品尝。

总督大道

大剧院对面的 Cours de l'Intendance（总督大道），是一条人行道和有轨电车道并行的大道。Cours de l'Intendance、Allées Tourny 和 Cours Georges Clémenceau 三条路构成了波尔多的“黄金三角”，一个精品店荟萃的典雅街区。总督大道直接通往商业中心 Gambetta 广场。从广场左侧的 Porte Dijeaux 街，穿过 Dijeaux 门——这个拱门取意“犹太之门”，见证了犹太人对波尔多的重要性——就到了 Vital Carles 街。

Vital Carles 街

这条街的两旁都是别致有趣的商店，比如法国最大的书店 Mollat。在 Grassi 街的路口右转，走10多米就可以抵达 Saint-André 大教堂。

佩贝朗广场

波尔多大教堂始建于11世纪，12-16世纪期间不断重建，逐渐变成了哥特式风格。这座教堂的修建是为了庆祝阿基坦女公爵 Aliénor 与未来的法国国王路易七世的婚礼，后来她又嫁给了英国金雀花王朝的国王亨利。

大教堂的后面是精美绝伦的罗汉宫，建于1771年（乾隆年间）。这里原是罗汉总主教费尔迪南·马克西姆连·梅里亚戴克（Ferdinand Maximilien Mériadec）的宫殿。

1835 年，这座建筑成了波尔多市政府。

大教堂祭台的半圆形后堂的旁边是曾经的 Trois-Conils 街，在中世纪，这条街名字的意思是“三只狐狸”。从这条路走下去，可以到达 Sainte-Catherine 路口。这是一条长 1250 米的步行街，两旁都是商店。也就是从这个路口开始，你就进入了波尔多老城区。现在，Trois-Conils 街的名字变成了 Maucoudinat 街。

波尔多老城

在 Maucoudinat 街的尽头左转，走到 Saint-Pierre 广场（Place Saint-Pierre）。广场上的 Saint-Pierre 教堂建于 14-15 世纪。然后，从 Parlement Saint-Pierre 街走到议会广场（Place du Parlement），15 世纪的波尔多高等法院就建于此。周围是 18 世纪上半叶的建筑，装饰典雅。广场中间有一个英式喷泉，是 1865 年法兰西第二帝国时期建造的。

如果此刻正值黄昏之际，那就好好享受一下吧！这里有很多酒吧、咖啡馆和餐厅，一切都沉浸在浓浓的假日气氛之中。信步闲逛，这里的每一栋房子都能给你惊喜，在美丽的背景下自拍一张吧。

中世纪城门

在这个城市里随意漫步，你会偶遇两扇来自中世纪的拱门：凯约门（Porte Cailhau）和圣埃洛伊门（Porte Saint-Éloi）。

圣埃洛伊门也叫大钟门（Grosse Cloche），是 15 世纪时在旧城门的基础上修建起来的。城门将防御工事与文艺复兴时期风格的装饰相结合。门的内外两侧都有防卫设施，对内压制城内的叛乱，对外用来防御城外的入侵。大钟门也是波尔多城徽的图案之一，曾是老市政厅的一部分，如今市政厅已经不在了。

圣米歇尔大教堂

地址： Place Meynard, 33800 Bordeaux
电话： +335 5694 3050

圣米歇尔大教堂（Basilique Saint-Michel）离河畔和 Saint—Jean 火车站都不远，是一座建于 14-16 世纪的哥特式大教堂，它的最大特点是钟楼。钟楼独立于教堂主楼而建，高 114 米，是南法最高的一座钟楼。我曾游览过教堂地下室，其实是一个墓室。里面的那些遗体原本葬在教堂旁边的墓地里，当时为了挪出空地，人们将遗体移到了这里。等这些遗体风干后，被重新埋了起来。说实话，这个地下墓室确实有些恐怖，如果有导游要带你去那里，一定要三思啊！

圣瑟兰教堂

地址： Place des Martyrs de la Résistance
开放时间： 周二、周三、周四、周五、周六 08：30 — 19：45；周日 09：00 — 12：15，18：00 — 20：15

这座教堂始建于 11 世纪。在我很小的时候，就深深被这座教堂的美所震撼。简约的罗马式建筑，简单中透射出教堂的庄严。

波尔多葡萄酒博物馆

地址： 150 quai de Bacalan
电话： +335 5616 2020
开放时间随季节变动
网址： www.laciteduvin.com
门票： 20 欧元，优惠价 16 欧元
交通： Tramway B 线 Cité du Vin 站

这栋楼就建在河边，斜拉桥的旁边，是世界上最全的葡萄酒文化中心，涵盖了不同时期、不同文明下的葡萄酒文化。建筑外形类似一个蒸馏器，曲线柔和。建筑师们独具匠心，整栋楼看上去仿佛是向杯中倒入葡萄酒时形成的随意而又自然的漩涡，又像是葡萄藤下刚生的枝芽。

这座博物馆占地 13000 多平方米，共 19 层，可以让你尽情畅游在葡萄酒的世界中。这里有与葡萄酒有关的临时展览、展区、资料中心、商店和品酒室。品酒室位于顶层，有 35 米高，从这里可以俯瞰城市全景。

博物馆里还有一家餐厅“Le 7”，正如其名，就在 7 楼，可以在这里品尝葡萄酒和一些特色小吃。此外，这里还有一个大酒窖，里面储藏着来自 80 个国家的 14000 种葡萄酒。

科尔伯特市场（Le marché du Colbert）

很久以前，一艘名为科尔伯特的军舰曾经停靠在波尔多的巴克龙港。如今，军舰早已不在，但每周日早晨的集市却被保留了下来，并且沿用了这艘军舰的名字——Colbert。这里是波尔多当地人周末的好去处，你也不要错过。在集市采购的时候，可以尝尝威士忌浸渍的大虾、波尔多焗蜗牛、生蚝，以及用来自安特杜产区的白葡萄酒烹制的贝类海鲜。

中国人喜爱的葡萄酒

波尔多葡萄酒在中国非常受欢迎。Château Lafitte Rothschild，Château Haut-Brion，Château Margaux，Château Latour，Château Mouton Rothschild，Château d'Yquem，Pétrus 等知名酒庄已经是北京、上海、香港等中国各地葡萄酒爱好者心中的圣地。许多大酒庄的名字里都有 Château 这个单词，意思是“城堡”，这是因为这些酒庄的中心建筑就像古代被花园所包围的城堡一样。每一家酒庄里都有贮藏条件绝佳的酒窖，里面贮藏着许多酒桶，收藏着珍贵的瓶装酒。

对于葡萄酒爱好者而言，参观酒庄、品尝美酒是绝对不可错过的绝妙体验。不过并不是所有酒庄都会接待游客，可以接待游客的酒庄也需要提前在网上预约或电话预约。一些大酒庄不向游人开放，主要是为了防止游人对葡萄园以及酿酒设备造成无意的破坏。波尔多葡萄园的中心任务是酿造葡萄酒，不是服务旅游。

波尔多葡萄酒行业协会

开放时间：周一至周六 09：00—12：30，13：30—17：00；周日 09：00—12：00
手机 APP：WineTrip（游客能够根据逗留时间，选择要参观的葡萄园）
葡萄酒酒吧营业时间：周一至周六 11：00—22：00（除节日外）
网址：baravin.bordeaux.com

波尔多葡萄酒行业协会（CIVB）成立于 1948 年，代表了每一位波尔多葡萄酒经营者，致力于波尔多葡萄酒在法国和全世界的推广。这里是开启波尔多葡萄酒探索之旅最理想的地方。这里有你所需要的所有关于葡萄酒的信息和帮助。CIVB 就在 Cours du 30 juillet 1 号，离大剧院不远。

为了推广波尔多葡萄酒，CIVB 在对面开了一间葡萄酒酒吧。这里环境惬意安静，游客能够以合理的价格品尝到各种葡萄酒，还能通过葡萄酒的命名来识别产区。专业的酒务总管会热情地向你介绍他们地区的葡萄酒。

葡萄酒学校

两小时课程（英文授课）
开放时间：周一至周六 上午 10 点开始
在线预约：m.bordeaux.com/degustation/en/index.php
法语之外的语种授课要提前联系学校进行预约：ecole@bordeaux.com

如果你想拥有曼妙的美酒体验，波尔多葡萄酒学校的课程就是值得回国分享的美好回忆。这所学校建立于 1990 年，旨在让每一个热爱葡萄酒的人，无论行家还是爱好者，都能够品尝到好酒、懂得品尝好酒。葡萄酒课程从 2 小时到 3 天不等，以兴趣班的形式进行，学习味蕾的工作方式，分析葡萄酒的酒精浓度、酸度、甘柔以及酒的回味。品酒的入门课包括：倒酒、闻酒、尝酒和品酒。每个学生都有自己的品酒台，品完后可以把酒吐到酒台的小圆池中，以防喝醉。

波尔多的中国酒庄

中国人非常喜欢葡萄酒，中国是波尔多葡萄酒最大的出口市场。如今，越来越多的中国人来到波尔多地区购置葡萄酒庄。最早在这里购买酒庄的中国投资者是来自台湾的 Peter Kwok，他在 1997 年购买了 Saint-Émilion 的酒庄 Château Haut-Brisson。2014 年，奥瑞金包装集团董事长周云杰（James Zhou），购下了 Cadillac 的酒庄 Château Renon。值得一提的是，周云杰还是圣埃美隆鲁拉德骑士团（La Jurades de Saint Emilion）的一员，这是一个葡萄酒爱好者俱乐部，致力于葡萄酒的推广。近期，开元旅业集团有限公司董事长陈妙林购买了酒庄 Château de Biro。现在的波尔多已经有 100 座酒庄被中国人买下了。如今，许多中国人已经成为真正的葡萄酒行家，甚至是葡萄酒投资商。

每逢奇数年，许多中国葡萄酒专家来到波尔多参加国际葡萄酒及烈酒展览会，这是全球最顶级的葡萄酒展览。

而每逢偶数年的 6 月，许多中国游客和成千上万的外国游客一起，齐聚波尔多，共同欢度葡萄酒节（Fête du vin）。在这 4 天的狂欢里，河畔变成了巨大的品酒中心，游客们花很少的钱就可以品尝到 20 杯西南地区的 80 种原产地命名的葡萄酒。节日期间，许多平时不对外开放的酒庄也会向品酒者敞开大门。

网址： www.bordeaux—wine—festival.com

科涅克

科涅克旅游局

地址： 16 rue du 14 juillet 16100 Cognac
电话： +335 4582 1071
开放时间： 每天 10： 00—17： 00，周日除外

科涅克（Cognac）位于波尔多以北 120 千米，乘坐火车需要 2 小时，还要在安古兰市（Angoulême）换乘一次。19 世纪末，科涅克人发明了蒸馏酒干邑，从此闻名于世。这座城市坐落于最终汇入大西洋的夏朗德河（Charente）河畔——优越的地理位置，便于干邑出口到全球各地。

这是一座充满魅力的城市。古老的街区仿佛将游客带回到中世纪，街道两旁都是木筋墙的房屋和 15-18 世纪风格的大楼。偶尔还能在墙壁上看到蝾螈雕刻，家具和地毯上也有它们的身影。在中世纪的传说中，这种两栖动物能在火中生存，人们渴望拥有这种神奇的超能力，出生在科涅克的国王弗朗索瓦一世也将蝾螈图案印在了徽章上。

对于中国游客而言，参观干邑酒的产区就像是一次朝圣。如今，中国已经成为干邑在全球最重要的市场。所以，干邑酒的官网（www.cognac.com）有了中文版，上面有各种关于干邑的知识和旅游方面的信息。该网站上还编录了至少 215 家干邑酒庄，可以通过 www.cognac.fr/cognac/_en/1_annuaire/index.aspx?page=sites 查到各个酒庄的官网。游客能在网上申请参观、预约品酒。

虽然酒庄越来越多，但干邑市场主要还是由这七大酒庄占领：轩尼诗（Hennessy）、马爹利（Martell）、人头马（Rémy Martin）、拿破仑（Couvoisier）、卡慕（Camus）、御鹿（Hine）和法拉宾（Frapin）。在这些大酒庄里，只需 8~25 欧元就可以品尝不同品种的干邑。幸运的话，或者愿意多付一些钱，你还有可能进入"干邑天堂"——贮藏着陈酒橡木桶的黑暗酒窖。人们就是在这里将一种酒精度为 70% 的无色液体经过双重蒸馏，再进行勾兑和陈化，最后变成干邑。

一些大酒庄允许游客亲自勾兑干邑，然后搭配精选巧克力一起品尝，也可以搭配一顿美味的大餐。当然，记得要提前预约！

卡慕酒庄（Camus）

网址： www.camus.fr

勾兑属于自己的干邑。

轩尼诗酒庄（Hennessy）

网址： www.hennessy.com

在夏朗德河的游船上品味轩尼诗干邑。

豪达酒庄（Baron Otard）

网址： www.baronotard.com

参观国王弗朗索瓦一世出生的城堡，品尝各种干邑。

人头马酒庄（Rémy Martin）

网址： www.visitesremymartin.com

搭配巧克力品尝干邑，味道一级赞！还可以上一堂调酒课，亲自调制一瓶以干邑为基酒的鸡尾酒。参观葡萄园，观看干邑的制作过程。最重要的是——带几瓶人头马佳酿回国，绝对正品！

科涅克旅游局提供了所有干邑生产商的地址，并将大大小小的酒庄列入到了一本名为《Les bonnes adresses du cognac》的小册子中。我保证，你会发现这些生产商所提供的稀有美酒都是绝妙佳酿，而且在中国绝对没有！

西南部的宝藏

法国东南部景色壮美，无数画家将这里的美景搬上画布，很多导演会在此架起摄像机和三脚架。如果在蔚蓝海岸一周游和法国西南部一日游之间做选择，我一定选择后者，因为西南部更直率、亲切和真诚！不用跟成千上万的游客一起在地中海岸边挤来挤去，优美的西南地区总有一些珍宝在等待你去发现……

圣埃美隆

圣埃美隆旅游局

地址： 10 rue du 14 juillet 16100 Cognac
电话： +335 5755 2828
开放时间： 每天 09：30 — 18：30

每年有上百万的游客来到圣埃美隆（Saint-Émilion），这座美丽的村庄同时也是大名鼎鼎的葡萄酒产区，有许多景点被列入《世界文化遗产名录》。比如岩间教堂，世界上第二大独石宗教建筑，隐修士曾经住过的岩洞，流淌着传说中的“奇迹之泉”；还有大主教宫殿、哥特式教堂、修道院回廊、罗马式城堡主塔，就连古城墙遗迹以及那些别致的小道都让人流连忘返。

比亚里茨

比亚里茨旅游局

地址： Square d'Ixelles, 64200 Biarritz
电话： +335 5922 3700
开放时间： 周一至周六 09：00 — 18：00
周日 10：00 — 13：00

从 1854 年起，欧也妮王后就经常来比亚里茨。她曾在这里度过了童年。后来，她将比亚里茨变成了一座备受游人青睐的海滨小镇，在当时是世界上最摩登的海滨之一。名门望族、艺术家和政客经常到比亚里茨海水浴场度假，享用奢华浪漫的晚餐。

拿破仑三世为爱妻欧也妮王后修建了一座宫殿——欧也妮别墅。1903 年，一场火灾毁坏了这座建筑，后来人们对它又进行了重建和扩大。

如今，别墅变成了王宫酒店（L'hôtel du Palais），是法国最美的酒店之一。这里接待过的客人有丘吉尔、普京、香奈儿和西纳特拉、足球俱乐部领导、俄罗斯显贵（比亚里茨备受俄罗斯人青睐），时尚界明星更是酒店常客。

除了占地 3000 平方米的娇兰温泉会馆，这里还有高级餐厅 La Rotonde 。后者是 Alain Ducasse 集团旗下的一家餐馆，曾被评为“世界上最美丽的餐厅”，大厨本人的婚礼就是在比亚里茨皇宫酒店举办的。

这座城市的标志是圣母岩，经由一座拿破仑三世时期修建的桥可以前往。岩石顶端矗立的圣母雕像，修建于 1865 年（清同治年间），人们认为这里可以躲避风暴的袭击，也有人将其当作暴风雨后的慰藉。

比亚里茨的海滩非常不错，每片海滩各有特点。

大海滩（Grande plage）从皇宫酒店一直延伸到 Résidence Bellevue。海滩上有一家装饰艺术风格的赌场，建于 1929 年。

旧港海滩（Plage du Port-Vieux）是世界上最有魅力的海滩之一，臂弯形的海滩围着一条白色长廊，就像 20 世纪初的意大利水疗中心。

巴斯克海岸（Côte des Basques）粗犷，海浪拍碎在礁石上，涨潮时海水可以没过岩石，吸引着无数冲浪者前来。

渔夫港（Port des pêcheurs），这里的餐馆似乎总是沐浴在阳光里，就像明信片上拍的那样。

比亚里茨灯塔：建于 1834 年，1980 年改造成自动化灯塔，在夜间照亮海面。

海洋博物馆：装饰风格非常艺术。

多明我教堂对面的市场绝对不容错过，在这里可以买到巴斯克地区的特产——新鲜的鱼类、肥鹅肝、巴约讷火腿、辣味小香肠、羊乳奶酪、鳕鱼、巴斯克苹果酒，当然还有巴斯克地区的最有名的葡萄酒 Irouléguy。市场周围都是酒吧和餐馆，周六晚上和周日中午特别热闹。

到 Mazon 公园（Parc Mazon）打一场壁网球。这个游戏要求参赛者徒手或用棒兜（用于投掷的篮状手套）将球扔到“山墙”上，非常有趣和亲切。在石梯座位上观看一场激烈的比赛会是一次新奇的体验。

最后，比亚里茨是欧洲最负盛名的冲浪圣地之一，吸引着来自世界各地的年轻人。

皇宫酒店

地址： 1 avenue de l'Impératrice, 64200 Biarritz
电话： +335 5941 6400

比亚里茨水族馆

地址： Rue de l'Atalaye, 64200 Biarritz
电话： +335 59227540
开放时间： 每天 09： 30 — 19： 00
门票： 14.5 欧元，优惠价 9.8 欧元

圣让德吕兹

圣让德吕兹旅游局

地址： 20 boulevard Victor Hugo, 64500 Saint-Jean-de-Luz
电话： +335 5926 0316
开放时间： 周一至周六 09：00 — 19：00
周日 10：00 — 13：00

圣让德吕兹是比亚里茨和西班牙边境之间的一个渔港。这里捕鱼的传统由来已久，可以追溯到 15 世纪，从那时起圣让德吕兹人就开始到新大陆的公海捕鲸。16-19 世纪期间，海盗们将圣让德吕兹作为他们的船港，掠夺外国船只后回到这里。

圣让德吕兹原来只是沙丘上的一座小村庄，历史上最辉煌的一刻是法国国王路易十四与西班牙国王的女儿 Marie-Thérèse d'Autriche 大婚的那天。这场联姻是法国和西班牙签订的《比利牛斯和约》的第一项内容，婚礼在 Saint-Jean-Baptiste 教堂举办。这是一座布置精美的巴斯克风格教堂，路易十四和他的新王后曾缓步走过教堂的大门。婚礼举行 3 年之后，教堂被封了起来。除了精美、别致的雕像和绘画，这里还有一件引人注目、打动人心的作品：一艘悬在教堂穹顶的 19 世纪明轮船。这是一个船商家族献给欧也妮王后的礼物。

15~18 世纪的精致房屋点缀着这座城市，

漫步在小巷里，无比惬意、美妙。

对了，一定要去圣让德吕兹的港口——你可以从叫卖的水手那里买到他们从加斯科涅湾捕到的新鲜的大金枪鱼。

西南部美景

法国西南地区的风景姿态万千，我多么希望你可以一一游览。但是，如果时间不够充裕，可以选择下列几处必游之地。

圣让皮耶德波尔

圣让皮耶德波尔旅游局

地址： 14 place Charles de Gaulle, 64220 Saint—Jean—Pied—de—Port
电话： +335 5937 0357

圣让皮耶德波尔（Saint—Jean—Pied—de—Port）位于比利牛斯山隆赛奥山口的山脚。对于朝圣者而言，这座小城是去西班牙圣地亚哥·德孔波斯特拉（Saint—Jacques de Compostelle）的重要一站。这里的一切都让人心醉：红色的巴斯克式木筋墙房屋、尼夫河上的阳台、晾晒在街边的干辣椒串、房屋上雕刻的装饰和文字，还有美丽的小巷。相信我，到处都是理想的自拍角度。

一定要去以下景点：希塔戴勒街（La rue de la Citadelle）、圣母门（La porte Notre—Dame）、圣母教堂（L'église Notre—Dame）、圣母桥（Le pont Notre—Dame）、西班牙路（La rue d'Espagne）、集市广场上的Mansart故居（La maison Mansart）和防御工事。

萨尔拉

想象一下……

可以进行皮筏漂流的峡谷激流；

被列入《世界遗产名录》的韦泽尔峡谷（Vézère），那里有147处40亿年前的史前遗址；

市场货摊上的食物琳琅满目，让人垂涎欲滴；

13、14、15或16世纪精美房屋如珍珠般点缀着这个城市。

是不是美翻了？这可是萨尔拉（Sarlat）啊！作为黑佩里戈尔地区的中心，这里最有名的就是壮丽景色、历史地位和生活艺术。

在萨尔拉，不用做什么特别的出游计划，只需要漫步街头，做好随时被惊艳的准备！

黑佩里戈尔萨尔拉旅游局

地址： 3 rue Tourny, 24200 Sarlat—la—Canéda
电话： +335 5331 4545
开放时间： 周一至周六 09：00—18：00
周日 10：00—17：00

拉斯科洞穴

距离萨尔拉25千米的拉斯科洞穴（Grotte de Lascaux）向我们展示了公元前18600年至17000年间西欧史前人类的生活。与他们生活在同一个时期的还有另一种智人，即中国周口店的山顶洞人。与山顶洞人一样，拉斯科人也会打猎、捕鱼，还有葬礼风俗。与中国智人不同的是，拉斯科智人还没有学会制陶技术。

拉斯科洞穴的岩壁上绘有无与伦比的壁画，被誉为“史前西斯廷教堂”。1940年，一个少年偶然间发现了这个洞穴——当时他追着自己的狗跑了进来，而调皮的小狗正在追捕躲在岩缝里的野兔。最初来到此地的探险家们第一眼就被洞窟里的雕刻和壁画所震撼。

洞穴对外开放后，加速了洞内古老壁画的剥蚀。实际上，随着游客的增多，再加上新增的空气流通系统，岩洞环境被大大改变。游客呼吸出的二氧化碳提高了空气的热度和酸度，藻类和霉菌开始在岩壁上滋生。1963年，拉斯科洞穴正式关闭，禁止参观。

拉斯科洞穴走廊长 250 米，其中有：

● 公牛窟（La salle des Taureaux）

这是拉斯科洞穴里最壮观的一间石窟，长 17 米，宽 6 米，高 7 米。这里的一幅壁画甚至长达 5 米，画面上是整齐有序的史前的牛、马、鹿和熊——这是拉斯科洞穴里唯一的一头熊。这些动物里还有一个难以辨别的动物图案，用简单的两笔画成，额头上长着一只角，科学家们都没有见过这种动物，便叫它“独角兽（licorne）”。

● 中轴室（Le Diverticule axial）

这是个比较窄小的洞窟，壁画上可以看到牛、马（其中有一匹马正在逃跑）、鹿和羱羊。洞顶很高，需要支架才可以画上去，如今展现在游客眼前的画作让人叹为观止。

● 走道（Le Passage）

这条走廊长15米，但是剥蚀得比较严重。

● 中室（La Nef）

这里就像一条走廊，岩画中有一头黑牛、游泳的鹿群，还有野牛。

● 猫科动物窟（Le Diverticule des Félins）

这间 20 平方米左右的洞窟也叫“猫科动物室”。在这里我们可以看到一些猫科动物以及露出脸部的马，那个时代的人通常只会画出动物的轮廓。还有一个细节值得注意，岩壁上画着一只猫，它似乎正在撒尿，标记领地。

● 后室（L'Abside）

在这个圆形洞窟里的岩壁上刻画着成千上万个不同的场景，但有些已经难以辨别了，因为雕刻上往往会覆盖着一些图画。

● 下窖（Le Puits）

向下走大约 5 米，才能进入这个石窟。想要理解这些令人叹为观止的岩画并不是一件易事，只能勉强辨认出一头被长矛刺穿身体的水牛、一头犀牛、一匹马和一个头戴鸟冠站立的人。

在这些洞窟里，尤其是下窖里，有许多点、三角形、方形、方格和叉子形状的符号和笔画。现在，人们认为拉斯科洞穴的作用很可能是祭祀。

虽然已经停止对外开放，但是时至今日，拉斯科洞穴仍在不断受到破损，由于保护不当，岩壁出现了难以清除的霉菌和黑斑。为了让公众欣赏到这些杰作，拉斯科二号岩洞于 1983 年正式开放。它是拉斯科洞穴的仿建，距拉斯科洞穴 200 米，忠实还原了洞穴的原貌，每年约有 25 万名游客前来参观。

拉斯科三号洞穴则还原了二号洞穴中没能展示的部分，位于拉斯科附近的托纳克（Thonac）的托特史前艺术中心（centre d'art préhistorique du Thot）。三号洞穴是可拆装的，能在世界各地展出。

拉斯科四号洞穴完整地还原了 900 平方米的洞内壁画，于 2017 年开放。

拉斯科二号洞穴

地址： 24290 Montignac
电话： +335 5351 9503
电话（团体游）： +335 5305 6560
开放时间：：
2 月 6 日至 4 月 1 日（假期）： 10：00—12：30、14：00—17：00
（周一闭馆）
2 月 4 日至 7 月 5 日： 09：30—18：00
7 月 6 日至 8 月 31 日（假期）： 09：00—19：00
9 月 1 日至 11 月 2 日*： 09：30—18：00
11 月 3 日至 12 月 31 日： 10：00—12：30、14：00—17：00
12 月 25 日及次年 1 月 1 日闭馆（周一闭馆，除学生假期外）
门票： 10.5 欧元，优惠价 6.5 欧元
可购买含克鲁马努人洞穴 Le Thot (Espace Cro-Magnon) **的套票**
购票指南： 4 月 2 日至 9 月 4 日，售票处在 Place Bertrand de Born 广场上旅游局旁的 Montignac 中心
营业时间： 09：30—18：00、7 月至 8 月 09：00—19：00
其他时间，在洞穴的入口处售票
网上预约： www.lascaux.fr

* 学生假期期间，开放时间为 13：00—14：00

美食

西南地区的美食远近闻名，这得益于当地有热爱各类节日的传统，以及备受大自然眷顾的农产品区。

大西洋沿岸的牡蛎远销世界各地，巴斯克地区的埃斯珀莱特辣椒（piment d'Espelette）非常有名，巴约讷火腿也是一绝（不过要注意鉴别），伊拉堤芝士和杏仁奶油蛋糕都值得品尝。朗德森林的猪油鹅肉卷心菜浓汤（garbure）、以白扁豆为主的什锦砂锅（cassoulet）、佩里格地区珍贵的黑松露、波尔多的特产外酥里嫩的香草小蛋糕卡纳蕾……这些美食一定会让你流连忘返。在加仑河和多尔多涅河的交汇处，还有一种经常被遗忘的奢华美食——吉伦特鱼子酱（caviar de Gironde）。

我保留到最后要介绍的是将中国文明和加斯科涅文明完美结合的王牌食材——鸭子。这两个国度都将鸭子制作成极致美味。北京烤鸭，源远流长，早在宋元时期就有相关的文字记载。到了明朝，烤鸭成为宫廷美味之一。这是一道神奇的美食，是中国文化遗产的一部分。法国鸭子的做法虽然不同，但在我看来，正是这些用鸭肉做成的食物——鸭肝、鸭胸肉和鸭肉冻，以及吃鸭肉的场合——家庭聚会或是节日聚餐，形成了一种仪式感，刻在每一个加斯科涅人的心里，并形成了多样的文化特色。

普罗旺斯——薰衣草之都

每当看到美丽的花瓶和漂亮的中国瓷器，我总觉得中国人与花之间有一种特殊的联系。所以，我建议大家去法国东南部的花田，去往薰衣草之乡。薰衣草之旅的经典路线是艾克斯（Aix-en-Provence）、瓦朗索尔（Valensole）、穆斯蒂耶尔圣玛丽（Moustiers Sainte-Marie）、圣十字湖（Lac de Saint Croix）、韦尔东大峡谷（Gorges du Verdon）和阿维尼翁（Avignon）。

普罗旺斯地区的艾克斯

其实，当你还不知道艾克斯的时候，你或许已经到过这里，并且爱上了这座沐浴在阳光里的城市——见过这里葱郁的树木，听过17世纪马车碾过石砾上的嘎吱声！你或许疑惑，怎么会呢？我是什么时候来过艾克斯的呢？

还记得奥赛美术馆里那幅塞尚的名画吗？画着两个玩纸牌的人，两人中间还有一个花瓶的那幅？这两个人就是艾克斯的农夫，脸上布满了密史脱拉风吹过和繁重农活后留下的痕迹。

还记得塞尚笔下的圣维克多山吗？细腻的画家捕捉到了山上变幻莫测的光线。

还有凡·高画中的太阳，不觉得那阳光正照在你的肩膀上吗？

我们经历过这样的感觉，即便我们没有来过艾克斯，而现在，我们就站在这片土地上。游客可以参观塞尚故居，那是一间朴实、简单的工作室，里面展示了艺术家的部分作品。

塞尚故居

地址： 9, avenue Paul Cézanne
电话： +334 4221 0653
开放时间会更变，详细时间可在网站上查询： www.atelier—cezanne.com
门票： 6 欧元

艾克斯，与中国广西壮族自治区的桂林市互为友好城市，是一座真正的古城。最初，是罗马人发现这里的水可以治病，于是就在公元前122年于此建立城镇。后来，这座城市成为普罗旺斯的首府。

这座城市曾有一段极负盛名的黄金时期。国王勒内（René de Sicile），同时也是安茹公爵和普罗旺斯伯爵，在15世纪将这座城市建设得优雅别致，还号召许多名流志士到艾克斯，使当时的艺术和思想都得到了极大发展。勒内国王至今仍然深受当地人的爱戴和敬重。

普罗旺斯从1486年起成为法国的一部分，艾克斯则是继巴黎和凡尔赛之后，巴洛克风格的古迹最多的地方，共有140座建筑和9个喷泉。

圣索沃尔大教堂（Cathédrale Saint-Sauveur）精美绝伦，始建于5世纪，在旧罗马广场和阿波罗神庙的基础上修建而成。8-9世纪，由于城市被入侵，教堂遭到了破坏，12-16世纪期间得以重建。这座教堂融合了两种不同的风格，建于12世纪的正门是朴实的罗马式风格，而建于15-16世纪的北门则是富丽的哥特式风格。教堂里还有八角式的洗礼堂和精巧的回廊，大殿里的油画《Buisson arden》可以追溯到15世纪，画着身穿修士服被诸圣环绕的国王勒内。

其他值得一游的宗教建筑还有：神圣教堂（Église du Saint-Esprit）和马耳他圣若望教堂（Église Saint-Jean de Malte）。拜占庭风格的赛兹圣母教堂（Église Notre-Dame de la Seds）修建于1853年，风格更为近代。

市政厅建于17世纪，看上去有些意大利风情，空地上还有一座优雅、别致的钟楼。

马扎然区（Quartier Maza—rin）的四海豚广场（Place des Quatre—Dauphins）得名于一座建于17世纪的四海豚小喷泉。喷泉被4棵七叶树环绕，浪漫温馨，非常适合来张自拍！

HOTEL

同在这个区的科蒙酒店（Hôtel de Caumont）沉浸在18世纪的经典装潢中，让人仿佛穿越到了过去。酒店有一间“中国厅”，东方风格的壁纸说明了当时中国的魅力。酒店还有几间展厅、一个商店和一间茶室。

旺多姆楼（pavillon de Vendôme）是一栋18世纪的精美建筑，无论是外形、台阶、雕像，还是艺术收藏和法式花园，都展现出完美的古典主义。在艾克斯美丽的大街上，尤其是米拉波大街（Cours Mirabeau），从街边的酒店和住宅可以窥见黄金时代人们的生活方式。

米拉波大街从圆亭喷泉（Fontaine de la Rotonde）开始，一直到手持麝香葡萄的国王勒内雕像处，非常适合漫步，你一定会爱上在梧桐树荫下散步的感觉。也可以去画家塞尚和作家左拉常光顾的双童酒馆（Les Deux-Garçons）的露台来一杯冰镇的茴香酒（Pastis）。

格拉内博物馆（Musée Granet）就在米拉波大街旁边，展出的杰出作品风格迥异。在这里可以欣赏到许多名家的画作，比如塞尚、波纳尔、鲁奥、毕加索、布拉克、杜飞、劳伦斯、莱热、克利、斯塔埃尔、雷诺阿、莫奈、凡·高、德加、雷东以及杜布菲。在其旁边的马耳他圣若望教堂隐修院里，还可以看到18-19世纪的壁毯。

在艾克斯城郊的加西德布方（Jas-de-

Bouffan）有一座瓦萨雷利基金会美术馆（FondationVasarely），纪念 20 世纪光效应艺术家维克托·瓦萨雷利。

这里每年都会举办欧洲久负盛名的艾克斯音乐节，以古典音乐和歌剧为主，特别是莫扎特的经典作品。

最后，千万要“远离”艾克斯古老的传统美食——小杏仁饼（calisson）。如果你对甜食没有抵抗力的话，这款用杏仁粉配上甜瓜酱和橙花制作的小点心一定会让你沦陷，从此欲罢不能！

艾克斯旅游局

地址： 300 avenue Giuseppe Verdi
电话： +334 4216 1161
开放时间： 周一至周六 08：38—20：00，周日 10：00—13：00
网址： www.aixenprovencetourism.com

瓦朗索尔

瓦朗索尔旅游局

地址： Place des Héros de la Résistance, 04210 Valensole
电话： +334 9274 9002
开放时间： 周一至周六 08：30—17：30

瓦朗索尔的法语是 Valensole，意思为“太阳谷”。这座小村庄住着约 3200 人，这里四季分明，景色多变。特别是春天，一望无际的薰衣草，颜色迷人、香气袭人。薰衣草喜欢这里沐浴着阳光的、干燥的灰钙土。

这个村庄很古老，也很开阔。很久以前，罗马人就开始使用薰衣草洗澡或者熏衣服了。因为他们经常来瓦朗索尔收集薰衣草，所以便修建了石路将村庄跟附近的重要城市相连。

到了中世纪，瓦朗索尔成为有名的集市，整个地区的商人和买家都要到这里中转。建于 1627 年的巴斯城堡（Château de Bars）、古老的驿站、18 世纪的房屋、20

世纪时修复的上帝之城城堡（Château de Villedieu），还有一座非常古老的喷泉……这一切都证明了瓦朗索尔在历史上是多么的重要。

今天的瓦朗索尔有四宝：薰衣草、果树（特别是杏树）、橄榄油和黑松露。不过应该再添一宝：色彩。正如瓦朗索尔市长所说的那样，3 月有阿尔卑斯山顶的皑皑白雪和杏花的"浅红欺醉粉"，7 月有薰衣草花海的紫蓝和麦田的金黄，11 月有耕犁后赭红色的大地与冬日湛蓝的天空。瓦朗索尔的这场色彩盛宴让许多中国恋人选择来这里拍婚纱照。

薰衣草吸引了许多蜜蜂，所以瓦朗索尔出产的薰衣草蜂蜜是世界上风味最好的蜂蜜之一，只一口就满心的幸福和甜蜜。

穆斯蒂耶 - 圣玛丽

穆斯蒂耶圣玛丽旅游局

地址： Maison de Lucie, Place de l'Église, 04360 Moustiers—Sainte—Marie

电话： +334 9274 6784

开放时间： 每天 10：00 — 18：00

在瓦朗索尔的旁边，就是法国最美的村庄之一——穆斯蒂耶 - 圣玛丽（Moustiers-Sainte—Marie），由一群修道士在 5 世纪修建。

穆斯蒂耶最有名的是悬挂在两座山崖之间的那颗星星，就在一条 135 米长、150 千克重的铁索中央。关于这颗星的起源有 17 种传说，而它们的共同点是：这颗星星能够保护这座村庄免遭厄运。

瓦朗索尔除了有大片的鲜花外，还有其他引人入胜的风景，比如：

建于 15 世纪的老城门和老城墙。

建于 12 世纪的圣母大教堂（Église Notre-Dame）。教堂的祭坛和罗马式穹顶的大殿没有很好地连接起来，所以多出一个奇怪的角度——这个不和谐的出现是因为 14 世纪对教堂进行哥特式改建时仅仅完成了祭坛的部分。此外，教堂优雅的大钟也别具一格。

迷人的博瓦圣母教堂（Chapelle Notre-Dame de Beauvoir）。

陶瓷博物馆（Musée des faïences）展示了 17 世纪的法式陶瓷制作方式。当时人们还不知道中国瓷器的制作方式，但他们想要仿制来自东方的这些美丽瓷器。

建于 13~14 世纪的克拉斯特教堂（Chapelle du Clastre）。

修建在洞穴之中的玛德琳娜教堂（Chapelle de la Madeleine）。

17 世纪的圣安娜教堂（Chapelle Sainte-Anne）用旧城墙的石料修建。

圣十字湖

在瓦朗索尔以东几千米处，穆斯蒂耶的南边就是圣十字湖，它是普罗旺斯最美的湖泊之一。

不过，实际上它并不是天然形成的湖泊。早在 20 世纪 30 年代，当时的人们想修一座拦河大坝，将韦尔东河阻隔在山谷之中。韦尔东河虽然不长，却汹涌湍急，最后注入罗讷河的支流迪朗斯河中。这个计划直到 1973 年才完工。

湖畔的景色美不胜收。长满松树和橡树的山丘环绕在湖边，游客可以呼吸到属于普罗旺斯的迷人香气——干燥的泥土气息混合着薰衣草、迷迭香和百里香的芬芳。

位于湖畔的萨莱（Salles-sur-Verdon）、博迪昂（Bauduen）和圣十字村（Sainte-Croix）都有湖滩，可以租到脚踏游艇或电动船。为了保护湖水的清澈，当地禁止一切使用燃料的船只。

Galetas 大桥位于最东端，横跨圣十字湖和凡尔登大峡谷相接的地方。

韦尔东大峡谷

韦尔东河形成了欧洲最美的峡谷，深度从 250~700 米不等。峡谷中美景遍布：

伊鲁尔山口（Col d'Illoire）：拥有独特的壮美视野。

骑士客栈（Auberge des Cavaliers）：在韦尔东峡谷 300 米高的地方，是安布游的出发点。

安布（L'Imbut）：大峡谷中非常特别的一段，这里的岩石是块状的凝灰岩，河水在地下流淌几千米之后又重新露出地面。

韦尔东冥河（Styx du Verdon）：在古希腊传说中，Styx 是将人间和地狱分开的冥河，这里是大峡谷最窄的一段。

巴尔共浅滩（Le relais des Balcons）：这里有两处适合拍美照的平台。

观景台（Point Sublime）：正如它的法文名所描述的那样，在这里可以欣赏到大峡谷壮丽的全景。

Palud-sur-Verdon：韦尔东大峡谷的旅游服务中心，有博物馆、导游和商店。

Saint-Maurin 瀑布。

还有一个不容错过的景点：从 Galetas 大桥俯视圣十字湖。

游览韦尔东大峡谷要走很多路，最好穿双舒适的运动鞋。

阿维尼翁

阿维尼翁旅游局

地址： 41 cours Jean Jaurès, 84000 Avignon
电话： +334 3274 3274
开放时间： 周一至周六 09：00—18：00
周日 10：00—12：00

阿维尼翁常被称作“教皇之城”，因为教皇曾在这里生活了一个多世纪，从 1309 年直到 1423 年。这座城市拥有许多无与伦比的名胜古迹，因此被列入《世界遗产名录》中，其中的教皇宫是世界上最大的哥特式宫殿，总面积有 15000 平方米。

漫步在阿维尼翁，你将永远不会忘记这些美景：

14 世纪的古城墙：全长 4 千米，有 39 个敌台和 7 道城门。

17 世纪的圣贝内泽桥（Pont Saint—Bénézet）：每一个法国人都知道这座桥，

因为我们小时候会在学校里围成一圈唱一首儿歌：“在阿维尼翁的桥上，我们跳舞，我们跳舞。在阿维尼翁的桥上，我们在跳圆圈舞。”

教皇宫

开放时间：
9 月 1 日至 11 月 1 日： 09：00—19：00
11 月 2 日至次年 2 月 28 日： 09：30—17：45
3 月： 09：00—18：30
4 月 1 日至 6 月 31 日： 09：00—19：00
7 月： 09：00—20：00
8 月： 09：00—20：30
注意事项： 闭馆前 1 小时停止售票
门票： 11 欧元，优惠价 9 欧元
有中文导览

教皇宫（Le palais des papes）的主要景点有：

- 西正门

门上方有两座小塔和一条有垛口墙的巡逻道。

- 12 座塔楼

特鲁伊拉塔（Tour de Trouillas）：主塔，位于西北角，高 50 米；城堞、堞眼和塔顶部位的石材均用铁加固，这是当时最顶尖的建筑技术。

卫生间之塔（Tour des Latrines）：顾名思义，这个塔楼里有厕所。厕所的污水会排到集雨水的排水沟里。另外，宫殿总管就

住在这座塔楼的顶楼。

厨房塔：厨房的排污采用同样的方式。

圣若望塔(Tour Saint-Jean)：位于东侧，有圣若望教堂（Chapelle Saint-Jean）和圣马蒂亚勒教堂（Chapelle Saint Martial）。

习修塔（La tour de l'Étude）。

天使之塔（La tour de l'Étude）：保留较好的塔楼，里面有教皇本笃十二世的卧室、书房和藏宝室。

花园塔（Tour du Jardin）：曾是围墙的一部分。

藏衣塔（Tour de la Garde-Robe）：在教皇克雷芒六世时期（14 世纪）修建。

圣罗兰塔（Tour Saint-Laurent）：具备强大的防御功能，塔内有一间更衣室，高级教士们在此换上司祭服。

卡是塔（Tour de la Gache）：最早是审判室，18 世纪时变成了武器库。塔顶传来的警报声用来提醒宵禁、通知火情或敌人入侵。

角塔或贵人塔（Tour des Grands Dignitaires）。

钟型柱塔（Tour de la Campane）：这里住着教皇的膳食主管。

主要的厅室

守卫室（Salle des Gardes）：天花板很高，很宽敞。

教廷金库（Chambre du Trésorier）：就在守卫室的正上方。

Cubiculaire 室（Salle du cubiculaire）：位于正门上的两个小塔的后面，是最美的房间之一。“Cubiculaire”是教阶制度中的重要人物，负责皇宫的管理工作。

宴会厅（Grand Tinel）：宽敞、庄重，既是餐厅，也是推选教皇的地方。

秘密会议室（Salle du Conclave）：贵宾来访时下榻的房间，许多国王都曾在这里住过。

宫廷面包、酒水管理处（Paneterie-bouteillerie）：这里分成了 6 个区，负责准备面包、将葡萄酒装瓶、做饭以及保管教皇的金质和银质餐具。每一天，从这里送出 300 份饭给皇宫的客人，同时还有 800 份给穷人。

本笃十二世的食物储藏室（Le grand cellier Benoît XII）：教皇的藏酒室。

大礼拜堂（Grande Audience）：这间礼拜堂是一部精美的杰作，长 52 米，宽 16.8 米，高 11 米，壁画《最后的审判》与房间的精神非常契合。实际上，这间屋子曾经被用作教堂罗塔法庭。令人遗憾的是，在 19 世纪初，墙上的壁画遭到了严重破坏。

回廊：可以通往食物储藏室和大礼拜堂。

克雷芒六世书房（雄鹿室）

克雷芒六世（Clément VI）是一位伟大的教皇，深受人们的敬仰。书房壁画以动物和大自然为主，而非圣人和天使。这些精美的作品出自意大利艺术家之手。其中有一幅壁画表现的是一头雄鹿，不过后来修烟囱的时候被凿去了一半的身体，现在只剩下了后半部分身躯。

教堂

圣马夏尔教堂（La chapelle Saint-Martial）在圣诺望塔之中。墙上和天花板上的绘画均由画家 Matteo Giovanetti 在 1344 至 1345 年间创作，展现了圣马夏尔的一生。

圣诺望教堂（La chapelle Saint-Jean）就在上一座教堂的楼下，画作出自同一位艺术家之手，展现了其他的圣人生活。

大教堂（Le Magnifique）于克雷芒六世统治时期建成，位于荣誉广场（Cour d'Honneur）。教堂中堂长 52 米，宽 15 米，高 20 米，质朴又大气。抵达中堂首先要经过一座精美的楼梯，这个楼梯的设计在当时（1346 年）非常新颖，十分引人注目。教皇就在这间教堂为众人祈福。

庭院

荣誉广场（La cour d'Honneur）：是由克雷芒六世于 1342 年主持修建的雄伟广场。每年 7 月，世界级的阿维尼翁艺术节在这里举办。

回廊：4 栋建筑围绕着它。东边的主教会议楼（Consistoire）有宫廷面包管理处、主教会议室和宴会厅。南翼是主人楼（aile des Hôtes），这里有食物储藏室、工作人员的房间以及“皇帝之室”（chambre de l'empereur）——卢森堡皇帝查理四世曾在此居住，后来便有了这个名字。西翼是贵宾楼（aile des Familiers），是来访的达官贵人所住的房间；北边则是本笃十二世教堂（Chapelle de Benoît XII）。

圣贝内茨泽桥

门票： 5 欧元，优惠价 4 欧元
（含教皇宫的套票：13.5 欧元）

圣贝内茨泽桥（Le pont Saint-Bénézet）修建于 1177 年至 1185 年（宋朝）间。第二个桥墩下面有两个教堂，分别是圣贝内泽教堂（ChapelleSaint-Bénézet）和圣尼古拉教堂（Chapelle Saint-Nicolas）。这座桥曾经有 22 个桥墩，大部分都已坍塌，重建之后，由于罗讷河水泛滥，桥墩又被冲毁了，便形成了今天断桥的模样。

岩石公园

教皇宫北边的岩石顶上坐落着一座公园——岩石公园（Rocher des Doms）。

岩石公园的旁边是阿维尼翁的主教圣母教堂（Cathédrale Notre—Dame des Doms）。主教堂始建于 12 世纪，旁边的建筑则建于 14-17 世纪。这座教堂非常值得游览，是典型的普罗旺斯罗马风格，展现了古罗马式建筑的特点。特别推荐墙上的关于死神的系列壁画，其中有一幅是死神正将箭射向左边和右边的人群。这些壁画绘制于 13 世纪。

村庄游览路线

从阿维尼翁出发，有一条可以欣赏到法国最美的四个村庄的路线。

索尔特

索尔特旅游局

地址： Avenue de la Promenade, 84390 Sault
电话： +334 9064 0121
开放时间： 周一至周六 09：30 — 18：00

索尔特（Sault）始建于 9 世纪，位于岩石之上，坐拥辽阔的平原、森林和薰衣草田。这个村庄的典型房屋通常比较高，住房盖在马厩上方。文艺复兴时期风格的建筑、Notre-Dame-de-la-Tour 教堂（Église Notre-Dame-de-la-Tour），尤其是普罗旺斯独有的乡村风情，这里的一切很容易就能俘获游客的心。

至于当地特产，我推荐索尔特美味可口的马卡龙，它不像巴黎的那么甜腻。还有牛轧糖，用蛋白泡沫加入村庄自制的薰衣草蜂蜜和杏仁糖果制作而成，美味至极！

枫丹德沃克吕斯（泉水小镇）

枫丹德沃克吕斯旅游局

地址： Avenue Robert Garcin, 84800 Fontaine-de-Vaucluse
电话： +334 9020 3222
开放时间： 09：30 — 17：30

泉水小镇（Fontaine de Vaucluse）这个名字的由来源于这里的一个地理现象——在 240 米高的悬崖下，水流凿出了一条河道，河水先是流入岩石之下，深达海平面 223 米以下。之后河水又从地下不断涌出地面，并形成了水量充沛的索尔格河。

这座小村庄早在新石器时代就已经存在，从罗马时代起，这个喷泉便远近闻名。后来，人们在附近修建了一些隐修院。在 14 世纪遭遇过抢掠之后，村庄加强了防御工事的建设。

古往今来，很多作家来到这里后，被无与伦比的美丽和大自然的神秘深深打动，创作出许多歌颂村庄的赞美诗。佛罗伦萨诗人彼特拉克于 1338 年来此定居，专注于写作与研究，后来长期居住在这里。

从 15 世纪开始，泉水镇出现了许多水车，造纸业开始发达起来，因为这项工艺耗水量巨大。如今，旅游成了这座村庄最主要的产业。

以下是我推荐的游览景点。

建于 11-12 世纪的圣母教堂（Église Notre-Dame），教堂祭台的南边有一根纪念柱，来自先前的水神庙。

18-19 世纪期间繁荣的卡瓦永主教城堡（château des évêques de Cavaillon）虽然如今只剩下废墟和遗迹，但仍然值得一去。

1804 年是彼特拉克诞辰 500 周年，人

们在此地为他竖了一根纪念柱。

市政广场桥边的水车诉说着村庄曾辉煌一时的造纸业。

重建后的风车造纸厂 Vallis Clausa 仍然采用 16 世纪的技术。这里生产的布浆纸以旧被单或旧衣服为原料，需要用巨大的木槌捶打原材料 30 小时来制造纸糊——这时就需要靠水磨产生的动力了。

戈尔德

戈尔德旅游局

地址： Rue du Château, 84220 Gordes
电话： +334 9072 0725
开放时间： 周一至周日 09：00—18：00

戈尔德（Gordes）是一座非凡的村庄，这里还保留着 8 世纪的修道院。村庄坐落在岩山上，11 世纪时增修了城堡，百年战争时期则修筑了防御设施。

位于村庄中心的城堡会给你的旅途增加很多乐趣，虽然始建于中世纪，但在 1525 年进行重建时，有一部分房屋采用了文艺复兴时期的风格。如今，这里有一家艺术画廊，当地旅游局也设在此处。

其他值得游览的景点还有：

圣菲尔曼教堂（Église Saint-Firmin），建于 14 世纪的方形塔楼，在当时可能起钟塔的作用。

圣菲尔曼宫（Palais Saint-Firmin）。

普罗尼瓦尔宫（Palais Pluvinal）和普罗尼瓦尔教堂（Chapelle Pluvinal）。

圣雅克牧师布道处（Aumônerie Saint-Jacques），当时用来接待朝圣者。

陡坡上有崎岖小路，转弯处有喷泉、水池和老房子，美不胜收。

另外，从许多地方都可以将整个平原尽收眼底，你还能看到戈尔德的标志性风车。

蔚蓝海岸

蔚蓝海岸的法文名为“Côte d'Azur”，字面意思就是“蓝色的海岸”，是法国南部的一个大区。这个词组由 19 世纪的一位作家所创，用以赞美这片地区海天一色的蔚蓝美景。蔚蓝海岸地区从马赛开始直到与意大利的交界处，从西到东分布着邦多勒、耶尔、圣特罗佩、圣马克西姆、戛纳、安提贝、尼斯、圣让费拉角、埃兹、摩纳哥和芒通。

在近两个世纪的时间里，干燥而又明媚的地中海气候吸引了无数的游客。一种是大众游客，在 7 月和 8 月（法国暑假期间）最多。这段时间，景区会增加许多露营地和小旅店，沿海停靠的车辆就像大城市里的交通高峰期一样。另一种则是精英游客。戛纳、圣特罗佩、圣让费拉角，当然还有摩纳哥，吸引着无数影视歌坛巨星、时尚名流、集团总裁和媒体明星。这些度假者的标配有直升机、五星级奢华大酒店、高档餐厅、赌场、豪车、保镖，以及让人无法靠近的安全距离。

蔚蓝海岸的美令每一个前来度假的人都赞叹不已——碧蓝的海水、被岩礁隔断的海岸、戛纳的沙滩、马赛的海湾，一切都令人沉醉。每年夏天随着游客人数的增加，麻烦事儿也不少——拥挤的人群、突然高涨的物价、服务水准较低的酒店等。尽管有些不便，许多中国游客仍然愿意选择到蔚蓝海岸旅游或定居，中国影星刘烨就娶了一位尼斯的摄影师姑娘：安娜伊思 · 马田（Anaïs Martane）。

美食

我个人非常喜欢蔚蓝海岸大区的美食，这里的饮食传承了尼斯的传统特色，还受到意大利风味的影响。健康美味的地中海式佳肴，一定会征服你的味蕾，一定要尝的有西葫芦花炸糕、鳀鱼酱生菜沙拉、意式小丸子、尼斯焖肉、蔬菜酿肉、洋葱塔、玉米粥、罗勒蔬菜浓汤等。

蔚蓝海岸大区吸引中国游客较多的地方是尼斯、戛纳、埃兹和摩纳哥，很多人因为这里的海滩慕名而来，之后我会慢慢介绍其中最美的 10 个必游之地。

尼斯

尼斯机场在法国南部有着非常重要的地位，因为这是去戛纳和摩纳哥的必经之地。当然，这座城市也魅力无穷。

这里坐落着一个美丽的海湾，名字和景色一样优美——天使湾（Baie des Anges）。在尼斯老城区，你可以欣赏到意大利式的巴洛克教堂、街边的老店和酒馆、英国人散步大道（Promenade des Anglais），这些都是不可错过的景点。

其中，英国人散步大道尤其著名。

沿途的滨海风光极其秀美，还有许多豪华大酒店，最出名的当数内格雷斯酒店（Hôtel Négresco）。这座建于 1912 年的豪华酒店外墙是路易十四艺术风格的设计，内部装潢则是拿破仑三世时期的艺术风格，酒店墙上的艺术品都是饭店女主人珍妮·奥吉尔的珍贵藏品。

内格雷斯酒店

地址： 37 promenade des Anglais, 06000 Nice
电话： +334 9316 6400

威斯敏斯特酒店（Hôtel Westminster）于 1878 年建成，粉红色的墙面十分引人注目。西区酒店（Hôtel West End）则在 1842 年进驻，长期接待来尼斯的英国贵族，这条大道得名于此。

威斯敏斯特酒店

地址： 27 promenade des Anglais, 06000 Nice
电话： +334 9214 8686

地中海宫（Palais de la Méditerranée）建于 1927 至 1928 年，是一栋装饰主义艺术风格的建筑。整座宫殿直到 2004 年才完成翻新，保留了正墙上的美女和海中之马的浮雕，成为了一座真正的奢华的度假酒店，并且有一个新名字：加德满都凯悦酒店（Hôtel Hyatt Regency）。

加德满都凯悦酒店

地址： 13 promenade des Anglais, 06000 Nice
电话： +334 9327 1234

历史上尼斯有很长一段时间并不是法国的领土，一直到 1860 年，尼斯还属于撒丁王国（19 世纪中期意大利境内唯一独立的封建王国），因此深受意大利皮埃蒙特的影响，如今这里还保留着许多那个时代的私人宅邸。其中最美的大概就是 17 世纪的居博纳提斯宫（Palais Gubernatis），是一座以资助者的名字而命名的宅邸。这座红色的建筑如今成了马蒂斯博物馆（Musée Matisse），画家马蒂斯曾在尼斯生活过很长一段时间，这里收藏了许多他本人捐赠的绘画。

马蒂斯博物馆（Musée Matisse）

地址： 164 avenue des Arènes de Cimiez, 06000 Nice
电话： +334 9381 0808
开放时间： 周一、周三至周日 10：00—18：00
票价： 6 欧元

另一座拉斯卡里斯宫（Palais Lascaris）我也强烈推荐。每当我伫立在这座建于 17–18 世纪的淡黄色宫殿前，仿佛置身于意大利的热那亚。如今，这座巴洛克式的宫殿里有一座装饰艺术和民间传统主题的博物馆，可以感受到尼斯人曾经的生活方式。

19 世纪，许多外国人在冬季也会来尼斯居住，这座城市因而变得更加富丽，因为他们留下了许多美丽的私人别墅。比如建于 1857 年的英国城堡（Château de l'Anglais），他的主人罗伯特·史密斯上校来到尼斯的季节并不像夏季那么美好，所以他希望自己的宅邸是印度的斋普尔风格。在这座充满异域风情的城堡前拍张照，你的朋友们肯定猜不到你到底身在何方！

英国城堡

地址： 176 boulevard Carnot, 06300 Nice
电话： +334 9204 0488

还有马塞纳宫（Palais Masséna），一栋建于 19 世纪末的新古典主义风格的宫殿。

尼斯跟厦门互为友好城市，有很多学生交流项目。走在街上，你会遇到许多中国交换生和留学生。

对了，每年 2 月尼斯都会举办狂欢节。这是法国最大的狂欢节，装饰着缤纷花朵的美丽彩车穿城而过，庆祝活动持续两周的时间。

赌场

尼斯有两个赌场：一个是地中海宫（Palais de la Méditerranée）里的帕图什赌场（Casino Partouche），另一个是在子午线酒店（Hôtel Méridien）一楼大厅的巴里耶尔赌场（Casino Barrière）。这两家酒店都在英国人散步大道上。

帕图什赌场

地址： 15 promenade des Anglais, 06000 Nice
电话： +334 9214 6800
营业时间： 周一至周六 10：00 - 次日 03：00
周日 10：00 — 次日 04：00

巴里耶尔赌场

地址： 1 promenade des Anglais, 06000 Nice
电话： +334 9703 1222
营业时间： 周一至周六 09：00 - 次日 04：00

尼斯旅游局

地址： 5 promenade des Anglais, 06302 Nice
电话： +338 9270 7407

埃兹

埃兹旅游局

地址： Place du Général De Gaulle, 06360 Èze
电话： +334 9341 2600
营业时间： 周一至周六 09：00 — 16：00

埃兹距离尼斯只有 17 千米，建在陡峭的山岩之上。这个古老的小镇在公元前 2 世纪就已经存在了，有一条石路可以前往，沿途美丽的海景和松林尽收眼底。要进入小镇，先要经过两个守望台，穿过一条暗道。小镇里有一条主路，有许多小巷、拱门、喷泉和石砌房屋，视野所及之处都是美丽的花朵。

这里有白色的忏悔教堂和巴洛克式的教堂，城堡脚下还有一个植物园。正如一位法国诗人所写的那样，大海就在眼前翩翩起舞。

沿着尼采路（Sentier Friedrich-Nietzsche）可以走到海边，就在异国风情园大道（l'avenue Jardin Exotique）的尽头。虽然需要步行 1 小时，但看着沿途的自然风光，会感觉时间过得飞快。

埃兹的酒店和饭店有时比戛纳的更受欢迎。这里不乏一流的酒店，比如金羊城堡酒店（Château de la Chèvre d'Or）、盖埃斯特里酒店（Hôtel Cap Estel）和埃扎城堡酒店（château Eza）。

金羊城堡酒店（Château de la Chèvre d'Or）

地址： Rue du Barri, 06360 Èze Village
电话： +04 9210 6666

盖埃斯特里酒店（Hôtel Cap Estel）

地址： 1312 Avenue Raymond Poincaré, 06360 Èze
电话： +04 9376 2929

埃扎城堡酒店（château Eza）

地址： Rue de la Pise, 06360 Èze Village
电话： +334 9341 1224

格拉斯

格拉斯是世界香水之都，位于戛纳的腹地，瓦伦索的薰衣草都运到这里进行加工。这里有两家珍宝级的香水工厂：嘉利玛香水（Galimard）和花宫娜香水工厂（Fragonard）。游客可以进入香水工厂参观，当地的许多店铺也都出售这两种香水。

戛纳旅游局

地 址： 1 Boulevard de la Croisette, 06400 Cannes
电话： +334 9299 8422
开放时间： 周一至周日 10：00—19：00

由于戛纳国际电影节的名气太大，许多游客都想来这座城市捕捉它别样的魅力。不过，大多数情况下都不能如愿以偿。这里的物价出奇的高，大街上一杯简单的橙汁或啤酒都很贵。服务也是一般，酒店接待外国游客通常都很敷衍，豪华酒店似乎也只靠名气而非服务品质在经营。这一切给人的印象就是——戛纳好像真的不需要游客。不过也确实如此，戛纳一年到头各种会议、节日活动不断，这足以让这座城市不用做什么努力，就能吸引无数人慕名而来。

当然啦，到克鲁瓦塞特（Croisette）海滩上的某个海滨浴场（通常需要付费），在亿万富豪的游艇前来张自拍，再到国际巨星走红毯的“24 级荣誉台阶（24 marches de la gloire）”上来张摆拍，然后去港口散散步——这样的感觉确实很赞。

如果让我推荐的话，傍晚到苏给街（Rue du Suquet）去逛逛吧。这是一条蜿蜒在山丘上的小路，很有特色，两旁都是通宵营业的酒吧和餐馆，山顶还有 11 世纪为莱兰修道院建造的一座中世纪城堡的遗迹。

莱兰群岛

莱兰群岛（Archipel de Lérins）正对着戛纳海湾，距离转弯处的最高点“棕榈滩（Palm Beach）”不到 1 千米处，有两座大岛：圣玛格丽特岛（Sainte － Marguerite）和圣托诺拉岛（Saint － Honorat）。圣玛格丽特岛上有一座皇家堡垒，圣托诺拉岛上则建有莱兰修道士的要塞修道院。在中世纪，莱兰修道院院长的权力很大，他们就像侯爵一样控制着这个地区，这座苏给城堡（Château du Suquet）里的塔楼、教堂和防御工事无一不彰显着修道院在当时拥有的巨大权力。如今，这座城堡成了一家博物馆。

圣玛格丽特岛（Sainte － Marguerite）和圣托诺拉岛（Saint － Honorat）都值得一看，可以乘摆渡船上岛，只需要 15 分钟。

圣玛格丽特岛比较开阔，岛上的人工松林和桉树林种植于 19 世纪。早在 17 世纪，西班牙人就在陡崖上修建了一座皇家堡垒，控制着这片海域。归属法国后，这座堡垒变成了监狱，由著名的军事工程师沃邦主持改建，有着极其重要的战略地位。现在，岛上还有一个海洋博物馆（Musée de la Mer）。

圣托诺拉岛上建有一座来自 5 世纪的修道院。

许多公司都提供从戛纳出发到莱兰群岛的行程，以下是可供选择的几家：

Trans Côte d'Azur

电话： +334 9298 7130
网址： www.trans-cote － azur.com

Riviera lines

电话： +334 9298 7131
网址： www.riviera － lines.com

SARL Horizon

电话： +334 9298 7136
网址： www.horizon － iles － lerins.com

克鲁瓦塞特大道

克鲁瓦塞特大道（la Croisette）是一条沿地中海修建的滨海大道，全长 2500 米，宽 50 米。东起世界著名的景点——半岛上的克鲁瓦特海角（Pointe Croisette），西至影节宫（Palais des Festivals），从大道的一端漫步到另一端将会是一段幸福的时光。

这条大道修建于 1856 年（清代咸丰年间）。当时，英国贵族 Lord Henry Brougham and Vaux 大法官喜欢到戛纳过冬，也带来了一些伦敦上流社会的人。而巴黎上流社会则习惯于在夏季到蔚蓝海岸地区度假。无论是法国还是英国的达官贵人，为了在这里定居，建起许多带美丽花园的豪华别墅。其中的许多别墅一直保留至今，比如罗斯柴尔德别墅（Villa Rothschild）和佛罗伦萨别墅（Villa Fiorentina），以及后来修建的装饰艺术别具一格的多梅尔格别墅（Villa

Domergue）和罗美别墅（Villa Romée）。

沿着克鲁瓦塞特大道，你会看到许多豪华酒店，比如建于20世纪的卡尔顿酒店（Hôtel Carlton）和大华酒店（Hôtel Majestic）。

戛纳电影节

每年5月举办的戛纳电影节（festival de Cannes）的主会场就在影节宫，位于克鲁瓦塞特大道和港口之间，设有电影节大厅和举办会展的空地。作为一处会展中心，它的设计非常值得关注——明亮的展厅在地下，而昏暗的电影院则位于楼上——这座堡垒般的建筑正对着海面，就像一座礁石。

戛纳电影节宫

地址： Boulevard de la Croisette, 06400 Cannes
电话： +334 9299 8400
开放时间： 周一至周日 09：00—20：00

摩纳哥公国

摩纳哥旅游局

地址： 2 boulevard des Moulins, 98000 Monaco
电话： +377 9216 6116
开放时间： 周一至周六 09：00—19：00
周日 11：00—13：00

摩纳哥公国是一个城邦国家，虽然是世界第二小国家，却是一个令人憧憬的地方。公主、舞会、宴会、从巴黎大饭店门口疾驰而过的劳斯莱斯，以及那些在高档沙龙里戴着墨镜和银行家们共进午餐的大明星……这一切都是这个公国的独特魅力。它对金钱和财富有着无限的温存，它也从来不会拒绝或亏待每一笔百万美元。

也许你想去参观由阿尔贝一世亲王在1889年修建的海洋博物馆，或者去参观亲王宫里的皇家公寓，也许你是被在5月份举办的一级方程式赛车大奖赛吸引，又或者想到巴黎大饭店的酒吧来杯白兰地……

也有人抱怨摩纳哥的物价太高，对游客微笑都是为了掏空他们的银行账户。如果你对赌博不感兴趣，可以选择不去赌场，但是摩纳哥之梦仍然是摩纳哥之梦。这个公国的迷人景色也许只需要几小时就能看完，却会让每个人都感到无比满足。

蒙特卡罗大赌场

地址： Place du Casino, 98000 Monaco
电话： +377 9806 2121
开放时间： 周一至周日 14：00—次日 04：00

不过，许多来摩纳哥的游客，包括许多中国游客，都想体验一把刺激冒险的博彩——闻名世界的摩纳哥赌场比拉斯维加斯或澳门的赌场都更安静。

最有名的是建于1863年的蒙特卡罗大赌场（Monte－Carlo），这里最受欢迎的是转盘赌。充满现代感的巴黎咖啡馆赌场（Le casino Café de Paris）里有许多老虎机。太阳赌场（Le Sun）的装饰以马戏团为主题，有许多美式的赌博项目。蒙特卡罗海湾赌场（le Monte － Carlo Bay Casino）里则有近140台老虎机，有的一分钱就能玩儿，最夸张的是连这里的吸烟露台都“设备齐全”。

这些赌场都接待团体游客的参观，不过只在上午赌博厅开门之前。

无论你是在大奖赛期间来摩纳哥，或者只是简单地来玩一把21点，这里的治安都不会让你失望。

巴黎咖啡馆赌场

地址： Place du Casino, 98000 Monaco
电话： +377 9806 7777
开放时间： 每天24小时

太阳赌场

地址： 12 avenue des Spélugues,
MC 98000 Monte Carlo, Monaco
电话： +377 9216 2323

蒙特卡罗海湾赌场

地址： 40 avenue Princesse Grace, Monaco
电话： +377 9806 0781

蔚蓝海岸最美的十大海滩

来到蔚蓝海岸，怎能抑制住冲进这美丽、温热而又宁静的海里游泳的冲动呢？夏日的海滩总是人山人海，特别是在学生放暑假的时候。有些海滩是免费的，不过通常很难觅到一席空地。那些付费海滩则将游客视作摇钱树，因为游客必须租赁躺椅和遮阳伞。这里的海滩也不全部适合放松和休闲，因为一些海滩的经营者总觉得来点儿震耳欲聋的音乐更时髦。

尼斯，英国人漫步大道海滩

这是一片鹅卵石沙滩，面前是美丽的大海，背后是有名的滨海大道，有赌场、精品店和豪华酒店。

卡西斯，昂沃海湾

卡西斯（Cassis）是一座距马赛不远的小城，悬崖之下的清澈海水中畅游着被保护的海洋生物。这里的昂沃海湾（La calanque d'En – Vau）景色十分壮美，狭长的鹅卵石沙滩镶嵌在悬岩间。你可以乘船前往，也可以从岩山上的一条不太好走的小路下来，大概要走1小时。不过相信我，当你下到海滩上时，那一刻所看见的美景会冲淡所有疲惫，变成一声由衷的赞叹。

也被称为圣托佩海滩（Plage de Saint—Tropez）。这也是一片奇妙的海滩，是许多电影的取景地之一，可谓是“名利双收”。

圣拉斐尔，阿盖，博梅特海滩

博梅特海滩（La plage de la Baumette）是一条200米长的小海滩，从阿盖（Agay）村出发步行10分钟便可到达，沿途风景优美。海湾较为闭合，红色岩石一直延伸至海边，海滩上的沙子细腻光洁。

马赛还有一个索尔缪海湾（Sormiou），也是非常迷人。那里视野开阔，有着美丽的沙滩，特别适合潜水，浴场区有人看管。

博尔默勒米莫萨，埃斯塔尼奥海滩

松林环绕的埃斯塔尼奥海滩（Plage de l'Estagnol），海水碧绿清澈，让人感觉像在巴哈马群岛度假。不过，从这儿要走很长一段路才能到海里，宽阔的沙滩护佑着儿童浴场，入内要收费。

戛纳，克鲁瓦塞特海滩

两侧布满棕榈树的海滨大道一旁就是世界上最迷人的海滩——克鲁瓦塞特海滩（Les plages de la Croisette），它会让人有种自己就是大明星的美好幻觉。岸边停靠着酋长国、美国或中国富豪的大型游艇，简直就是人们心中的神话之地。

拉马蒂埃尔，庞佩洛纳海滩

庞佩洛纳海滩（la plage de Pampe – lonne）是一条长达4.5千米的细沙滩，简直就是张精美的明信片。

波克罗勒岛的迷人海滩不只有银滩，还有一定要提的圣母海滩（Plage de Notre – Dame）。

现在这个岛屿已经受到了保护，属于克鲁港（Port Cros）国家公园。那里生长着地中海区域典型的植物：松树、橡树和野草莓树。那里没有汽车，不过可以骑自行车去葡萄园参观，品尝当地美酒，也可以去岛屿南端的原始纯净的小海湾，或者租船出海转转（租船游览推荐TLV公司）。

圣拉斐尔，阿盖，英国人海滩

英国人海滩（La plage des Anglais）位于阿盖村，离博梅特海滩很近，海滩上的红色鹅卵石赋予它独特的气质。涨潮时候海水会将海滩淹没，只留下窄窄的一段。湍急的水流非常危险，一定要注意安全。

波克罗勒岛（耶尔），银滩

银滩（La plage d'Argent）坐落在波克罗勒岛（Porquerolles），可以从附近的吉昂岛（Giens）乘坐摆渡船到达，仅需15分钟。这片绝美的海滩水清沙白，松树林斑驳成影，

格里摩港，知了海滩

知了海滩（La plage des Cigales）被松树林环抱，距离圣马克西姆镇（Commune de Sainte – Maxime）很近，是一个典型的地中海式海滩，海水碧绿清澈，风景优美。

卡普戴尔海角，马拉海滩

这是一片鹅卵石海滩，被悬崖峭壁紧紧环抱，所以想到达马拉海滩（La plage Mala）需要爬152级台阶从岩山下来……之后再爬回去。这里海水温热，因为盆状的地形储存了许多太阳热量。来这片沙滩吧，欣赏着眼前醉人的美景，一定不虚此行。

斯特拉斯堡和阿尔萨斯

到法国旅游的中国游客很少会来这片与德国接壤的地区——阿尔萨斯。斯特拉斯堡就在这里，它是世界上最美的城市之一。在我看来，这座古老、优美的城市，应该成为法国的热门旅游地之一。欧盟的许多重要机构都设立在斯特拉斯堡，它还是许多国际组织总部的所在地，很多世界级别的重要会议在此召开。此外，作为一座大学城，人们可以看到许多外国留学生，说不定其中就能诞生一位诺贝尔奖得主。总之，这座城市会给人一种真实的美感和文化层面的震撼。

斯特拉斯堡

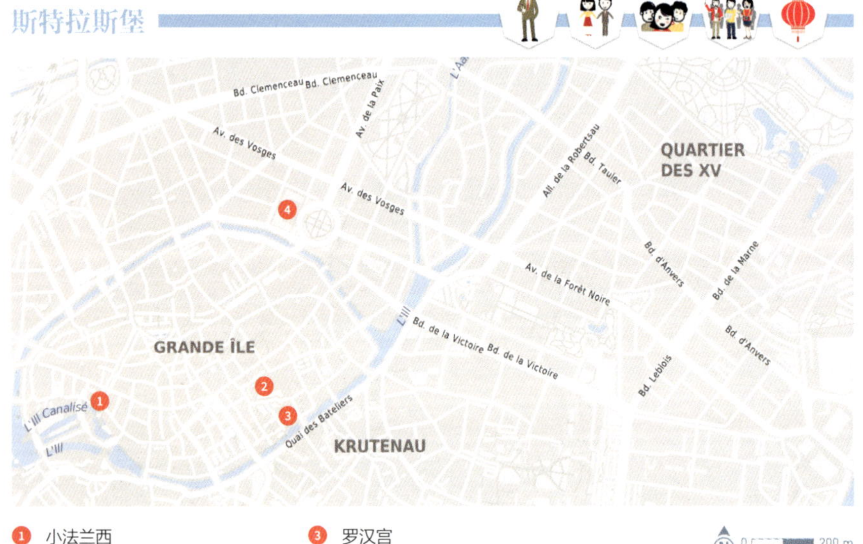

1 小法兰西
2 圣母大教堂
3 罗汉宫
4 莱茵宫

0 200 m

斯特拉斯堡圣母大教堂

斯特拉斯堡圣母大教堂

地址： Place de la Cathédrale, 67000 Strasbourg
电话： +333 8821 4334
开放时间： 周一至周日 07：00—19：00

这座建于1176至1439年的大教堂，在1647至1874年（宋朝和明朝时期）是世界上最高的建筑。粉红色的教堂外观会随着阳光的照射变成红色或紫色，外墙上的装饰更是精妙绝伦，人物雕像栩栩如生。我最喜欢的雕像群在右门。

一边是《魔鬼与愚昧的女子》。看见那个正要将苹果递给那些女子的帅小伙了吗？谁会拒绝这份礼物呢？一个年轻女子手里捧着灯，却没有点亮，旁边的《圣经十诫》也是合上的。还有一个女子微笑着望向男孩，她已然抵挡不住这诱惑了。仔细看就会发现，这个帅气的男孩身后有蛤蟆和毒蛇——其实他就是魔鬼的化身。

另一边是《丈夫与智慧的女子》。3 个女子站在一个完美丈夫旁边，她们手中的灯点亮了，《圣经十诫》也已经展开，她们代表着美德。但是这 4 个人脸上透出些许冷漠，所以讽刺的是，对面那组代表罪恶的雕像似乎更有意思，更吸引人！

从教堂 142 米高的塔尖（巴黎圣母院的塔尖有 96 米）到教堂墙壁，欣赏这座建筑的每一个细节，你会不禁赞叹它的精巧。这座教堂绝对是哥特式建筑的代表作之一，外墙的颜色更是为它增添了几分奇妙。

教堂内部也有许多精妙之处待你探寻，可以一边走，一边细细品味。祭坛左侧的耳堂中有一根天使之柱（pilier des Anges），其历史可以追溯到 1230 年（宋朝），是哥特式艺术的杰作。单是为了看这个作品，你也应该专程来一趟。这根柱子上共有 12 个精美的雕像，从下往上第一层是 4 个福音传教士，中间两层是进行最后审判的天使，最高一层是坐着的耶稣基督，天使们围绕在他身边，手中拿着耶稣受难时的刑具（荆棘冠冕和十字架等）。石柱不远处的另一个雕像刻画了一个男人，他凭倚在栏杆上，好像在凝视着这个石柱。

教堂的祭坛是经过加高的，因为下方有一个地下室。教堂里的橡木雕花神职人员祷告席十分精美，从 17 世纪开始就在那里了。建于 1485-1487 年（明朝）的布道台也十分精巧，刻着 50 尊雕像。整个教堂堪称是哥特艺术的代表之作。我最喜欢的是布道台斜坡下的那只忧伤的小狗雕像，它的主人是 15 世纪时期的一位传教士。

刚刚提到的地下室里则保留着老教堂的遗迹，那是一座建于 11 世纪的罗马式教堂。

一生的光阴

教堂里的天文钟就在对着城堡广场的那道门旁边，是文艺复兴时期的一件别具匠心的杰作。相传，出资人曾经说过，如果设计师想在别处再造一个这样的时钟，就挖去他的双眼！

这件天文钟非常特别，每隔 15 钟就出现不同的机械人偶，死神则一直注视着他们。第一刻钟出现的是一个小孩，第二刻钟是一个年轻人，第三刻钟是位壮年，最后一刻钟出现的是即将去世的老人。每天中午 12 点 30 分，各种各样的小人偶会轮流出场。当大公鸡扇动着翅膀打鸣时，使徒们在基督面前纵队行进。

1842 年，人们更新了这座时钟的机械装配。可以说，它是艺术家、数学家、工程师和钟表师的共同创作的精品，是科学界的一大创举。

罗汉宫博物馆

第一次来斯特拉斯堡的时候，当我看见华丽的罗汉宫宫殿时，差点就错过了附近的大教堂。这座宫殿于 1732-1742 年（清代雍正年间）建成，由罗伯特 · 德 · 科特设计，他是路易十四最好的建筑师之一，但他直到 1735 年去世时都没能看到这座宫殿完工。后来，这个工程由斯特拉斯堡采邑主教阿尔芒 · 德 · 罗汉负责完成。

作为 18 世纪上半叶建筑艺术的杰出代表，这座宫殿非常独特，别致优美。现在这里有 3 个博物馆：美术馆、考古博物馆和装饰艺术博物馆，统称为罗汉宫博物馆（Les musées du Palais Rohan）。

宫殿底楼是装饰艺术博物馆（le musée des Arts décoratifs），可以参观红衣主教的公寓以及造访国王的房间。其他几个楼层展出的是精美绝伦的陶器、家具、雕像、时钟、金银制品，还有一些精选的古代玩具。

宫殿的地下是考古博物馆（le musée Archéologique），藏品丰富，展示了阿尔萨斯最早的移民的生活状况，也有大量罗马时期的文物展出。

美术馆（Le musée des Beaux—Arts）则有丰富的意大利和西班牙的艺术藏品。

这3个博物馆一定要组合游览，一个都不能少。

罗汉宫考古博物馆

地址： 2 place du Château Strasbourg
电话： +333 6898 5160
门票： 6.5欧元，优惠价3.5欧元
开放时间： 周一、周三至周日 10：00—18：00

罗汉宫装饰艺术博物馆

地址： 2 place du Château Strasbourg
电话： +333 6898 5160
门票： 6.5欧元，优惠价3.5欧元
开放时间： 周一、周三至周日 10：00—18：00

罗汉宫美术馆

地址： 2 place du Château Strasbourg
电话： +333 6898 5160
门票： 6.5欧元，优惠价3.5欧元
开放时间： 周一、周三至周日 10：00—18：00
通票： 12欧元，优惠价6欧元，限当天使用

卡梅泽尔府邸

卡梅泽尔府邸

地址： 16 place de la Cathédrale, 67000 Strasbourg
电话： +333 8832 4214

卡梅泽尔府邸（Maison Kammerzel）离大教堂和罗汉宫很近，是一家饭店，也是历史古迹。这栋建筑建于1467年（明朝宪宗年间），1571年时被奶酪商人马丁·布朗买下。这位新持有者在1589年对府邸进行了扩建，保留了原来的一楼，加盖了三层，让它变成了今天的样子。19世纪，一位名叫卡梅泽尔的食品杂货商再次收购这栋房屋。不久之后，它成了斯特拉斯堡最有名的饭店。

这家饭店的外墙能让人联想到古希腊或古罗马时代，想起中世纪和《圣经》，装饰壁画在1905年由画家Leo Schnug所绘。

在卡梅泽尔府邸可以吃到阿尔萨斯特色菜，尤其是阿尔萨斯酸白菜和奶酪洋葱培根饼。全世界的大人物访问斯特拉斯堡时，都会来这家饭店，所以饭店楼梯的墙上，还有许多国家元首的照片。

小法兰西

小法兰西（La Petite France）是斯特拉斯堡的一个街区，已被联合国教科文组织列入世界文化遗产名录。这里运河桥梁纵横交错，有Zornmühle河、Dinsenmühle河、Spitzmühle河以及主运河（Canal de Navigation），水流均来自莱茵河的支流伊尔河。

15世纪时，梅毒被称作“法兰西病”。当时正值法兰西王国与意大利战争期间，两国在争夺那不勒斯王国和米兰公国的控制权。由于许多士兵都感染了这种病，而他们就是在这个区的收容所里接受治疗，所以人们就略含嘲讽意味地叫这个区“小法兰西”。同时，这也是一个皮革制造区，可以利用这里的运河运输货物。这里的大部分房屋都有高于镂空外墙的楼层，这样有利于干燥皮革，比较有名的皮革商有皮革制造工坊和哈德勒屋。

小法兰西游人众多，但你一定要来走一走，到运河边的餐厅里用餐，去看看盖顶桥（Pont couvert），还有绝不能错过的沃邦拦河坝（Barrage Fortifié Vauban）——这里风景优美，能看到以前的骑士团封地，即一座建于14世纪的建筑。这栋建筑曾经是治疗梅毒的医院，后来变成了监狱，如今演化成一所声名远扬的行政管理学校——国立行政学校（ENA），即法国“高官的摇篮”。

斯特拉斯堡新城

在历史上，法国和德国曾多次交替拥有对斯特拉斯堡的主权。1870 至 1945 年的 75 年间，这座城市 4 次易主！

1880 ~ 1914 年间，德国人统治着斯特拉斯堡，并修建了一个新区——Neustadt，意思是“新城”。这里的建筑都有着明显的日耳曼风格，以哥特风、古典风和拜占庭风为主，尤其引人瞩目的是新艺术风格。

游览新城最好的方式就是乘坐游船。到罗汉宫后面的码头坐船，游船会沿着伊尔河而上，一直开到在新城东北方欧盟机构所在的街区。沿途可以欣赏到许多美景，特别推荐：

共和国广场（La place de la République），旧时的皇家广场；

莱茵宫（Le palais du Rhin），皇家宫殿；

旧议会宫，阿尔萨斯－洛林“国会”；

大学校园和殿堂；

埃及屋（La maison égyptienne），新艺术主义的完美典范；

精美的老建筑——加利亚（Gallia），位于日耳曼尼亚保险业所在街区。

Batorama 公司观光游船

地址： Place du Marché aux Poissons, 67000 Strasbourg
电话： +333 8884 1313
门票： 1 小时 15 分钟，12.5 欧元
45 分钟，9.5 欧元
开放时间： 周一至周日 08：30 — 19：30
有中文导览

伊尔河游船（Bateaux de l'Ill）

地址： 18 bis rue du général Picquart,67000 Strasbourg
电话： +336 7031 8994
邮箱： bateauxdelill@gmail.com

欧洲之城

观光游船的终点是欧盟机构的中心区域，即伊尔河与罗讷河、莱茵河相交的地方。这里坐落着欧洲理事会（Conseil de l'Europe）、欧洲人权法院（Cour européenne des Droits de l'Homme）、欧洲议会中心（Parlement européen）以及法德电视台大楼。

欧洲机构信息中心

（Centre d'Information sur les Institutions Européennes）

地址： 1 allée Kastner Entrée public, 8 Rue Boecklin, 67000 Strasbourg
电话： +333 8815 7010
开放时间： 每天 10：00 — 18：00，周末除外

圣诞集市

如果你是在 11 月的最后一周到 12 月 24 日期间去斯特拉斯堡的话，那么你就会遇见一个奇迹——圣诞集市。整座城市焕然一新，房屋上装点着灯饰、毛绒玩具和日耳曼神话中的人物。这里有着全世界独一无二的圣诞氛围，克勒贝尔广场（Place Kléber）上装点着灯光闪耀的巨型圣诞树，商店橱窗里陈列着节日盛装，集市里的小木屋温暖而又热情——这是世界上最大的圣诞集市。在浓浓的节日气氛中，品尝林菜的热红酒（vin chaud）、椒盐卷饼（bretzel）、香料糕饼（pains d'épices），感觉真是美妙极了。

美食

斯特拉斯堡有许多家米其林星级餐厅，比如：Buerehiesel、La Casserole、Umami、Gavroche、1741 和 L'Esprit Terroir。

科尔马

科尔马旅游局

地址： Rue des Unterlinden, 68000 Colmar
电话： +333 8920 6892
开放时间： 周一至周六 09：00—18：00，
周日 10：00—13：00

科尔马距离斯特拉斯堡 64 千米，就像斯特拉斯堡一样，这座城市在历史上也受到法德文化的双重影响。初抵这座城市，可以一眼看到大路中心岛里的那座 12 米高的自由女

神像——科尔马是自由女神像设计者 Auguste Bartholdi 的家乡，在他逝世 100 周年之际，人们立起了这座小型自由女神像来纪念他。

除了距离斯特拉斯堡很近、当地圣诞市场也很赞之外，科尔马值得推荐的理由还很多。其中最重要的一个就是这里的菩提树下博物馆（Musée Unterlinden），里面展示了哥特艺术的杰作——伊森海恩祭坛画（Retable d'Issenheim）。哪怕只是为了看这幅作品，也值得专门来阿尔萨斯一趟。

伊森海恩祭坛画

祭坛画将雕刻和装饰画折叠、结合在一起，通常放置在教堂的祭台后方。伊森海恩祭坛画的雕刻部分最先完成，于1490 年（明孝宗年间）出自雕刻师 Nicolas de Haguenau 之手。1512 ~ 1516 年间，画家 Matthias Grünewald 完成了 12 张木板上的绘画——在我看来，这些画组成了一出完整的表演。

在祭坛画里，不同的壁板被打开或关闭，就代表故事新一章的开始或结束。祭坛画的打开和关闭则视一年中不同时期的宗教节庆而定。

祭坛画合起来时，呈现出的是耶稣受难的画面。两侧木板上画着圣塞巴斯蒂安和圣安东尼，画家将他们放在柱座上，就像两尊塑像一样。正中的木板上是杰作中的杰作，画的是钉在十字架上的耶稣。艺术家用一种非常现实的方式展现出耶稣所承受的折磨和痛苦，偾张的伤口、因疼痛而曲张的手指、濒临死亡时的蓝紫色嘴唇……圣母玛丽亚在使徒约翰的搀扶下，站在耶稣的身边。另一边则是施洗约翰，他抬着一本打开的书，旁边是一只正在流血的羊羔，代表牺牲的耶稣。跪在十字架下的是抹大拉的玛利亚，在《圣经》中，她终其一生忠实地跟随耶稣。下方的木板上也画着玛利亚，她在耶稣身体前哀叹着，在耶稣复活之前为他的身体擦上香油。

每逢重要的宗教节日，教堂都会打开祭坛画。打开之后，可以看到 4 个场景。从左到右，按照时间顺序，就像一个漫画故事。最左侧木板上的场景是：天使加百列告诉玛利亚，她将成为犹太人期盼已久的弥赛亚之母。第二幅画中是“天使的音乐会”，天使们歌唱着荣光。第三幅场景中，圣母玛丽亚怀抱着她的孩子，天使在上空飞翔，挥舞着节杖和花冠，歌颂玛丽亚的圣洁。第四幅则展现了耶稣复活升天的场景。

把中央的面板向两侧拉开，就是这组祭坛画的核心作品——刻有人物的木箱，两侧的木板（即上一层木板的背面）上也画着不同的内容。这组祭坛画是为伊瑟南敬献给圣安东尼的一座隐修院而作，隐修院位于距科尔马大约 15 千米的一座小城里。安东尼隐修院的使命就是照顾病人并感化他们，让他们得到神的庇护。最初，这组祭坛画被放在这座隐修院的医院里，这也是为什么每一层都有圣安东尼。

左边画着圣安东尼与隐士圣保罗的会面。圣安东尼到圣保罗隐修之地去拜访，背景有些阴森古怪，正在对话的俩人仿佛身处一个结界之中。右边的画面背景也很怪诞，魔鬼手下的怪物在袭击圣安东尼，上帝正要来保护他。整体上来看，画面中的邪物有各种不同的形象，有的是怪物，有的是病人。当时，有一种会导致炎症和胃溃疡的黑麦寄生菌肆虐，一旦被感染，腹部就会膨胀，双脚变成蹼足，双手渐渐腐烂，身体因疼痛而弯曲、变形。这是一场正邪力量之间的争斗。

中间的雕刻部分是坐在宝座上的圣安东尼。他脚下两侧，有为他抱着贡品的童子，还有一头活猪。在圣安东尼的教义中，乞行的修道士们需要教徒供养。

在我看来，这尊圣安东尼像展示了大众想象力的普遍性。有没有觉得他的姿势和胡须很像福禄寿三仙？当然，Nicolas de Haguenau 并不是受中国文化的灵感启发来进行创作的，我只是简单地看到这一特征，感到两种差别很大的文明偶尔也会有相同的表现方式。

雕刻中的其他人物是圣奥古斯丁和圣哲

罗姆。仔细看圣奥古斯丁的旁边，会发现一个跪着的人，个头稍微小一些。其实他就是这组祭坛画的出资人，艺术家想让他也有个机会出镜！

打开下部的那组版画后，能看到一组耶稣和十二使徒的半身雕刻。

菩提树下博物馆（Musée Unterlinden）里展示着许多古老修道院的珍藏，还有像祭坛画一样的珍宝，所以它是法国参观人数最多的博物馆之一。这里有 15 世纪勇士查理（Charles le Téméraire）的头颅，当时人民极度厌恶他的残酷暴政，为了推翻他便将其斩首。博物馆把他的头颅放在了当年行刑用的刃剑旁。

菩提树下博物馆

地址： 1 rue des Unterlinden, 68000 Colmar
电话： +333 8920 1550
开放时间： 周一、周三至周日 10：00—18：00
门票： 13 欧元，优惠价 11 欧元

老城区和小威尼斯

科尔马就像是电影里的场景一般……唯一的不同之处在于，这里的一切都是真实的。你可以漫无目的地闲逛，欣赏哥特式的圣马丁教堂（Collégiale Saint – Martin），还有那些精美的中世纪木筋房，其中最著名的是普菲斯泰屋（Maison Pfister）和阿道夫屋（Maison Adolph），前者在建筑设计上有一条凸悬的走廊，曾经是当地海关和警察局。

小威尼斯区位于城南，因房屋沿劳赫河而建得名。这条河是伊尔河的支流，就像是意大利城市中的运河。城中分布着皮革制造区，为了方便皮革的干燥，木筋屋的顶上都安有天窗。小威尼斯有许多美丽的街景，尤其值得推荐的是活鱼市场（Poissonnerie），它离室内的市场也不远。

科尔马普菲斯泰屋

地址： 11 rue des Marchands, 68000 Colmar
电话： +333 8942 3361
开放时间： 周一至周六 10：00—18：00，周日 10：00—17：00

阿尔萨斯葡萄酒之都

说起法国葡萄酒，大多数人都会想到波尔多和勃艮第，常常忘记阿尔萨斯这个葡萄酒大产区。阿尔萨斯的葡萄园形成了一条从北到南的狭长地带，位于孚日山东边的山坡。高大的孚日山脉阻挡了过多的雨水，在山坡上形成一个微气候。天气干燥，葡萄拥有充足的阳光，产出的葡萄酒果味十足。

阿尔萨斯种植的葡萄品种有雷司令、麝香、灰皮诺和琼瑶浆，主要生产白葡萄酒，采用细长高挑的葡萄酒瓶。另外，阿尔萨斯的起泡酒品质也很高，久负盛名。

如果你热衷于葡萄酒，一定要去长 170 千米的阿尔萨斯葡萄酒大道上走一走！从斯特拉斯堡到科尔马，沿途有 1000 多个葡萄酒庄，途中还会经过上考内格斯堡。每年 9 月到 10 月间，旅游局都会针对想观看或参与葡萄采摘的游客推出半天的游览活动！

阿尔萨斯葡萄酒大道

网址： www.alsace--wine--route.com

上考内格斯堡

电话： +333 6933 2500
开放时间：
1 月、2 月、11 月、12 月 09：30—12：00，13：00—16：30
3 月、10 月 09：30—17：00
4 月、5 月、9 月 09：15—17：15
6 月、7 月、8 月 09：15—18：00
门票： 9 欧元，优惠价 7 欧元

假如你喜欢那种真正的中世纪城堡，喜欢炮塔和墙垛，喜欢可以烤整头牛的大壁炉，那你一定会爱上沃尔斯克维莱的上考内格斯堡（Château du Haut – Kœnigsbourg）。这座城堡始建于 12 世纪，形成于 15 世纪，不过今天的城堡早已不是那时的真迹了。1618 年至 1648 年，一场冗长且背景复杂的战争正摧毁着欧洲。瑞典和奥地利两国在阿尔萨斯交锋，就在上考内格斯堡前。于是，城堡在枪林弹雨中变得满目疮痍，不久之后，一场大火将这里化为一片废墟。

德法两国战争和协约不断交替上演，所以两国边界一直在改变。1871 年至 1919 年，考内格斯堡属于德国，塞莱斯塔镇（Sélestat）

也归属德国。但是德国要这一块山岩上的废墟有什么用呢？当时的德国皇帝威廉二世迫切地想炫耀自己对阿尔萨斯地区的控制权，而且他一直梦想将日耳曼文明发扬光大，于是便萌生了把这片存有争议的地区打造成日耳曼风格的想法。还有什么比重建上考内格斯堡更容易实现呢？很快，这位皇帝任命了一位 35 岁的年轻建筑师兼考古学者 Bodo Ebhardt 来负责城堡的重建工作。

由于损毁太严重，留下的部分少之又少，要在这片来自 15 世纪的废墟上重建一座城堡，就像是凭空建一座迪士尼乐园，还要冒着很可能与之前建筑大相径庭的风险。不过，威廉二世的选择非常正确，Bodo Ebhardt 不负众望，成功完成了城堡的重建工作。从 1901 年开始，整个工程持续了 7 年。当然，Ebhardt 有他自己的方式，他甚至凭借想象去努力还原消失的部分，因为没有人知道那些部分到底长什么样，也没有足够的资料可以参考。最终，他的重建还是忠实还原了这座城堡的面貌。

1908 年，上考内格斯堡重建完成，室外和室内的装饰工作则一直到 1918 年才结束。威廉二世非常满意，这座壮丽的城堡又唤起了德意志帝国的辉煌。不过，他没有想到的是，1919 年上考内格斯堡又回归了法国！

入口

上考内格斯堡在 757 米高的岩石之上，城墙和壁垒依山而建。城门上的浮雕刻的是提耶斯坦家族的标志，15 世纪时，这个家族是这座城堡的拥有者。城门可以通往底院。

底院

底院里有喷泉、铁匠铺、农家客栈，还有磨坊。经过一座吊桥，可以抵达内院。

内院

从这里，可以看到 62 米高的主塔，上面有象征德意志帝国的老鹰雕像。当初有人批评建筑师 Bodo Ebhardt 没有把主塔建成圆形，不久之后，许多考古学家证明这位建筑师的做法是正确的。

从六角小楼里的旋转楼梯拾级而上，便来到内院的木质走廊上，这里的墙上都画着壁画。院子里还有一口 62 米深的防御井和一个蓄水池。抬起头，会看到内院建筑的屋顶上有一尊双尾美人鱼的雕像。

房屋

城堡北边有一些房间，南边是提耶斯坦家族的寓所。另外，还有一间保管军刀、匕首、短剑、长剑、弓弩和铠甲的兵器室。

顶楼是王后的卧室和门厅，还有皇帝大厅。大厅顶上绘着帝国的标志老鹰，还有一句普鲁士的口号，因为这位德意志皇帝同时也是普鲁士国王。此外，一幅中世纪骑士比武的壁画和华丽的吊灯也让大厅更有魅力。为了使房间显得更加气派，人们在重建的过程中拆去了一层楼，这样大厅最后的层高就是之前的两倍了。在另一个房间里，天花板上悬着一只格拉乌力，即洛林传说中的龙。为了庆祝成功占领洛林地区，德国人把这个房间布置成了梅斯市（Metz）的风格。

这座城堡里几乎到处都有霍亨索伦家族的纹章和徽章，即城堡拯救者威廉二世的家族。

中世纪花园

这座中世纪花园的重建，参考的是从前的有关的雕刻作品以及旅行者的叙述。花园里用木藤隔出的每一方格里都栽有植物，用于食用、装饰、医疗、织物和皮革染色，当然，也让每一次散步都惬意无比。

大堡垒

最后一个景点是大堡垒，这座建筑很大，储备着足够多的弓箭和炮弹，用以抵挡敌人的进攻。如今，这里陈列着几架大炮的复制品，堡垒两侧建有两座炮塔。

第七章　奢华巴黎

巴黎与时装

很难确切界定巴黎是从什么时候开始成为国际大都市，又从何时开始成为奢华和优雅之都。路易十四可能做出了一定贡献，当时他把大贵族都集中到凡尔赛宫，在他的监视下生活。这些贵族里有王子、公爵和伯爵，统治者必须阻止他们形成反君主同盟，不让他们在政治上勾心斗角，相比之下，让他们在无意义的小事上斗来斗去对王权才更为有利。在这种指导思想下，外表变得越来越重要，每个人都想炫耀自己——宫廷变成了一只鸟笼，关在里面的鸟儿们互相攀比谁的羽毛更美。女人在这样的政治游戏中更是如鱼得水，因为她们懂得施展自己的魅力，为自己谋取利益。她们设法成为某位政要的情妇，在背后操纵他，只要她们能够保持足够的魅力，长期吊住男人的胃口就行……所以，在当时的凡尔赛宫，还有许多裁缝、首饰匠和调香师。

在法兰西第二帝国时期，两位英国服装设计师在法国推出了高级时装定制的概念。John Redfern 在里奥利街（Rue de Rivoli）上开了一家时装店，这家店里的服装，特别是礼服和裙装，深受女王的亲信们以及资产阶级女性的喜爱，后者正是工业时代中发家致富的阶层。另一位英国设计师 Charles Frederick Worth 雇模特穿上自己新设计的晚礼服，并在每季定期举办作品展示。另一位法国艺术收藏家兼投资人 Jacques Doucet 投资开发了其母亲在和平街（rue de la Paix）上开的一家服装店。从此，设计师的新时代到来了。这里面就有著名的法国服装设计大师保罗·波列（Paul Poiret），以及诸多剪刀和针尖上的天才：Jeanne Paquin，Madeleine Vionnet，Jeanne Lanvin，Jean Patou，Elsa Schiaparelli 和 Cristobal Balenciaga。他们并不全是法国人，但都在巴黎获得了成功。

就这样，巴黎逐渐成为世界时装之都。西班牙的 Balenciaga、Paco Rabanne 都来到巴黎谋求发展，还有突尼斯设计师 Azzedine Alaïa、日本设计师 Kenzo Takeda……有人在这里追求职业生涯的巅峰，也有人把这座城市当成跳板，成功之后再回到自己的国家……

巴黎有许多的著名设计师，比如 Coco Chanel，Christian Dior，André Courrèges，Paco Rabanne，Pierre Cardin，还有后来的 Elsa Schiaparelli、Hubert de Givenchy，YvesSaint – Laurent、Thierry Mugler，Jean – Paul Gaultier，Christian Lacroix，

Jean – Charles de Castelbajac 和 Sonia Rykiel 等。尽管米兰、伦敦和纽约时装不断发展，但巴黎时装仍是国际一流品质的象征。

在 20 世纪末 21 世纪初，巴黎开始网罗各国设计师，特别是来自比利时和英国的。外国设计师成为许多高级时装店的兴奋剂，比 如 Givenchy 的 Alexander Mc Queen，Dior 的 John Galliano 和 Raf Simons，Yves Saint-Laurent 的 Anthvony Vaccarello 等。

时装与奢华是一对双生花，它们彼此吸引，共同绽放。为了搭配一条精美的礼裙，需要有黄金、宝石和钻石。要实现这些珠宝的价值，就要有宴会厅、宫殿、星级餐厅和精美的装饰，对装饰品的需求则催生了许多金银匠人、瓷器匠人、水晶玻璃器皿雕刻工的出现。归根结底，这一切的源头是一种生活方式，它要求的不仅仅是财力，更是一种很微妙的东西——品位。法国人将品位分为两种：“好品位”和“坏品位”。好品位是经典的、富有诗意的、和谐的。只要把握得当，好品位有时也可以有些古怪荒诞。而坏品位就是炫耀浮夸的、“暴发户”式的、显老的、不协调的。金项链上配一颗美丽的珍珠，如果是以优雅、精致的方式佩戴，就变成了精美的彩石，是无价之宝。

综上所述，巴黎是公认的好品位之都、时装之都，同时也是奢华之都！

两个时装博物馆

巴黎有两座博物馆展示了巴黎时装的演变和现状，分别是时尚与纺织博物馆（Musée de la mode et du textile）和加列拉宫博物馆（Musée Galliera）。

时尚与纺织博物馆

这个博物馆在卢浮宫与里沃利街相邻的侧楼里，就在里沃利街 107 号正对面。这里收集了从 16 世纪至今的 16000 套服装及 35000 件饰品，可以看尽服装在时代潮流中的演变。织料的历史描述着时代的革新，30000 多件织料样品，清晰地展现了科技创新在纺织业是如何改变时装的。

时尚与纺织博物馆还收藏了许多著名设计师留下的经典时装样板。不过这些时装样板都已经很脆弱了，所以博物馆只能每隔一段时间进行一次短期展出。

电话： +331 4455 5750
开放时间： 周二至周日 11：00—18：00；
周四延至 21：00
门票： 11 欧元，优惠价 8.5 欧元

加列拉宫时装博物馆

在加列拉宫博物馆也可以了解时装。这是一座建于 17-18 世纪的文艺复兴风格的复古宫殿，充满了魅力。意大利慈善家加列拉女爵将它捐赠给了巴黎市政府，如今位于时尚区。

加列拉宫博物馆只有临时展览，每次展出持续数月，能够体现时装历史的方方面面。所以一定要先查看确认当天是否有展出。

电话： +331 5652 8600
开放时间： 周二至周日 10：00—18：00；
周四延至 21：00
门票： 9 欧元，优惠价 6 欧元

旺多姆广场

如果要我选一个地方作为法国奢华的象征，那我一定选旺多姆广场。

这个广场由路易十四的御用建筑师之一儒勒·阿尔杜安·芒萨尔在 1699 年（康熙年间）设计规划，他同时也是法国许多杰出古典建筑的设计师。在当时，工程的出资人是一些投机者，他们要求建筑师盖出整齐划一的建筑，让广场呈现出绝对的美感，每个立面和角度都要完美。

广场中央区域曾有一尊路易十四骑在马

上的铜像，但在法国大革命期间被砸毁了。

到了1810年，拿破仑一世（嘉庆年间）统治时期，雕像所在的位置竖起了一根石柱，其灵感来自罗马的特拉扬柱。石头柱子外覆盖着一层青铜，这些青铜取材于从敌军缴获的大炮。柱子底部是一些浮雕，展现了战争场景。1871年（同治年间），这根柱子被认为是暴政的象征，在“巴黎公社”的革命中再次被砸毁。直到1875年，这根柱子才得以重建。

购物天堂

当你来到旺多姆广场的中心，立足于圆柱脚下时，便可以环顾广场四周，这里尽是久负盛名的商店：豪华酒店、首饰店、珠宝店、钟表店……如果你是一位对豪车不屑一顾，眼里只有名表的男士，那此时一定感觉身处天堂。如果你是一位期待能在自己或女儿的婚礼上佩戴大牌首饰的女士，那这里就是你的圆梦之地了。

自从1858年，高级定制创始人之一的英国人查理·沃斯在和平路7号设立公司以来，旺多姆广场就逐渐成为世界范围内奢侈品的聚集地。这里吸引了众多挥金如土的顾客，也同样吸引了时尚界的能工巧匠，如绣工、制帽师、调香师、羽毛装饰师等。

旺多姆广场早已成为巴黎奢华的标志，我将带着大家全方位探索一番。

单数编号

旺多姆广场1号：萧邦手表（Chopard）

地址： 1 place Vendôme
电话： +331 5535 2010
营业时间： 周一至周六 10：30－19：00
本店支持银联支付

萧邦是瑞士品牌，创建于1860年（咸丰年间）。这里提供最高等级的各类高精度手表。安吉丽娜·朱莉、沙朗·斯通和妮可·基德曼都是萧邦的客户。

旺多姆广场3号及5号：文莱苏丹府邸

这里是文莱苏丹的住所之一，不过他很少来这里居住。

旺多姆广场7号：积家

地址： 7 place Vendôme
电话： +331 5354 7000
营业时间： 周一至周六 10：30－19：00

此处是于勒·阿杜安·芒萨尔亲自指导施工的建筑之一，积家便安置于此。这家公司由安东尼·拉考脱于1833年（道光年间）成立，他发明的新型装置，给钟表行业带来了革新。

旺多姆广场9号：劳力士

地址： 9 place Vendôme
电话： +331 4020 2100
营业时间： 周一至周六 10：00－18：30

劳力士创建于1905年（清代光绪年间），是当时世界上第一家奢侈腕表品牌。1945年发布的Oyster系列，至今仍然举世无双。

旺多姆广场11及13号：司法部

法国司法部位于一座名为布尔瓦来宫的建筑内。

旺多姆广场13号和23号：卡地亚

地址： 23 place Vendôme
电话： +331 4455 3220
营业时间： 周一至周六 11：00－19：00
本店支持银联支付

旺多姆广场的13号和23号两家店铺都归卡地亚所有，这个品牌于1847年（道光年间）在巴黎创立，是世界上第一家珠宝店。

卡地亚风格的特别之处在于作品主题、材质及色彩的大胆创新，它的每一件成品都是传奇，比如伊丽莎白·泰勒钻石、Santos系列腕表、设计于1904年的第一块手链表、猎豹形状的首饰、1917年的Tank手表、1924年的Trinity戒指，还有1969年的Love手链等。

旺多姆广场15号：丽兹酒店

这栋建筑为我们展现的是一座真正的18世纪的宫殿，里面有富丽堂皇的细木雕花装饰。19 世纪末时，这里成为酒店，如今归穆罕默德·阿法耶兹（此人同时还拥有位于伦敦的哈洛德百货）所有。1997 年 8 月，戴安娜王妃出事时乘坐的汽车就是从这里离开的。

旺多姆广场 17 号

这栋建筑是丽兹酒店的延伸，是广场上最古老的建筑之一。这座房子的 18 世纪的主人克罗扎家族拥有数量惊人的油画收藏，后都被俄罗斯女皇叶卡捷琳娜二世所购。如今，我们可以在圣彼得堡艾尔米塔什博物馆内看到这些作品。

旺多姆广场 19 号：卡塔尔埃米尔府邸

这座名为艾弗略大厦的建筑，如今属于卡塔尔的埃米尔所有。走进去细细欣赏，你会发现它可以称得上是世界最精美的建筑之一。大客厅的装饰可以追溯到 18 世纪初，主楼梯更是富丽堂皇。

旺多姆广场 21 号：亚历山大雷扎

这家公司由俄罗斯籍珠宝商亚历山大·雷扎创立，主要从事宝石加工。他们家的珠宝价格曾创下多项纪录：一枚镶嵌有两颗钻石的 toi et moi 钻戒在 2010 年以 6.32 亿美元的价格成交。戴安娜王妃去世时佩戴的就是亚历山大·雷扎为多迪·阿法耶兹打造的一枚独粒钻石戒指。事故后这颗钻石被保险公司寻回，并交给了王妃的家人。

公司现在由创始人的儿子，奥利维亚·雷扎管理。

旺多姆广场 23 号：路易·威登

地址：23 place Vendôme
电话：+331 8169 2750
营业时间：周一至周六 10：30 – 19：00

这家路易·威登高档珠宝店的大厅有 80 平方米，米白色的大厅反射出柔和的光线，墙壁装有亮色木板，设计工作室位于大厦顶楼。

旺多姆广场 25 号：宝格丽

地址：25 place Vendôme
电话：+331 5535 0050
营业时间：周一至周六 10：30 – 19：00
本店支持银联支付

宝格丽坐落的这栋楼由雅克·加布里耶尔建造。宝格丽成立于 1884 年（清代光绪年间），位于旺多姆的这家店铺出售首饰、腕表、香水和配饰。宝格丽是世界第三大珠宝商之一。

双数编号

旺多姆广场 2、4、6、8 号

很多 19 世纪的名人都曾在此居住，包括路易十五的私生女和拿破仑三世。

旺多姆广场 4 号：路易·威登

总面积达到 1700 平方米的赫雷德沃罗雷大厦，是路易·威登仅次于香榭丽舍大街的第二大旗舰店，其优势在于其连接了旺多姆广场和圣奥诺雷郊区街。这栋建筑里还有娇兰的一家店。

旺多姆广场 8 号：迪奥

地址：8 place Vendôme
电话：+331 4296 3084
营业时间：周一至周六 11：00 – 19：00
周日 11：00 – 18：00
本店支持银联支付

位于旺多姆广场的这家迪奥高档珠宝店，是由美国人彼得·圣马力诺进行内部装饰的，多个大厅的布局，让人联想到蒙田大道上的迪奥总店，设计师完美地营造出了一种亲密、舒适的氛围。这里的首饰不仅精美绝伦，而且富有感情和诗意。

旺多姆广场 10 号：百达翡丽

地址：旺多姆广场 10 号
电话：+331 4244 1777
营业时间：周一至周六 11：00 – 18：00

这栋名为德拉图·尔毛伯格的大厦，如今就是百达翡丽的所在地。1839 年，百达翡丽由波兰人安东尼·百达创立于日内瓦。2009 年店面重新装修后，总面积达到 238 平方米。艺术派的内部装饰富丽堂皇，让人联想到高档材质，如大理石、白石或红木，还要细细欣赏那些锻造铁制工艺品的优美线条和明朗光泽。百达翡丽的每块手表，都如同一件艺术作品。

在订购某些手表时，需要填写一些文件，包括你以前收藏过的名表的信息和偏爱的品牌，甚至有时还要写一封动机信！通过收集这些信息，位于日内瓦的公司总裁就能决定你所订购的手表是定制还是直接发货。此举是为了防止某些顾客购买手表只是为了再高额转手。

旺多姆广场 10 号：宇舶

地址： 10 place Vendôme
电话： +331 4286 6786
营业时间： 周一至周五 10：30—19：00
周六 10：45—19：00
本店支持银联支付

瑞士品牌宇舶和百达翡丽在同一家店铺。宇舶的高档腕表会使用一些珍贵稀有的材料，比如金、陶瓷、钽、赤金或钛。

旺多姆广场 12 号：尚美

地址： 10 place Vendôme
电话： +331 4286 6786
营业时间： 周一至周五 10：30—19：00
周六 10：45—19：00
本店支持银联支付

在 19 世纪，波达 · 圣詹姆斯大厦曾是荷兰领事馆所在地，接待过荷兰国王纪尧姆一世。后来，俄罗斯在此设立了大使馆。萧邦也曾在这里租过一间公寓，1849 年 10 月，这位钢琴家因感染结核病去世。同样是在这里，拿破仑三世遇到了欧也妮 · 德 · 蒙蒂若，也就是后来的欧也妮王后。

如今，尚美珠宝店就坐落于此，它曾是拿破仑一世的妻子约瑟芬的珠宝供应商。尚美以此为灵感，推出了“约瑟芬”轻奢主义系列。

建筑师吉恩 · 迈克 · 威尔莫蒂将店铺一楼布置成米白色、棕色和古铜色格调，入口处设有一块发光面板，上面展示着由约瑟夫·尚美于1919年设计的波旁-帕尔马王冠。

店铺楼上有数个大厅和展示厅。大厅里的陈设透着浓浓的海洋风，因为这是为路易十六的皇家海军财务官设计的。王冠展示厅陈列着尚美的皇冠系列设计草图、设计模型以及一些可以追溯到第一帝国时期的独特的珠宝设计构思。而一些镶嵌着珍珠的首饰都陈列在专门的展览室：珍珠厅。

尚美珠宝更像是为情侣们设计的。每一件珠宝都传递出浪漫的信号，像是一种“连接”，材质越是珍贵，这种联系越是紧密。

旺多姆广场 14 号：JP 摩根银行产业

拉法尔大厦是旺多姆广场占地最大的建筑之一，自 1916 年起就属于 JP 摩根银行。

旺多姆广场 16 号：伯爵

地址： 16 place Vendôme
电话： +331 5535 3280
营业时间： 周一至周六 10：30—19：00
本店支持银联支付

瑞士品牌伯爵（Piaget）于 1874 年进入钟表行业，其产品装饰以黑色和金色为主，这些都能从以线条著称的 Altiplano 系列窥见一二。

旺多姆广场 18 号：香奈儿

地址： 18 place Vendôme
电话： +331 4098 5555
营业时间： 周二至周六 10：30—19：00
周一 11：00—19：00

杜歇图尔 · 内勒大厦属于香奈儿所有。20 世纪 20 年代，可可 · 香奈儿在这里住过几次，而从 1937 年起，她就开始住在丽兹大酒店四楼的一个套间内。公司由加布雷耶尔 · 香奈儿成立于 1910 年，如今公司由卡尔 · 拉格菲尔德管理。

还记得世界上最著名的香水香奈儿 5 号的瓶塞吗？是的，八角形的瓶塞——正是旺多姆广场的形状。加布雷耶尔 · 香奈儿非常喜欢这里，所以香奈儿公司在丽兹大酒店的对面专门设立了这个高档首饰专卖店了。

旺多姆广场 22 号：梵克雅宝

地址： 22 place Vendôme
电话： +331 5504 1111
营业时间： 周一至周六 10：30—19：00
本店支持银联支付

阿尔弗莱德 · 梵克和萨罗蒙 · 雅宝是公司的两位创始人，公司名称就是依据他们的名字而来的。自 1906 年起，梵克雅宝就在这栋由雅克 · 加布雷耶尔设计的大楼里办公、经营。他们是最早入驻旺多姆广场的店铺之一，丽兹大酒店为他们吸引了许多俄罗斯、北美和欧洲的顾客。

店铺的内部装饰结合了装饰艺术风格和18世纪元素。梵克雅宝的高档珠宝总是如梦如幻，它提供的婚礼系列产品，更是完美主义的代表。

这家店面还出售一些手表和香水。

旺多姆广场26号：宝诗龙

地址： 26 place Vendôme
电话： +331 4261 5816
营业时间： 周一至周六 10：30—19：00
本店支持银联支付

直到1893年（清代光绪年间），这里一直居住着一位显赫人物：卡斯蒂利欧伯爵夫人。当时，这位意大利名媛的住所装饰着大片黑色，房间的窗户紧闭，窗帘垂下，不透进一丝光线，而且不允许摆放镜子，因为伯爵夫人不想看到自己的衰老。伯爵夫人去世后，这里就成为宝诗龙珠宝的产业。

巴黎歌剧院的落成为这里增添了名气，弗雷德里克·宝诗龙成为第一个在这里落户的珠宝商。在此之前，他在巴黎皇家宫殿已经有了一个店铺，不多久他又在莫斯科开了一家分店。

亚历山大·麦昆为宝诗龙设计了一款著名的Novak包，锁扣由一枚蛇型雕饰构成，如今已经是宝诗龙品牌的标志。宝诗龙品牌的珠宝设计主旨是，将材料进行精心制作和加工。

同一栋楼中还有凯莱帝娅护肤中心。该品牌由玛丽—瓦兰汀·勒布兰创建于1895年，也正是他创立了“护肤机构”的这一名称。凯莱帝娅擅长在最前沿技术研究的基础上开发和销售高档化妆品。

地址： 26 place Vendôme
电话： +331 5345 6620
营业时间： 周一至周日 08：30—18：30
需预约

对于法国人来说，潮流和奢侈品是生活的一部分。即使他们对潮流或奢侈品没有明确的概念，他们仍将高档服装视为一种艺术形式。一套垂感十足、轮廓清晰、褶裥流畅的礼服，能够让他们如一幅画或一尊雕像那样优雅。这也是卡地亚和路易·威登这两个大品牌决定支持当代艺术的原因。

卡地亚当代艺术基金会

地址： 261 boulevard Raspail, Paris 14
电话： +331 4218 5650
营业时间： 周二至周日 11：00—20：00
周一 11：00—22：00
门票： 10.5欧元，优惠价7欧元
交通： 地铁4、6号线Raspail、Denfert-Rochereau站

为了支持当代艺术的发展和发扬光大，卡地亚当代艺术基金会于1984年成立，旨在通过公司资助，为绘画、雕像、影视图像、声音、设计或摄影领域的艺术家提供支持、宣传或资助。10年之后，基金会入驻一栋由法国建筑师让·努维尔（中国国家博物馆大楼的设计者）设计的大楼。大楼旁边有一个植物园，里面种着35种的植物，其中的一种雪松是夏多布里昂在1825年亲手种下的。

卡地亚基金会定期为一些知名或有潜力的艺术家策划临时展览。

路易·威登基金会艺术中心

地址： 8 avenue du Mahatma Gandhi, Bois de Boulogne, Paris 16
电话： +331 4069 9600
营业时间： 夏季平常 10：00—20：00 周五 10：00—23：00
冬季 周一、周三、周四 12：00—19：00
周六、周日 11：00—20：00
门票： 14欧元，优惠价10欧元

交通： 地铁1号线Les Sablons站
班车： 每10至15分钟一班，票价1欧元，出发点在福里兰德大街（l'avenue de Friedland）和戴高乐广场（place Charles－de－Gaulle Étoile）的交会处

路易·威登基金会艺术中心建于2014年，是位于布洛涅森林中的一座玻璃建筑，外形看起来就像一艘在海洋中扬帆起航的船。先锋建筑师弗兰克·盖里（Frank Gehry）设计了这一充满诗意的杰作，整个建筑由12块弧形玻璃帆构成，采用轻便的混凝土组建结构，使钢材、木料以及玻璃融为一体，好像云朵和泡沫，却又弥漫着矿物气息。这些“玻璃帆”由3600块玻璃板构成，形状各不相同。

这里的每一处露天平台都是观赏布洛涅森林、拉德芳斯商业区以及巴黎西部景色的绝佳视野，适合来张自拍，取景时别忘了那个有整个建筑倒影的蓄水池。

艺术中心内部设有11个画廊，艺术品和大师的杰作琳琅满目。但在我看来，所有作品中最为精美的就是这个建筑本身。

娱乐园

路易·威登基金会的四周是一个家庭公园，由法国酩悦·轩尼诗-路易·威登集团管理。孩子们可以骑着小马或骆驼在公园里散步，参观小农场、大型鸟笼以及蝴蝶王国，坐旋转木马，乘观光小火车环绕整个公园。家长们则可以在安吉丽娜茶吧休息。

香榭丽舍大街

毫无疑问，香榭丽舍大街是世界上最为传奇的街道之一，就像外滩、第五大道一样，一提到名字，人们很快就能联想到车水马龙、繁华炫彩的都市景象……

在希腊神话中，“香榭丽舍”原意指免受地狱之灾的圣人灵魂所居住的乐土，也就是天堂。最初的香榭丽舍大街其实是一片沼泽地，1670年（清代康熙年间），路易十四下令治理修整这片区域。他的御用园林大师安德烈·勒诺特（André Le Nôtre）绘制了一条绿树成荫的大道，从美第奇王后居住的杜伊勒里宫一直延伸到后来建有凯旋门的小山丘。

一个世纪后，这条街道延伸出了蒙田大

道和马蒂尼翁大街。又过了一个世纪，它的西端延伸到塞纳河畔……18 世纪末，这片区域一直无人问津，只有一些木屋，是妓女、嫖客、小偷和流浪汉的聚集地，由于太危险，后来国家在这里安排了卫兵队巡逻。

法国大革命结束后，香榭丽舍大街发生了翻天覆地的变化——街道被拓宽，劫匪被驱逐，取而代之的是舒适的咖啡馆和典雅的楼房。精美的饭店吸引来端庄、优雅的顾客，街边的杂耍师和驯熊师取代了小偷扒手，这里逐渐成为人们休闲散步的首选。一直到 19 世纪，香榭丽舍大街才真正变成了一条璀璨、繁华的街道，并成为上流社会的聚集点。

凯旋而归的军队曾沿香榭丽舍大街游行，拿破仑一世的新婚妻子奥地利女大公玛丽·露易丝、俄国沙皇亚历山大一世、普鲁士国王以及法国国王的出殡队伍都曾在这里留下他们的脚印。随后，这里又增添了人行道、路灯、喷泉、剧院以及两个展馆，如今分别是高端餐厅 Laurent 和 Ledoyen 的所在地。

在法兰西第二帝国时期，香榭丽舍大街是绝对的时尚中心。敞篷马车漫步在布洛涅森林的大道上，矗立在街边的工业博物馆是一座 200 米长的巨型建筑，用于举办世界性展览。后来为了修建大小皇宫，博物馆在 1896 年被拆，从此，人们沿着香榭丽舍大街可以一直看到远处的荣军院。

现如今，香榭丽舍大街已经成为法国的象征，法国人民会在一些重要时刻聚集于此，比如在每年的 7 月 14 日国庆日，香榭丽舍大街都会举行阅兵式，它同时也是环法自行车赛的终点。而每年的最后一天，繁华的大街会变成步行街，一位受邀的社会名流按下开关，用灯光点亮整条大街，一起庆祝新年的到来。

观光

从卢浮宫望向另一端的拉德芳斯凯旋门，这条长约 8 千米的观光线路视野开阔，沿线矗立着三座著名的拱门，分别是卡鲁塞尔门、大凯旋门以及拉德芳斯凯旋门。拉德芳斯凯旋门由约翰 · 奥都 · 冯 · 斯波莱克尔森设计，是一座巨型立方体建筑，以稍微倾斜的角度，坐落在巴黎城西的拉德芳斯商务区的中心位置。

香榭丽舍大街则是这条观光线上的中心大道，长约 1900 米，以圆点广场为界，分为两部分。第一部分东起协和广场，以自然风光为主，绿树成荫，鸟语花香，是惬意清幽的散步区。沿途有法国皇家公园、爱丽舍宫、剧院以及一些著名餐厅。

香榭丽舍大街的另一段从圆点广场西至星形广场中央的凯旋门，街道风貌截然不同。街道两边高楼林立，汇集了著名的餐厅、影院、奢侈品店，还有唯一的酒店万豪、王后夜总会、以及著名的丽都夜总会。北侧的人行道洒满阳光，人潮涌动，热闹非凡；南侧人行道也随着兰姿、鳄鱼、耐克、雀巢以及路易·威登等大牌商户的入驻而逐渐繁华起来。

我们将从星形广场一路漫步，沿香榭丽舍大街好好游览一番。

香榭丽舍大街 133 号：碧丽熙购物中心

电话：+331 4443 7507
营业时间：周一至周五 08：00 — 次日 02：00
周六至周日 10：00 — 次日 02：00

这个由玻璃和钢筋构成的建筑是一家杂货商场，建于 1972 年。在 20 世纪 70 年代的法国，无论白天还是晚上，人们都可以在这家典雅的商场里买到各种各样的物品：熟食、葡萄酒、香槟、小礼品、皮具、珠宝、报纸或药物。今天的商场里有各类休闲茶吧、甜点大师 Pierre Hermé 的柜台以及世界名厨 Joël Robuchon 的星星餐厅（Atelier Étoile）。位于商场一楼的酒吧设有露台，可以看到大街上来来往往的人群。

香榭丽舍大街 142 号：丹麦之家

电话：+331 5659 1740
营业时间：周二至周日 13：00 — 19：00

一楼的丹妮卡花卉（le Flora Danica）餐厅供应烟熏鲑鱼、醉白鲱卷以及黑面包，在顶层的哥本哈根餐厅则能品尝到最顶级的丹麦美食。

香榭丽舍大街 119 号：雀巢

电话： +338 0055 5253
营业时间： 周一至周六 10：00—20：00

这是雀巢的旗舰店，如果你是雀巢俱乐部的成员或乔治·克鲁尼的亲朋好友，可以到店里免费品尝一杯咖啡。

香榭丽舍大街 127 号：兰姿

电话： +331 5689 1570
营业时间： 周一至周六 10：00—20：00

兰姿品牌的旗舰店，产品品质优良，却比路易·威登实惠的多。

香榭丽舍大街 124 号

这栋建筑完工于 1858 年，当时是为贵族圣地亚哥·德雷克·卡斯特罗而建的，保存十分完好，为第二帝国时期大街两侧楼房的构建提供了许多灵感。

香榭丽舍大街 121 号

这是一栋建于 20 世纪初期、奥斯曼风格的建筑。

香榭丽舍大街 116 号乙：巴黎丽都

电话： +331 4076 5610

丽都是跟红磨坊齐名的巴黎夜总会，可谓世界闻名！这个名字很容易让人联想起威尼斯丽都岛。这里原本是位于香榭丽舍大街 78 号的泳池，之后被填平，取而代之的是一家剧场。1946 年，科雷利哥两兄弟收购了这块地产，首先引入“晚餐伴演出”的理念，将丽都打造成世界一流夜总会的一员。演出由一系列演唱、杂技及马戏团的表演组成，场内的布置奢华无比，众多机器设备营造出令人惊艳的舞台效果，演员穿着由成千上万根鸵鸟羽毛制成的精美服装……然而，最引人注目的还是那群训练有素、无可挑剔的舞女，她们带来或古典或现代的芭蕾表演，一边跳舞一边优雅地脱去衣服。这支魅力四射的队伍由著名舞女，绰号“蓝铃小姐”的玛格丽特·凯丽·雷波维奇选拔组建，人称“蓝铃姑娘”。

1977 年，丽都夜总会为了扩建，搬迁至香榭丽舍大街 116 号。而最近推出的全新大秀《巴黎奇观》再次惊艳全球，由佛朗哥·德拉戈指导。他是太阳剧团的主要制作人，曾创作了澳门的《水舞间》大型表演，还设计、策划了西双版纳的傣秀剧院。

如果你在丽都夜总会选择了正厅的席位，当你感到脚下的地板在下陷时，不要惊慌——为了让其他观众有更好的观赏体验，表演期间正厅的座位会下沉 80 厘米左右。

香榭丽舍大街 114 号

航天英雄 Alberto Santos – Dumont 曾在此居住，1903 年，他驾驶一艘飞艇在这栋建筑前着陆。

香榭丽舍大街 103 号：汇丰银行

电话： +338 1083 8485
营业时间： 周二至周六 09：00—17：00

从 1898 年开始，这里就是爱丽舍宫大酒店，是香榭丽舍大街上的第一栋建筑，甚至早于阿斯托里亚酒店和克拉里奇酒店。后来，酒店停止营业并进行了改造。如今，它是汇丰银行所在地，自从并购了法国商业信贷银行，这里便成为了它的总部。

香榭丽舍大街 101 号：路易·威登

这里是路易·威登旗舰店，详情请查询《巴黎奢侈品与购物手册》中的路易·威登专栏。

香榭丽舍大街 99 号和 99 号乙

富凯餐厅和富凯·巴丽尔酒店与路易·威登旗舰店相对，坐落于巴黎香榭丽舍大道与乔治第五大道交会处。二者都是名流聚集的场所，附近剧院演出结束后，明星们经常来这里享用晚餐。

香榭丽舍大街 70 号：万豪酒店、丝芙兰旗舰店

这栋建筑曾经是路易·威登的专卖店，有着浓郁的艺术氛围。后来路易·威登搬家了，万豪酒店便入驻于此，不过酒店前台不在一层，而是在一个戒备森严的扶梯顶端。

大楼一层有法国酩悦·轩尼诗－路易·威登集团旗下的丝芙兰旗舰店，还有各类香水、化妆品连锁店。

香榭丽舍大街 39 号：阿尔萨斯餐厅

电话：+331 5393 9700
交通：地铁 1 号线 George V 站
地铁 1 号、8 号线 Franklin Roosevelt 站

在阿尔萨斯餐厅可以品尝到招牌腌酸菜和千层蛋糕，还有秘制的半熟肥鹅肝、各类海鲜，再配上阿尔萨斯葡萄酒，如雷司令、琼瑶浆干白或者西万尼，人生简直不能更完美。整个餐厅没有任何多余的民俗装饰，环境简单而又温馨。

香榭丽舍大街 68 号：娇兰之家

美容沙龙预订：+331 4562 1121
营业时间：周一至周日 09：00—19：30

1913 年，建筑大师查理·缪艾斯为著名香水品牌娇兰设计了这栋建筑，他同样也是丽兹酒店和旺多姆广场的设计者。

整栋建筑共 4 层，大楼内部设有一个专门区域，陈列着娇兰旗下的传奇香水：一千零一夜、赤土女士香水、幻彩流星香水、御庭兰花香水和最新的创意作品。另外，大楼里有一家创建于 1939 年的美容沙龙，还有由法国顶级名厨 Guy Martin 创办的“68 餐厅”。

香榭丽舍大街 52 ~ 60 号

这座迷人的建筑建于 1933 年，曾经是纽约花旗银行的办公楼，如今则是老佛爷百货所在地。

位于波埃西大街的那部分商铺是法国 Monoprix 超市，是游客最常光顾的超市之一，因为它地理位置很方便，货品从食品、化妆品到卫生用品应有尽有。

香榭丽舍大街 31 号：皮诺比萨

电话：+331 4074 0112
营业时间：每天 11：30—次日 05：00

皮诺比萨是一家专卖比萨、意大利面以及意大利速食产品的连锁餐厅。无论什么时间，香榭丽舍大街上的这家店总是生意兴隆，其高效的服务、合理的价格以及简单的意式风味，深受顾客喜爱。

香榭丽舍大街 44 号：迪士尼专卖店

电话：+331 4561 2525
营业时间：周一至周日 10：00—23：00

这家大型专卖店深受孩子们喜爱，不仅展示了整个迪士尼王国，还设有迪士尼乐园、华特·迪士尼电影工作室的售票处，以及迪士尼酒店的订房中心。

香榭丽舍大街 27 号：圣日耳曼球队专卖店

电话：+331 5669 2222
营业时间：周一至周六 10：00—22：00
周日 10：00—21：00

足球迷可以在这里找到巴黎圣日耳曼球队的精品球衣，还有冠军球员照片（有的是亲笔签名照）、球队用过的足球、球队赞助商品牌的衣鞋以及其他收藏品。

香榭丽舍大街 25 号：德拉·派瓦酒店

19 世纪的德拉·派瓦酒店是为第二帝国时期著名的交际花 Esther Lachmann 所建，她曾是派瓦的名妓，美艳、优雅。这是香榭丽舍大街上最精美的建筑之一，内外装修都美轮美奂，充分反映了房主的富裕和奢华。

香榭丽舍大街 25 号：小酒馆餐厅

这家餐厅只提供简餐，但偶尔也有一些新奇的菜肴，比如芥末蟹肉沙拉、熏烤鳕鱼配柑橘黄油等。

香榭丽舍大街 23 号：阿贝克隆比 & 费奇

电话：+338 0511 1559
营业时间：周一至周日 10：00—20：00

这家服装店也是“香街”上极具装饰艺术风格的精美建筑之一。

香榭丽舍大街圆点广场 9 号

在香榭丽舍大街的下段有一座 19 世纪的精美建筑，建于 1840 年，是查尔斯·德·莫

尔尼公爵的私人住宅。莫尔尼是奥坦丝·德·博阿尔内与第一位丈夫的儿子，博阿尔内二婚嫁给了拿破仑一世的弟弟，后来，同母异父的兄长拿破仑三世将莫尔尼封为公爵（duc de Morny）。

事实上，这栋建筑是莫尔尼为自己的情妇——勒汉伯爵夫人而建的。如今，这里是法国达索工业集团公司的总部。

香榭丽舍大街圆点广场 7 号：艾德拍卖行

艾德是一家世界顶级的拍卖行，即将拍卖的商品都陈列在展厅，即便不是买家也可以前往参观。每逢拍卖会开始之前，花园里都会展示一些极其奢华、精美的物品，例如古董雕像、高级汽车，甚至是飞机！

宫殿生活

和其他世界级大都市相比，巴黎酒店的内部设施并不算太完善，但是自从半岛、香格里拉以及文华东方这三家中国酒店入驻巴黎以后，就弥补了这一不足。

法国酒店与亚洲酒店的分类标准不同，一家三星级的法国酒店可能只相当于北京、上海、新加坡或曼谷的二星级酒店。豪华酒店的标准则全世界相通，不过法国还有一个酒店级别名叫“大皇宫”，和一般的五星级酒店还是有些区别的。

五星级酒店及“大皇宫”酒店

在巴黎众多的五星级酒店中，我列举了一些入选“大皇宫”级别的酒店：

巴黎 1 区

巴黎布尔甘地酒店（Hôtel Burgundy Paris）

地址： 6 rue Duphot
电话： +331 4260 3412
价格： 364 欧元至 546 欧元不等（猫途鹰）

卡斯提尔酒店（Hôtel Castille）

地址： 33—37 rue Cambon
电话： 331 4458 4458
价格： 226 至 440 欧元不等（猫途鹰），接受银联卡支付

考斯特酒店（Hôtel Costes）

地址： 239—241 rue Saint Honoré
电话： 331 4244 5000
价格： 450 至 1126 欧元不等（猫途鹰），接受银联卡支付

巴黎皇宫大酒店(Grand Hôtel du Palais Royal)

地址：4 rue de Valois
电话：+331 4296 1535
价格：342 至 677 欧元不等（猫途鹰），接受银联卡支付

卢浮宫酒店(Hôtel du Louvre)

地址：Place André Malraux
电话：+331 7311 1234
价格：214 至 620 欧元不等（猫途鹰）

文华东方酒店(Hôtel Mandarin Oriental)

地址：251 rue Saint Honoré
电话：+331 7098 7888
价格：895 至 1260 欧元不等（猫途鹰）

莫里斯酒店(Hôtel Meurice)

地址：228 rue de Rivoli
电话：+331 4458 1010
价格：673 至 2070 欧元不等（猫途鹰），接受银联卡支付

雷吉纳酒店(Hôtel Régina)

地址：2 place des Pyramides
电话：+331 4260 3110
价格：286 至 616 欧元不等（猫途鹰），接受银联卡支付

巴黎旺多姆万丽酒店(Hôtel Renaissance Paris Vendôme)

地址：4 rue du Mont Thabor
电话：+331 4020 2000
价格：246 至 545 欧元不等（猫途鹰），接受银联卡支付

丽兹酒店(Hôtel Ritz)

地址：15 place Vendôme
电话：+331 4316 3030
价格：973 至 1289 欧元不等（猫途鹰），接受银联卡支付

旺多姆大酒店(Hôtel de Vendôme)

地址：1 place Vendôme
电话：+331 5504 5500
价格：315 至 558 欧元不等（猫途鹰），接受银联卡支付

巴黎 2 区

旺多姆柏悦酒店(Hôtel Park Hyatt Vendôme)

地址：5 rue de la Paix
电话：+331 5871 1234
价格：590 至 1087 欧元不等（猫途鹰），接受银联卡支付

巴黎 3 区

莱班酒店(Hôtels Les Bains)

地址：7 rue du Bourg l'Abbé
电话：+331 4277 0707
价格：301 欧元起（缤客）

巴黎 4 区

杜邦-史密斯酒店(Hôtel Dupond - Smith)

地址：2 rue des Guillemites
电话：+331 4276 8899
价格：302 至 731 欧元不等（猫途鹰）

巴黎 6 区

贝尔阿米酒店(Hôtel Bel Ami)

地址：7 rue Saint - Benoît
电话：+331 4261 5353
价格：202 至 580 欧元不等（猫途鹰）

埃斯普里圣杰曼酒店(Esprit Saint - Germain)

地址：22 rue Saint - Sulpice
电话：+331 5310 5555
价格：202 至 580 欧元不等（猫途鹰）

克里斯廷里莱斯酒店(Hôtel Le Relais Christine)

地址：3 rue Christine
电话：+331 4051 6080
价格：302 至 586 欧元不等（猫途鹰），接受银联卡支付

维多利亚广场酒店(Victoria Palace Hôtel)

地址：6 rue Blaise - Desgoffe
电话：+331 4549 7000
价格：220 至 364 欧元不等（猫途鹰）

巴黎 7 区

蒙塔龙贝酒店(Hôtel Montalembert)

地址：3 rue de Montalembert
电话：+331 4549 6868
价格：229 至 439 欧元不等（猫途鹰）

皇家庞特酒店(Hôtel Pont Royal)

地址：5 - 7 rue de Montalembert
电话：+331 4284 7000
价格：199 至 438 欧元不等（猫途鹰）

科考德酒店(Le Cinq Codet)

地址: 5 rue Louis Codet
电话: +331 5385 1560
价格: 203至480欧元不等(猫途鹰),接受银联卡支付

朱莉安娜酒店(Hôtel Juliana)

地址: 10—12 rue Cognacq Jay
电话: +331 4405 7000
价格: 212至451欧元不等(猫途鹰)

巴黎8区

巴尔扎克酒店(Hôtel Balzac)

地址: 6 rue Balzac
电话: +331 4435 1800
价格: 213至457欧元不等(猫途鹰)

布里斯托尔酒店(Hôtel Le Bristol)

地址: 112 rue du Faubourg Saint – Honoré
电话: +331 5343 4300
价格: 654至1464欧元不等(猫途鹰),接受银联卡支付

香榭丽舍广场酒店(Hôtel Champs—Élysées Plaza)

地址: 35 rue de Berri
电话: +331 5353 2020
价格: 279至569欧元不等(猫途鹰)

收藏家酒店(Hôtel du Collectionneur)

地址: 51, Rue de Courcelles
电话: +331 5836 6700
价格: 217至643欧元不等(猫途鹰)

克里龙酒店(Hôtel de Crillon)

地址: 10 place de la Concorde
电话: +331 4471 1500
价格: 950至1130欧元不等(猫途鹰)

巴里耶尔富凯酒店(Hôtel Fouquet's Barrière)

地址: Avenue George V et Champs – Élysées
电话: +331 4069 6000
价格: 460至1323欧元不等(猫途鹰),接受银联卡支付

乔治五世酒店(Hôtel George – V)

地址: 31 avenue George V
电话: +331 4952 7000
价格: 956至1592欧元不等(猫途鹰),接受银联卡支付

巴黎—马德琳凯悦酒店(Hôtel Hyatt Regency Paris-Madeleine)

地址: 24 boulevard Malesherbes
电话: +331 5527 1234
价格: 224至518欧元不等(猫途鹰),接受银联卡支付

巴黎玛索大道洲际酒店(Hôtel Intercontinental Paris Avenue Marceau)

地址: 64 avenue Marceau
电话: +331 4443 3636
价格: 210至508欧元不等(猫途鹰),接受银联卡支付

兰卡斯特酒店(Hôtel Lancaster)

地址: 7 rue de Berri
电话: +331 4076 4076
价格: 279至605欧元不等(猫途鹰),接受银联卡支付

香榭丽舍家园酒店(La Maison Champs—Élysées)

地址: Maison des Centraliens, 8 rue Jean Goujon
电话: +331 4074 6464
价格: 200至472欧元不等(猫途鹰)

巴黎马里甘酒店(Hôtel Marignan Paris)

地址: 12 rue de Marignan
电话: +331 4076 3456
价格: 335欧元起(缤客)

香榭丽舍万豪酒店(Hôtel Marriott Champs-Élysées)

地址: Maison des Centraliens, 70 avenue des Champs – Élysées
电话: +331 5393 5500
价格: 344至736欧元不等(猫途鹰)

蒙塔妮酒店(Hôtel Montaigne)

地址: 6 avenue Montaigne
电话: +331 8097 4000
价格: 310至517欧元不等(猫途鹰)

拿破仑酒店(Hôtel Napoléon)

地址: 40 avenue de Friedland
电话: +331 5668 4321
价格: 221至849欧元不等(猫途鹰),接受银联卡支付

潘兴豪尔酒店(Hôtel Pershing Hall)

地址: 49 rue Pierre Charron
电话: +331 5836 5800
价格: 293至567欧元不等(猫途鹰)

雅典娜广场酒店（Hôtel Plaza Athénée）

地址： 25 avenue Montaigne
电话： +331 5367 6665
价格： 1030 至 1361 欧元不等（猫途鹰）

德加勒王子酒店（Hôtel Prince de Galles）

地址： 33 avenue George V
电话： +331 5323 7777
价格： 423 至 854 欧元不等（猫途鹰）

巴黎香榭丽舍丽笙布鲁酒店（Radisson Blu Hôtel Champs—Élysées）

地址： 78B avenue Marceau
电话： +331 5323 4343
价格： 195 至 530 欧元不等（猫途鹰），接受银联卡支付

巴黎瑞瑟夫酒店（Hôtel La Réserve Paris）

地址： 42 avenue Gabriel
电话： +331 5836 6060
价格： 907 至 2320 欧元不等（猫途鹰）

莱佛士皇家梦索酒店（Hôtel Royal Monceau Raffles）

地址： 37 avenue Hoche
电话： +331 4299 8800
价格： 659 至 1752 欧元不等（猫途鹰），接受银联卡支付

圣瑞吉斯酒店（Hôtel San Regis）

地址： 12 rue Jean Goujon
电话： +331 4495 1616
价格： 337 至 571 欧元不等（猫途鹰）

瑟尔斯酒店（Hôtel de Sers）

地址： 41 avenue Pierre Ier de Serbie
电话： +331 5323 7575
价格： 200 至 699 欧元不等（猫途鹰），接受银联卡支付

凯旋门索菲特酒店（Hôtel Sofitel Arc de Triomphe）

地址： 14 rue Beaujon
电话： +331 5389 5050
价格： 251 至 568 欧元不等（猫途鹰）

巴黎法布格索菲特酒店（Hôtel Sofitel Paris Le Faubourg）

地址： 15, rue Boissy d'Anglas
电话： +331 4494 1414
价格： 333 至 662 欧元不等（猫途鹰）

拉特雷莫勒酒店（Hôtel de La Trémoille）

地址： 14 rue de la Trémoille
电话： +331 5652 1400
价格： 307 至 443 欧元不等（猫途鹰）

韦尔内酒店（Hôtel Vernet）

地址： 25 rue Vernet
电话： +331 4431 9800
价格： 280 至 954 欧元不等（猫途鹰）

维尼酒店（Hôtel de Vigny）

地址： 9 rue Balzac
电话： +331 4299 8080
价格： 156 至 381 欧元不等（猫途鹰）

巴黎 9 区

班克酒店（Hôtel Banke）

地址： 20 rue la Fayette
电话： +331 5533 2222
价格： 179 至 400 欧元不等（猫途鹰）

烈日歌剧院贝斯特韦斯特高级酒店（Hôtel Best Western Premier Opéra Liège）

地址： 9 rue de Liège
电话： +331 5372 8500
价格： 142 至 288 欧元不等（猫途鹰），接受银联卡支付

奈尔酒店（Hôtel de Nell）

地址： 9 rue du Conservatoire
电话： +331 4483 8360
价格： 201 至 583 欧元不等（猫途鹰）

斯克利布酒店（Hôtel Scribe）

地址： 1 rue Scribe
电话： +331 4471 2424
价格： 252 至 591 欧元不等（猫途鹰），接受银联卡支付

苏凯之家酒店（Hôtel Maison Souquet）

地址： 10 rue de Bruxelles
电话： +331 4878 5555
价格： 382 欧元起（缤客）

W 歌剧院酒店（Hôtel W Opéra）

地址： 4 rue Meyerbeer
电话： +331 7748 9494
价格： 253 至 763 欧元不等（猫途鹰）

巴黎 11 区

巴黎巴士底布特酒店
（Hôtel Paris Bastille Boutet）

地址： 22, 24 rue Faidherbe
电话： +331 4024 6565
价格： 198 至 365 欧元不等（猫途鹰）

巴黎 16 区

巴尔的摩酒店（Hôtel Baltimore）

地址： 88 bis avenue Kléber
电话： +331 4434 5454
价格： 204 至 495 欧元不等（猫途鹰），接受银联卡支付

莫丽托酒店（Hôtel Molitor）

地址： 13 rue Nungesser et Coli
电话： +331 5607 0850
价格： 217 至 691 欧元不等（猫途鹰）

巴黎半岛酒店（The Peninsula Paris）

地址： 19 avenue Kléber
电话： +331 5812 2888
价格： 732 至 1377 欧元不等（猫途鹰）

拉斐尔酒店（Hôtel Raphael）

地址： 17 avenue Kléber
电话： +331 5364 3200
价格： 285 至 480 欧元不等（猫途鹰）

特罗卡迪罗公园万丽酒店
（Hôtel Renaissance Le Parc Trocadéro）

地址： 55-57 avenue Raymond Poincaré
电话： +331 4405 6666
价格： 213 至 458 欧元不等（猫途鹰）

丽笙布鲁特洛加德洛酒店
（Radisson Blu Le Dokhan's）

地址： 117 rue Lauriston
电话： +331 5365 6699
价格： 178 至 534 欧元不等（猫途鹰），接受银联卡支付

巴黎香格里拉酒店（Hôtel Shangri-La Paris）

地址： 10 avenue d'Iéna
电话： +331 5367 1998
价格： 755 至 1487 欧元不等（猫途鹰），接受银联卡支付

广场酒店（Hôtel Square）

地址： 3 rue de Boulainvilliers
电话： +331 4414 9190
价格： 190 至 459 欧元不等（猫途鹰）

大华别墅酒店（Hôtel Villa Majestic & Spa）

地址： 30 rue la Pérouse
电话： +331 4500 8370
价格： 283 至 592 欧元不等（猫途鹰）

巴黎 17 区

香榭丽舍麦克马洪酒店
（Hôtel Champs – Élysées Mac Mahon）

地址： 3 avenue Mac – Mahon
电话： +331 4380 2300
价格： 167 至 375 欧元不等（猫途鹰），接受银联卡支付

巴黎凯旋门万丽酒店
（Hôtel Renaissance Paris Arc de Triomphe）

地址： 39 avenue de Wagram
电话： +331 5537 5537
价格： 241 至 551 欧元不等（猫途鹰）

法国最贵的酒店房间和套房

戛纳，Inter Continental Carlton

价格： 40000 欧元 / 晚
地址： 58 boulevard de la Croisette, 06400 Cannes
电话： +334 9306 4006

戛纳，Majestic

价格： 38000（总统套房）欧元 / 晚
地址： 10 boulevard de la Croisette, 06400 Cannes
电话： +334 9298 7700

库尔舍维勒，Les Airelles

价格： 35000 欧元 / 晚（公寓）
地址： Le Jardin Alpin, 73120, Courchevel
电话： +334 7900 3838

戛纳，Martinez

价格： 34000 欧元 / 晚（顶层豪华公寓）
地址： 73 boulevard de la Croisette, 06400 Cannes
电话： +334 9390 1234

库尔舍维勒，Cheval Blanc

价格： 25000 欧元 / 晚（皇家套房）
地址： 58 boulevard de la Croisette, 06400 Cannes
电话： +334 9306 4006

戛纳，Majestic

价格： 38000（总统套房）欧元 / 晚
地址： Rue du Jardin Alpin, 73120 Courchevel
电话： +334 7900 5050

巴黎，Plaza Athénée

价格： 25000 欧元 / 晚（皇家套房）
地址： Rue du Jardin Alpin, 73120 Courchevel

巴黎，Le Bristol

价格： 24000 欧元 / 晚（皇家套房）

巴黎，Mandarin Oriental

价格： 20000 欧元 / 晚（文华皇家套房）

梅里贝勒，Le Kaïla

价格： 16000 欧元 / 晚（双套房）
地址： Route de la Montée, 73550 Les Allues
电话： +334 7941 6920

巴黎，Le Prince de Galles

价格： 16000 欧元 / 晚（套房）

库尔舍维勒 1850，Les Suites de la Potinière

价格： 15000 欧元 / 晚（公寓）
地址： Rue de Plantret, 73120 Saint-Bon-Tarentaise
电话： +334 7908 0016

巴黎，Le Shangri - La

价格： 18000 欧元 / 晚（皇家套房）

巴黎，Hôtel de Crillon

价格： 16900 欧元 / 晚
Bernstein 伯恩斯坦套房 9 000 欧元 / 晚
路易十五套房 7900 欧元 / 晚

巴黎，Le Monceau Raffles

价格： 16000 欧元 / 晚（巴黎套房）

巴黎，Le Park Hyatt Vendôme

价格： 15000 欧元 / 晚（皇家套房）

巴黎，Le Fouquet's - Barrière

价格： 15000 欧元 / 晚

巴黎，Le Meurice

价格： 14000 欧元 / 晚

巴黎，Le George - V

价格： 13000 欧元 / 晚（公寓）

巴黎，Le Vendôme

价格： 11000 欧元 / 晚

米其林餐厅

20 世纪初，《米其林指南》诞生于一家位于法国中央盆地的专业轮胎制造公司。设立指南的初衷是想方便车主找到值得再次到访的酒店和餐厅，这样一来就能增加轮胎的销量了！米其林公司如今成了全球最大的轮胎制造商之一，《米其林指南》在其中也是功不可没。美食暗访员每年的到访是全球米其林餐厅大厨最为紧张的时刻。

下面我就列了一张 2016 年《米其林指南》上的一星、二星和三星餐厅，供大家参考。

巴黎的 10 家米其林三星餐厅

注意，这些餐厅中的大部分都需要提前几周甚至几个月进行预订（按所在区的顺序排列）。

L'Ambroisie, 4 区

地址： 9 place des Vosges
电话： +331 4278 5145
交通： 地铁 1、5、8 号线 Bastille 站

€€€€

1986 年，L'Ambroisie 餐厅在巴黎孚日广场开业。在这家餐厅就餐过的政要名人有法国前总统奥朗德、美国前总统奥巴马等。挂毯、黑白大理石地面、兰花、高雅的装饰……一如这里的料理，都非常经典。在这里，传统至上。

菜单列举：

芝麻粒海螯虾千层酥，佐以咖喱汁调味

（Feuillantine de langoustines aux graines de sésame, sauce au curry）

迷迭香土豆炖龙虾，贝壳类汤汁

（Navarin de homard aux pommes de terre et romarin, jus de crustacés）

胡椒奶酥皮羊排，朝鲜蓟塞肉配柠檬果酱

（Carré d'agneau en croûte de poivre, barigoule d'artichauts au citron confit）

树莓球，佐以木槿花奶油

（Boule aux fraises des bois, crème à l'hibiscus）

Guy Savoy, 6 区

地址： 11 quai de Conti
电话： +331 4380 4061
交通： 地铁 7 号线 Pont Neuf 站
网站： www.guysavoy.com/fr

€€€€

坐落在巴黎钱币博物馆（la Monnaie de Paris）庄严建筑中的 Guy Savoy，是巴黎最为性感的餐厅之一。餐桌散落在不同的大厅中，塞纳河与维尔 - 加隆广场的景致尽收眼底。餐厅的网站有中文版，方便中国游客了解菜单及预订。

菜单列举：

黑松露朝鲜蓟汤，蘑菇松露千层面包

（Soupe d'artichaut à la truffe noire, brioche feuilletée aux champignons et truffes）

香煎鮟鱇鱼，佐以蘑菇汁

（Lotte rôtie, jus aux champignons）

布雷斯鸡，黑松露汁调味贝壳面

（Poulet de Bresse, coquillettes au jus et truffe noire）

覆盆子搭配鳄梨奶油，牛奶冰糕与咸味奶油夹心烤蛋白

（Framboises garnies d'une crème d'avocat, sorbet au lait et meringue salée）

L'Arpège, 7 区

地址： 84 rue de Varenne
电话： +331 4705 0906
交通： 地铁 13 号线 Varenne 站
接受银联支付

€€€€

L'Arpège 的大厨 Alain Passard 是个充满热情、慷慨激昂的天才，他的餐厅相比其他那些高级餐厅一点都不做作。Passard 的餐厅主打蔬菜，他做菜就好像在作画一样，经常利用蔬菜的不同颜色进行组合，效果十分和谐，有时还很惊艳。

菜单列举：

萨尔特白芦笋，天竺葵调香

（Asperges blanches de la Sarthe,

parfum de géranium）

阿尔萨斯藏红花鱼汤，Yeu 岛枪乌贼

（Bouillabaisse au safran d'Alsace, encornets de l'île d'Yeu）

摩卡天竺葵焦糖浮岛和绿豆蔻

（Ile flottante moka – géranium et cardamome verte）

Pierre Gagnaire, 8 区

地址： 6 rue Balzac
电话： +331 5836 1250
交通： 地铁 1 号线 George V 站

€€€€

Pierre Gagnaire 是一位热爱亚洲文化的唯美主义者，是法国最知性、最温柔的大厨。“赏味套餐”（menu dégustation，价格在 300 欧元上下）就很好地展现了这位大厨的创造力：透明的龙虾搭配奶油蜘蛛蟹、蚕豆、欧楂、荷兰干酪丝、枪乌贼、细叶芹配黄瓜、沙丁鱼和盐渍鲭鱼搭配卡拉奇芜菁，淋白萝卜汁和发酵苹果酒……

Le Pavillon Ledoyen – Alléno Paris, 8 区

地址： Carré des Champs—Élysées,
Pavillon Ledoyen, 1 avenue Dutuit
电话： +331 5305 1000
交通： 地铁 1、13 号线
Champs—Élysées Clemenceau 站
接受银联支付

€€€ €€€€

这家第二帝国风格的餐厅坐落于香榭丽舍的树林中，布置得像一间回廊，景色美如画。主厨 Yannick Alléno 是世界上最好的酱汁调味专家之一，最近这几年里，他的清新创意菜将餐厅变年轻了不少。

比如，他会用烤过的柚子皮作碗盛上热腾腾的海胆汤、用梭鱼配萝卜叶萃取液、将日式和牛切成薄片等。

Le Plaza Athénée d'Alain Ducasse, 8 区

地址： 25 avenue Montaigne
电话： +331 5367 6500
邮件： adpa@dorchestercollection.com
网站： www.alainducasse—plazaathenee.com

€€€€

设计师帕特里克 · 乔安和珊哲 · 曼库为餐厅带来了灵巧的设计风格，天花板上悬吊的水晶灯把整个餐厅照得明亮通透。巨大的海螺壳放置在棚屋型餐桌上，别具一格。这里的菜肴堪称完美，主厨阿兰 · 杜卡斯最著名的 3 个拿手菜是绝对的招牌，食材用的是鱼、蔬菜和谷物，比如鳎鱼配笋瓜，并佐以谷物和芥末。餐厅的蔬菜均来自凡尔赛宫的皇家菜园，每天都是手工采摘当日送达。大厨的烹饪方式则受到 7 世纪中国传统料理的启发，倡导摄入蔬菜和谷物。

对了，你也会喜欢上这里供应的螯虾配黑松露（les écrevisses et truffes noires）、扇贝配松露裹花菜（les coquilles Saint—Jacques au chou—fleur truffé en fine croûte et snackées）或是香桃利口酒搭配栗子杏仁烤雪梨（la poire rôtie, amandes, marrons et liqueur de myrtes）。就连摆放在餐桌上的餐具器皿都是世界一流的名家设计作品，其中 Roger Tallon 餐具则是 20 世纪 70 年代出品的定制版。

Le Cinq de Christian Le Squer, 8 区

地址： 31 avenue George V
电话： +331 4952 7154
交通： 地铁 1 号线 George V 站
邮件： lecinq.par@fourseasons.com

€€€€

这家餐厅的主厨克里斯汀 · 勒 · 史奎尔是个非常勤奋的人，来自布列塔尼的他从小与大海为伴，在巴黎乔治五世酒店里的 Le Cinq 餐厅开始了他的厨师职业生涯。这里的扇贝刺身配海胆鱼子酱非常受欢迎，同样深受食客喜爱的还有雷司令白葡萄酒调味的烤鹌鹑佐橘子果酱。

午间套餐共有 4 道菜，价格是 145 欧元。

Épicure au Bristol, 8 区

地址： 112 rue du Faubourg Saint – Honoré
电话： +331 5343 4340
交通： 地铁 9、13 号线 Miromesnil 站
邮件： epicure@lebristolparis.com

€€€ €€€€

在巴黎布里斯托酒店（l'hôtel Bristol）的 Épicure 餐厅里，主厨 Érich Frecon 为食客们带来的是极致清新的料理。餐厅非常明亮，正对着花园，天气好的话也可以在花园里用餐。这里主打传统菜，当然还有恰到好处的创新菜，比如紫罗兰海胆、煎烤野羊背脊佐以刺柏浆果、波尔多甜酒浸甜菜头、萝卜叶泥和猎人酱汁……餐厅的网站有中文版本。

Le Pré Catelan, 16 区

地址： Le Pré Catelan, bois de Boulogne
电话： +331 4414 4114
营业时间： 每周二至周六

Le Pré Catelan 餐厅设在拿破仑三世的行宫内，位于布洛涅树林中，主厨 Frédéric Anton 在这里为你准备了他的拿手菜。

菜单列举：

龙虾饺，佐以橄榄油和薄荷为基底的高汤配炸春卷

（Langoustine en ravioli, servie dans un bouillon à l'huile d'olive et menthe, avec son nem frit）

大菱鲆佐以海藻，加入了青柠劈皮碎的黄油，贻贝和褐虾

（Turbot aux algues, beurre aux zestes de citron vert, pousse-pied et crevettes grises）

脆苹果搭配加了焦糖和苹果酒的跳跳糖冻奶油

（Pomme soufflée croustillante accompagnée d'une crème glacée pétillante au caramel et au cidre）

L' Astrance, 16 区

地址： 4 rue Beethoven
电话： + 331 4050 8440
交通： 地铁 6 号线 Passy 站
营业时间： 每周二至周五

L'Astrance 餐厅仅能容纳 25 人，是全球最佳的 50 家餐厅之一。餐厅的服务非常热情，菜肴的搭配也是细腻多样，食材的烹饪恰到好处。

菜单列举：

南瓜饺，苦杏仁和调味蟹肉

（Ravioles de butternut, amande amère et chair de crabe épicée）

清蒸大菱鲆鱼、榛子黄油和白味噌，黄椒

（Turbot vapeur, beurre noisette et miso blanc, jeunes poireaux）

奶油柑橘小馅饼，佐以黑糖粉

（Tartelette aux agrumes, streusel au sucre muscovado）

巴黎的 10 家米其林二星餐厅

Le Meurice (Alain Ducasse), 1 区

地址： 228 rue de Rivoli
电话： +331 5800 2120
交通： 地铁 1 号线 Tuileries 站

Le Carré des Feuillants, 1 区

地址： 14 rue de Castiglione
电话： +331 4286 8282
交通： 地铁 1 号线 Tuilerie 站

Sur Mesure (Thierry Marx), 1 区

地址： 251 rue Saint Honoré
电话： +331 7098 7300
交通： 地铁 1 号线 Concorde 站

Sur Mesure (Thierry Marx), 1 区

地址： 251 rue Saint Honoré
电话： +331 7098 7300
交通： 地铁 1 号线 Concorde 站

Le Grand Véfour, 1 区

地址： 17 rue de Beaujolais
电话： +331 4296 5627
交通： 地铁 3 号线 Bourse 站

€€€€

Passage 53, 2 区

地址： 53 passage des Panoramas
电话： +331 4233 0435
交通： 地铁 8、9 号线 Richelieu – Drouot 站

€€€€

Sylvestre, 7 区

地址： 79 rue Saint – Dominique
电话： +331 4705 7979
交通： 地铁 8、13 号线 Invalides 站
接受银联支付

€€€ €€€€

La Table du Lancaster, 8 区

地址： 7 rue de Berri
电话： +331 4076 4018
交通： 地铁 1 号线 George V 站

€€€€

Taillevent, 8 区

地址： 15 rue Lamennais
电话： +331 4495 1501
交通： 地铁 1 号线 George V 站

€€€ €€€€

Le Gabriel, 8 区

地址： 42 avenue Gabriel
电话： +331 5836 6050
交通： 地铁 1 号线 Franklin D. Roosevelt 站

€€€ €€€€

Le Grand Restaurant (Jean – François Piège), 8 区

地址： 7 Rue d'Aguesseau
电话： +331 5305 0000
交通： 地铁 8、12、14 号线 Madeleine 站

€€€ €€€€

Le Grand Restaurant (Jean – François Piège), 8 区

地址： 7 Rue d'Aguesseau
电话： +331 5305 0000
交通： 地铁 8、12、14 号线 Madeleine 站

€€€ €€€€

L'Atelier de Joël Robuchon – Saint – Germain, 7 区

地址： 5 rue Montalembert
电话： +331 4222 5656
交通： 地铁 12 号线 ,Rue du Bac 站

€€€ €€€€

Akrame, 16 区

地址： 19 rue Lauriston
电话： +331 4067 1116
交通： 地铁 6 号线 ,Kléber 站

€€€€

Histoires (Mathieu Pacaud), 16 区

地址： 85 avenue Kléber 站
电话： +331 7098 1635
交通： 地铁 6、9 号线 Trocadéro 站
接受银联支付

€€€€

L'Abeille, 16 区

地址： 10 avenue d'Iéna
电话： +331 5367 1990
交通： 地铁 9 号线 ,Iéna 站
接受银联支付

€€€ €€€€

巴黎的 68 家米其林一星餐厅

1 区

La Dame de Pic

地址： 20 rue du Louvre
电话： +331 4260 4040
交通： 地铁 1 号线 Louvre － Rivoli 站

€€ €€€

JIN

地址： 6 rue de la Sourdière
电话： +331 4261 6071
交通： 地铁 7、14 号线 Pyramide 站

€€

Le Baudelaire

地址： 8 rue Dupho
电话： +331 4260 3412
交通： 地铁 1 号线 Concorde 站

€€€

Kei

地址： 5 rue Coq Héron
电话： +331 4233 1474
交通： 地铁 4 号线 les Halles 站
RER A、B、D 线 Chatelet － les Halles 站

€€€ €€€€

Yam'Tcha

地址： 121 rue Saint Honoré
电话： +331 4026 0807
交通： 地铁 1 号线 Louvre － Rivoli 站

€€€ €€€€

2 区

Saturne

地址： 17 rue Notre Dame des Victoires
电话： +331 4260 3190
交通： 地铁 3 号线 Bourse 站

€€€

Le Céladon

地址： 15 rue Daunou
电话： +331 4703 4042
交通： 地铁 3、8、9 号线 Opéra 站

€€€

Pur' － Jean － François Rouquette

地址： 5 rue de la Paix
电话： +331 5871 1060
交通： 地铁 3、8、9 号线 Opéra 站

€€€ €€€€

Goust

地址： 10 rue Volney
电话： +331 4015 2030
交通： 地铁 3、8、9 号线 Opéra 站

€€ €€€

4 区

Benoit

地址： 20 rue Saint—Martin
电话： +331 5800 2215
交通： 地铁 1、4、7、11、14 号线 Chatelet 站

€€ €€€

5 区

La Truffière

地址： 4 rue Blainville
电话： +331 4633 2982
交通： 地铁 7 号线 Place Monge 站

€€€

Sola

地址： 12 rue de l'Hôtel Colbert
电话： +331 4329 5904
交通： 地铁 10 号线 Maubert Mutualité 站

€€€ €€€€

Itinéraires

地址： 5 rue de Pontoise
电话： +331 4633 6011
交通： 地铁 10 号线 Maubert Mutualité 站

€€€ €€€€

La Tour d'Argent

地址： 15 quai de la Tournelle
电话： +331 4354 2331
交通： 地铁 7 号线 Pont Marie 站

€€€ €€€€

6 区

Le Restaurant

地址： 13 rue des Beaux – Arts
电话： +331 4441 9901
交通： 地铁 4 号线 Saint – Germain – des – Prés 站

€€€ €€€€

Hélène Darroze

地址： 4 rue d'Assas
电话： +331 4222 0011
交通： 地铁 10 、12 号线 Sèvres – Babylone 站

€€€€

Ze Kitchen Galerie

地址： 4 rue des Grands Augustins
电话： +331 4432 0032
交通： 地铁 4 号线 Saint Michel 站

€€€

Louis XIII

地址： 8 rue des Grands Augustins
电话： +331 4326 7596
交通： 地铁 4 号线 Saint Michel 站

€€€ €€€€

7 区

Les Climats

地址： 41 rue de Lille
电话： +331 5862 1008
交通： 地铁 12 号线 Rue du Bac 站
RER C 线 Musée d'Orsay 站

€€ €€€

David Toutain

地址： 29 rue Surcouf
电话： +331 4550 1100
交通： 地铁 8、13 号线 Invalides 站

€€€

Garance

地址： 34 rue Saint – Dominique
电话： +331 4555 2756
交通： 地铁 13 号线 Varenne 站

€€€

Nakatani

地址： 27 rue Pierre Leroux
电话： +331 4734 9414
交通： 地铁 10、13 号线 Duroc 站

€€€ €€€€

Auguste

地址： 54 rue de Bourgogne
电话： +331 4551 6109
交通： 地铁 13 号线 Varenne 站

€€ €€€

Les Fables de la Fontaine

地址： 131 rue Saint – Dominique
电话： +331 4418 3755
交通： 地铁 8 号线 École Militaire 站

€€€

Le Violon d'Ingres

地址： 135 rue Saint – Dominique
电话： +331 45551505
交通： 地铁 8 号线 École Militaire 站

€€€ €€€€

Aida

地址： 1 rue Pierre Leroux
电话： +331 4306 1418
交通： 地铁 10 号线 Vaneau 站

€€€€

Il Vino d'Enrico Bernardo

地址： 13 boulevard de la Tour—— Maubourg
电话： +331 4411 7200
交通： 地铁 8、13 号线 Invalides 站

€€€ / €€€€

Le Jules Verne（埃菲尔铁塔二层）

地址： 2e étage, Tour Eiffel, avenue Gustave Eiffel
电话： +331 4555 6144
交通： 地铁 6 号线 Bir – Hakeim 站

€€€€

Gaya Rive Gauche par Pierre Gagnaire

地址： 44 rue du Bac
电话： +331 4544 7373
交通： 地铁 12 号线 Rue du Bac 站

€€€

ES (Takayuki Honjo)

地址： 91 rue de Grenelle
电话： +331 4551 2574
交通： 地铁 12 号线 Solférino 站

€€ / €€€

8 区

Lucas Carton

地址： 9 place de la Madeleine
电话： +331 4265 2290
交通： 地铁 8、12、14 号线 Madeleine 站

€€€€

Lasserre

地址： 17 avenue Franklin Delano Roosevelt
电话： +331 4359 0213
交通： 地铁 1 、13 号线 Champs-Élysées Clemenceau 站

€€€ / €€€€

Le Chiberta

地址： 3 rue Arsène Houssaye
电话： +331 5353 4200
交通： 地铁 1、2 号线 Charles de Gaule - Etoile 站

€€€€

La Scène

地址： 33 avenue George V 站
电话： +331 5323 7850
交通： 地铁 1 号线 George V 站

€€€ / €€€€

Helen dans le 8^{e}

地址： 3 rue Berryer
电话： +331 4076 0140
交通： 地铁 2 号线 Ternes 站

€€€ / €€€€

Penati Al Baretto

地址： 9 – 11 rue Balzac
电话： +331 4299 8000
交通： 地铁 1 号线 George V 站

€€ / €€€

Le 39V

地址： 39 avenue George V 站
电话： +331 5662 3905
交通： 地铁 1 号线 George V 站

€€€

L'Arôme

地址： 3 rue Saint—Philippe du Roule
电话： +331 4225 5598
交通： 地铁 9 号线 Saint – Philippe – du – Roule 站

€€€ / €€€€

Le Diane

地址： 46 avenue George V, Hôtel Fouquet's Barrière
电话： +331 4069 6000
交通： 地铁 1 号线 George V 站

€€€€

114, Faubourg

地址： 114 rue du Faubourg Saint － Honoré
电话： +331 5343 4444
交通： 地铁 9 、13 号线 Miromesnil 站

€€€ €€€€

Il Carpaccio

地址： 37 avenue Hoche
电话： +331 4299 9890
交通： 地铁 2 号线 Ternes 站

€€€

Laurent

地址： 41 avenue Gabriel
电话： +331 4225 0039
交通： 地铁 1 号线 Franklin D. Roosevelt 站

€€€ €€€€

Apicius

地址： 20 rue d'Artois
电话： +331 4380 1966
交通： 地铁 9 号线 Saint － Philippe － du － Roule 站

€€€€

Dominique Bouchet

地址： 11 rue Treilhard
电话： +331 4561 0946
交通： 地铁 9、13 号线 Miromesnil 站

€€€ €€€€

Okuda

地址： Rue de la Trémoille
电话： +331 4070 1919
交通： 地铁 9 号线 Alma Marceau 站

€€€€

L'Atelier de Joël Robuchon—Étoile

地址： 133 avenue des Champs － Élysées
电话： +331 4723 7575
交通： 地铁 1、2、6 号线 Charles de Gaule Etoile 站

€€€ €€€€

9 区

Jean

地址： 8 rue Saint － Lazare
电话： +331 4878 6273
交通： 地铁 12 号线 Notre-Dame-de-Lorette 站

€€€

11 区

Qui plume la Lune

地址： 50 rue Amelot
电话： +331 4807 4548
交通： 地铁 8 号线 Chemin Vert 站

€€€€

Septime

地址： 80 rue de Charonne
电话： +331 4367 3829
交通： 地铁 9 号线 Charonne 站

€€€

12 区

Au Trou Gascon

地址： 40 rue Taine
电话： +331 4344 3426
交通： 地铁 6 号线 Dugommier 站

€€€ €€€€

14 区

Cobéa

地址： 11 rue Raymond Losserand
电话： +331 4320 2139
交通： 地铁 13 号线 Gaîté 站

€€€ €€€€

15 区

Neige d'Été

地址： 12 rue de l'Amiral Roussin
电话： +331 4273 6666
交通： 地铁 6 号线 Cambronne 站

€€€

Le Quinzième de Cyril Lignac

地址： 14 rue Cauchy
电话： +331 4554 4343
交通： 地铁 10 号线 Javel – André Citroën 站
RER C 线 Javel 站

€€€€

16 区

Hexagone

地址： 85 avenue Kléber
电话： +331 4225 9885
交通： 地铁 6、9 号线 Trocadéro 站

€€€ / €€€€

Page

地址： 4 rue Auguste Vacquerie
电话： +331 4720 7494
交通： 地铁 6 号线 Kléber 站

€€€€

Le Relais d'Auteuil (Patrick Pignol)

地址： 31 boulevard Murat
电话： +331 4651 0954
交通： 地铁 9 号线 Exelmans 站

€€€ / €€€€

Le Pergolèse

地址： 40 rue Pergolèse
电话： +331 4500 2140
交通： 地铁 1 号线 Argentine 站

€€€ / €€€€

Shang Palace

地址： 10 avenue d'Iéna
电话： +331 5367 1992
交通： 地铁 6 、9 号线 Trocadéro 站

€€€ / €€€€

Les Tablettes de Jean – Louis Nomicos

地址： 16 avenue Bugeaud
电话： +331 5628 1616
交通： 地铁 2 号线 Victor Hugo 站

€€€

Saint James Paris

地址： 43 avenue Bugeaud
电话： +331 4405 8181
交通： 地铁 2 号线 Porte Dauphine 站

€€€€

La Grande Cascade

地址： Bois de Boulogne, Allée de Longchamp
电话： +331 4527 3351

€€€€

Antoine

地址： 10 avenue de New York
电话： +331 4070 1928
交通： 地铁 9 号线 Alma Marceau 站

€€€ / €€€€

Hiramatsu

地址： 52 rue de Longchamp
电话： +331 5681 0880
交通： 地铁 6、9 号线 Trocadéro 站

€€€

17 区

Agapé

地址： 51 rue Jouffroy d'Abbans
电话： +331 4227 2018
交通： 地铁 3 号线 Wagram 站

€€€

Jacques Faussat – La Braisière

地址： 54 rue Cardinet
电话： +331 4763 4037
交通： 地铁 2 号线 Monceau 站

€€ €€€

Frédéric Simonin

地址： 25 rue Bayen
电话： +331 4574 7474
交通： 地铁 2 号线 Ternes 站

€€€

La Fourchette du Printemps

地址： 30 Rue du Printemps
电话： +331 4227 2697
交通： 地铁 3 号线 Wagram 站

€€€

18 区

La Table d'Eugène

地址： 18 rue Eugène Sue
电话： +331 4255 6164
交通： 地铁 12 号线 Jules Joffrin 站

€€€

10 个触手可及的奢侈时刻

在巴黎，享受奢侈的天堂……当我们徜徉漫步在优美的街区时，当我们驻足欣赏金三角名媛淑女的优雅时；当时装周的世界顶级模特穿梭在地铁里时；当陈列在卡地亚橱窗里精美绝伦的钻石让我们流连忘返时；当半岛酒店前的宾利和劳斯莱斯排成长队时……这一切都给人以奢华的享受。如果消费香槟喷泉或住乔治五世四季酒店的总统套房过于奢侈，那么以下这些触手可及的奢华享受也不失为一种选择。

炫酷文艺照

雅顾摄影工作室（Harcourt）成立于 1934 年，专门从事电影明星和名人的肖像摄影。我们很容易就能品鉴出雅顾的照片——侧边的光线、微妙的明暗对比、细腻的灰暗色调以及电影般的拍摄风格。神奇的是，这种拍摄风格可以让每一张脸庞更加生动迷人，拥有独特的光环。

雅顾摄影工作室曾为玛琳 · 黛德丽、葛丽泰 · 嘉宝、凯瑟琳 · 赫本、加里 · 库珀、克拉克 · 盖博、苏菲 · 玛索、让 · 雷诺、凯特 · 布兰切特、罗杰 · 摩尔和卡尔 · 拉格斐等明星留下美好瞬间。

当然，并非随随便便一个人就能在这家工作室里拍照，那么问题来了，怎样才能轻松拥有一张可以让朋友认为你是斥巨资在雅顾拍摄的肖像照呢？

请前往以下地址之一。雅顾摄影在这些地方安装了自动摄影间，能够重现工作室独有的魅力效果。你可以选择适合肤色的背景色，如图所示侧过身体，投入 10 欧元，然后就能拍出一张如明星般的优美肖像照了。

这些摄影间允许双人拍摄，是拍摄情侣照的绝佳选择。

地址： MK2 Grande Bibliothèque, 128, avenue de France, Paris 13
Franck & Fils 2e étage, 80, rue de Passy, Paris 16
Printemps Haussmann 3e étage (mode femmes → enfants), Paris 9

品位顶级美酒

马德莱娜教堂附近的拉维妮亚（Lavinia）不仅提供巴黎特级酒庄的上乘葡萄酒，还有一种价格极其昂贵的顶级葡萄酒可以品尝，每次可以喝 30 ~ 120 毫升。这种葡萄酒使用一种受专利保护的独特方式来保存——打开的酒瓶中的空气被完全排出，取而代之的是一种能够完整保存酒体品质的气体。

你可以先到收银台办理一张磁卡，有了这张磁卡，就能随心所欲地消费了。将磁卡放入任意一个特级葡萄酒龙头下，消费指定量的葡萄酒后，会自动扣除消费金额。喝完一圈，回国后你就可以炫耀尝过和自己同一年出生的玛歌酒庄葡萄酒啦！有了这张磁卡，你就是顶级酒窖的主人。举个例子吧，通过这种方式，可以品尝以下葡萄酒：

产于盖特庄园的一级酒庄热夫雷一香贝丹葡萄酒：60毫升15欧元，12毫升29欧元。

产于风行康特乔治庄园，2011年的慕西尼葡萄酒：60毫升58欧元。

产于伊甘酒庄，2001年的苏特恩白葡萄酒：60毫升86欧元。

拉斐特罗斯查尔德，1998年的葡萄酒：60毫升118欧元。

此外，也可以花11欧元品尝三杯不同的用长相思酿造的葡萄酒。

地址： 3-5 boulevard de la madeleine Paris 1
电话： +331 4297 2020
开放时间： 周一至周六 10：00—20：30
周日 11：00—19：00

豪车风情

请放心，我说的不是从玩具店买来的汽车模型，而是在巴黎街头开一辆真正的法拉利！够拉风吧！

一家名为“船之梦（Dream on Board）”的公司，可提供驾驶法拉利加利福尼亚或兰博基尼盖拉多出街的机会，价格是每20分钟89欧元（含汽油和保险）。

需要先在网上确认集合地点，通常在香榭丽舍大街和贝利街（rue de Berri）或昆汀博夏尔大街（rue Quentin Beauchart）的拐角处，也可能在埃菲尔铁塔脚下。游客可以在这些地点找到豪车以及公司的代理处，代理处会要求出示B类驾驶执照，国际驾照也可以。不需要任何担保金或押金。你同样也可以在公司的官方网站上提前预订，自行选择交接地点，比如香榭丽舍大街、协和广场、特罗卡戴洛广场（place du Trocadéro）或者下榻的酒店门口。

不过呢，250千米的时速还是不太现实——为了安全着想，该公司会派一名员工坐在旁边。当然，方向盘还是牢牢握在你的手里，尽情享受开跑车的快感吧！

如果你的家人或朋友也想坐你开的跑车，则需要额外缴纳30欧元。

网址： www.drive—me—89e.com/fr
营业时间： 每天 11：00—22：00

专属香水的诱惑

一个人的性格，可以通过他所用的香水反映出来。一款完美的香水，应该与人的肤质、脸部线条、尤其是性格特点相匹配。柠檬香型适合心情愉悦或健壮之人，花香型适合爱幻想的人，散发着皮革或琥珀香气的则更适合充满自信的人。可问题是，现实生活中同一个人身上总是有不同的性格，微妙地集幽默、忧郁、喜悦、自信、温柔等特点于一身。或许某一款市面上的香水已然能够与性格的多样性相匹配，然而，为什么会有人为了一款定制香水而重回巴黎呢？

许多香水师都提出这一设想：一款香水只适合一个人，只能为一人所用。

首先，为了确认你的喜好和品位，香水师会根据你所喜爱的普通香水列出一张名单。通常，他们还会要求你填写一张关于香气偏好的问卷，这些香气包括木香、花香、辛香、琥珀味等。然后，还要对皮肤状况进行评估，比如皮肤的酸碱度等。最后，通过观察不同香气的散发度，经验丰富的香水师将设计出独家定制的混合香调——前调散发得非常快；中调会持续2～10个小时，构成香水的基础香气；后调非常持久，赋予香水深度，能够让他人通过香水直接辨认出专属于你的味道。

位于蒙托格里区的鼻子香水坊（Nose）可以定制香水，每瓶100～150欧元。

斯蒂芬妮·德布鲁因（Stéphanie de Brujin）在大学街拥有一家非常奢华的香水店，为顾客提供了3种选择，分别是半成品香水（Prêt－à－Parfumer），可以在30分钟内完成个性化定制，售价250欧元；初级定制香水（Prêt－à－Initier），价格1000欧元；以及专属定制香水（Sur－Mesure），售价3000欧元，耗时一个月。我推荐第一种，快捷，实惠！制作完成后，你的香水会被装在飘着红色饰带的小瓶中，然后放进一个黑色的精致纸盒里。

实验室（Le Labo）是由两名欧莱雅前创始人合伙创立的香水公司，如今是雅诗兰黛旗下的香水品牌，他们提供的不是独家定制的香水，而是按需生产的香水。也就是说，你选择的香水会在现场直接完成制作，并且不乏个性色彩——你甚至可以制作一瓶儿童专用香水！

鼻子香水坊（Nose）

地址： 20 rue Bachaumont, Paris 2

巴黎热瓦尔香水公司（Jovoy Paris）

地址： 4 rue du Castiglione, Paris 1

斯蒂芬妮 · 德布鲁因定制香水

地址： 52 rue de l'Université, Paris 7
电话： +331 4734 5825

实验室香水作坊（Le Labo）

地址： 6 rue Bourbon le Château, Paris 6

超豪华野餐

只花很少的钱就能享用一顿媲美高档餐厅级别的美食，何乐而不为呢？找一家 Monoprix 或其他同类型的超市，根据心情选购一瓶凉爽的香槟、一瓶波尔多红酒、一罐鹅肝、一袋普瓦兰面包、一些鲑鱼子或鳟鱼子，以及布利尼饼，再到熟食区买点蛋黄酱龙虾或鱼肉……别忘了餐具、桌布和蜡烛，注意采购的物品不要过重。对于一顿完美野餐来说，现在已经万事俱备啦。

接下来要做的就是选择野餐地点。我推荐战神广场（Champ – de – Mars）的草坪，就在荣军院前面，或者是格兰德罗纳古区的圣吉尔广场（Square Saint – Gilles du Grand Veneur），这是巴黎最漂亮、最安静的公园之一，沿 3 区的埃思街（la rue de Hesse）或阿克布斯街（la rue des Arquebusiers）可以步行到达。布洛涅森林也是不错的选择，当然你还可以去利奥波德 · 塞达尔 · 桑戈尔天桥（la passerelle Léopold Sédar Senghor）、大学里的优美公园以及天鹅岛（l'île aux Cygnes）等。

激情赛马

法国的赛马场数量居世界首位，几乎是欧洲全部赛马场地的一半。位于巴黎市区或近郊的珑骧马场（Longchamp）、文森纳（Vincennes）马场以及圣克劳德（Saint – Cloud）马场经常举办久负盛名的赛事，比如凯旋门大奖赛、戴安娜大奖赛（在珑骧马场举办）、美洲大奖赛和共和国总统大奖赛（在文森纳马场举办），等等。除此之外，文森纳马场还会举办一些马术比赛，你不仅可以在现场观看比赛，还能任选一家全景餐厅，惬意地赌一场。

翱翔长空

巴黎城区上空不允许直升机飞过，所以一些公司会在城市的边缘地带提供飞行服务，让顾客从高空俯瞰巴黎的名胜古迹、飞越凡尔赛宫甚至飞到附近的旅游景点。如果天气条件允许，直升机通常从巴黎西南部位于伊西勒布林诺（Issy – les – Moulineaux）的直升机场出发，飞行高度约为 450 米，半小时的价格为 240 欧元到 300 欧元不等。

Cap Adrénaline

电话： +338 9223 3616
营业时间： 周一至周六 09：00—19：00
价格： 巴黎凡尔赛宫高空体验 239 欧元起

Sport Découverte

电话： +338 9223 0363
营业时间： 周一至周五 09：30—18：00
价格： 巴黎凡尔赛宫高空 35 分钟飞行，285 欧元起

独享高档泳池

这家拥有高档泳池的酒店的名字很简单，就叫L酒店（l'Hôtel）。当年，奥斯卡·王尔德经常光顾这里，如今，约翰尼·德普、凡妮莎·帕拉迪丝也是L酒店的常客。酒吧里的鸡尾酒都创意无限，味道出众。你可以尝一下The Usual，这是一款混合了紫罗兰糖浆、香槟和青柠的酒，19欧元一杯；或者来杯Dorian Gray，由杜松子酒、龙蒿糖浆、西番莲果汁和菠萝汁混合制成，15欧元一杯。

当然，真正极致的奢华体验是将整个地下泳池包场，无论是一人独享还是与喜欢的人共度美好时光，都将是难以忘怀的回忆。酒店前台可订购1～2人Treat and Eat套餐，有的套餐费用为每人130欧元，包含一次午餐、独享泳池、30分钟的推拿按摩，还有的套餐费用是每人190欧元，包含一次午餐、独享泳池及45分钟的推拿按摩。

电话：+331 4441 9900
预订邮箱：eat@l--hotel.com

独家礼帽

“樱桃帽子工作坊（Atelier-boutique La Cerise sur le chapeau）”提供专门的帽子定制服务，创始人就是一位名叫樱桃的可爱女士。这家精美的商店面料齐全，颜色多到让人眼花缭乱，还有各种尺寸可供选择，价格在130欧元至185欧元不等。根据顾客的喜好和需求，店家会为你打造出最别致的帽子。

樱桃帽子不仅仅是一家精品店，还是一间工作室。根据工序的不同，这里分为探索室和匠艺室。

探索室用于传授跟帽子有关的常识，包括帽子的历史、面料的由来、颜色搭配、制作步骤以及精加工等。弄懂这些以后，你就可以设计自己的帽子了。樱桃工作室的团队用2～3天的时间完成制作并进行配送，根据帽子模型复杂程度的不同，制作时间的长短也有所区别。在探索室的学习需要1～2个小时，10～25人一个小组，工作室提供搭配好的早餐点心、午餐或餐前小吃。目前，教学人员只说法语和英语，不过很可能在不久的将来创立一间专门配有中文翻译的工作室。

在匠艺室，顾客能够自己动手制作帽子，樱桃工作室的团队会在必要的时候予以协助，学习时间可持续1.5～2个小时。每间工作室可容纳6～10人，课程也是法语或英语的。

所有的工作室都在一个巨大的玻璃幕罩下运转——这里曾经是一座镜子工厂，如今被改造得极具特色。创意工作室、复古摩托车、现代时尚、帽子的制作与销售在这里交织汇集，也许你还会发现其他惊喜哦！

对了，跟老板娘樱桃聊天的时候，记得提小佛爷Frédéric的名字！

樱桃的帽子工作室—店铺

地址：11 rue cassette, Paris 6
电话：+331 4549 9053
营业时间：周二至周六 11：00—19：00
邮箱：contact@lacerisesurlechapeau.com
预订邮箱：ateliers@lacerisesurlechapeau.com

成为了不起的盖茨比

这家丽兹酒店（不接待团体游客）位于旺多姆广场，在经历了繁重、宏伟的修复工程后，2016年起正式重新对外营业。有时候，一个劲儿地买买买可能会让你的钱包哀号不止，但在这里，不需要花太多钱，你就能在世上最具传奇色彩的酒吧里享受极致的奢华。

这就是丽兹酒店里的海明威酒吧，以美国文学巨匠的名字命名，因为海明威曾在二战结束时为了赶走德国侵略者而冲进酒店。不过当他冲进来的时候，敌人的军队早就已经离开了。为了庆祝丽兹酒店的“解放”，海明威将51杯马丁尼酒一饮而尽！

酒吧内的细木壁板十分考究，扶手椅散

发出古老的皮革味，墙上挂着装裱起来的老照片，精致的气息让人觉得菲茨杰拉德、可可·香奈儿、麦当娜和迈克尔·杰克逊仿佛就在身边……随便找个舒服的地方坐下，侍者会立刻呈上鸡尾酒单。这里的首席调酒师名叫 Colin Field，他用 1865 年的香槟干邑白兰地作底酒调制鸡尾酒。这种特调鸡尾酒一杯 400 欧元，虽然好喝，但是价格也不菲，点酒时可要想清楚！

相比之下，我更推荐请他为你即兴调制一杯鸡尾酒，享受一段独一无二的时光，专属于你的风味也将久久萦绕在舌尖，不失为一种奇妙的感受。

地址： 15 place Vendôme, Paris 1
交通： 地铁 1 号线 Concorde 站

第八章　巴黎购物

众多的法国大品牌，如LV、香奈儿、爱马仕、拉杜丽、欧舒丹等都在世界各地开设了专柜，像老佛爷百货、丝芙兰这样的大经销商在很多亚洲国家也很流行。每一家店面都大同小异，橱窗以及产品的差别也并不大，那么我们在巴黎的购物之旅还有什么优势呢?

答案是：优势不胜枚举。

首先，边逛街边欣赏街景的感受就足够特别，这也是许多人在巴黎购物时乐此不疲的一种体验。

其次，某些产品的价格比在中国要低。中国对从欧洲进口的产品都会征税，某些奢侈品的税率甚至高达35%，所以大部分奢侈品在巴黎要比在北京、上海更便宜。

再者，有些限量版产品仅在巴黎地区的旗舰店内销售，还有的产品先在法国发售，过几个星期甚至几个月才在其他国家上架。

来这里亲身体验时尚之都的气息，紧追潮流的步伐，跟着自己的直觉来次任性的购物狂欢吧。

而且，在这里根本不会买到假货。

这儿都是真正的“法国制造”，使用来自世界各地的最好的原材料，品质绝对有保障。在巴黎购买的产品可以享受终生原厂保修，即使老化过程中还是保值——一些二手名牌包的价格奇高，比如一只二手爱马仕Birkin包的拍卖价格就达到了5万欧元!

所以，在巴黎来一次购物之旅实在是难以抗拒！至于需要提前了解的信息，且听小佛爷慢慢道来……

大型商场和购物中心

19世纪中期，法国的工业时代正式来临，并开启了资产阶级的统治时期。雇员和工人的工资有所提升，各类国际展会层出不穷，吸引了来自世界各地的游客。由奥斯曼男爵设计的街道使交通变得更为便利，一切都准备就绪，时代在召唤着一种新型的商业模式。1852 年，法国人 Aristide Boucicaut 创立了世界上第一家百货公司——乐蓬马歇百货（Le Bon Marché）。1869 年，乐蓬马歇百货搬到了赛弗尔街（rue de Sèvres）。1872 年，在设计师古斯塔夫·埃菲尔的主持下，这家百货商场进行了重建，规模变得更大。Boucicaut 先生的理念与现代市场营销已经很相似了：他会做一些广告宣传，为等待妻子的丈夫们设置了阅读区，儿童有专门的游戏区，商品标签上印有价格，还会为顾客定期寄送商品名录。最重要的是，他开创和确立了大型百货商店的原则——满足顾客的一站式购物需求，这样即便是下雨天或寒冷的冬季，购物也不会受到影响。

这一创意很快就成为竞相模仿的对象。1865 年，春天百货（le Printemps）开业；1869 年，莎玛丽丹百货（la Samaritaine）开业；1866 年，市政厅百货（BHV）成立，这是一个用了 10 年时间从小店铺发展起来的公司；1897 年，新新百货（les Nouvelles Galeries）创立；著名的老佛爷百货（les Galeries Lafayette）则创立于 1894 年，其在奥斯曼大道上的店铺于 1900 年开业。

乐蓬马歇百货

乐蓬马歇百货位于塞纳河左岸，隶属于 LVMH 集团，在保留主体区域的基础上逐步进行全面改造而成，由安德烈 · 普特曼（Andrée Putman）设计的自动扶梯线条简洁、明朗。

百货大楼面积 4500 平方米，女鞋专区就占了将近 1/2，像路易 · 威登、香奈儿、迪奥这样的大品牌都在乐蓬马歇设有专柜。

相对于老佛爷百货和春天百货，乐蓬马歇显得更含蓄、更优雅，顾客不会有在右岸百货商场里的那种迷茫和压迫感。那么问题来了，为什么大多数中国游客选择去老佛爷而不是来乐蓬马歇呢？答案很简单——因为这家百货不会给导游或旅行团领队任何提成。

巴黎大杂货店（La Grande Épicerie de Paris）

巴黎大杂货店在乐蓬马歇百货内占地 3600 平方米，在我看来，这里的环境相比老佛爷而言更为舒适、惬意，二层还有一家餐厅，顶上是新装修过的圆形屋顶。另外，一定记得去地下逛逛，那儿有超过 3000 件商品。

地址： 24 rue de Sèvres, Paris 7
电话： +331 4439 8000
营业时间： 周一至周六 10：00 — 20：00
（周四、周五营业到 21：00）
交通： 地铁 4 号线 Saint - Sulpice 站、10 号线 Vaneau 站、12 号线 Rennes 站

莎玛丽丹百货

莎玛丽丹百货创立于 1870 年（同治年间），是巴黎最大、最漂亮的大型商场之一，由位于塞纳河和里沃利街（rue de Rivoli）之间的四栋大楼构成。主楼位于零钱街（rue de la Monnaie），在 1910 年进行装修时采用了新装饰艺术风格的蓝色和黄色。1928 年，朝向卢浮宫的那栋楼正式开业，是装饰艺术最成功的典范。

莎玛丽丹的所有不动产都归属于 LVMH，包括：

靠近里沃利街的一个三层大商场，出售各种奢侈品，如流行服饰、珠宝、皮件等，还有杂货店以及美容保健专柜，大厅则保留了 20 世纪初设计师弗朗茨 · 茹尔丹（Frantz Jourdain）的新艺术风格。

塞纳河畔的白马酒店（Cheval Blanc），共有 72 个房间和套房，视野开阔，可以欣赏塞纳河及两岸建筑。这是一家集合了餐厅、啤酒店和酒吧的酒店，给顾客带来非同一般的体验。

春天百货

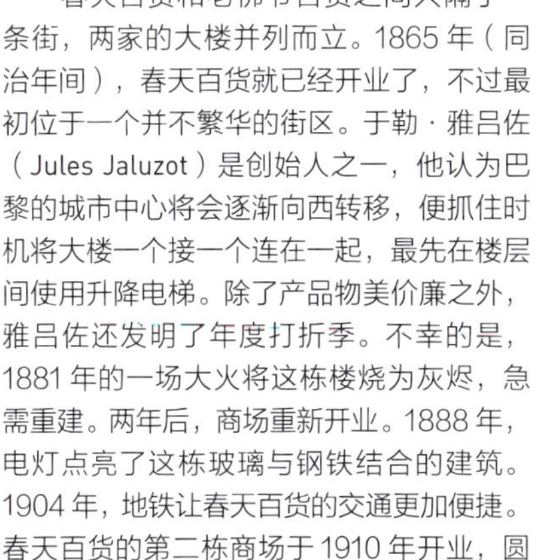

春天百货和老佛爷百货之间只隔了一条街，两家的大楼并列而立。1865 年（同治年间），春天百货就已经开业了，不过最初位于一个并不繁华的街区。于勒 · 雅吕佐（Jules Jaluzot）是创始人之一，他认为巴黎的城市中心将会逐渐向西转移，便抓住时机将大楼一个接一个连在一起，最先在楼层间使用升降电梯。除了产品物美价廉之外，雅吕佐还发明了年度打折季。不幸的是，1881 年的一场大火将这栋楼烧为灰烬，急需重建。两年后，商场重新开业。1888 年，电灯点亮了这栋玻璃与钢铁结合的建筑。1904 年，地铁让春天百货的交通更加便捷。春天百货的第二栋商场于 1910 年开业，圆形屋顶提供了良好的采光，楼里还设有一座新艺术风格的楼梯。1921 年，这栋楼也遭到大火侵袭，再一次经历重建，并借此机会进行了扩建，主楼拐角处矗立着四座圆形建筑，就像一座城堡。20 世纪 50 ~ 60 年代，春天百货决定进行一次大规模改建：使用两层结构，经由一座大型楼梯通往二层，并且为高档商品设置专区。后来，老佛爷百货也效仿了这种构造方式。

如今的春天百货已经占据三栋大楼，分为时装区（9 层）、美容家居用品区（11 层）和男士用品区（7 层）。高档奢侈品区占地 2500 平方米，位于卢浮宫的玻璃金字塔地下。

另外，春天百货的婚礼区也很不错，即将步入婚礼殿堂的人们可以列一张清单，采

购一些精致的小礼品。

地址： 64 boulevard Haussmann Paris 9

电话： +33 1 4282 5000

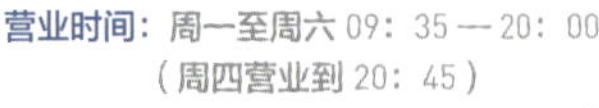

营业时间： 周一至周六 09：35 — 20：00

（周四营业到 20：45）

交通： 地铁 9 号线 Havre － Caumartin 站

老佛爷百货

一个家族的命运

一说到老佛爷，大家想到的一定是那些璀璨夺目的珠宝、裁剪得体的服饰、各类品牌皮具、高档香水以及家居装饰物件。事实上，除了这些精致的产品，它的历史也非常值得了解。老佛爷的创立、建造以及后来经历的考验与创立它的家族息息相关。1894 年，弗利 · 百德（Théophile Bader）和表兄阿尔方斯 · 卡恩（Alphonse Kahn）一起创立了老佛爷百货的前身，它位于拉法耶特街（rue La Fayette）和昂坦大堤街（rue de la Chaussée d'Antin）的拐角处——这里靠近圣拉扎尔火车站，是开店的最佳地址。最初，这家店铺主要出售针线、纽扣和布料，占地仅 70 平方米……与今天这座 70000 平方米的大商场相比，这家企业，显然取得了巨大的成功！

由于阿尔方斯 · 卡恩没有后人，弗利 · 百德的继承人带领老佛爷百货经历了一场又一场经济危机、两次世界大战，如今，百德的孙女——吉内特 · 穆兰（Ginette Moulin）——成为这个庞大企业的所有者。吉内特 · 穆兰的父亲曾是法国抵抗运动时期的英雄，他在战场上认识了埃蒂安 · 穆兰，他未来的女婿和集团领导人。每一代人都秉承先人的传统，兢兢业业，坚持不懈，所有的努力凝聚在一起才成就了今天的老佛爷，让这里成为优雅的购物圣殿，吸引着全世界的男男女女前来朝圣。在奥斯曼大道的老佛爷百货的楼梯边，有一座弗利 · 百德的半身雕像，这是人们纪念他的方式，以此表示对他的尊重。

老佛爷百货不仅仅是购物天堂，同时也是一栋历史建筑。铁质阳台上装饰着四瓣花朵的植物图案，这是著名艺术家路易斯 · 马若雷勒（Louis Majorelle）的设计。老佛爷的标志性穹顶建成于 1912 年，艺术家用混凝土建起 10 根柱子，在上方盖了这座新艺术主义风格的穹顶。可以上到 5 层近距离欣赏细节，留意那些垂直彩绘玻璃窗和底部装饰的纹章——每一枚纹章都代表一个老佛爷百货在 1912 年设立商场的城市。

支撑穹顶的柱子之间分别有 10 个桥拱，桥拱下方的红色涂料给人一种富足的感觉，是拍照和自拍的绝佳背景。

整个 20 世纪，老佛爷百货一直在革新现代市场的营销技巧，并始终走在前沿。每一次促销活动都如节日般盛大，连法国最著名的香颂歌手——伊迪丝 · 琵雅芙都曾应老佛爷之邀来这条大道上演唱。1951 年，欧洲最大的自动扶梯在这里开始运行。1957 年至 1959 年，商场主楼加高了两层。1969 年，老佛爷百货在莫加多尔街（la rue Mogador）的另一边新建了一栋楼。2004 年，他们在奥斯曼大道（le boulevard Haussmann）的另一边也建了一栋大楼。1974 年，商场里的铁质扶手主楼梯被拆除，这么做是为了给一些大品牌腾出更多空间。1983 年，老佛爷百货收购了一家新的大百货公司。

中文与法语的巧妙契合

中国与老佛爷百货之间有一种不得不说的奇妙缘分。在中文里，Galeries Lafayette 听起来就像是“老佛爷”，当这个词脱口而出的时候，人们立刻就能联想起那位在中国历史上留下浓墨重彩的慈禧太后。其实，早在 18 世纪，一位名叫基尔伯特 · 拉法耶特（Gilbert de La Fayette）的法国官员大力支持美国独立战争，他本人在这场战争中也发挥了很重要的作用，人们便用他的名字命名了一条街，如今的老佛爷百货就是在这条街上诞生的，边上的地铁站也以这个名字命名。看来，你要被老佛爷包围啦！

中国人喜爱老佛爷百货还有另一个原因，那就是这里能买到无法用金钱估量的东西——酷炫！今天的年轻人似乎并不满足于自身或父母所取得的成就，对于他们来说，有钱不等于酷炫。老佛爷百货的一位中国客户负责人告诉我："在我们这里买一条100欧元的 Sandro 裤子，搭配 Ferragamo 的上衣和鞋子，这就是酷炫。中国年轻人很清楚，真正的优雅源自内心，而不是钱的多少。老佛爷百货既可以满足一掷千金的疯狂，也提供低于50欧元的普通消费——奢华和优惠的并存，可以消除所有纠结。"

像众多巴黎大型商场一样，老佛爷会无条件让顾客安心购物，这里所有的产品都有正品保障，是绝对的真货。老佛爷的客户服务是集中式的，他们还与各大品牌相关部门紧密合作，顾客出现任何问题都会竭尽全力去解决，甚至让顾客在回国后也依旧能享受到满意的服务。

一站式购物体验

在老佛爷购物，就仿佛在享受一段美妙的时光。你可以一边参观这座20世纪初期的经典法式建筑，一边在各个柜台间漫步，流连于潮流动态，在购物的同时还能享用美食。而退税服务（购物超过175欧元即可免税）能帮你省下一大笔钱。

应有尽有

老佛爷百货里有3500多个品牌，价格从不到一欧元到数十万欧元不等。

这里的商品应有尽有，甚至还有一些是其他地方买不到的，例如女装成衣品牌 Pascal Millet 仅在老佛爷百货销售。还有更夸张的呢，比如在纪念老佛爷百货的穹顶建成100周年时，有的珠宝品牌甚至专门设计了特别纪念款——Bernard Delettrez 设计了一款外形与穹顶相同的戒指，纽约珠宝商 Ben Amun 则推出了一款耀眼的项链。有些品牌会优先在老佛爷百货奥斯曼店上架新产品，这些新潮的服饰或鞋子，要过好几个星期甚至几个月才能运到其他地方。另外，老佛爷还会为中国顾客提供一些特别的服务：有的时装和珠宝设计师在春节时推出特别款，或者为中国顾客提供一些小礼物。

想要赶在其他人之前知道哪些产品属于限量款，你可以关注老佛爷百货的官方微博或微信。

老佛爷百货总面积达70000平方米，分三栋建筑，包括主店、男士用品区、家居用品区。

女装区位于三层，规模巴黎最大。

儿童用品区面积超过5000平方米，包括服装区、玩具区和童车区等。

男士用品区的规模是全世界最大的。

老佛爷的酒窖里有2500件产品，包括各类波尔多红酒，令人眼花缭乱。

苹果在老佛爷百货里开设了唯一一家位于商场内部的 Apple Store。

北京的老佛爷百货位于西城区西单北路110号。

客户群体

跟团旅游

如果是跟团旅游，导游一定会带你到老佛爷百货来。我在一开始就提过，导游会根据顾客的购物状况拿到一定的回扣，除此之外，他们不会有其他任何酬金。不过，他们并不会因此而故意让商品涨价，还是会热心地为人们解决各种购物问题。换句话说，导游拿到的这份回扣既合法也合理，这是他们通过自己的努力以及对法国文化的了解所获取的正当收入。

从位于昂坦大堤街（rue de la Chaussée d'Antin）29号的特里尼泰入口（la porte Trinité）进入商场，眼前就是开阔而又精美的购物天堂了。

咨询处提供中文版本的商场地图，环球蓝联可以提前办理现金退税，普通退税窗口会根据顾客的需求提供多语种服务。

从左边的自动扶梯上去，穿过 LV 柜台，往里走向左转，你会发现一片更加广阔的天地。形形色色的奢侈品，摆放在过道两侧，一直通往大穹顶。

单独旅行、双人或多人结伴旅行

如果你是单独旅行、双人或多人结伴旅行，并且还是位购物达人，喜欢追赶潮流，热爱美容产品，希望在老佛爷享受专注的购物时光，那就慢慢享受吧！四楼有一间优雅的会客厅，奥斯曼风格的装饰，铺着地毯，环境安静，米色和棕色搭配在一起，和谐优雅。新产品都展示在柜台和货架上，这里仿佛是另一个购物达人的家，与你的品位不谋而合。会客厅的导购人员会说中文，可以为你制作一份详细的购物计划。接下来，开始正式购物吧！如果有需要，服务员还会帮你存好拎包和购物袋，这样就能解放双手，毫无负担地在商场里畅游了。再回到会客厅时，各种退税手续都无需你操心，服务人员会安排好一切，你只需要享受、放松就可以了。等待时，你还可以免费享用一杯茶或者香槟。

高端旅客

如果你是头等舱的常客，对生活质量有着极高的追求，那么我会为你打开另一扇大门，走进另一个极致的空间。首先，你可以让酒店前台或私人助理联系老佛爷的“客户服务经理”，邮箱是 servicespersonnalises@galerieslafayette.com。人们常常称之为 S 先生，他领导着一个团队，里面的每个人都懂得如何拿捏优雅和谨慎的尺度，同时不失风趣。

这类顾客通过莫加多尔街 10 号的入口进入，门童会照看好你的车子，另有一名服务员恭候于此，她会带你去 7 楼的单人会客厅。你指定的衣服、饰品、珠宝、手表以及高科技产品都已经放在桌子上、架子上或陈列盒中，以供挑选。点上一杯香槟，摇晃酒杯，品尝冰镇后的特藏香槟酒的香味。

在两件上衣或是两款手表之间摇摆不定？那就先做个按摩放松一下吧！准备就绪后，你会发现试衣间里好像多了些衣物——事实上，“购物助理”已经根据你之前挑选产品时的第一反应为你做了更多的推荐。想出去透透气吗？或者去自然光下看看鞋子的颜色？巴黎最漂亮的露台（面积 400 平方米）就近在咫尺，恭候大驾。这里的视野开阔，景色优美，很多年轻夫妇都预订这个露台作为婚纱照的拍摄地。有点饿了？S 先生准备了精致的点心，想在室外用餐也完全没问题。

离开商场时，老佛爷的服务人员已经将你选购的产品送往你下榻的酒店或住所了——陈鲁豫、韩火火就经常通过这种方式来老佛爷购物。

老佛爷百货内的餐厅

穹顶商场

一层：Pierre Hermé（糕点店）
二层：Pierre Hermé（糕点店）、Angélina（甜品店）
三层：Vue sur Coupole（圆顶餐厅）
四层：星巴克
七层：Lafayette Café（老佛爷咖啡厅）
七层：Yoom（点心铺）
七层：Glaces Artisans（手工冰激凌）

位于八层的露台千万别错过，到这里静静地坐一会儿，品尝刚刚买的各类点心。如果喜欢地中海风格的餐厅，La Paillotte 是个不错的选择。这里的视野非常不错，可以以圣心教堂为背景，好好自拍几张照片！

男装馆

一层：Le Pain Quotidien（面包店）
二层：Big Fernand（汉堡店）

家居馆和法式食品超市

一层：5 jotas（西班牙特色菜）、Côté Sushi（寿司）、Cuiller（咖啡和鸡尾酒），Mavrommatis（希腊和地中海风味餐厅）、Pedone（意大利冷饮店），Petrossian（海鲜餐厅）、Salumeria Rosi、Tafa（亚洲风味餐厅）

负一层：Café Pinson（素食风味餐厅）、Fish Point（鱼）、La table du fromager（奶酪制品）、Paulette（猪肉风味餐厅）、Steak Point（牛排）、Veggie Point（素食餐厅）。

老佛爷奥斯曼店

地址： 40 boulevard Haussmann, Paris 9
电话： +331 4282 3456

老佛爷食品超市

地址： 35 boulevard Haussmann, Paris 9
电话： +331 4023 5267
交通： 地铁 7、9 号线 Chaussée d'Antin-La Fayette 站
地铁 3、7、8 号线 Opéra 站
地铁 12 号线 Trinité 站
RER A 线 Auber 站
营业时间： 周一至周六 08：30 ~ 21：00

BHV

地址： 64 rue de Rivoli, Paris 1
电话： +339 7740 1400
营业时间： 周一至周六 09：30 — 20：00（周三营业到 21：00）
交通： 地铁 1、10 号线 Hôtel de Ville 站

BHV（巴黎市政厅百货）后来改名叫 BHV Marais，这样一来就与街区的联系更加紧密了。这里是众多潮流时尚的诞生地，现隶属于老佛爷百货。

位于 BHV 地下一层的手工工具区，可以说是独一无二，是很多巴黎人心目中的圣地，他们可以在这里选购修理水龙头、刷墙或是修理家具所需的工具。

欧洲谷

地址： 14 cours du Danube-Serris, 77711 Marne-la-Vallée
电话： +331 6042 3939
交通： 火车 Marne － la － Vallée Chessy 站
RER A 线 Val d'Europe、Serris、Montévrain Boutiques 站
营业时间： 周一至周六 10：00 — 21：00

欧洲谷（Val d'Europe）是位于 Serris 村附近的一个商业中心，靠近迪士尼乐园。这里有欧尚超市，还有众多餐厅和店铺，数不胜数的打折活动、摄影比赛和时装表演，让这里充满了生机和活力。地下一层有巴黎海洋生物水族馆（Sea Life Paris），是亲子游和休闲的好地方。

欧尚超市

营业时间： 周一至周六 08：30 — 21：30

海洋生物水族馆

营业时间： 周一至周日 10：00 — 18：30
（周五、周六及学校假日营业到 21：00）

餐馆

营业时间： 周一至周日 10：00 — 00：00

河谷购物村

地址： 3 cours de la Garonne, 77700 Serris (Marne-la-Vallée)
电话： +331 6042 3500
营业时间： 周一至周日 10：00 — 19：00
（12 月 25 日、1 月 1 日、5 月 1 日不营业）
网址： www.ChicOutletShopping.com
交通： 火车 Marne-la-Valée -Chessy-TGV 站
RER A 线 Val-d 'Europe 站

河谷购物村（la Vallée Village）正如其名，就是一座村子， 110 个商家聚集在此，是欧洲谷的延伸。河谷购物村出售的大多是前一年的成衣产品，价格可以优惠 1/3，品牌齐全。低价买到大牌产品已经很划算了，出示中国银行卡还能另外享受 10% 的优惠折扣。

巴黎各大机场

机场向来是许多人疯狂购物的根据地之一，巴黎的机场绝对称得上是高档商业中心。这里汇集了 250 个品牌专柜，每年售出 60 万个埃菲尔铁塔小模型，100 多万瓶红酒，40 多万瓶香槟，可以覆盖 4 个半足球场的丝巾，能够装满 40 架空客 380 的手提包！

亲爱的朋友们，千万不要错过美丽的奥利机场或戴高乐机场，离开法国前，再来一

场疯狂购物吧！这里出售的都是正品，无需手续即可免税，钟表店提供检修服务，还有很多品牌选择在机场店推出限量版产品。

服饰、香水、化妆品、珠宝、手表、美食、礼物、纪念品、书籍、唱片、高科技设备……我已经想象不出还有什么是你在巴黎各大机场找不到的了。

我在这里特别推荐戴高乐机场的概念店，就算只是逛逛也值得专门来一趟。你喜欢香槟吗？想要在回国时为亲戚朋友带上一瓶吗？这里的葡萄酒可不是市面上普通的酒，而是一些有年份的葡萄酒或者陈年特酿：酩悦香槟（Moët & Chandon）、库克（Krug）、唐培里侬（Dom Pérignon），凯歌香槟（Veuve Clicquot）、汝纳特香槟（Ruinart）……还有一些行家们梦寐以求的酒，比如酩悦1959和1995年的香槟、唐培里侬1993年的珍藏香槟、凯歌2002年的香槟、汝纳特2006及2007年份特藏。酩悦轩尼诗的货架上可以找到最顶级的白兰地酒，这种拥有100年历史的科涅克白兰地，每瓶售价20000欧元，世界上仅有3瓶出售！

在Buy Paris Duty Free免税店，当你穿梭于这些高档葡萄酒架之间时，导购会提供建议。各种酒类的价格差距也很大，从10欧元到15000欧元不等，大家可以按照自己的需求进行购买。

概念店

colette

地址： 213 rue Saint Honoré, Paris 1
电话： +331 5535 3390
营业时间： 11：00—19：00 周日不营业
交通： 地铁1号线Concorde站

说起概念店或时尚买手店，colette（注意，行家都知道它家的店名全都是小写字母）可以算是典范了。这家店在1997年开业，如今已经成为时尚潮流拥趸必去的朝圣之地。这里有衣服、配饰、珠宝、高科技产品，有时甚至还有签名版豪车。所有商品都经过创始人柯莱特·洛索斯(Colette Roussaux)和她女儿萨拉（Sarah Andelman）的精心挑选，其中不乏众多专供柯莱特的定制和限量商品。

至于买什么，还是要好好思量一番。店铺地下一层那个著名的“水吧”，在我看来其实也就是个噱头。当然，和来自全球各地的100多种水来个自拍也蛮有趣的，不过真要带几瓶回北京或上海可能也不太现实。

Merci

地址： 111 boulevard Beaumarchais, Paris 3
电话： +331 4277 0033
营业时间： 10：00—19：00 周日不营业
交通： 地铁8号线Saint Sébastien Froissart站

来到概念店Merci，你会发觉比colette逛起来更容易。店里的东西漂亮、实用，材质也是天然有机的。有的商品还是某些品牌专为Merci推出的限量款，比如Yves Saint－Laurent的帆布短袖上衣，在Merci店就有白色和卡其色，再比如绝缘胶木的古董电话机和一些室内家具孤品。Merci将营业收益捐赠给马达加斯加的慈善组织，用于帮助贫苦地区的妇女和儿童。

Lavinia

地址： 3－5 boulevard de la Madeleine, Paris 1
电话： +331 4297 2020
营业时间： 周一至周六 10：00—20：30
周日 11：00—19：00

Lavinia是小佛爷在巴黎最喜欢逛的店铺之一了，在这里你能找到所有跟葡萄酒相关的商品，它们来自世界各地，比如意大利、阿根廷、南非、加利福尼亚、新西兰等，应有尽有。无论是酒瓶、酒杯、酒瓶托，抑或是葡萄酒百科全书，在这里都能找到……即使买不到什么，饱饱眼福也是很难得的体验。店里还有餐厅和展览区，法国以及全球最好的葡萄酒、开胃酒、餐后酒、香槟、冰酒、干邑近在咫尺，这里一共有来自 30 多个不同国家的 6500 多种酒。

最后记得去参观一下 sanctuaire——这个封闭玻璃橱窗的温度和湿度被严格控制，里面陈列着世界顶级名庄酒，比如拉菲古堡、滴金酒庄等。

这里还有一座供客人品饮顶级名庄酒的喷泉，让游客有机会尝到那些价格贵到无法想象的好酒。

化妆品店、药店、药妆店

法国最大的两家化妆品连锁店是丝芙兰（Sephora）和玛丽奥诺（Marionnaud）了。巴黎以及其他城市的大街小巷上都能看到这两个品牌的店面，在香榭丽舍大道上也仅有几十米之隔。

在法国，药店和药妆店（一种只出售非处方类药用品的店）里都能买到香水、化妆品，当然有时价格会稍贵一些。有些药妆店提供专门针对中国游客的导购服务，接待人员会说中文，了解中国客人的购买需求，并且能够协助办理退税手续。以下就是几家“会说中文的药妆店”的信息。

Parapharmacie Interpara

地址：
电话： +339 5247 2216
营业时间： 每天 10：00—20：00
交通： 地铁 11 号线 Rambuteau 站 4 号出口

由一个中国人和一个法国人合开。

Citypharma

地址： 26 rue du Four, Paris 6
电话： +331 4634 0203
营业时间：
交通： 地铁 4 号线 Saint - Germain - des - Prés 站

这家药妆店的一楼专门出售各类针对皮肤问题的药妆产品，还有不少生物实验室旗下的产品以及纯天然产品，价格都很优惠。店铺二层则供应营养学、顺势疗法以及兽医学方面的药品和产品。

Pharmacie des Quatre Temps

地址： Centre Commercial Les 4 temps, 2 parvis de la Défense 92092 Paris La Défense
电话： +331 4773 5692
营业时间： 周一至周五 08：30—20：00
周六 10：00—20：00
交通： 地铁 1 号线 La Défense 站
RER A 线 La Défense 站

这家药店非常受中国消费者的青睐，坐落于巴黎西部的拉德芳斯（La Défense）大型商场内，能够轻松找到一位会中文的工作人员。

Pharmacie Monge

地址： 74 rue Monge, Paris 5
电话： +331 4331 3944
营业时间： 每天 08：00—23：00（周日营业到 20：00）
交通： 地铁 7 号线 Place Monge 站

著名奢侈品店

时尚

路易 · 威登

地址： 101, avenue des Champs—Élysées, Paris 8
营业时间： 周一至周六 10：00—20：00
周日 11：00—19：00
交通： 地铁 1 号线到 George V 站
其他： 可提供普通话服务和导购

路易 · 威登于 1821 年出生于一个普通家庭，父亲经营一家面粉厂，同时还是一名细木工。路易 · 威登在汝拉度过了童年，后来徒步 400 千米来到巴黎。年少时的路易凭借父亲教给他的技能制作行李箱，以此谋生。谁也不会想到，有一天他的名字会成为奢侈品的象征。路易很清楚，世界正在发生巨大的变化，平民也逐渐体会到旅行的乐趣。火车、蒸汽船能够满足人们长途出行的需求，而路易·威登制作的行李箱的箱顶是扁平的，比传统箱子突起式的箱盖更便于堆放——正是这点细节上的改进，让路易的行李箱获得了巨大成功。1854 年，这位年轻人创立了路易·威登公司。

从此以后，幸运之神便一直眷顾着他。1885 年，在儿子乔治的支持下，他在伦敦、纽约和费城开设了第一批店铺。后来乔治继承了公司，他保留了行李箱米白色和棕色方格的风格，并且在结实的布料上印上交叉的字母 LV，用在行李箱内部，取代原先的皮质，大大减轻了行李箱的总重量。

1989 年，Bernard Arnault 开始执掌公司，直到这时，路易·威登才结束了家族企业的历史，并与轩尼诗合并，成为世界上最重要的奢侈品集团。

参观

世界上最美丽的 LV 店位于香榭丽舍大街 101 号，这是奢侈品的天堂。从这里带回中国的一个包、一款首饰或一双鞋，跟在亚洲商场的 LV 分店买到的完全不能同日而语。如果想买范冰冰同款的衣服、香水和配饰，那你真的来对了地方！

进入商场前，可以先欣赏一下这栋建筑的装饰主义风格，尤其是它的墙壁。

店里摆放着琳琅满目的商品，乘电梯上到最顶层，然后往右走，穿过走廊，来到一个专门印刻姓名缩写的工作台。沿着走廊继续走到门廊，抬起头会看到半圆屋顶，高达 20 米，天花板由 1900 根钢筋支撑。这里陈列着承载 LV 传奇历史的行李箱、手提箱、旅行包以及其他旅游必需品。

路易·威登旗舰店提供最周全的皮具服务，你可以定制专属包，有 5 种形状、26 种颜色供你挑选，还可以为包的里层和外层各选择一种材质，6 ~ 12 个月之后你就能收到心爱的包了！每个包价格在 5650 ~ 45000 欧元。

第八层是 LV 的文化主题区域，经常举办当代艺术展览，主题每三个月更换一次。

爱马仕

地址： 24 rue du Faubourg Saint – honoré, Paris 8
电话： +331 4017 4600
营业时间： 周一至周六 10：30 — 18：30
交通： 地铁 8、12、14 号线到 Madeleine 站

蒂埃利·爱马仕（Thierry Hermès）于 1837 年创立爱马仕，最初为马术运动生产马具和鞍子。因为工艺精湛，爱马仕逐渐成为行业标准。至今，公司仍为创立者的继承人所有。

爱马仕对所有产品的质量要求都很高，必须达到其生产马鞍、马具和马刺的质量标准。在箱包、腰带及其他皮制品之后，爱马仕又新增了香水、腕表和饰品的生产制作。

爱马仕也是中国品牌“上下”的持有者，热衷低调风格的手工艺术，产品细腻、精致、优雅、内敛。

香奈儿

地址： 31 rue Cambon, Paris 1
其他香奈儿店铺：
马提尼店： 40/42 avenue Montaigne, Paris 8
皇家街店： 25 rue Royale, Paris 8
圣奥诺雷郊区街店： 21 rue du faubourg Saint Honoré, Paris 8

如果时尚界有一个神秘地址的话，那一定就是康朋街 31 号（31, rue Cambon）了。这就是大名鼎鼎的香奈儿所在地，一层是商店，二层是成衣店，三层是待客室（从香奈儿时期就是这种格局），四层曾经是加布雷耶尔·香奈儿（Gabrielle Chanel）的工作间，如今是卡尔·拉杰菲尔德（Karl Lagerfeld）在使用。最顶层还有一个植草平台，视野非常不错。

这家具有传奇色彩的店铺囊括了香奈儿的一切，风格简洁，人们甚至还可以听到创始人的声音，感受到香奈儿 5 号香水的气息，闻到花瓶中插入的山茶花的味道。

迪奥

地址： 11 rue François Ier, Paris 8
电话： +331 4073 5444

迪奥旗舰店位于弗郎索瓦一世街11号，店铺连接着数栋建筑，有很多入口。其中有一个是专门为高端客户预留的，他们会在保镖的簇拥下，走进预留好的试衣间。

男装迪奥旗舰店位于同一条街上不远处。

地址： 24 rue François Ier, Paris 8
电话： +331 4073 5593
营业时间： 周一至周六 10：00 — 19：00

圣罗兰

地址： 3 rue Léonce Reynaud, Paris 16
电话： +331 4431 6400
营业时间： 周一至周五 09：00 — 13：00 14：30 — 18：00

1962 年，圣罗兰服装店在 16 区的斯蓬蒂尼街正式开业，正是在这里，伊夫·圣·罗兰（Yves Saint － Laurent）开始尝试在女装里融合男装风格。他的职业生涯与皮埃尔·博哥（Pierre Bergé）密不可分，后者是他的伴侣兼合伙人，曾为圣罗兰设计出时装史上最美的几款女装。后来，商店入驻玛索大道，那栋第二帝国时期的大楼如今是一家以这对伴侣的名字命名的基金会，可以参观。

主要的圣罗兰店还有：

圣绪尔比斯女装店

地址： 6 place Saint － Sulpice, Paris 6
电话： +331 4329 4300
营业时间： 周一至周六 10：30 — 19：00

圣罗兰圣奥诺雷女装店

地址： 38 rue du Faubourg Saint － Honoré, Paris 8
电话： +331 4265 7459
营业时间： 周一至周六 10：30 — 19：30

圣罗兰圣奥诺雷男装店

地址： 32 rue du Faubourg Saint － Honoré, Paris 8
营业时间： 周一至周六 10：30 — 19：00

娇兰

地址： 68 avenue des Champs － Élysées
电话： +331 4562 1121（预约美容）
营业时间： 周一至周日 09：00 — 19：30

娇兰旗舰店位于香榭丽舍大街 68 号，共 4 层，总面积达 1600 平方米。这里有该品牌旗下的各种香水，还有一些最新款的产品，同时这里也是著名的美妆机构，由 Guy Martin 大厨创立的 68 号餐厅也坐落于此。

卡地亚

地址： 13 rue de la Paix, Paris 2
电话： +331 5818 2300
营业时间： 周一至周六 10：30 — 19：00

1847 年，路易－弗朗索瓦·卡地亚在巴黎创建了这个品牌，后来，他的孙子路易让卡地亚在全法国以及伦敦和纽约名气大增。一些王子和名流的光顾给店铺增添了很多名气，而它的创新能力也足以让它名副其实。卡地亚在 1904 年为巴西飞行员阿尔贝托·桑托斯设计了第一款手链表，即充满传奇色彩的桑托斯（Santos）系列手表。后来，卡地亚的许多产品都成为时尚界的传奇，如 Tank 手表（1917 年）、Trinity 戒指（1924 年）、Love 手链（1969 年），还有动物系列首饰等。如今，这些动物仍然是品牌设计者的灵感来源之一，其中有猎豹、火烈鸟、鹦鹉、犀牛……

位于和平大街的这家店铺外部由黑色大理石构成，巨大的楼梯带领顾客去往其他楼层。这栋楼的高层都是工作间，顶层是卡地亚档案室，用于保存珠宝设计初期的创意，偶尔甚至还会有最新款的首饰。

鲁布托

地址： 68 rue du Faubourg Saint － Honoré, Paris 8
电话： +338 0094 5804
营业时间： 周一至周六 10：30—19：00

小牛皮、鲭鱼皮、蟒蛇皮、鳗鱼皮、金箔……鲁布托（Louboutin）的产品总会使用一些出人意料的材质。当然了，它的红鞋底系列早已成为该品牌的招牌标志，这种高跟鞋在专卖店里随处可见，还配有女包和其他配饰。

拉夫尔 · 劳伦

地址： 173 boulevard Saint － Germain, Paris 6
电话： +331 4477 7700
营业时间： 周一至周五 10：30—18：00
周六 13：00—19：00
周日 12：00—18：00

拉夫尔 · 劳伦曾在中国创立了风靡一时的“Polo”品牌，他在塞纳河左岸开了一家店铺。店铺有好几层，可以一间一间参观，探索这位设计师、慈善家和汽车收藏家所有的作品，包括时尚服装、潮流配饰以及旗下的浴室用品、床单、桌布、沙滩毛巾、餐具、相框等。拉尔夫餐馆供应美味的食物，可以选择在大厅享用，或在天台或庭院进餐。

昆庭

1830 年，夏尔 · 昆庭（Charles Christofle）创立了“昆庭”品牌，后成为法国顶级奢侈品制造商。拿破仑三世是它的第一位皇家客户，很快，公司就在世界范围内获得巨大成功。昆庭的发展立足于生产方式的创新上，并开始承接装饰宫殿、餐厅的工作，甚至负责法国总统官邸及爱丽舍宫餐厅的装饰。

昆庭的产品可以提供个性化服务，比如刻上你的徽章或名字缩写。

昆庭巴黎大剧院店

地址： 24 rue de la Paix, Paris 2
电话： +331 4265 6243
营业时间： 周一至周六 10：30—19：00

左岸昆庭店

地址： 56 rue du Four, Paris 6
电话： +331 4325 9454
营业时间： 周一至周六 10：30—19：00

品尝美味

拉杜丽

在香榭丽舍大街上的拉杜丽（Ladurée）旗舰店里，可以品尝或购买全世界最著名的马卡龙，另一家专卖店则位于皇家街。拉杜丽旗下的面包品牌“Paul”也值得一试，香榭丽舍大街 Ladurée 对面就有一家。

拉杜丽香榭丽舍大街店

地址： 75, avenue des Champs—Élysées, Paris 8
电话： +331 4075 0875
交通： 地铁 1 号线 George V 站
RER A 线 Charles de Gaulle Étoile 站
营业时间： 周一至周五 07：30—23：00
周六 07：30—00：00
周日 07：30—22：00

拉杜丽皇家街店

地址： 16 － 18, rue Royale, Paris 8
电话： +331 4260 2179
交通： 地铁 1、8、12 号线 Concorde 站
地铁 8、12、14 号线 Madeleine 站
营业时间： 周一至周六 08：00—20：00
周日 10：00—19：00

馥颂

地址： 24—26, place de la Madeleine, Paris 8
电话： +331 7039 3800
营业时间： 周一至周六 10：00—20：30
交通： 地铁 8、12、14 号线 Madeleine 站

曾经有一位年轻的蔬菜水果商，出生于诺曼底，24 岁时来到巴黎，当时是 1880 年。这

个年轻人叫奥古斯特·馥颂，他没有自己的店铺，只能在马路边做生意。但他的东西总是物美价廉，后来他又开始出售酒类。到了 1886 年，他在玛德琳娜广场（place de la Madeleine）开了第一家高档杂货店，这就是现在巴黎最有魅力的招牌之一——馥颂（Fauchon）。

馥颂如今已经不再是创始人的家族产业，店里出售各类食品，店面宽敞舒适，适合放慢速度，精心选购。每一个柜台都让人垂涎欲滴，有想把所有东西都带回国的冲动！

皮埃尔·艾尔梅甜点店

地址： 185 rue de Vaugirard, Paris 15
电话： +331 4783 8996
营业时间： 周一至周六 10：00—19：00
周日 09：00—17：00

皮埃尔·艾尔梅（Pierre Hermé）曾经在馥颂和拉杜丽工作，后来创立了自己的甜点公司。他首先在家乡阿尔萨斯制作马卡龙，收获了大量“粉丝”，后来又创作了很多经典糕点，比如伊斯法罕（Ispahan），一种粉色的饼干马卡龙，佐以玫瑰奶油，铺满覆盆子和荔枝，既好看又好吃。如今，皮埃尔·艾尔梅甜点店已经入驻中国澳门，中国其他城市还没有分店……不过，我相信以后一定会有的！

梅森巧克力

地址： Carrousel du Louvre, 99 rue Rivoli, Paris Ier,
52 rue François Ier, Paris 8
电话： +331 4297 1350
营业时间： 周一至周日 10：00—20：00

罗贝尔·林克斯于 1977 年创立梅森巧克力（la Maison du Chocolat），专业从事可可、巧克力和甜品的加工制作，味道甜美，精致可口，还会定期更新产品。

推荐线路

如果你钟爱奢侈品，一看到世界顶级品牌的橱窗就挪不动脚步，喜欢和他人分享你的好品位，宁愿一掷千金也不愿买假货，那下面这两条购物线路一定能够满足你。

第一条是黄金三角线路——三条聚集全球顶尖品牌的街道围成一个黄金三角区，这里的大楼是阿联酋、中国、美国富豪的置业首选。

第二条线路是圣奥诺雷街（rue Saint—Honoré），这里聚集了不少从 19 世纪就开始营业的古董级店铺。而且，众多时尚界大牌设计师最初都是从这里起步的。

如果相比老佛爷里川流不息的人群，你更喜欢安静的环境和个性化的购物体验，那就试试这两条推荐线路吧！

黄金三角路线

乔治五世大道

乔治五世大道（avenue George V）上有著名的美国大教堂、夜总会疯马俱乐部，还有各种顶级餐厅和奢华酒店，是巴黎顶级奢华的地标，各大品牌更是云集于此。

Kenzo

地址： 49 avenue George V, Paris 8
电话： +331 4723 3349
营业时间： 周一至周六 11：00—20：00

1964 年，日本设计师高田贤三移居巴黎，创立品牌 Kenzo，目前属于 LVMH 集团。该品牌旗下有多款经典香水、服装和色彩丰富样式流行的配饰。

The Kooples

地址： 45 avenue George V, Paris 8
电话： +331 4720 2187
营业时间： 周一至周五 10：30—19：30
周六 10：30—20：00
周日 11：00—19：00

这个法国品牌推出了一系列男女服饰，适合城市出行穿着，款式别致、多样，颇有文艺青年气质。在这里可以找到不少别致有型的衣服。

Armani

地址： 41 avenue George V, Paris 8
电话： +331 5689 0650
营业时间： 周一至周六 10：30—19：30
其他： 接受银联支付

乔治·阿玛尼时装帝国最大的店铺之一。

Brioni

地址： 35 avenue George V, Paris 8
电话： +331 4070 0180
营业时间： 周一至周六 10：30—19：30

Kering（开云）集团旗下的一个品牌，每件商品都完美得如同定制一般，特别款和限量款尤其值得关注。

Elie Saab

地址： 31 avenue George V, Paris 8
电话： + 331 4256 6900
营业时间： 周一 11：00—20：00
周二至周六 10：30—20：00

黎巴嫩设计师 Elie Saab 操刀推出的高级定制时装品牌，完美融合了东西方的文化和影响力。

Balenciaga

地址： 10 avenue George V, Paris 8
电话： +331 4720 2111
营业时间： 周一至周六 10：00—19：00

这个品牌由高定设计师克里斯托巴尔·巴伦西亚加（Cristobal Balenciaga）创立，他出生于1895年，1972年去世。他启发了许多20世纪的设计师。

La Pistacherie

地址： 5 place de l'Alma, Paris 8
电话： +331 4443 0326
营业时间： 每天 11：00—20：00

这家店铺专门经营来自世界各地的干果和果脯，有原味、甜味、咸味等众多口味，还有加入特殊香料后产生的各种风味。在这里还能买到手工麦片、糖果以及雪米糍，想要带些新颖的伴手礼回国的话，这家店是个不错的选择！

Barry Ross

地址： 24 avenue George V, Paris 8
电话： +331 4443 0122
营业时间： 每天 10：30—19：00

摩登男装品牌。

Stefano Ricci

地址： 34 avenue George V, Paris 8
电话： +331 5664 0820

男士服装和配饰品牌。

Ermenegildo Zegna

地址： 40 avenue Georges V, Paris 8
电话： +331 5357 8790
营业时间： 周一至周六 10：00—19：30

这个品牌最初是为那些大牌时装提供高级面料的，后来，这家来自米兰的家族企业决定创立自己的男装品牌——世界上最重要的男装品牌之一就这样诞生了。他们家的男装设计极具创意，相当成功。

Bvlgari

地址： 40 avenue George V, Paris 8
电话： +331 4952 9999
营业时间： 周一至周六 10：30—19：00

经典珠宝品牌，也有腕表、香水及首饰，隶属于 LVMH 集团。

弗朗索瓦一世路（Rue François Ier）

Dubail Horlogerie

地址： 66 rue François Ier, Paris 8
电话： +331 5357 4200
营业时间： 周一至周六 10：30—18：30

这里可以找到各大名牌腕表以及限量版：劳力士、万国、积家、伯莱士、宇舶、真力时、播威等，每款手表都有正品证书。

Kronometry 1999

地址： 60 rue François Ier, Paris 8
电话： +33 1 4225 1541
营业时间： 周一至周六 10：00—19：00

这家腕表店跟 Dubail 一样，出售各种名牌腕表，也都有正品证书。

Givenchy

地址： 56 rue François Ier, Paris 8
电话： +331 4076 0727
营业时间： 周一至周六 10：00—19：00

于贝尔·德·纪梵希在 1952 年创立了这个高定时装品牌，当时，他曾为许多明星做过衣服。奥黛丽·赫本不仅是他的客人，更是他的朋友，还有劳伦·贝考尔、葛丽泰·嘉宝、伊丽莎白·泰勒、玛琳·黛德丽、摩纳哥王妃格蕾丝等都是他的座上宾。此外，纪梵希从很早就推出香水产品，深受世人青睐。

Chaumet

地址： 56 rue François Ier, Paris 8
电话： +331 5688 5020
营业时间： 周一至周六 10：30—19：00

最美的珠宝品牌之一，详情可见“旺多姆广场”那一章节。

Cartier

地址： 51 rue François Ier, Paris 8
电话： +33 1 5393 9520
营业时间： 周一至周六 11：00—19：00

位于弗朗索瓦一世大街的这家店陈列了该品牌的所有系列产品。

John Lobb

地址： 51 rue François Ier, Paris 8
电话： +331 4561 0255
营业时间： 周一至周六 10：30—19：00

剪裁一流的定制男装品牌。

Dormeuil

地址： 51 rue François Ier, Paris 8
电话： +331 4561 2470
营业时间： 周一至周六 10：30—19：00

Dormeuil 是一个创立于 19 世纪中叶的家族企业，主要批发、制造高端面料，曾为法国及全球的许多时装品牌供应面料。Dormeuil 对不同面料的拼接和娴熟运用为自身树立了优质的品牌形象，先后推出了女装和男装成衣，企业逐渐壮大。

Paule Ka

地址： 45 rue François Ier, Paris 8
电话： +331 4720 7610
营业时间： 周一至周六 10：30—19：00

这个 1987 年开创的品牌以“小黑裙”著称，它的定位很简单，就是“黑与白”。

Tom Ford

地址： 48 rue François Ier, Paris 8
电话： +331 5689 1400
营业时间： 周一至周六 10：00—19：00

设计师 Tom Ford 曾经掌管 Gucci 和 Yves Saint – Laurent 的设计工作，2004 年，他离开 Yves Saint—Laurent，开始专心经营个人品牌。他不断从中国文化中汲取灵感，如今 Tom Ford 就有 – 款名为“中国之花”（Fleur de Chine）的香水。

Balmain

地址： 44 rue François Ier, Paris 8
电话： +331 4720 5758
营业时间： 周一至周六 10：30—19：00

Pierre Balmain 是 20 世纪最重要的设计师，也是名人和王后们的御用设计师。为他工作了 9 年的助理职业生涯一片光明——那个助理就是卡尔·拉杰菲尔德（Karl Lagerfeld）。如今，品牌延续了集低调、性感、魅惑于一身，外加一点点摇滚精神的风格。

La Maison du chocolat

地址： 52 rue François Ier, Paris 8
电话： +331 4723 3825
营业时间： 每天 10：00—20：00

在弗朗索瓦一世路上也有一家梅森巧克力，店面设计得十分别致，从氛围到盛巧克力的匣子，再到服务品质，人们将这里称作“巧克力里的爱马仕”。

Zimmerli of Switzerland

地址： 50 rue François Ier, Paris 8
电话： +331 4720 4392
营业时间： 周一至周六 10：30—19：00

手工制作的内衣品牌，集合了高品质和优雅于一身。一件睡袍的售价通常在 200 ~ 300 欧元。

Tomas Pink

地址： 19 rue François Ier, Paris 8
电话： +331 4723 7200
营业时间： 周一至周六 10：30—19：00

从 1984 年开始，这个来自伦敦的著名衬衫品牌就以品质著称，面料上乘，剪裁完美，设计优雅。

Sandro

地址： 17 rue François Ier, Paris 8
电话： +331 4723 8809
营业时间： 周一至周六 10：30—19：00

品位不俗的时装品牌，设计师在许多细节处将异国风情和自然风格和谐统一，优雅又不张扬。

蒙田大道（Avenue Montaigne）

许多人都认为蒙田大道是巴黎最精致的一条路，每一处都与众不同却又低调含蓄。这里有高级酒店、人气餐厅、奢侈品旗舰店、装饰艺术风格的剧院等各式各样的好去处，而且大道上绿树成荫，大部分的店铺都提供泊车服务。

Versace

地址： 45 avenue Montaigne, Paris 8
电话： +331 4742 8802
营业时间： 周一至周六 10：00—19：00

范思哲的服装和配饰大都受古罗马时期风格的启发，一直以来，都延续着闪亮耀眼的品质传统。

Chanel

地址： 42 avenue Montaigne, Paris 8
电话： +331 4070 8200/ +331 4450 7300
营业时间： 周一至周六 10：30—19：00

“如果一个女人穿得不好，那我们就会把注意力停留在她的裙子上，如果一个女人穿得无可挑剔，那我们关注的就是她本身。”这句话就能说明一切了，而一切都在 Chanel 的店里。

Fendi

地址： 51 avenue Montaigne, Paris 8
电话： +331 4952 8452
营业时间： 周一至周六 10：00—19：30

出售鞋履、皮包、成衣，每个产品的细节都能让人感受到极致的优雅。

Yves Saint Laurent

地址： 53 rue François Iᵉʳ, Paris 8
电话： +331 5383 8453
营业时间： 周一至周六 10：30—19：30

时尚王子伊夫·圣罗兰所创建的风格影响深远、一直没有落伍，他之后的那些设计师只能追随，却始终都无法超越。

Céline

地址： 53 avenue Montaigne, Paris 8
电话： +331 4070 0703
营业时间： 周一至周六 10：00—19：00

1945 年，Céline Vipiana 创立品牌之初，赛琳只是一家为孩子定制鞋履的店铺。到了1960 年，又增加了女装、皮具和鹿皮鞋。2008 年，英国人 Phoebe Philo 担任首席设计师，将这个品牌的风格最终定型为中性的温和色调、极简造型、毫不造作。

Gucci

地址： 60 avenue Montaigne, Paris 8
电话： +331 5669 8080
营业时间： 周一至周六 10：00—19：00

1921 年，古驰只是一个生产马具皮件的品牌，如今，这个从佛罗伦萨走出来的品牌已经遍布全球，深受大众喜爱。从品牌的 Logo 可以感受到它最初的元素和精神——由一个马嚼子和一个马镫的形象共同组成。

S.T Dupont

地址： 58 avenue Montaigne, Paris 8
电话： +331 4561 0839
营业时间： 周一至周六 10：00—19：00

选购礼物时的理想品牌，产品大都也方便携带：一支笔或高级打火机，十分大气。

Dolce&Gabbana

地址： 54 avenue Montaigne, Paris 8
电话： +331 4225 6878
营业时间： 周一至周六 10：00—19：00

米兰设计师 Domenico Dolce 和 Stefano Gabbana 的追随者们在这里可以找到自己喜欢的丰富色彩和创意设计。

Ralph Lauren

地址： 52 avenue Montaigne, Paris 8
电话： +331 4477 2800
营业时间： 周一至周六 10：30—19：00

拉夫劳伦店里那些最新款式的 Polo 衫在中国十分抢手，不考虑带一件回去吗?

Emilio Pucci

地址： 48 avenue Montaigne, Paris 8
电话： +331 4720 0445
营业时间： 周一至周五 09：00—19：00
周六 10：00—19：00

色彩和图案的大胆运用，让 Pucci 成为印花界的翘楚，品牌的定位休闲兼顾优雅的风格。

Loewe

地址： 46 avenue Montaigne, Paris 8
电话： +331 5357 9250
营业时间： 周一至周六 10：00—19：00

出售成衣和香水，LVMH 集团旗下品牌。

Chloé

地址： 44 avenue Montaigne, Paris 8
电话： +331 4723 0008
营业时间： 周一至周六 10：30—19：00

线条流畅，极富女性魅力。

Jimmy Choo

地址： 34 avenue Montaigne, Paris 8
电话： +331 4723 0339
营业时间： 周一至周六 10：00—19：00

如果你喜欢鞋子，那来这家店就对了。出生于马来西亚槟城的华裔设计师 Jimmy Choo 的真实姓氏其实是 Chow，儿时错写成了 Choo。他曾在中国生活过一段时间，后来在英国功成名就。该品牌的鞋子由他和他的侄女共同设计，在意大利生产。

Dior

地址： 30 avenue Montaigne, Paris 8
电话： +331 4073 7373
营业时间： 周一至周六 10：30—19：00
周日 12：00—19：00

参见著名的奢侈品店一章。

Giorgio Armani

地址： 2 avenue Montaigne, Paris 8
电话： +331 5662 1216
营业时间： 周一至周六 10：00—19：00

阿玛尼帝国众多连锁店中的一家。

Prada

地址： 10 avenue Montaigne, Paris 8
电话： +331 5323 9940
营业时间： 周一至周六 10：00—19：00

最初，来自米兰的 Prada 兄弟创立了一家小小的皮具公司，经历一个世纪的发展后，这个品牌成为时装界巨头。如果你想打扮成梅丽尔·斯特里普在《穿普拉达的女魔头》里的造型，蒙田大道上的这个地址一定要记下来。

Harry Winston

地址： 29 avenue Montaigne, Paris 8
电话： +331 4720 0309
营业时间： 周一至周五 10：30—18：30
周六 11：00—19：00

说到 Harry Winston，《维基百科》上是这样介绍的：Harry Winston，1896 年 3 月 1 日出生于乌克兰，1978 年 12 月 28 日在纽约去世，是美国的珠宝商，被誉为“钻石之王”。

是的，这里是钻石的王国，全球最美的钻石都出自 Harry Winston 的工坊。如今，这个品牌不仅以华丽的钻石首饰而著称，旗下的手表及其他珠宝也都格调非凡。

Max Mara

地址： 31 avenue Montaigne, Paris 8
电话： +331 4720 6113
营业时间： 周一至周六 10：00—19：00

20 世纪中叶创立的意大利品牌，以大衣和皮毛外套著称。

圣奥诺雷街购物路线

英国和日本大使馆、美国和加拿大的大使馆官邸、法国总统府、法国内政部、高级古董店、现代艺术画廊和许多高级成衣店都聚集在圣奥诺雷街（rue Saint – Honoré）和福宝街（rue Faubourg Saint – Honoré）上。这是巴黎的奢华地标之一，自成一条完美的购物路线，即便钱包不够丰满，也一定要来这里逛逛，哪怕是饱饱眼福也很好！

街边还有不少餐厅和咖啡馆，走累了可以歇歇脚，享用美食。

圣奥诺雷街（La rue Saint—Honoré）

圣奥诺雷街的氛围相比福宝街显得更加轻松、活泼，能看到更多的年轻品牌和流行新趋势。

Michael Kors

地址： 279 rue Saint—Honoré, Paris 8
电话： +331 7036 4440
营业时间： 周一至周六 10：00—19：00

美国设计师品牌 Michael Kors 提供从头到脚的全套穿戴，包括配饰、手表、皮带、手包、旅行箱等。女士可以在这里找到所爱，男士的选择也很多。

Valentino

地址： 279 rue Saint—Honoré, Paris 8
电话： +331 8482 4295
营业时间： 周一至周六 10：30—19：00

华伦天奴源自罗马，如今是巴黎服装工会的成员，该品牌的秀场是时装周期间人们最期待的时装发布之一。

Longchamp

地址： 404 rue Saint—Honoré, Paris 1
电话： +331 4316 0016
营业时间： 周一至周六 10：00—19：00

作为第二次世界大战后建立起来的箱包品牌，龙骧深谙色彩的运用和搭配，其折叠系列如今已经成为经典产品。

Coach

地址： 372—374 rue Saint—Honoré, Paris 1
电话： +331 4286 0239
营业时间： 周一至周六 10：00—19：00

来自纽约的品牌蔻驰从 1914 年起开始经营皮具，手提包是它的核心产品。另外，还有各种男女箱包，以及皮质配饰和鞋履，品类十分丰富。

Ports 1961

地址： 251 bis rue Saint—Honoré, Paris 1
电话： +331 4703 3541
营业时间： 周一至周六 11：00—20：00

这个品牌你一定不陌生，因为 Ports 1961 在中国已经拥有超过 300 家店铺，产品的面料选用十分考究，其中有不少是来自亚洲的高档面料。

Tumi

地址： 245 rue Saint—Honoré, Paris 1
电话： +331 4579 7030
营业时间： 周一至周六 10：00—19：00

Tumi 的箱包质量上乘，能够抵抗各种恶劣天气，还可以根据客户的需求进行刻字服务。这样一来，妈妈再也不用担心你的行李箱和别人的弄混啦！

Missoni

地址： 219 rue Saint—Honoré, Paris 1
电话： +331 4451 9696
营业时间： 周一至周六 10：00—19：00

这个意大利品牌以羊毛和针织服装著称，色彩灵动、丰富。

Roger & Gallet

地址： 195 rue Saint—Honoré, Paris 1
电话： +331 4260 1068
营业时间： 周一至周六 10：30—19：30

对于很多法国人而言，这个创立于 1862 年的品牌可以唤起许多童年的回忆。该品牌的圆形香皂拥有各种香味：檀木、绿茶、生姜、无花果等，如今产品更加丰富，比如香氛、沐浴乳和护肤品。

colette

地址： 213 rue Saint—Honoré, Paris 1
电话： +331 5535 3390
营业时间： 周一至周六 11：00—19：00

更详细的介绍可查阅“概念店”这一章节。

Jo Malone

地址： 326 rue Saint—Honoré, Paris 1
电话： +331 4703 0166
营业时间： 周一至周六 10：30—19：30

英国品牌祖玛龙，它的香水、室内香氛和蜡烛最近几年开始进入法国市场。香水种类非常丰富，我最喜欢的男士香氛是青柠罗勒和柑橘味的，黑石榴香调、牡丹与胭红麂绒香调也很不错。

福宝街
（La rue du faubourg Saint － Honoré）

Baccarat

地址： 79 rue du Faubourg Saint － Honoré, Paris 8
电话： +331 4265 3626
营业时间： 周一至周六 10：30—19：00

Hélène Bailly Gallery

地址： 71 rue du Faubourg Saint-Honoré, Paris 8
电话： +331 4451 5151
营业时间： 每天 10：00—19：00

一个极简装饰风格的现代艺术画廊。

Galerie Hadjer et fils

地址： 102 rue du Faubourg Saint-Honoré, Paris 8
电话： +331 4266 6113
营业时间： 周一至周五 10：30—19：00
周六 14：30—18：30

这家画廊拥有 50 年历史，售卖各种挂毯和地毯，有现代风格的，有来自 16 世纪的古董，还有适合铺在奢华宫殿里的款式。

Pierre Cardin

地址： 59 rue du Faubourg Saint-Honoré, Paris 8
电话： +331 4266 9225
营业时间： 周一至周六 10：00—19：00

皮尔·卡丹是个天才设计师，20 世纪 60 年代，他在时装秀场上开辟了现代主义和未来主义的先河。后来，他又成了一名杰出的企业家，创立了同名品牌，并通过授权的形式出售给第三方，让 Pierre Cardin 成了世界上传播最广的品牌之一。这位设计师也是中国的老朋友了，他是将外国品牌带入中国的第一人，1978 年还在中国的紫禁城举办过时装发布会。

Aveline

地址： 94 rue du Faubourg Saint － Honoré, Paris 8
电话： +331 4266 6029
营业时间： 周一至周五 09：30 – 19：00
周六 10：00—19：00

古董商 Jean – Marie Rossi 的这家店铺面积 600 平方米，就开在内政部边上，店里展示了 18-19 世纪的家具和艺术品，偶尔还能看到一些清朝的花瓶或家具。

MiuMiu

地址： 92 rue du Faubourg Saint － Honoré, Paris 8
电话： +331 5862 5320
营业时间： 周一至周六 10：30—19：30

MiuMiu 这个名字来自 Prada 家族成员 Miuccia Prada 的昵称，她正是该品牌的创始人。MiuMiu 就像是 Prada 的小妹妹，可爱摩登的风格，受到年轻女性的追捧，无论是成衣、配饰还是小皮件都拥有不少“粉丝”。

Rosa Clara

地址： 86-88 rue du Faubourg Saint-Honoré, Paris 8
电话： +331 4265 6733
营业时间： 周一至周六 11：00—19：00

理想的婚礼礼服品牌！

Frette

地址： 49 rue du Faubourg Saint—Honoré, Paris 8
电话： +331 4266 4770
营业时间： 周一至周六 10：00—19：00

床单、被套、枕头……店内都是精致的家居用品，设计简洁，优雅至极。

Burberry

地址： 56 rue du Faubourg Saint － Honoré, Paris 8
电话： +331 7207 0021
营业时间： 周一至周六 10：00—20：00

创立于 1856 年，因风衣而闻名世界，原本用作内衬的经典格子图案，如今已经成为该品牌的标志。Burberry 在全球各地都设有店铺，福宝街上的这家也格外受游客欢迎。

Leonard

地址： 48 rue du Faubourg Saint － Honoré, Paris 8
电话： +331 4265 5353
营业时间： 周一至周六 10：00—19：00

品牌有男装和女装，配色十分大胆。

Zadig & Voltaire

地址： 42 rue du Faubourg Saint － Honoré, Paris 8
电话： +331 4742 3281
营业时间： 周一至周六 10：30—19：30

品牌有男装、女装和童装，造型简洁、现代、有趣。

Lancôme Institut

地址： 29 rue du Faubourg Saint － Honoré, Paris 8
电话： +331 4265 3074
营业时间： 周一至周六 10：00—19：00

兰蔻旗下的美容院，购物中途可以去放松一下，试试 Arizona 热石矿物护理，光疗也很热门。价格参考：60 分钟的矿物质产品护理收费 100 欧元。

Lanvin

地址： 22 rue du Faubourg Saint － Honoré, Paris 8
电话： +331 4471 3333
营业时间： 周一至周六 10：30—19：00

这家 Lanvin 店里有男装和家具，非常优雅。另外，著名的 Blue 咖啡馆也开在这里，可以享用午餐或精致的下午茶。

Moncler

地址：7 rue du Faubourg Saint – Honoré, Paris 8
电话：+331 5305 9215
营业时间：周一至周六 10：00—19：00

高品质御寒服装品牌，质地轻盈。

Paul Smith

地址：3 rue du Faubourg Saint – Honoré, Paris 8
电话：+331 4268 2710
营业时间：周一至周六 10：30—19：00

在这里可以感受到源自伯明翰的设计灵感，线条修长，独具魅惑。

旺多姆广场周边

两条通往旺多姆广场的道路都散发着奢侈、精英的气息，分别是卡斯蒂尼奥街和和平大街。

卡斯蒂尼奥街（La rue de Castiglione）

卡斯蒂尼奥街上的拱形穹顶可以遮阳避雨，方便游客的出行和购物。

Causse

地址：12 rue de Castiglione, Paris 1
电话：+331 4926 9143
营业时间：每天 10：30—14：00，14：30—19：00

200 欧元起的手套，选用最美的材质，线条完美贴合双手，既保暖又美丽。该品牌隶属于 Chanel 集团。

Vanessa Bruno

地址：12 rue de Castiglione, Paris 1
电话：+331 4261 4460
营业时间：周一至周六 10：30—19：00

对于那些追求大胆设计和少女心的人来说，这个牌子的包真的非常合适，而且每一款都很实用！

Cristal Vendôme

地址：1 rue de Castiglione, Paris 1
电话：+331 4927 0960

Cristal Vendôme 店铺出售各个产地和品牌的水晶。

和平街（La rue de la Paix）

IWC

地址：5 rue de la Paix, Paris 1
电话：+331 4261 6264
营业时间：周一至周六 10：30—19：00

万国表的沙夫豪森飞行员系列（IWC Schaffhausen），完美诠释了这个品牌在机械腕表上倾注的满腔热情与创新能力。该品牌创立于 1868 年，每一款腕表都极具美感！

Panerai

地址：3—5 rue de la Paix, Paris 1
电话：+331 5504 1936
营业时间：周一至周六 10：30—19：00

瑞士生产的意大利手表，集优雅和细腻于一身，第二次世界大战期间专为意大利的海员生产秒表，可见其品质上乘。

Tiffany & co

地址：6 rue de la Paix, Paris 2
电话：+331 4020 2020
营业时间：周一至周六 11：00—19：00

夏尔·李维斯·蒂凡尼的发家历程颇为传奇——法国王冠上的宝石曾被多次盗窃和出售，因此散落在各处，1887 年，被称为“钻石之王”的蒂凡尼通过各种途径买到了其中的一些，很快，他创立的品牌“Tiffany”成为世界上最大的珠宝商之一。Tiffany 将新艺术和装饰艺术进行完美融合，取得巨大成功，品质也享誉全球，深受人们的认可和喜爱。

如今，Tiffany 已经是奢华和富贵的同义词，人们在电影和歌曲中都会提到这个名词，很多坠入爱河的人，也选择来这里购买订婚戒或婚戒。

Breitling

地址：10 rue de la Paix, Paris 2
电话：+331 4261 1884
营业时间：周一至周六 10：30—19：00

百年灵诞生于瑞士，手表和计时器的性能十分可靠。

Mauboussin

地址： 15 rue de la Paix, Paris 2
电话： +331 8018 1590
营业时间： 周一至周六 10：30—19：00

梦宝星创立于 1827 年，客户定位是那些品位不俗、希望满足自己的需求，但又找不到合适价位的人。相比其他珠宝品牌，梦宝星的价格区间更广，比如 Kiff &Kiss 系列的银色或金色戒指售价在 300 欧元以内。

Baume & Mercier

地址： 16, rue de la Paix, Paris 2
电话： +331 5818 1420
营业时间： 周一至周六 11：00—19：00

创立于1830年的钟表品牌。

Vacheron Constantin

地址： 2 rue de la Paix, Paris 2
电话： +33 1 4020 1755
营业时间： 周一至周六 10：30—19：00

江诗丹顿创立于 18 世纪中叶，是瑞士最古老最珍贵的钟表品牌，位于巴黎和平大街的店铺在 2013 年正式开业。

该品牌在 2013 年推出一个新系列——中国生肖，同时发布了一款精巧的“蛇年手表”，2014 年推出“马年手表”。之后每一年，江诗丹顿都会根据当年的生肖推出一款手表，生肖的图案均用玫瑰金或铂金打造，表盘是蓝色或棕色珐琅，上面刻有经典的中式花纹，时间和日期通过 4 个小孔显示。

市场

红孩儿市场（Le marché des Enfants rouges）

地址： 38 rue de Bretagne, Paris 3
开放时间： 周二至周六 09：00—20：00
周日 09：00—12：00
交通： 地铁 8 号线 Filles - du - Calvaire 站

这是巴黎最古老的市场之一，创建于 1615 年，靠近当时的红孩儿孤儿院（l'orphelinat des Enfants rouges）——寄宿在此的孩子们都穿红色制服，机构因此而得名。后来，人们在这片区域建了一个供应新鲜食材的市场，市场围绕着一座喷泉而建。

在红孩儿市场可以找到来自法国各地的时令食材，逛累了还能到市场里的餐厅“l'Estaminet des Enfants Rouges”里歇歇脚，这里供应的应季菜肴搭配小产区葡萄酒再完美不过。

阿列格市场（Le marché d'Aligre）

地址： Place d'Aligre, 75012 Paris
开放时间： 周二至周六 09：00—13：00 16：00—19：30
周日 09：00—13：30

阿列格市场虽然很古老，但很受欢迎，位于一个“革命据点”——这里曾上演过著名的法国大革命和巴黎公社起义。除了常规农产品，市场还聚集了许多旧货和古董商。

这里的水果、蔬菜、鱼类、肉类价格都十分公道，我个人非常推荐奶酪铺“Langlet - Hardouin”，他们家出售来自圣马洛的伯迪耶（Jean - Yves Bordier）传统手作黄油，有各种香料调味，比如海藻、香草、海盐、香橙甚至四川辣椒。在小佛爷眼里，这就是全世界最好的黄油了。

市场周围还有不少小餐馆，不远处的一家撒丁岛餐厅值得一试，名叫 Sardegna a tavola，位于科特街 1 号（1 rue de Cotte）。

威尔逊总统市场（Le marché président Wilson）

地址： Avenue du Président Wilson, Paris 16
开放时间： 周三 07：00—14：30
周六 07：00—15：00

这是巴黎最雅致、价格最贵的一个市场了。在这里，连摊主都是明星——摆放在小南瓜、胡萝卜、牛肉和鸭胸之间的往往是摊主最新出版的书籍。偶遇明星大厨不是难事，经常有来自巴黎的电影明星来这儿逛，国际美食纪录片也会在这里取景……

鲜花市场（Le marché aux fleurs）

地址： Pont Saint—Louis, Paris 4
开放时间： 每天 09：00—19：15
交通： 地铁 4 号线 Cité 站

鲜花市场坐落在西岱岛的中心地带，距离巴黎古监狱和巴黎圣母院仅一步之遥。从地铁西岱站（Cité）出来，能看到六座金属小亭子，里面出售各种鲜花、绿植、种子、盆栽、园艺工具以及园艺装饰品。每逢周日，这里还会变成鸟市。

工厂店大甩卖

在巴黎购物，还有另一种享受折扣的方式，那就是去大品牌的工厂店。这里的商品一般是剪掉商标的正品尾单，价格低，性价比高。不过，大部分游客都不知道这种店在哪里。下面，小佛爷就来推荐一些巴黎最好的工厂店吧！

Maje 工厂店（Stock Maje）：过季服装 5 ~ 7 折
地址： 9 rue du Cherche – Midi, Paris 6
4 rue de Marseille, Paris 10

Sagone 工厂店（Stock Sagone）：尺码偏大和偏小的男鞋、女鞋
地址： 63 boulevard Magenta, Paris, 10

Salamander 工厂店（Stock Salamander）：鞋、靴
地址： 120 boulevard Raspail, Paris, 75006

Sonia Rykiel 工厂店（Stock Sonia Rykiel）
地址： 64 et 110 – 112 rue d'Alésia, Paris 14

Zadig & Voltaire 工厂店（Stock Zadig & Voltaire）：服饰
地址： 22 rue du Bourg – Tibourg, Paris 4

Violette et Léonie：原创产品，别致时尚
地址： 114 rue de Turenne, Paris 3

Zef surplus：16 岁以下青少年儿童服饰
地址： 32 rue de Richelieu, Paris 1

Moda：名牌鞋
地址： 45 rue Saint – Placide, Paris 6

Vintage Desire：二手服饰，价格较低，时尚
地址： 32 rue des Rosiers, Paris 4

Les Petites 工厂店（Stock Les Petites）：潮流服饰，3 折起
地址： 11 rue de Marseille, Paris 10

Sandro 仓库店（Stock Sandro）：6 ~ 7 折
地址： 26 rue de Sévigné, Paris 4

René Derhy 工厂店（Stock René Derhy）：风格独特，容易搭配
地址： 62 avenue du Général Leclerc, Paris 14

André 工厂店（Stock André）：鞋类
地址： 59 boulevard Saint – Michel, Paris 5

巴黎 17 区寄卖区（Dépôt vente du 17e）：已经开了 20 年的品牌折扣区，低价出售 Hermès，Dior，Gucci，Prada，Louis Vuitton 等大品牌产品
地址： 109 rue de Courcelles, Paris 17

Bonpoint 季末折扣店（Bonpoint fin de séries）：16 岁以下青少年服装童装，7 折
地址： 42 rue de l'Université, Paris 7

La Clef des marques：适合全家的服饰
地址： 122 – 126 boulevard Raspail, Paris 6

La Marelle：大品牌的季末清仓销售
地址： 21 galerie Vivienne, Paris 2

La Petite Boutique Azzedine Alaïa：Azzedine Alaïa 品牌的精美服饰
地址： 18 rue de la Verrerie, Paris, 75004

La Piscine：Versace、Valentino 以及其他奢侈品牌
地址： 29 rue des Abbesses, Paris 18
13 rue des Francs-Bourgeois, Paris 4
19 – 21 rue de l'Ancienne Comédie, Paris 6

Le Mouton à cinq pattes：**主营男装**
地址： 138 boulevard Saint—Germain, Paris 6

L'Habilleur：**主营各种国际名牌及法国国内名牌优惠产品**
地址： 44 rue de Poitou, Paris 3

Mi – Prix：Prada，Michel Perry，Paul & Joe **及其他品牌**
地址： 27 boulevard Victor, Paris 15

Quai des marques：370 **个大品牌，距巴黎市中心** 15 **分钟**
地址： 395 rue du Général-Leclerc, Franconville, 95130

Repetto：**出售世界上最好的芭蕾舞鞋、奢侈女鞋**
地址： 24 rue de Chateaudun, Paris 9

Weill **工厂店**（Scalp – Stock Weill）：Weill et Atika **女装经典款**
地址： 102 rue Saint – Charles, Paris 15

Stock B：**男装**
地址： 114 rue de Turenne, Paris 3
Caroll **工厂店**（Stock Caroll）**服饰**
地址： 30 rue Saint – Placide, Paris, 75006

Georges Rech **工厂店**（Stock Georges Rech）：**成衣女装**
地址： 100 rue d'Alésia, Paris 14

Jonak **工厂店**（Stock Jonak）
地址： 44 boulevard Sébastopol, Paris 3

Kookaï **仓库店**（Stock Kookaï）：**服装类，都市色彩浓厚**
地址： 82 rue Réaumur, Paris 2

10 欧元以下好物推荐

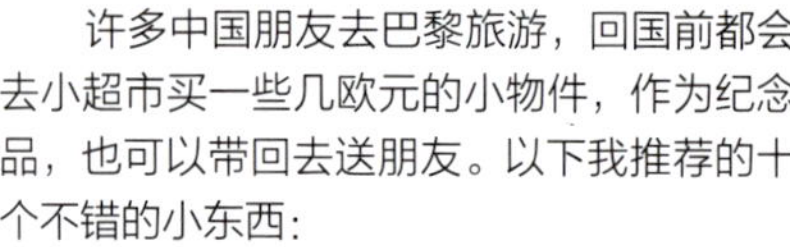

许多中国朋友去巴黎旅游，回国前都会去小超市买一些几欧元的小物件，作为纪念品，也可以带回去送朋友。以下我推荐的十个不错的小东西：

瓶装卡玛格盐花（fleur de sel de Camargue）。卡玛格是法国最大的湿地，位于地中海沿岸。另外，瓶装的盖朗德盐花（fleur de sel de Guérande）也很不错，产自卢瓦尔河河口附近。盐花是指盐田表面形成的一层很薄的片状结晶，晶莹剔透，十分精致。

老式第戎芥末酱（moutarde de Dijon）。第戎以前是勃艮第的首府，一瓶瓶装的正宗芥末酱充满法式风味，足够特别！

餐后酒（digestif）。法国的餐后酒也值得你带回国，著名的有诺曼底的苹果烧酒（calvados），阿尔萨斯的樱桃酒（kirsch），勃艮第的黑醋栗酒（crème de cassis），巴斯克地区的香草酒衣扎拉（Izarra）等。

手工马赛皂（savon de Marseille artisanal）。如何辨认正宗的马赛皂呢？首先，它的形状是立方体。其次，肥皂的颜色呈棕色或棕绿色。最后，六面都印着标记。这款肥皂的主要成分是橄榄油。

普乐博油画（Poulbot）。在蒙马特高地可以买到，购买时要确保油画的背面有污渍——这就是真品的标志。在小山丘广场（Place du Tertre）上，画家只要几分钟就能完成一幅这样的画，虽然艺术价值不算很高，但也算蒙马特高地的一种特产。

佩里戈尔的黑松露油（huile à la truffe）**或者黑松露片**（éclats de truffe）。

塞纳河畔市政厅对面的旧书店里的小雕刻品。

法国橄榄球队日历（calendrier de l'équipe de France de rugby）。2001 年，商家出品了球员裸体写真日历后，全世界都开始模仿，如今也成为一种收藏品。

邮票。可以在任何一所邮局购买，也可以去香榭丽舍大街圆点广场的邮票市场（marché aux timbres du rond-point des Champs—Élysées）购买。

水兵服（marinière）。一种蓝白相间的长袖条纹衫，设计师 Jean – Paul Gaultier 将海军水手穿的衣服元素融进服装中，成为法国的象征。最经典的品牌有 Armor Lux，Orcival 和 Petit Bateau。

第九章　跟我走吧

如果你是自助游法国，不管是一个人、情侣结伴或者三五好友的小团队旅行，那这一章就太适合你了。在这里，我把酒店、餐厅、商店、Spa、理发店等所有你会感兴趣的都集中起来，每个地方都非常欢迎游客前往，而且承诺会更好地接待中国游客。去的时候可以告诉他们你是跟着我来的，或者直接把这本书拿出来也可以。

旅行结束回国后，你可以把自己去过的那些店家的接待情况反馈给我，我会把你的评价和建议加入电子版的旅游指南以及社交媒体上。还有个好消息，在“小佛爷”社交媒体平台上，有专门提供给本书读者的独家打折、优惠和赠礼信息。

1 区

餐厅

Le Grand Véfour

地址： 17 rue de Beaujolais
电话： +331 4296 5627
营业时间： 周一至周五 12：00—14：00
20：00—22：00
交通： 地铁 1、7 号线 Palais—Royal 站

€€€€

餐厅 Le Grand Véfour 的好排名已经保持了 200 多年——拿破仑一世、约瑟芬王后、雨果都曾是这里的常客。坐落在巴黎皇宫花园里的这家餐厅保留着 18 世纪的优雅气质，餐前或饭后，可以到花园里散散步。主厨 Guy Martin 有时会出来亲自与客人交流。以下是一些高水准的应季菜品：鹅肝饺（ravioles de foie gras）配奶油松露汁、鸡汁菱鱼（turbot au jus de volaille）配芒果黄瓜汁、榛子蛋糕（gâteau aux noisettes）、牛奶巧克力佐咸味焦糖冰激凌（chocolat au lait avec une glace au caramel brun salé）。

餐厅二层还有一个可以容纳 8 ~ 20 人的包间。

Café Marly

地址： 93 rue de Rivoli
电话： +331 4926 0660
营业时间： 周一至周日 08：00—20：00
交通： 地铁 1、7 号线 Palais—Royal 站

坐在 Marly 咖啡厅，可以从最好的位置欣赏卢浮宫的玻璃金字塔。不过，这里的服务员有些傲慢，不怎么友好，如果你不介意的话，在这里小憩片刻还是非常值得的。这里供应的食物倒也覆盖了各个地方的特色，比如亚洲、西班牙、意大利等，当然还有经典的法国风味。

Pharamond

地址： 24, rue de la Grande Truanderie
电话： +331 4028 4518
营业时间： 每天 12：00—14：30，19：00—22：3
交通： 地铁 4 号线 Étienne Marcel 站

€€

Pharamond 是巴黎 Les Halles 区域的一家经典餐厅，由诺曼底人 Alexandre Pharamond 于 1879 年创建，当时是为了让巴黎人品尝到诺曼底的美味。餐厅的装修非常华丽，装饰有木雕、油画镜子和彩绘玻璃。这里的菜肴将诺曼底美食的多元和时尚传递给食客，二层还有接待团队游客的包间。

Le Chocolate Bar(re)

地址： 231 rue Saint—Honoré
电话： +331 5535 3596
营业时间： 周一至周六 12：00 - 18：30
交通： 地铁 1 号线，Tuileries 站

€

这家巧克力吧位于著名的巧克力店 Jean - Paul Hévin 的楼上，在这里能够品

尝到各种各样的巧克力，比如板状的、圆形的、涂抹在酥脆饼干上的、夹心的、像棒棒糖那样的、粉末状的，以及马卡龙样式的。

另外，店里供应的热巧克力别有一番风味：香蕉味、辣椒味……甚至还有生蚝味的！如果你喜欢更传统的口味，那就试试来自哥伦比亚或厄瓜多尔的巧克力吧，一定不会失望！

商店

Repetto

地址：22 rue de la Paix
电话：+331 4471 1812
营业时间：周一至周六 09：30—19：30

法国历史上有一位伟大的舞蹈家、编舞家，他的名字叫 Roland Petit。他的母亲 Rose Repetto 看到儿子每次从训练室回来双脚都布满了血迹，于是决定自己动手制作一款舞鞋，这一年是 1947 年。后来，这双舞鞋成为全世界公认的参考标准。从那时起，世界上最伟大的舞蹈家，当然还有电影明星、音乐明星都穿着 Repetto 的舞鞋翩然起舞。在《Et Dieu créa la femme》这部电影中，法国著名演员 Brigitte Bardot 穿的灰姑娘鞋就是 Repetto 为她特别制作的。

如今，品牌的生产线已经大大扩张，不再是单纯的鞋履生产者，一些小皮件也加入系列产品中。当然，最经典的产品还是款式丰富的芭蕾舞鞋，比如 Camille，Cendrillon，Zizi，Michael，Tito 等。Repetto 的鞋子都可以进行定制，一双“灰姑娘（Cendrillon）”定制鞋的价格在 350 欧元左右。

位于和平大街的 Repetto 店铺就是 Rose Repetto 在巴黎设立自己第一家工作室的地方，紧邻巴黎歌剧院的芭蕾舞排练厅。

Red line

地址：161 rue Saint Honoré
电话：+331 4464 9224
营业时间：周一至周五 09：30—13：00
14：00—18：30

2004 年，Laetitia Cohen—Skalli 提出一个大胆的构想：将珍贵的钻石或稀有金属与再简洁不过的细绳相结合。现在，这已经成为一款经典首饰，几乎可以搭配男生或女生的所有服饰。

E. Dehillerin

地址：18-20 rue de Coquillière
电话：+331 4236 5313
营业时间：周一 09：00—12：30，14：00—18：00
周二至周六 09：00—18：00

无论你是专业人士还是烹饪爱好者，都能在这家店找到最好的厨具和烘焙工具，比如用铜、钢、铝、铸铁等各种材质制作的高品质平底锅或深口锅。

White Bird, bijouterie

地址：38 rue du Mont Thabor
电话：+331 5862 2586
营业时间：周一 12：30—19：30
周二至周六 11：30—19：30

这家店出售的首饰采用珍稀且天然的原材料，往往都是孤品，由全球各地的设计师设计制作，价格也很公道，主打奢华但又低调的风格。

Miller

地址：233 rue Saint Honoré
电话：+331 4261 6313
营业时间：周一至周六 11：00—18：00

距离旺多姆广场仅几步之遥的 Miller，有各种各样的二手或复古手表、珠宝，其中不乏众多大牌：宝格丽、卡地亚甚至劳力士，价格也相当诱人。千万不要以为这里只卖些又老又旧的东西，实际上店铺的上新非常频繁，你能在这里找到很多新款首饰，品质高，成色好。

2 区

餐厅

La Fontaine Gaillon

地址： 1 rue de la Michodière
电话： +331 4265 8704
营业时间： 周一至周五 12：00—14：30，19：00—23：00

€€€

La Fontaine Gaillon 位于一座 17 世纪的私人府邸内，由路易十四的御用建筑师建造，餐厅老板是法国男演员大鼻子情圣杰拉尔·德帕迪约（Gérard Depardieu）。这里提供经典的法国菜肴，还有个安静的小包间，天气好的时候可以坐在露台上享用美食，一旁还有喷泉为伴。

Grillé

地址： 15 rue Saint-Augustin
电话： +331 4296 1064
营业时间： 周一至周二 12：00—16：00
周三至周五 12：00—21：00
周六 12：00—18：00

€

巴黎最好吃的 Kebab 餐厅之一。

商店

Roellinger

地址： 51 bis rue Sainte Anne
电话： +331 4260 4688
营业时间： 周二至周六 10：00—19：00

Roellinger 集团在巴黎开的这家香料店，产品丰富，同时也很特别，再加上店面的装修风格，仿佛在邀请我们进行一场旅行。

3 区

餐厅

Les Enfants rouges

地址： 9 rue de Beauce
电话： +331 4887 8061
营业时间： 周四至周日 12：00—14：00，19：00—22：00

€€€

主厨 Daï Shinozuka 不仅在法国菜中加入日本美食的灵感，还在经典菜肴里融入自己的想法，给食客们带去惊喜。这种令人意想不到的融合风味，给人带来无穷无尽而且独一无二的回味。

Au Bascou

地址： 38 rue Réaumur
电话： +331 4272 6925
营业时间： 周一至周五 12：00—14：00，19：45—22：30

€€ €€€

超级赞的餐厅！大厨 Bertrand Guéneron 和 Alain Senderens 灵感无限，将大西洋沿岸的布列塔尼－巴斯克地区的风味带到巴黎。餐厅里热情四溢，天花板上甚至挂着几串干辣椒，同时也不失简约。这里供应法国西南部的经典菜肴：火腿薄片配肉馅蔬菜卷、珍珠鸡、碳烤鸭胸肉、煎鹅肝、糖浸蔬菜等。其中最具特色的当数酒焖葱蒜兔肉，其他餐厅几乎都做不出这道菜——兔肉腌泡超过 24 小时，然后塞入鹅肝，再浸入葡萄酒中煮上将近一整天，味道简直棒极了！

L'Ambassade d'Auvergne

地址： 22 rue du Grenier Saint-Lazare
营业时间： 每天 12：00—14：00
周一至周四 19：00—22：00
周五和周六 19：00—22：00
周日 19：00—21：30
交通： 地铁 11 号线 Rambuteau 站

€€

如果你想去巴黎之外的地方却又不想长途跋涉，那么 l'Ambassade d'Auvergne 不失为一个好去处。品尝了这里的菜肴后，你会感觉仿佛一瞬间就来到法国中部的一座小城，再走几步，就置身于风景秀丽的乡村……奥弗涅的传统菜名叫 Aligot，用奶酪搭配土豆泥，再加一份当地的美味香肠，绝对让人食指大动！另外，还有小牛腿、猪肉白菜、各种火腿和香肠，以及著名的巧克力慕斯都是不错的选择。奶酪也很赞！

L'Ami Louis

地址： 32 rue du Vertbois
电话： +331 4887 7748
营业时间： 周二至周日 12：30—13：30，19：30—23：00
交通： 地铁 3 号线 Temple 站

€€€€

到餐厅 L'Ami Louis 享用晚餐，说不定你选的那个位子上曾经坐过美国总统、欧洲某国元首、好莱坞明星或时尚名人。从鹅肝、烤鸡到普罗旺斯风味的扇贝（餐厅特色菜），每道菜的分量都很足。餐厅的酒单也很棒，有餐后酒、干邑、雅文邑以及各个年份的葡萄酒，能够满足每一位爱酒人士的需求。餐厅环境是典型的法国风格，服务员也非常亲切友好。

商店

Jacques Genin

地址： 133 rue de Turenne
电话： +331 4577 2901
营业时间： 周二至周日 11：00—19：00

Jacques Genin 是巴黎最好的巧克力店之一，他们自称是“巧克力的创始者”。店里的许多自创口味巧克力更是令你的嘴巴“惊艳”，比如说西柚味，吃起来真是别有一番滋味。还有一款名为“迷情薄荷（menthe amante）”的薄荷黑巧克力，以及名为“忧郁之美（beau ténébreux）”的纯黑巧克力，都值得细细品尝。你可以坐在精致简洁的店里食用，也可以外带。

La Maison Plisson

地址： 93 boulevard Beaumarchais
电话： +331 7118 1909
营业时间： 周一 09：30—21：00
周二至周六 08：30—21：00
周日 09：30—20：00
交通： 地铁 8 号线 Sébastien Froissard 或 Chemin Vert 站

这是一家综合食品店，创始人 Delphine Plisson 和她的团队到法国各地品尝各类美食，挑选出风味最佳的，呈现给 La Maison Plisson 的顾客。同时，团队也非常注重食品在供应链过程中的质量，保证运输速度最快、方式最环保。巴黎的这家店面积约 500 平方米，香料、奶油、生肉、熟肉制品、蔬菜、葡萄酒及各类酒精饮料应有尽有，与纽约的食品店颇为相似。

Bonton

地址： 5 boulevard des Filles du Calvaire
电话： +331 4272 3469
营业时间： 周一至周六 10：00—19：00

Bonton 是婴幼儿及青少年成衣品牌，从小裙子到裤子，再到 T 恤和衬衫，有选择困难症的人恐怕要在各种款式和颜色中纠结半天。点状外套或羊毛坎肩是这个品牌的经典产品，另外，还有不少配饰以及内衣。

The Broken Arm

地址： 12, rue Perrée
电话： +331 4461 5360
营业时间： 周一至周六 09：00—19：00

2016 年 2 月，3 个年轻的创业者开了这家店，出售各式男女服装。在这里，你能找到 Adiev，Nike，Jacquemus，Loewe，Gosha Rubchinskiy，Raf Simons 以及 Kenzo 的各个系列。如果需要更新自己的衣柜，这里是个不错的选择。店铺还提供书籍和音乐推荐，购物结束后，在店内的咖啡厅小憩片刻，尝一尝广受好评的蓝莓芝士蛋糕吧。

The Broken Arm

地址 1： 16 rue Elzévir
电话： +331 4996 5690
营业时间： 周二至周五 10：30—13：30，14：00—19：30
周六 11：00—19：30
周日 11：00—18：30

地址 2： 6 rue Jacques Callot, Paris 6e
电话： +331 5681 6715
营业时间： 周一 14：00—19：00
周二至周五 10：30—19：00
周六 10：30—13：00 14：00—19：00
周日 14：00—19：00

Meert 甜品店的特色产品是包裹在镶金箔纸中的香甜华夫饼，加了一些马达加斯加的香草调料，这种做法从 1850 年开始就没变过，Meert 也因此成名。

位于巴黎的一家 Meert 距离毕加索博物馆仅 50 米，店铺装修美轮美奂，精致的橱窗也吸引了不少游客。Meert 的甜食都非常甜，甜品控们一定会超级兴奋，不过对于口味清淡的人来说，可能会有点齁。

4 区

餐厅

Mon vieil ami

地址： 69 rue Saint - Louis en l'Île
电话： +331 4046 0135
营业时间： 周三至周日 12：00—14：30
19：00—23：00

€€

如果你认为蔬菜不可能成为一家餐厅的主打招牌，那 Mon vieil ami 一定会让你改变想法。这家位于圣路易岛的蔬菜馆有各种各样新奇的烹饪方式，令人大开眼界。在蔬菜的光芒之下，鱼和肉都只能是配角了。

Le Dôme du Marais

地址： 53 rue des Francs Bourgeois, Paris 4
电话： +331 4274 5417
营业时间： 周二至周四 19：00—22：00
周五 12：00—14：30 19：00—22：30
周六 14：30—23：00
周日 12：00—15：30 19：00—23：00

€ €€

Le Dôme du Marais 所在地从前是巴黎的市立当铺，如果物品在一定时间内没有人赎回，就会在这间有着半圆形穹顶的大厅里进行售卖。19 世纪末期，古斯塔夫 · 艾菲尔和他的团队重新设计了穹顶，也就是我们现在看到的模样。Le Dôme du Marais 的菜非常有创意，试试吧！

Le Café Beaubourg

地址： 100 rue Saint - Martin
电话： +331 4887 6396
营业时间： 周一至周五 08：00—00：00
周六 09：00—00：00
周日 09：00—01：00
交通： 地铁 11 号线 Rambuteau 站

Le Café Beaubourg 位于蓬皮杜艺术中心前那片略微倾斜的广场上，是巴黎文化圈和媒体人常去的聚集地之一。这里的店员都很亲切，环境宜人，食物可口，蘑菇馅饼、鹅肝、三文鱼块、西班牙香肠配鳕鱼、巨型巧克力泡芙，味道都不错。咖啡馆的露天座位也是欣赏艺人表演的好地方。

Bofinger

地址： 5 - 7 rue de la Bastille
电话： +331 4272 8782
营业时间： 每天 12：00—15：00，18：00—00：00
（周日营业至 23：00）

Bofinger 于 1864 年开业，是巴黎最美的一家阿尔萨斯小酒馆。餐厅二层的包间尤其漂亮，浓浓的异乡情调，穹顶、家具、花瓶、彩绘玻璃都散发出温暖的气息……这里不仅啤酒好得没话讲，酸菜也堪称豪华级，海鲜拼盘更是让食客们吃得笑逐颜开。

Le Loir dans la théière

地址： 3 rue des Rosiers
电话： +331 4272 9061
营业时间： 每天 09：00—19：30

€

大木桌、老电影海报、架子上的餐具和书籍、舒适的沙发……这家茶室的装饰，让人不禁联想到爱丽丝梦游仙境的场景。这里的自助下午茶有各种巧克力、水果、芝士蛋糕和法式糕点，是玛黑区的一处理想的休憩场所。

商店

Une glace à Paris

地址： 15 rue Sainte Croix de la Bretonnerie
电话： +331 4996 9833
营业时间： 周二至周六 11：30—20：00
网站： www.une—glace—a—paris.fr

搭配饼干的创意冰激凌、有趣又味美的蛋糕——在这家位于玛黑区的冰激凌店内，有着各种各样令人意想不到的味蕾组合。让很多人慕名而来的，是这里的法国最佳手工艺人 Emmanuel Ryon，他同时也是世界甜点冠军。

Antoine et Lili

地址： 51 rue des Francs Bourgeois
电话： +331 4272 2660
营业时间： 周一至周六 10：30—19：30
周日 11：00—19：30

自 1994 年创立以来，Antoine et Lili 不断推出充满爱意的女装和童装，融合了城市、民族、色彩等元素，配饰也相辅相成，完美打造独具风格和品位的“巴黎姑娘”。

Les Fées Pâtissières

地址： 21 rue Rambuteau
电话： +331 4277 4215
营业时间： 周二至周日 11：00—20：00

两个年轻女孩和一位充满灵感的甜点师一起开的高级蛋糕店，甜点很小巧，通常都是一口一个。精致的点心就像珠宝一样，让顾客体会到王后般的尊贵待遇。法国美食中的经典甜点被解构，再用细腻的色彩重新诠释——柠檬罗勒挞有了一个圆顶造型，圣安娜奶油蛋糕则是桃子味的，开心果泡芙则披上了一层红树莓的外衣。

Aboudabibazar

地址 1： 59 rue des Francs Bourgeois
电话： +331 4033 2459
营业时间： 周一周至六 10：30—19：15
周日 14：00—19：00
其余店铺，营业时间一致

地址 2： 125 rue Vieille du Temple Paris 3
电话： +331 4271 1326

地址 3： 33 rue du Temple Paris 4
电话： +331 4461 3724

地址 4： 15 rue Soufflot Paris 15
电话： +331 4277 9698

Aboudabibazar 在巴黎共有四家店，三个位于玛黑区，一个位于巴黎左岸。走进 Aboudabibazar，仿佛打开了一个百宝箱，一切都是那么绚丽、引人入胜。尽管都是来自不同的品牌，但这些经过挑选后陈列在一起的商品，完全不会格格不入。

5 区

餐厅

Beaurepaire

地址： 1 rue de la Bûcherie
电话： +331 4329 7357
营业时间： 周二至周日 12：00—22：30
交通： 地铁 10 号线 Maubert—Mutualité 站

€ €€

Beaurepaire 是一家传统的法国餐厅，食材新鲜，菜单会根据季节变化而更新，西南部特色菜会瞬间将你带回巴斯克地区。这里的奶酪和酒都很出色，如果你不赶时间，就来场“饕餮大宴”吧，一定会满足你对美食的全部想象。

餐厅对面还有一家专注于传播中国文化的出版社和书店，位于Frédéric Sauton街上，名字叫“Fei”。别不好意思，一定要进去看看，还可以用中文交流哦！

Librairie—galerie Fei

地址：1 Frédéric Sauton
电话：+331 4533 2722
营业时间：周一至周五 10：00—19：00
周六 11：00—19：00

Aux portes de l'orient

地址：39 rue Geoffroy saint Hilaire
电话：+331 4331 1432
营业时间：周一至周日 09：00—12：00

€€

距离巴黎植物园仅几步之遥的地方有一座精美绝伦的清真寺，还有一家清真餐厅——Aux portes de l'Orient。穿过餐厅的大门，仿佛来到异域：东方美食的香气、铜制的矮桌、舒适的扶手椅、菜单上的塔吉锅、古斯古斯米炖羊肉、牛肉丸……餐后再来份东方糕点或一杯热热的薄荷茶就圆满啦。

La Tour d'Argent

地址：15 quai de la Tournelle
电话：+331 4354 2331
交通：地铁 7 号线 Pont － Marie 站
预订邮箱：resa@latourdargent.com

€€€ €€€€

La Tour d'Argent 是一家传奇餐厅，它坐拥绝佳的塞纳河景致，并将巴黎圣母院的后殿一览无余。这里的马卡龙被《米其林指南》评为“绝不能错过的佳品”，大多数菜品在保留传统的基础上增添了几分现代感，充分调动你的味蕾。

Les Papilles

地址：30 rue Gay Lussac
电话：+331 4325 2079
营业时间：周二至周六 12：00—14：00
19：00—22：30

€€ €€€

这里的大厨推出了一个名为“retour du marché（集市归来）”的套餐，听上去就很新鲜。这可是一套完整的法餐哦——从开胃菜、主菜、奶酪到甜点，都是在市场上精挑细选的当季食材，再配上厨师丰富的想象力完成制作，成品非常精致。店里的葡萄酒种类也很多，而且都经过店家的认真挑选。在餐厅的一角，还出售橄榄油、盐花、洋葱蜜酱、熟肉酱等食材，不妨买上一点带回去吧！

Le Zyriad by Noura

地址：1 rue des fossés Saint Bernard, Paris 5e
电话：+331 5542 5542
营业时间：周一至周日 09：00—23：00

€€

这家位于阿拉伯世界研究中心内的餐厅供应全巴黎最好的黎巴嫩菜，在 9 层的露台，可以将这座城市的美景尽收眼底。在这里，哪怕是炭烤蔬菜配沙拉，再加上白米饭这样最简单的搭配都美味无比。薄荷茶配东方甜点（高甜预警）则能让你立刻置身于那些盛产椰枣和杏仁的国度。

商店

Pâtisserie Carl Marletti

地址：51 rue Censier
电话：+331 4331 6812
营业时间：周二至周六 10：00—20：00
周日和国定假日 10：00—13：30
8 月闭店

这家店的拿破仑蛋糕绝对算得上是巴黎最好吃的了。另外，美味的柠檬挞、超乎你想象的法式草莓奶油蛋糕、柚子味的闪电泡芙、名叫“百合谷（Lily Valley）”的主打甜点……甜点美味到似乎可以让时间静止！

Diptyque

地址：34 boulevard Saint Germain
电话：+331 4326 7744
营业时间：周一至周六 10：00—19：00

Diptyque 的香味蜡烛，是巴黎顶级的家居香氛蜡烛，非常精致，店铺氛围时尚而又不失舒适。

6 区

酒店

L'Hôtel

地址： 13 rue des Beaux－Arts
电话： +331 4441 9900
交通： 地铁 4 号线 Saint－Germain－des－Prés 站

这家酒店的前身是阿尔萨斯酒店（Hôtel d'Alsace），作家奥斯卡·王尔德生前最后的时光，便是在这里度过的。当然，在那个时候，这家酒店一点都算不上是奢华。

如今，这里已经成为巴黎最优雅的酒店之一，很多名人雅士都光顾过。房间“小可爱（Petite Mignon）”“宝贝和珠宝（Mignon et Bijou）”虽然面积不大，却非常精美。套房“奥斯卡·王尔德（Oscar Wilde）”和“公寓（L'Appartement）”都华丽至极，十分考究。运气好的话，有时候还能遇上酒店的特别优惠价，保持关注哦！

餐厅

Lipp

地址： 151 boulevard Saint－Germain
电话： +331 4548 5391
营业时间： 周一至周日 09：00—次日 00：45

€€　€€€

Lipp 餐厅的菜单以周为单位，进行固定轮换，菜品丰富，基本都是传统佳肴。天花板上的壁画、19 世纪风格的吊灯、精美的装饰，使这里成为一家独特的餐厅，巴黎的政治精英们经常光顾——午餐或晚餐时分，可以看到一些议会议员、参议员、部长在这里用餐，当然通常也少不了记者。

Allard

地址： 41 rue Saint－André des Arts
电话： +331 5800 2346
营业时间： 周一至周日 12：00—14：00，19：00—22：00

€€　€€€

1932 年，法国著名的“厨师妈妈”Marthe Allard 创办了 Allard 餐厅，就位于巴黎圣日耳曼德佩街区的中心位置。Allard 将一些家常菜谱从家乡勃艮第带到巴黎，这也是这家餐厅广为人知的一大特色。

Guy Savoy

地址： Guy Savoy à la Monnaie de Paris 11 quai de Conti
电话： +331 4380 4061
营业时间： 每天 12：00—14：00，19：00—22：00

€€€€

详见“米其林餐厅”一节（240 页）。

Le Bouillon Racine

地址： 3 rue Racine
电话： +331 4432 1560
营业时间： 每天 12：00—23：00

€€　€€€

这家餐厅成立于 1906 年，正是法国新艺术风格兴盛的时期，这种风格经常使用蜿蜒的线条，模仿藤蔓、花卉等自然元素。Le Bouillon Racine 餐厅完美保留了那个时代的风貌和艺术风格，因而它也是一座历史保护建筑。菜品价格适中，主打传统的法式菜品。

Café Pouchkine

地址： 155 boulevard Saint-Germain
电话： +331 4222 5844
营业时间： 每天 09：00—23：00

€€

这家古朴、典雅的咖啡馆兼茶室，供应俄罗斯特色的饮品和甜点，装修风格一级棒，是完美的下午茶或早午餐之选。

Le Select

地址： 98 boulevard du Montparnasse
电话： +331 7320 2760
营业时间： 周一至周四及周日 07：00—次日 02：00
周五、周六 07：00—次日 03：00

€€

Le Select 简直就是蒙巴纳斯街区精致和优雅的代名词。店里弥漫着 20 世纪 20 年代时尚风潮的气息，精美的食物，既能满足片刻小酌，也适合正餐时的大快朵颐，50 多款威士忌，更是爱酒人士的心头好。

Hélène Darroze

地址： 4 rue d'Assas
电话： +331 4222 0011
营业时间： 周三至周六 19：30—00：00
交通： 地铁 12 号线 Sèvres-Babylone 或 Rennes 站
地铁 10 号线 Sèvres-Babylone 站

€€€€

来自法国西南部的大厨 Hélène Darroze，如同一位魔术师，她烹饪的菜肴正统却又不失丰富的想象力，而且一点儿也不造作。餐厅的“品尝套餐（menu dégustation）”融入了大厨自己对季节的思考，从不会让人失望。

商店

Boulangerie Poilâne

总店地址： 8 rue du Cherche － Midi
电话： +331 4548 4259

其他 Poilâne 面包店
地址 1： 49 boulevard de Grenelle, Paris 15
电话： +331 4579 1149
营业时间： 周日营业

地址 2： 38 rue Debelleyme, Paris 3
电话： +331 4461 8339
营业时间： 周日营业

若要追溯 Poilâne 面包的历史，那就要从 Pierre-Léon Poilâne 的家族开始说起了。1932 年，Pierre-Léon Poilâne 在 Cherche-Midi 街上开了第一家店。第一次世界大战后，经济开始复苏，这时候的消费者都喜欢上了白面包。但 Pierre-Léon Poilâne 仍然遵循传统，坚持选择有一定酸度的黑面包——这个配方从他开店的那一天起就没有变过。

创始人的两个儿子都继承了父亲的面包事业，特别是 Lionel，一直在探索如何用最古老和最传统的方法制作面包。磨石研磨的小麦粉，可以保留面粉中的营养物质，面包炉用木头加热，面包品种的数量控制在一定范围内，以此来保证每款面包的完美状态。

Annick Goutal

地址： 12 place Saint-Sulpice
电话： +331 4633 0315
营业时间： 周一至周六 10：00—19：00

巴黎有 10 多家 Annick Goutal 香氛店，其中位于 Saint-Sulpice 广场的这家尤其让人感觉愉悦、舒适。这一品牌的香氛气味优雅，在法国十分畅销。

Chapeaux Marie Mercié

地址： 23, rue Saint-Sulpice

1987 年以来，玛丽 · 梅西耶（Marie Mercié）就一直在创作犹如雕像作品般的帽子，新颖，有创意……而且在中国很难找到！

Trudon

Trudon 左岸店
地址： 78 rue de Seine 75006 Paris
电话： +331 4326 4650
营业时间： 周一至周六 10：00—19：00

Trudon 右岸店
地址 1： 11 rue Sainte Croix de la Bretonnerie 75004 Paris
电话： +331 4277 9088
营业时间： 周一至周六 10：00—19：00

乐篷马歇百货（Bon Marché）柜台
地址 2： 24 rue de Sèvres 75007 Paris
电话： +331 4439 5753

蜡烛品牌 Trudon 创立于 1643 年，这些“制蜡”工人在我看来都是杰出的艺术大师。我特别推荐拿破仑、玛丽 · 安托瓦内特和本杰明 · 富兰克林的半身像蜡烛，精美绝伦，简直让人舍不得点燃蜡芯。除了精致的蜡烛制品，店铺的玻璃钟罩、香氛长火柴、香氛喷雾、散香器也都各具特色，极尽优雅。

服务

Maison de coiffure Christophe-Nicolas Biot

地址： 52 rue Saint-André des Arts
电话： +331 4326 5821
营业时间： 周一 09：30—19：30
周二至周六 09：00—19：30

这是一家理发店，无论你是在杂志上看到的、还是T台模特或电影明星的时尚发型，Christophe-Nicolas Biot 都能帮你实现。媒体们称他为前卫的、具有预见性的发型师，来他的店里，享受明星般的待遇吧！

Espace Yon-Ka rive gauche

地址： 39 rue de sèvres
电话： +331 4544 3979
营业时间： 周二至周三 09：00—19：30
周四至周五 09：30—21：00
周六 09：00—19：00

专业的芳香疗法护理中心——Yon-Ka左岸空间，可以唤醒、滋养你的皮肤，让你变得年轻。这里是休闲和放松的好去处，可供选择的养疗种类也很多，比如按摩、磨砂、保湿护理、手足美护、足底按摩等。

7区

餐厅

Le Cinq Mars

地址： 51 rue de Verneuil
电话： +331 4544 6913
营业时间： 周一至周四 12：00—14：30
19：30—22：30
周五 12：00—14：30，19：30—23：00
周六 12：30—15：00，19：30—23：00
周日 12：30—15：00，19：30—22：00
交通： 地铁 12 号线 Solferino 或 rue du Bac 站

€€€

Le Cinq Mars 餐厅适合吃简餐，供应的基本都是法式传统家常菜：薄切半生扇贝、蘑菇塞肉、七时羊肉以及著名的蔬菜炖肉。餐厅的装修风格混合了木质和金属元素的工业风，酒单也相当不错。

Thoumieux

地址： 58 rue Saint-Dominique
电话： +331 4551 1212
吧台开放时间： 周一至周六 08：00—20：00
周日 08：00—18：00
餐厅营业时间： 周一至周日 12：00–14：30
19：00–23：30
其他： 午间套餐价格相对便宜，仅为 22 欧元

€€ €€€

这家餐厅始建于1923年，后在大厨Jean-François Piège 的管理下重获新生。后来，Sylvestre Wahid 又接管了餐厅，9岁从巴基斯坦来到法国的他，如今已经是法国最炙手可热的大厨之一。在 Thoumieux，你可以选择午间套餐（formule du déjeuner）或品尝套餐（menu dégustation），后者有三款，分别是陆地风味、海洋风味和餐厅特色。

Au ciel de Shanghai

地址： 33 avenue de Suffren
电话： +331 4734 6272
交通： 地铁 6 号线 Bir-Hakeim 站

€

在这家名为“上海天空”（Au ciel de Shanghai）的餐厅，你会听到熟悉的中文，门口经常停着许多大巴车等团队游客，他们匆匆吃完饭还要赶赴下一个景点。如果你想在30分钟内迅速搞定午餐，这里是个不错的选择。餐厅设有露天茶座，对于非团队游客来说，15欧元也能搞定一顿不错的午餐。

Les cocottes de Christian Constant

地址： 135, rue Saint-Dominique
电话： +331 4550 1028
营业时间： 每天 12：00—23：00

€€€

这里的特色是用小炖锅重新演绎法国菜和法国西南部特色菜。采用石材装修的餐厅，风格别致、轻松，菜肴也是色香味俱佳。

商店

Deyrolle

地址： 46 rue du Bac
电话： +331 4222 3007
营业时间： 周一到周六 10：00—19：00

Deyrolle 是巴黎最令人着迷的店铺之一，如果你看过伍迪·艾伦的电影《午夜巴黎》，那你就已经目睹过它的芳容。

自 1831 年创立以来，Deyrolle 出售的是美、知识、好奇心、赞叹、科学以及尊重。通过什么样的载体呢？答案是精美的动物标本、动物骨架、教学用图的地图、化石、昆虫及矿石标本。从长颈鹿到鸵鸟，标本用到的动物并非通过杀戮获得，而是来自动物园或其他官方机构提供的死亡动物。

Deyrolle 就是这样一个令人着迷的珍奇馆，我相信你一定会喜欢上这里。

Ines de la Fressange Paris

地址： 24 rue de Grenelle
电话： +331 4548 1906
营业时间： 周一至周六 11：00—19：00

以超模身份与 Chanel 合作多年后，Ines de la Fressange 在巴黎 7 区开了一家自己的店，出售由她本人挑选的饰品、眼镜、珠宝等。另外，这里还有品牌成衣、她自己参与设计的内衣系列，以及从全球各地搜罗来的复古物件。

8 区

餐厅

Le Pichet

地址： 68 rue Pierre Charron
电话： +331 4359 5034
营业时间： 12：00—15：00，18：45—23：30

€ €€

坐落于“金三角”街区的 Le Pichet 餐厅供应品质上乘的海鲜，经常招待国家元首和政要访客，比如法国前总统密特朗。这家餐厅还供应一种名为“pied de cheval”的生蚝，在别的地方很少能吃到，可以考虑尝试一下。

Le Bistrot du sommelier

地址： 97 boulevard Haussmann
电话： +331 4265 2485
营业时间： 周一至周五 12：00—14：30
19：00—22：30

€€ €€€

这是 1992 年获“全球最佳侍酒师”称号的 Philippe Faure Brac 开设的餐厅。配合美味的菜肴，这里提供上千款来自法国和世界各地的葡萄酒，有的虽然名不见经传，却别有风味。在这家餐厅，你可以享受到真正的葡萄酒行家给出的餐酒搭配。

Chez Francis

地址： 7 place de l'Alma
电话： +331 4720 8683
营业时间： 每天 08：30—23：30
（周四至周六营业至 00：00）
交通： 地铁 9 号线 Alma 站

€€€

正对着塞纳河、乔治五世大道和蒙田大道的交界处，坐拥如此绝佳位置的餐厅景色十分优美，当然料理也很出色！另外，餐厅服务周到，价格合理。如果你逛完了路易·威登，下一站还要去迪奥的话，这是个非常不错的歇脚处哦。

咖啡厅、酒吧

Mini Palais

地址： 3 avenue Winston Churchill
电话： +331 4 56 4242
营业时间： 每天 10：00—次日 02：00

€ €€

这家店位于大皇宫圆柱脚下的一大块平地上，能看到小皇宫的美妙景色。餐厅是皇家风格的装修，供应的法式大餐借鉴了亚洲、西班牙和意大利的美食风情。这里的鸡尾酒独具创意，而且十分华丽。总之欢迎来到“迷你皇宫”！

商店

Maille

地址： 6 place de la Madeleine
电话： +331 4015 0600
营业时间： 周一至周六 10：00—19：00

1720 年，酿醋商 Antoine – Claude Maille 在马赛创办了 Maille。第一家位于巴黎的店铺在 1747 年开业，并成为路易十五的御用供应商。如今，在马德莱娜大教堂前也有 Maille 的调味品店铺，你可以在这里买到混合了芒果、覆盆子、罗勒、干邑、蜂蜜香醋以及其他风味的芥末。

Épicerie Gustave

地址： 72 boulevard Malesherbes
电话： +331 5376 1609
营业时间： 每天 10：30—00：00

这家食品店十分精致，出售鹅肝、鳌虾等高贵食材，也供应一些美味的成品菜肴。如果你对酒不太在行，店家也会提供一些很不错的建议哦。

服务

Le spa Biguine

地址： 10 rue Marbeuf
电话： +331 5367 8190
营业时间： 周一至周六 09：30—19：00

这家名为 Biguine 的 Spa 会所也在香榭丽舍附近。店内黑色的墙面和散落在各处的蜡烛营造出了静谧、优雅和充满东方韵味的氛围，让人毫不犹豫地就想要沉浸其中并体验这里提供的犹如艺术一般的服务。针对男士客户，这里提供的服务有：理发、东方护理、土耳其浴、去角质、刮体毛。一日护理套餐针对那些想要在这里好好享受一天的女性客户，套餐中包括了土耳其浴、去角质、体膜、护发、手部和足部美容。

Delacre

地址： 17 avenue George V
电话： +331 4070 9970
营业时间： 周一至周六 11：00—19：00

这是一家专为男士服务的高级护理店，位于香榭丽舍附近，是个放松身心、寻找平静的好去处。无论是理发、修面、放松疗法、足底反射、按摩或水疗，这里提供的服务都能让你好好放松一下。

9 区

酒店

Hôtel Amour

地址： 8 rue de Navarin
电话： +331 4878 3180

Amour 酒店共有 20 间房，风格奢华，由来自世界各地的设计师设计和装修。这里还有钟点房可以选择。

Hôtel de Nell

地址： 9 rue du Conservatoire
电话： +331 4483 8360

酒店有 33 间客房和套间，由建筑大师 Jean – Michel Wilmotte 担任设计工作。酒店风格优雅，更重要的是床睡起来非常舒服，绝对值得体验！酒店餐厅 La Régalade Conservatoire 味道出色，价格公道。

Hôtel Helussi

地址： 22 bis rue de Bellefond
电话： +331 8283 2020
邮箱： info@helussi.fr

这并不是一家奢华的酒店，但服务热情，性价比高，而且地理位置好，位于人气街区，靠近市中心。

餐厅

Le Café de la Paix

地址： InterContinental, Le Grand Hôtel, 5 place de l'Opéra
电话： +331 4007 3636
营业时间： 每天 07：00—23：00

€€€

和平咖啡馆（Le Café de la Paix）创立于1862年，吊灯、壁画、镀金装饰等拿破仑三世的装修风格，让整间餐厅看起来像是个铺满了奶油的蛋糕，尽显优雅。菜单中有不少经典菜，如焗洋葱汤（soupe à l'oignon gratinée，和平咖啡馆自开业以来保留至今的一道菜）、面拖鳎鱼（la sole meunière）、勃艮第蜗牛（les escargots de Bourgogne）、海鳌虾（les langoustines）和香草千层酥（millefeuille à la vanille）等。这里也适合吃一顿美美的早午餐，享受食物的同时还能欣赏巴黎歌剧院的景色。

Bouillon Chartier

地址： 7 rue du Faubourg Montmartre
电话： +331 4770 8629
营业时间： 每天 11：30—00：00

餐馆 Bouillon Chartier 于1896年开业，当时欧洲正处于被后人称为“美好年代”的和平时期。当时的艺术作品充满了乐观主义色彩，这一特点在餐厅的室内装饰中展露无遗。在这里，时光仿佛可以倒流……餐厅的菜单按照过去的样式打印出来，服务员身穿19世纪咖啡馆服务生的传统制服，结账时则会直接把数字写在纸质餐布上。这里的食物也不贵，简单中透露出些许“小资情怀”，如果你想知道法国人平时在家里都吃些什么，那来这里准没错。

服务

Spa des Cinq Mondes

地址： 6 square de l'Opéra – Louis Jouvet
电话： +331 4266 0060
营业时间： 周一至周四 11：00—20：00
周五至周六 10：00—20：00

店主 Jean—Louis Poiroux 到世界各地搜寻各种美容护理产品，然后带回法国。在这片19世纪风格的商业街区，Spa des Cinq Mondes 会所希望将宁静、祥和带给客人，来一场日本、泰国或巴西感官之旅。

10 区

酒店

Grand Hotel Amour

地址： 18 rue de la Fidélité
电话： +331 4416 0330

一天中的任何时间都可以来这里享用咖啡、茶或鸡尾酒，也可以尝尝完美的米兰肉片（escalope milanaise），当然，住宿体验也非常赞！

餐厅

Le Chateaubriand

地址： 129 avenue Parmentier
电话： +331 4357 4595
交通： 地铁11号线 Goncourt 站

€€€€

如果让我推荐 Chateaubriand 餐厅的招牌菜，倒是真有点为难，因为主厨 Iñaki Aizpitarte 每个季节都会根据食材情况变化菜单，这也让他有更大的空间施展才华和灵感。美味的菜肴仿佛是一个浩浩荡荡的杂技团，穿过整个村落，热闹非凡，令人眼花缭乱。

不过，这里的装修比较普通，餐厅有点吵吵嚷嚷的，但服务员都很热情！

Le Dauphin

地址：131 avenue Parmentier
电话：+331 5528 7888
交通：地铁 11 号线 Goncourt 站

€€€

Le Dauphin 餐厅其实是 Le Chateau－briand 的分店，由同一个团队经营、管理。这里都是小份的菜，充满创意，让人享受味蕾的狂欢。

Le Galopin

地址：34 rue Sainte － Marthe
电话：+331 4206 0503
营业时间：周一至周三 19：30—23：00
周四至周五 12：00—14：00
19：30—23：00

€€　€€€

位于 Sainte － Marthe 街的 Galopin 餐厅浪漫而富有魅力，试试这里的“品尝套餐（menu － dégustation）”吧，一共七道应季菜品，各种风味相互融合，产生惊艳的效果，滋味绝妙。

Restaurant Hôtel du Nord

地址：102 quai de Jemmapes
电话：+331 4040 7878
营业时间：每天 10：30—次日 01：30

€€

坐落于圣马丁运河岸边的北方旅馆（Hôtel du Nord）是导演马塞尔·卡尔内（Marcel Carné）执导的影片——《北方旅馆》中的场景之一。不过，电影中的北方旅馆是在影棚中搭建出来的，而这家真实的北方旅馆，为客人供应简单菜肴，同时力求改进风味，确保菜肴的价值。天气好的时候，还可以在露天座上享受运河沿岸的好风光，看看街景。

商店

Centre commercial

地址：2 rue de Marseille
电话：+331 4202 2608
营业时间：周一 13：00—19：30
周二至周六 11：30—20：00
周日 14：00—19：00

这家“购物中心”并非字面含义那么简单。这里绝不是传统意义上的购物中心，而是一个大牌云集的时尚空间，清一色都是在欧洲设计并完成制造。

La Tête dans les olives

地址：2 rue Sainte Marthe
电话：+331 95131 3334
营业时间：周二至周五 14：00—19：00
周六 10：00—13：00 14：00—19：00
交通：地铁 2 号线 Colonel Fabien 站

位于 Sainte － Marthe 街上的 La Tête dans les olives 是一家别具风格的香料店。店主 Cédric Casanova 精选的番茄干、盐焗刺山柑花蕾、盐水橄榄、无花果、各种香料、金枪鱼子、金枪鱼干以及最上乘的奶酪都值得尝试。这里的橄榄油是店家在西西里采用冷压榨技术压榨而成的，装瓶出售，也可以散装购买。

在距离柜台几米开外的地方，Cédric Casanova 还开了一家只能容纳一张餐桌的餐厅，最多供 5 人同时用餐——提前订位自然是不用说了。

Yann Couvreur

地址：137 avenue Parmentier
交通：地铁 11 号线 Goncourt 站

Yann Couvreur 为乔治五世大道上的加勒王子酒店（Prince de Galles）制作糕点已经有好些年头了。如今，这位声名鹊起的甜品商在巴黎 10 区开了一家实体店。黑麦面粉制作的马达加斯加香草千层酥是这里的招牌，精致万分，让人想一口咬下去……千层酥上还可以点缀烤榛果、开心果、红色果泥、巧克力块、朗姆酒味的提子或咸味焦糖黄油等。另外，Yann Couvreur 的闪电泡芙味道不那么甜，比较适合中国人，外形设计也是精巧美妙。年轻的甜点师非常阳光、热情，在他成为明星前，快去他的店里一睹尊容吧！

Du pain et des idées

地址： 34 rue Yves Toudic
电话： +331 4240 4452

这家面包店就在我家附近，店铺的历史可以追溯到 1870 年。时至今日，店里依然保留着彩绘玻璃天花板和斜面镜子。在这里，传统大于一切。面粉、鸡蛋、黄油——所有原料都是有机的，来自那些热爱自己行业的供应商。

店里的明星产品当数 Pain des amis，栗子口味配上槭树糖浆……实在美味极了！每到周五，面包师还会推出一款橙花口味的苹果葡萄面包。另外，这里的羊角面包也在法国名列前茅，还有美味的古法苹果馅饼，一口下去似乎就能让人回到童年，再次 体会那种小朋友从书包里拿出妈妈放进去的苹果馅饼，然后咬上一大口的满足感！

值得一提的是，这家店只卖面包，不卖蛋糕，因为店主只想专心做好一件事情：“我只是个面包匠，但我一定要带着热情把面包做到极致。”根据季节的不同，新鲜的时令水果派会一种接一种出现在货架上：10 月到来年 5 月是黄油焦糖苹果派，9 月则是杏子或李子配无花果派。

11 区

餐厅

Pierre Sang

地址： 55 rue Oberkampf
电话： +339 6731 9680
地址 2： 6 rue Gambey

店主 Pierre Sang 是韩裔，从小被法国家庭收养。由于在法国长大，他非常了解这里的传统美食并将之发扬光大。一档电视厨艺秀节目，让这位年轻的大厨一炮而红，他在巴黎 11 区开了两家餐厅，且相距也不远。这里的菜单独一无二，每道菜都犹如一场发现之旅。应季食材经常以一种令人意想不到的方式呈现在盘中，简单又不失美味。

Septime (Bertrand Grébaut)

地址： 80 rue de Charonne
电话： +331 4367 3829
交通： 地铁 9 号线 Charonne 站

€€€

这家可以算得上巴黎最时髦的餐厅之一，尽管简单的装修风格让它看上去与普通餐厅并无很大区别，但菜单里的特别之处才是玄妙所在——市场里的普通食材和天才大厨的灵光乍现，组合出美妙的菜品，你永远无法预料自己会吃到什么。换句话说，这里的菜单一般不会事先拟好，来就餐的话，就像听随机歌单一样，只要放心享受即可。这里的葡萄酒也一样令人期待：有些出人意料，但与菜肴搭配刚刚好。所以我的个人建议是，就让餐厅侍酒师来为你选酒吧！

Paul Bert (Bertrand Aboyneau)

地址： 18 rue Paul Bert
电话： +331 4372 2401
营业时间： 周二至周六 12：00—14：00，19：30—2
交通： 地铁 9 号线 Charonne 站

€€€

这是一家非常出色的小餐厅，一年四季都可以享受到各种美味佳肴，比如香菜柠檬煎鱿鱼、嫩牛排、皇家野兔肉……最后再来一道家喻户晓的经典甜品：巴黎布雷斯特车轮泡芙（Paris – Brest，填充了榛子奶油的泡芙）。这道甜点清爽不甜腻，非常美味可口。

Le Perchoir

地址： 14 rue Crespin du Gast
电话： +331 48 06 18 48
预约邮箱： reservation@leperchoir.fr

这家餐厅拥有全巴黎最迷人的露台之一。乘坐电梯来到一个看上去很普通的内庭，再走到顶层，就能看到沙发、大餐桌、散落其间的植物盆栽，当然还有绝佳的景致。露天吧台供应独具特色的鸡尾酒和来自世界各地的啤酒，冰镇的桃红葡萄酒也很不错。西班牙火腿和鲑鱼慕斯则是必点的招牌美食，48 欧元的套餐内容丰富，值得尝试。

12 区

餐厅

Le Train bleu

地址： Gare de Lyon, 1er étage, Place Louis Armand
电话： +331 4343 0906
营业时间： 每天 11：30 — 14：45 19：00 — 22：45

€€€

这家餐厅所在的历史建筑建于 1900 年，曾接待过可可 · 香奈儿、让 · 科克托（法国诗人和剧作家）等名流。餐厅的庄严内饰令人印象深刻，镀金的柱子、雕像、水晶吊灯和壁画，让整个屋子呈现出典型的 20 世纪风格。菜单也非常丰富，招牌菜是羊腿配菜豆（gigot d'agneau aux haricots blancs）。

14 区

餐厅

La Coupole

地址： 102 boulevard du Montparnasse
电话： +331 4320 1420
营业时间： 周一至周五 08：00 — 23：00
周六、周日及节假日 08：00 — 次日 00：00

€€

La Coupole 是巴黎家喻户晓的餐厅，1927 年开业，许多作家、戏剧家、音乐家经常来这里就餐。餐厅美轮美奂，柱子上挂着当年的画作，马赛克瓷砖地面也受到了立体派风格的影响

这里的海鲜拼盘、印度咖喱、叙泽特薄饼、糖渍蜜梨、巴黎 - 布雷斯特车轮奶油泡芙等，都是不容错过的经典菜肴。

La Contre – Allée

地址： 83 avenue Denfer-Rochereau
电话： +331 4354 9986
营业时间： 周一至周五 12：00 — 14：30，
19：30 — 22：00

€€ €€€

在 Denfert Rochereau 广场不远处，有一个醒目的红色雨棚，这就是 La Contre – Allée 餐厅！老板非常喜欢中国和中国人，如果你有机会来就餐，一定会受到热情款待。

餐厅里摆着方形餐桌，不仅菜单经过了精心设计，葡萄酒也都是从上好的酒商那里挑选出来的，甜点则是经典的法式风格。

16 区

餐厅

Les Marches

地址： 5 rue de la Manutention
电话： +331 4723 5280
交通： 地铁 9 号线 Iéna 站

€€

法国的卡车司机每天都开着车在全国各地公路上奔驰，他们需要找到既简单又便宜的餐厅来填饱肚子。于是，20 世纪下半叶诞生了一批传统的“公路餐厅”，让这些旅途上的人能好好吃上一顿。巴黎的最后一家公路餐厅叫做 Les Marches，位于东京宫（Palais de Tokyo）附近。

餐厅的菜品种类非常丰富，不仅都是法国传统菜，价格也很适中，符合卡车司机的消费水平……游客也不会觉得太贵！店里顾客总是熙熙攘攘的，店员服务也很热情周到。

Café de l'Homme

地址：17 place du Trocadéro
电话：+331 4405 3015
营业时间：周一至周六 12：00—次日 02：00
周日 12：00—00：00
交通：地铁 Trocadéro 站

€€

这家 Café de l'Homme 餐厅的名字源于人类学博物馆（le musée d'anthropologie），菜肴经典又不失创意。坐在精致的餐厅里，享用薄切扇贝、野生狼鲈、诺曼底牛里脊……想想就觉得很惬意！这家小餐馆还有一大特色，那就是 300 平方米的露天座，可以饱览塞纳河和埃菲尔铁塔的美景。二层也可以安排出一个可容纳 16 人的小包间。

La grande cascade

地址：Bois de Boulogne, Allée de Longchamp
电话：+ 331 4527 3351
营业时间：全天营业

€€€

这是一家很棒的餐厅，非常适合举办庆典、情侣约会，甚至来场浪漫的求婚！烛台、水晶和镀金装饰掩映在布洛涅森林青葱之间，让客人们仿佛沉浸在法兰西第二帝国的氛围中。在过去，这里是猎人的休憩场所，如今的招牌菜是香芹、鹅肝、黑松露和帕尔马干酪通心面，餐厅的服务也很棒。

17 区

餐厅

Le Crabe – marteau

地址：16 rue des Acacias
电话：+331 4409 8559
营业时间：周一至周六，12：00—14：30，
19：30—22：30

€€

在海鲜上市的季节，这家餐厅会供应前一晚从布列塔尼布的雷斯特港运来的海鲜。海鲜端上餐桌的同时，还会提供给食客一个专门用来吃海鲜的小木槌和围裙，非常有意思，因此也吸引了不少食客。餐厅的用餐氛围轻松，服务热情友好，最重要的是食材都非常新鲜。

18 区

酒店

L'Hôtel Particulier (Montmartre)

地址：23 avenue Junot, Pavillon D
电话：+331 5341 8140
营业时间：周三至周六 19：00—22：00
周末早午餐 12：00—14：30

这座酒店就像喧闹都市中的一座静谧小岛，媒体对它安静浪漫的氛围、郁郁葱葱的花园和精致优雅的格调都毫不吝惜赞美之词。酒店的每个套间都各具特色、充满热情，供应的季节套餐中包括一顿美餐和一瓶香槟，主厨 Thibaut Spiwack 推出的品尝套餐也充满想象力。美中不足的是，我第一次来这里体验的时候就“碰壁”了——我在餐厅外等了很久都没有人出来接待，哪怕是说一声“你好”。五六个服务员忙进忙出，但似乎对那些只是来喝杯茶的客人都有些怠慢，热情接待和高端服务都去哪儿了呢？我不禁要打个问号。

Le Terrass Hotel

地址：12 – 14 rue Joseph de Maistre
电话：+331 4606 7285

这家酒店已经有超过 100 年的历史了，翻新之后共设有 92 间客房，从地下酒窖到露天茶座，全都是最舒适的配置。有 20 间客房正对着埃菲尔铁塔的景观阳台，在酒店餐厅的露台上小酌一杯或美餐一顿时，可以 360 度无死角饱览城市美景。

餐厅

Le Moulin de la Galette

地址：83 rue Lepic
电话：+331 4606 8477
营业时间：每天 12：00—14：30
9：00—22：30
交通：地铁 12 号线 Lamarck – Caulaincourt 站
地铁 2 号线 Pigalle 站

€€

我在蒙马特那章中已经提过 le Moulin de la Galette。这家名为“磨坊煎饼”的传奇餐厅，曾一度是一家敷衍游客的普通餐馆，让人以为再也看不到它往昔的辉煌。一位来自蒙马特的创业者 Cédric Barbier 看到日渐衰落的店铺非常难过，便决定和 Nicolas Tourneville 一起，从里到外对餐厅进行重新打造。餐厅的天花板采用架空的形式，好让客人透过餐厅看见磨坊内部。如今，从负责接待的前台开始，一直到餐厅最里面的厨房，处处都体现着对客人悉心、周到的服务。Nicolas Tourneville 曾经在巴厘岛经营过 le Métis 餐厅，对亚洲文化非常了解。

从菜单就能一窥餐厅的用心之处。所有菜都是在整修一新的厨房里现做的，新配置的西班牙烤箱，能够将食物烹饪到完美状态。餐厅主打法国菜，大部分都是经典菜肴，每一道都用心呈现：前菜有蟹肉青柠配覆盆子奶酪和黄瓜、王菜的牛排可供 2 ~ 3 人享用、最后以甜点焦糖千层酥收尾。

有一点需要注意一下：餐厅的服务速度不是很快，而且接待 8 人以上的团队也有些困难。如果你是 6 ~ 8 人同行，那一定要事先预约，30 号桌刚好就是一张圆桌。当然，每个座位都很舒适，磨坊后面有个安静、漂亮的花园，天气好的时候坐在露台上很惬意。

Le Coq Rico

地址：98 rue Lepic
电话：+331 4259 8289
营业时间：周一至周日 12：00—14：30，19：00—次日 00：00

€€

餐厅 le Coq Rico 有一个别称——最美味的家禽餐厅。创始人 Antoine Westermann 联手法国最优秀的养殖场，把上好的家禽运送到这里，搭配其他鲜美食材，用小锅炖煮熬汤，或者整只烹烤食用。

La Mascotte

地址：52 rue des Abbesses
电话：+331 4606 2815
营业时间：每天 08：00—23：30
交通：地铁 2 号线 Blanche 站；地铁 12 号线 Abbesses 站

€€　€€€

La Mascotte 是一家传统的小餐馆，但与那些低价小餐馆不同，游客在这里绝不会吃到加热的速冻菜。餐厅食材来自法国各个地区，海鲜和鱼都非常鲜美，因此回头客很多。

商店

Le grenier à pain

地址：38 rue des Abbesses
电话：+331 4606 4181
营业时间：周一、周四至周日 07：30—20：00

这是一家饱受赞誉的面包店。在这里能吃到巴黎最好的法棍，另一款名为“pain de 3”的面包也值得一尝——这款用 3 种面粉制作出来的面包，完美平衡了面包芯的绵软和外壳的松脆口感。面包店创始人 Michel Galloyer 马上就要把面包店开进中国了，但最正宗的还是这家位于 Abbesses 街上的店面。

对了，这家店就在去蒙马特高地的必经之路上。

Tombées du Camion

地址：17, rue Joseph de Maistre
电话：+339 8121 6280
营业时间：每天 13：00—20：00

这家位于蒙马特的古董店里都是怀旧、复古的小物件，比如珠宝、珍珠和时尚配饰，还有许多让人意想不到的饰品和 20 世纪的玩具。可以说，这儿全都是些有新意的奇珍异宝。

19 区

餐厅

Rosa Bonheur

地址： Parc des Buttes de Chaumont,
2 avenue de la Cascade
电话： +331 4200 0045
营业时间： 周三至周六 12：00—次日 02：00
周日 12：00—00：00

€€

到伯特肖蒙公园（parc des Buttes – Chaumont）散散步，然后去 Rosa Bonheur 餐厅歇歇脚吧！这里欢声笑语不断，木桌和长条凳别具特色，可以坐在露台上一边享受阳光，一边品尝美味的 tapas：无花果油橄榄酱、西班牙火腿、奶酪、猪肉冻、珊瑚海胆鱼子酱、咸味蔬菜蛋糕。这是一个朋友聚会、吃点小食、喝口小酒的好地方。

Paname Brewing Company

地址： 41 bis quai de la Loire
电话： +331 4036 4355
营业时间： 周一至周日 11：00—次日 02：00

€ €€

在乌尔克运河边一栋极具纽约风格的建筑里，有一家特别棒的餐厅。啤酒爱好者在这里可以制作属于自己的手工啤酒，有 5 种不同的风味和酒精度。这里供应高端的“街头小吃”，选用新鲜的上好食材，制作成美味的比萨、沙拉、凉拌卷心菜、鹰嘴豆酱、汉堡包、啤酒煎里脊、布朗尼、芝士蛋糕等。

La table d'Hugo Desnoyer

地址： 33 avenue Secrétan
电话： +331 4005 1079
网站： www.hugodesnoyer.com

€€

Hugo Desnoyer 是著名的肉店老板，如果你喜欢吃肉，那一定会爱上他的这家餐厅。

20 区

酒店

Le Mama Shelter

地址： 109 rue de Bagnolet
电话： + 331 4348 4848

Le Mama Shelter 是一家酒店，同时也有餐厅、比萨屋以及一间对外开放的露天茶座。这里的房间虽然不大，但装修风格大胆创新，别具异域风情。

枫丹白露

酒店

La Demeure du Parc

地址： 36 rue Paul Seramy
电话： + 331 4348 4848
邮件： contact@lademeureduparc.fr

La Demeure du Parc 酒店有 27 间客房和套房，其中有不少是公园景致房。色调柔和的浅绿色墙面、金色的地板，让人彻底忘却疲惫的完美浴室，焦脆的鸭子馅饼配鹅肝、羊肉配时蔬、鲷鱼片佐柑橘酱——完美！

服务

Spa Novotel de Fontainebleau

地址： Route Nationale, 152 chemin de Melun, 77760 Ury
电话： +331 6071 2424
营业时间： 周一至周六 09：15—19：45
周日 09：15—17：00

位于枫丹白露森林附近的 Novotel 距离巴黎车程不到 1 小时，这里有一家极具当代风格的 Spa，提供舒适的房间和优质的服务，包括 Spa、按摩、身体护理等。沉浸在一片绿意盎然的田园氛围中，离开巴黎前去享受片刻的悠闲吧。

图尔

餐厅

Le Saint-Honoré

地址： 7, place des Petites Boucheries, 37000 Tours
电话： +332 4761 9382
营业时间： 周一至周五
€ €€€

餐厅 Le Saint – Honoré 建在一间古老的面包房内，名字是为了向作家 Honoré de Balzac（巴尔扎克）致敬，店主 Isabelle 和 Benoît Pasquier 的手艺深受《米其林指南》的认可。这里的蔬菜直接从卢瓦尔河沿岸的菜园里采购，食材的品质绝对有保证。餐厅空间不大，恋人和朋友来这里再合适不过。

圣马洛

餐厅

Comptoir Breizh Café

地址： 7, place des Petites Boucheries, 37000 Tours
电话： +332 4761 9382
营业时间： 周一至周五
€ €€

这家餐厅混合了布列塔尼和亚洲风味，咸味煎饼中有海藻，而甜味煎饼里会有柚子。

Autour du beurre

地址： 7 rue de l'Orme, Saint-Malo
电话： +332 23 18 2581
营业时间： 周一或周二 12：00—14：00
19：00—22：00
淡季只有周五、周六晚间开放
其他： 建议就餐之前和餐厅确认营业时间
€€

用全世界最好的黄油展现布列塔尼最美的风味，食材有当地的海鱼、黄道蟹、海藻沙司、金枪鱼、安康鱼、莴苣等。

Cargo Culte

地址： 1 rue Broussais, Saint – Malo
电话： +332 9988 0868
营业时间： 周二至周日 11：00—22：30
€ €€

这里兼具了咖啡馆、餐厅和旧货店多重功能，给人轻松愉悦的感觉。各种沙拉和咸甜口味的挞挞是特色，生蚝也很新鲜。每日例汤采用的食材都是当地的蔬菜和菌菇。

Marie Thé

地址： 3 rue Gouin de Beauchesne, Saint – Malo
电话： +332 9940 9719
营业时间： 周日至周二 12：00—21：00
€ €€

Marie Thé 是个餐厅，也是一间茶室，他家的海鲜尤其出色，比如鱼肉串、海鲜小炖锅等。逛完堡垒后，来这里吃一块自制蛋糕，你一定立刻就能元气满满啦。

商店

Épices Roellinger

地址： 2 rue Saint Vincent, Saint － Malo
电话： +336 1880 4410
营业时间： 周二至周六 10：00—19：00
周日 10：00—14：00

店主 Olivier Roellinger 曾是米其林的星级主厨，如今他开的这家店搜罗了来自全球各地的香料，可以单卖，也可以根据菜谱搭配出售。香草柜台仿佛让顾客置身马达加斯加、大溪地、巴布亚或墨西哥。红胡椒则是给甜点增添风味的上好作料，来自柬埔寨的贡布肉桂是从清晨第一场雨后的肉桂树枝上现剪下的，来自斯里兰卡。当然，店主从来没有忘记自己的故乡布列塔尼——混合了海藻和海盐的调料非常惊艳，这种“海洋之粉”是鱼肉的绝佳作料，在烹饪时撒上一层，让鱼肉充分吸收调料的香味。以苹果酸为基底的克尔特醋，也是搭配鱼肉和扇贝的好伴侣。

Lostmarc'h

地址： 8 rue Sainte Marguerite
电话： +332 9940 6250

这里堪称“海洋药妆店”，所有护肤和美容产品都来自深海，没有化学成分。

穆斯蒂耶尔－圣玛丽镇

酒店

Les Restanques de Moustiers

地址： Route des Gorges du Verdon － D952 － 04360 Moustiers Sainte Marie
电话： +334 9274 9393
邮箱： contact@hotel-les-restanques.com
GPS 定位： Latitude 43,83999 Longitude 6,22222

这家三星级酒店的价格非常平易近人，靠近韦尔东峡谷（Verdon）和瓦伦索（Valensole）的薰衣草田，酒店里还有温水游泳池。

阿维尼翁

酒店

Hôtel d'Europe

地址： 12 place Crillon 84000 Avignon
电话： +334 9014 7676
邮箱： reservations@heurope.com
网址： www.heurope.com/fr

酒店 L'hôtel d'Europe 已经做好了充分准备迎接中国客人。不用客人自己提出，酒店就会准备好热水，房间里有烧水壶，午餐供应饺子，中国茶的品种也很丰富。

这家酒店建于 16 世纪，位于市中心，到周围任何一个景点都很方便。服务人员和蔼可亲，装修风格也很有品位。

你也许有幸可以住进拿破仑曾在 1799 年住过的卧房，位于酒店 4 层。这里还有一间接待过无数名人雅士的套间，比如雨果、狄更斯、卓别林、毕加索、达利、希拉克、阿兰 · 德隆、苏菲 · 玛索等。

如果你入住这家酒店，代我向这里的工作人员 Damien 问好，他非常了解中国，曾经在中国生活过，会说汉语，能够给你们提供最好的接待。在阿维尼翁，其他酒店我都不推荐，只单单推荐这家，因为我知道你们一定会喜欢。

对了，这里接受银联支付，酒店的官方网站也有中文信息。

索尔特

商店

Confiserie Boyer

地址：André Boyer, Place de l'Europe, 84390 Sault en Provence
电话：+334 9064 0023
营业时间：周一至周六 07：30—19：00
邮箱：infos@nougat—boyer.fr

Confiserie Boyer 糖果店从 1887 年就开业了，出售马卡龙、索尔特传统牛轧糖、小杏仁蛋糕和棉花糖。如果你想要购买薰衣草蜂蜜以及其他普罗旺斯特产，这里是个很不错的选择。

尼斯

餐厅

Café de Turin

地址：5 place Garibaldi
电话：+334 9362 2952
营业时间：每天 08：00—22：00
邮箱：contact@cafedeturin.fr

€€

这家百年老店的特色产品是海鲜，就位于尼斯最美的广场边上，食材新鲜，美味可口。

商店

Maison Auer

地址：7 rue Saint—François de Paule
电话：+334 9385 7798
营业时间：周二至周六 09：00—18：00
邮箱：contact@maison—auer.com

这是一家创立于 1820 年的店铺，正对着尼斯歌剧院。佛罗伦萨风格的装修和店内出售的甜点一样精致、诱人，比如巧克力、水果冻等。

戛纳及其所在的大区

餐厅

Le Moulin de Mougins

地址：Notre Dame de Vie — Mougins
电话：+334 9375 7824
预约：reservation@moulindemougins.com

€€　€€€

Le Moulin de Mougins 是一家酒店兼餐厅，也是蔚蓝海岸的一个传奇之地。餐厅的最大特色是将艺术融入美食。

Auberge des glycines

地址：22 place d'Armes, Île de Porquerolles, Hyères
电话：+334 9458 3036

€€

典型的普罗旺斯风格餐厅，选用当地食材，新鲜可口。餐厅有一座内院，在这里用餐有一种时间停滞的错觉，这里的服务也很热情。

波尔多

餐厅

La Tupina

地址： 6 rue Porte de la Monnaie
电话： +335 5691 5637
营业时间： 周二至周日 12：00—14：00，19：00—23：00

€€€

位于波尔多老城区的餐厅 La Tupina 创立于1968年，被《纽约时报》评为全球最佳餐厅之一。在这里，可以品尝到波尔多特色菜：波亚克羊肉（l'agneau de Pauillac），梅多克香肠（le grenier médocain，一种以猪肉大肠为原材料的传统肉制品）、布拉伊芦笋（les asperges de Blaye）、朗德四季豆、西南部特色的鹅肝……法国好几任前总统，如密特朗、希拉克、萨科齐都曾光顾过这家餐厅。

Le Pressoir d'argent

地址： Place de la Comédie
电话： +335 5730 4444
营业时间： 周二至周六 晚间开放

€€€€

在波尔多的洲际酒店二层，是英国名厨 Gordon Ramsay 掌勺的精美的 Le Pressoir d'argent 餐厅。

这栋建筑的历史，可以追溯到18世纪，供应的食物鲜美可口。

Le quatrième mur

地址： Grand—Théâtre, Place de la Comédie
电话： +335 5602 4970
营业时间： 每天 12：00—15：00，18：00—次日 00：00

€€€

该餐厅位于一栋18世纪的新古典主义建筑内，通过电视节目而走红的主厨 Philippe Etchebest，有意将这里打造成一间高雅的餐厅，却又不至于抢了食物的风头。

晚餐的套餐价是48欧元，共3款，前菜、主菜和甜点。午餐价格为32欧元，饮料和酒的价格另算。

La Belle Époque

地址： 2 allées d'Orléans Quai Louis XVIII
电话： +335 5679 1458
营业时间： 周一至周六 12：00—14：30，19：00—23：00

19世纪下半叶，国际贸易的兴起为波尔多带来了繁荣。银行家、商人、贸易者、葡萄酒商喜欢到港口附近的一家酒吧兼餐厅聚会——南特酒店（l'hôtel de Nantes）。这就是 La Belle Époque 的前身。餐厅位于一座传统建筑内，装修风格天马行空，独树一帜。

这里的招牌菜有：安康鱼排配绿咖喱蔬菜、香煎牛里脊肉、蘑菇、栗子、土豆泥、烤乳鸽搭配越橘酱汁。

商店

L'Intendant, vins et alcools

地址： 2 allée de Tourny, 33082 Bordeaux Cedex
电话： +335 5648 0129
营业时间： 周一至周六 10：00—19：30
网址： www.intendant.com

这家店出售酒精饮料和葡萄酒，当然，很大一部分都来自波尔多。葡萄酒依次陈列在一口深达12米的地窖内，有一座楼梯蜿蜒盘旋而下。店内的专业人士会在一旁提供选酒建议，他们友善热情，提供多语种服务。这家店就位于 Grand—Théâtre 的对面，洲际酒店的旁边，我大力推荐！如果你遇到店主 Laurent，可以告诉他是我介绍你去的哦。

店铺还有中文版的官网。

Baillardran

Baillardran 是波尔多一家专门做可露丽（cannelé）的店，可露丽是一种外脆里嫩的香草小蛋糕。波尔多的大街小巷有不少 Baillardran 连锁店，记得买来品尝哦！

比亚里茨

餐厅

Jean

地址： 5 rue des Halles
电话： +335 5924 8038
营业时间： 周一、周三至周日 12：00—15：30，
18：30—次日 00：00

€€

这家餐厅的吧台上就挂着火腿，服务生会送上西班牙煎蛋、香肠、烤沙丁鱼和鳀鱼tapas。这里主要经营波尔多当地菜，用餐氛围相当轻松。

商店

Henriet

地址： Place Georges Clemenceau, 64200 Biarritz
电话： +335 5924 2415

比亚里茨的巴斯克蛋糕店。

Pariès

地址： 1 place Bellevue, 64200 Biarritz
电话： +335 5922 0752

这里的杏仁牛轧糖是全法国最好的！

圣让德吕兹

餐厅

La Marine

地址： 39 boulevard Passicot, Ciboure Socoa
电话： + 335 5947 9860
营业时间： 周二至周日 12：00—14：00
19：00—22：00

€€€ €€€€

正对着锡布尔的堡垒的这家餐厅，可以说是巴斯克沿岸最好的海鲜餐厅，露天座就对着大海，服务也很热情、周到。

商店

Maison Adam

地址： 4 place Louis XIV, 64500 Saint-Jean-de-Luz
电话： +335 5926 0354
营业时间： 周一至周日 08：00—12：30，
14：00—19：30

杏仁牛轧糖、马卡龙、巴斯克蛋糕……这里的甜品种类丰富、美味诱人。

Pierre Oteiza

地址： 10 rue de la République
电话： +335 5951 9455
营业时间： 周一至周日 10：00—13：00，
14：00—19：00

巴斯克香料店，可以买到最好的当地食材：巴约讷火腿、番茄甜椒炒鸡蛋等。

圣让－皮耶德波尔

餐厅

Les Pyrénées

地址： 19 place Charles de Gaulle
电话： +335 5937 0101
邮箱： hotel.pyrenees@wanadoo.fr

€ €€

餐厅能够获得米其林一星可谓实至名归，主打亲和路线，供应巴斯克地区和西班牙风味的家常菜肴，食物色彩鲜艳，让人看了就很有食欲。餐厅对面的城堡景致也一定会让你赞叹不已。

斯特拉斯堡

酒店

La Cour du Corbeau

地址： 6 – 8 rue des Couples
电话： +333 9000 2626

这座紧邻城市主教堂的四星级奢华酒店始建于16世纪，不炫目、不惹眼，可谓低调的奢华。酒店提供泊车服务、私密酒吧、舒适的房间或套间、丰盛的早餐，无一不让人感到身心愉悦。

餐厅

Au Crocodile

地址： 10 rue de l'Outre
电话： +333 8832 1302
营业时间： 周二至周六 12：00—13：30，19：00—21：30

€€€

如果你在斯特拉斯堡市中心的一条小巷中看到某家餐厅的墙上挂着一条鳄鱼，那你就来对地方了。坐在19世纪的彩绘玻璃下，品尝葡萄酒香煎鸭肝或烤小牛腿肉，还有上好的阿尔萨斯葡萄酒也不容错过。

Chez Yvonne

地址： 10 rue du Sanglier, Strasbourg
电话： +333 8832 8415
营业时间： 周一至周日 11：45—14：15，18：00—23：30

€€

紧邻斯塔萨斯堡主教座堂的这家小酒馆，经营典型的阿尔萨斯特色菜，接待过不少社会名流，还有很多国家领导人和政要都曾在这里吃过午餐或晚餐。

Aux armes de Strasbourg

地址： 9 place Gutenberg
电话： +333 8832 8562
营业时间： 周一至周日 11：45—14：15，18：00—23：30

€€

一盘阿尔萨斯传统肉肠煎饼（fleish – kiechle）佐香煎土豆，配上黑皮诺葡萄酒调制的酱汁——这样一餐简单的美食，也能让你幸福感爆棚，尤其还当你面对全世界最美教堂的时候。

Les Haras

地址： 12 rue des Glacières
电话： +333 8824 0000
营业时间： 周一至周日 12：00—14：00，19：00—22：00

€€

主厨 Marc Haeberlin 将餐厅设在一处马场的原址上，18世纪的木质房梁下是一架炫酷的扶梯。在这里，传统的阿尔萨斯薄饼中加入了鳟鱼，餐厅还会自制鹅肝，用雷司令葡萄酒烹制的梭鲈与阿尔萨斯面条相得益彰。